BRUNHILDS LIED
Die Töchter der Nibelungen
Band 1

DIANA L. PAXSON
Brunhilds Lied

DIE TÖCHTER DER NIBELUNGEN

BaND I

ROMAN

Aus dem Amerikanischen von
Helmut W. Pesch

Weltbild

Die amerikanische Originalausgabe erschien 1993 unter dem Titel
The Wolf and the Raven.

Besuchen Sie uns im Internet:
www.weltbild.de

Genehmigte Lizenzausgabe für Verlagsgruppe Weltbild GmbH,
Steinerne Furt, 86167 Augsburg
Copyright der Originalausgabe © 1993 by Diana L. Paxson
Copyright der deutschsprachigen Ausgabe © 1997 by
Verlagsgruppe Lübbe GmbH & Co. KG, Bergisch Gladbach
Übersetzung: Helmut W. Pesch
Umschlaggestaltung: Johannes Frick, Augsburg
Umschlagmotiv: Bildagentur Schlück, Garbsen
Gesamtherstellung: CPI Moravia Books, s.r.o., Pohorelice
Printed in the EU
ISBN 978-3-8289-9400-3

2012 2011 2010 2009
Die letzte Jahreszahl gibt die aktuelle Lizenzausgabe an.

RÖMER UND GERMANEN
ANFANG DES 5. JAHRHUNDERTS

VORWORT

Wie die Legende von König Artus ist die Geschichte von Sigfrid weltweit bekannt, als Erbe aller, die eine germanische Sprache sprechen. Dies liegt zum Teil an Wagners ›Der Ring des Nibelungen‹, jenem Zyklus heroischer Opern, der nicht nur die Zeit überdauert hat, sondern an Beliebtheit zu gewinnen scheint. Wagners genialer Wurf war es, aus dem Kessel von Mythos und Geschichte eine Handlung von tragischer Unvermeidlichkeit zu extrahieren, mit einem Subtext, der einige der tiefsten Belange des neunzehnten Jahrhunderts enthielt. Doch wie alle großen Mythen hat auch diese Geschichte jedesmal, wenn sie erzählt wird, wieder etwas Neues zu sagen.

Für die Wikinger war die Form, die sie annahm, die ›Wölsungensaga‹ und die dichterischen Fragmente in der ›Älteren Edda‹, für das mittelalterliche Deutschland das ›Nibelungenlied‹. Die Geschichte des Drachentöters findet sich selbst im ›Beowulf‹. Seit ich mich das erste Mal während des Studiums mit der Völkerwanderungszeit beschäftigte, hat die Geschichte von Sigfrid und Brunhild mich fasziniert, und ich glaube, daß sie uns heute noch etwas zu sagen hat.

Im fünften Jahrhundert traten die germanischen Stämme aus der Welt des Mythos in die der Geschichte ein. Das Rheinland war ein Land von Emigranten, entwurzelt aus ihren alten Heimatländern und von ihren alten Göttern und bestrebt, mit dem Neuen in Verbindung zu treten. Zu Beginn des Jahrhunderts schien die ganze Welt in Bewegung zu sein. An seinem Ende, so unsicher das Leben auch blieb, war es möglich geworden, die Umrisse einer neuen Ordnung zu erkennen. Diese große Bewegung von Völkern ist der Hintergrund dieses Romans, der sich auf den Moment konzentriert, als ein Stamm, die Burgunden, zwischen die Mühlsteine des Chaos der barbarischen Welt und der monolithischen, aber bereits zerfallenden Welt Roms gerät. Es ist der Druck dieses historischen Augenblicks, wie er sich auf die Charaktere auswirkt, der die Geschichte hervorbringt.

Es erschien angemessen, wenn man über eine Kultur schreibt, für die drei eine heilige Zahl war, die Geschichte in drei Abschnitte zu gliedern. Der erste Teil handelt von der Jugend der Hauptgestalten; der mittlere von ihrem tragischen Konflikt; der letzte von den Folgen dieser Tragödie. Das erste Buch, ›Brunhilds Lied‹, konzentriert sich daher auf Einzelpersonen, Sigfrid und Brunhild; das zweite Buch, ›Sigfrids Tod‹, handelt vom Stamm der Burgunden; und das dritte Buch, ›Gudruns Rache‹, weitet das Blickfeld aus auf die Hunnen und die ganze römisch-germanische Welt.

Wie die Menschen der Stämme des fünften Jahrhunderts von ihrer Umwelt und Geschichte geprägt wurden, so auch ihre Helden. Wagner hielt es für notwendig, eine eigene Oper, *Das Rheingold*, hinzuzufügen, um das Dilemma seiner Figuren zu erklären. Wagner vereinfachte und überspielte auch einen großen Teil der Legende, indem er Sigfrid zum Kind Sigmunds und dessen Schwester Siglinde machte, statt zum Kind von Sigmunds dritter Frau Hjordis wie in der ›Wölsungensaga‹. Dieser letztgenannten, ursprünglichen Fassung bin ich gefolgt. Doch ich habe mich mit einem Prolog zufriedengegeben.

Der Schlüssel liegt in der Familiengeschichte. Sigfrids Kindheit wird überschattet von der Fehde zwischen den Hundingssöhnen und den Wölsungen, die begann, als sein Halbbruder Helgi König Hunding tötete. Zu dem Zeitpunkt, da die Geschichte beginnt, hat diese Fehde den Großteil beider Familien vernichtet, einschließlich Sigfrids Vater Sigmund. Und doch ist es die zweite Familientragödie, in der die größte potentielle Gefahr enthalten liegt – die der Kinder des Erdformers Hreidmar. Wie bei Wagner ist der Diebstahl eines Schatzes die Quelle allen Übels: Andwaris Hort, der gestohlen wird, um das Wergeld für den Tod Ottars zu bezahlen. Dieser entweihte Schatz richtet schließlich alle zugrunde, die nach ihm gieren. Die Tragödie Ragans und seines Bruders Fafnar ist nur der Anfang.

Diana L. Paxson

DANKSAGUNG

Ich möchte all jenen danken, die dazu beigetragen haben, daß dieses Buch entstehen konnte: meinen Freunden und Angehörigen, die geduldig meine wechselnden Launen ertrugen – Verzweiflung, Überschwang, Zerstreutheit – und mir damit halfen, dieses Projekt zu Ende zu bringen.

Ganz besonders danken möchte ich für ihren Rat und ihre Unterstützung:

Tom Johnson, der mir seine Forschungen und Einsichten während seiner Doktorarbeit zugängig gemacht hat;

Helmut W. Pesch, meinem deutschen Lektor, dafür, daß er daran geglaubt hat, daß eine Amerikanerin mit diesem Thema zu Rande kommt;

Hubert und Lore Straßl, meinen langjährigen Übersetzern;

Barbara Wackernagel, Bernhard Hennen und all denen, die mir geholfen haben, ihr Land besser zu verstehen;

Siegfried Kutin für seine Begeisterung und Hilfe, Quellen in diesem Lande zu finden;

Jim Hrisoulas, der meine Schmiedekunst überprüft hat;

Laurel Olsen und den anderen Mitgliedern von Hrafnar, die mich auf der Suche begleitet haben; und dem Meister von Hugin und Munin, dem diese Geschichte gehört.

Viel von dem, was an der Geschichte gut ist, verdanke ich ihrer Unterstützung. Die Fehler sind meine eigenen.

INHALT

Prolog: Andwaris Geschichte   15

Erstes Buch
BRUNHILDS LIED

Der Brunnen des Schicksals   25
Der Flug der Wildgänse   49
Der Hügel des Hohen   75
Spurensuche   99
Der Rabe im Schnee   125
Das Lied der Wölfe   149
Die Nebel des Rheins   177
Der Weg der Walkyrja   205
Der Runenbaum   231
Wergeld   259
Der Rat der Walkyriun   285
Schwertzauber   307
Das Antlitz des Schreckens   335
Die Gestalt der Angst   357
Blutsbande   385
Das Gottesurteil   407
Erwachen   433
Wintersturm   461

Hintergründe und Quellen 483
Kalender 493
Runen und Symbole 495
Stammtafeln 499
Glossar 501

PROLOG

Andwaris Geschichte

In den Wassern am Herzen der Welt liegt eine Stille jenseits der Zeit. Das Wasser ist Erdas Blut, das Leben, das ihren Leib durchströmt. In jenen Tiefen ist meine Heimat. Ich bin Andwari, ihr Diener, die silberne Hechtgestalt, die in der Dunkelheit schimmert, und der Widerhall all dessen, was in der Mittelerde geschieht, dringt hinab zu mir.

Einstmals wachte ich über einen tiefen Teich unter einem Wasserfall. Tränen der Sonne glänzten hell unter jenen Fluten und Gebeine des Mondes, von kundigen Händen des Menschengeschlechts geformt zu Kleinoden von vollendeter Schönheit. Beständig, wie das Sonnenrad sich drehte, wuchs der Hort, den ich hütete. Gaben, den Göttern geweiht, Dankgeschenke für die Göttin, aus der alles Leben entsprang.

Dann kam ein Tag, als ein Netz aus Licht durch das Wasser schnitt, gesponnen aus der Gier und dem Verlangen der Menschen. Diener eines neuen Volkes hatten es gewoben; der Zwang ihres Zaubers band mich. Sie zogen mich in die Luft, und ich zappelte und wand mich; da hörte ich ihr Lachen.

»Kannst du im Himmel schwimmen, schuppiger Wicht?« Die Stimme brannte wie Gift. »Kalt ist uns, hier neben deinem kühlen Bade. Bring uns das, was so hell unter deinen Wassern blitzt, und wir werden dich freilassen!« Er war dünn und rothaarig, und die Geisterkraft war stark in ihm, daß er mit mir sprechen und meine Antwort verstehen konnte.

»Das Feuer der Flut wird euch verzehren, ihr Narren!« beschied ich ihn. Mein Fänger blickte rasch, wie um Zustimmung heischend, auf einen hochgewachsenen Mann mit dem Stab eines Gesetzessprechers in der Hand.

»Sag ihm, daß der Zahn eines Berserkers uns beißen wird, wenn er uns nicht hilft«, sagte der Hochgewachsene, aber er runzelte die Stirn. »Wir müssen das Wergeld für Ottar mit diesem Gold bezahlen.«

»Sprich, Zappler!« Der Fuchshaarige schüttelte mich. »Oder ich werd' dich in jenen Fluß versenken, der alle Lügner ertränkt!«

»Wahrheit, nichts als Wahrheit sage ich euch, die ihr den Göttern zu dienen vorgebt«, rief ich aus. »Diese Dinge wurden der Herrin gegeben, als Entgelt für das Gute, das aus ihrem Leib kommt. So wird das Gleichgewicht der Welt gewahrt. Nehmt es, und auch wenn ihr das Gold behaltet, wird das Glück euch verlassen. Gier zeugt Gier.«

»Genug von deinen Flüchen!« kreischte der eine, der mich hielt. Ich sah das helle Blitzen eines Hakens in seiner Hand.

»Ich verfluche euch nicht«, keuchte ich, »und doch wird das Schicksal derer, die der Göttin dieses Gold rauben, schrecklich sein.« Da schlug er den Haken in meine Kiemen. Der Zauber, der darauf lag, hielt mich in Bann. Ich konnte weder sprechen noch meine Gestalt wandeln, noch dem Willen jener widerstehen, die mich zurück in den Teich warfen.

Stück um Stück brachte ich den Schatz nach oben: die

gewundenen Armreife und die Halsringe aus gedrehtem Gold, die Schildbossen, die Spangen und die verstreuten Perlen. Axtklingen aus brünierter Bronze packte ich mit meinen starken Kiefern und blattförmige Schwertklingen und einen großen, länglichen Schild mit rotem Email auf dem Buckel. Ich brachte ihnen Kessel voll Silber und vergoldeter Bronze und einen Fleischhaken, verziert mit Figuren von Wasservögeln. Ich holte ihnen Becher und Krüge und Götterbilder hinauf. Und ihre Gier wuchs immer mehr.

Ich brachte Schätze ans Licht, bis der Schatten der Dämmerung über das Wasser fiel.

»Das ist der Hort«, sagte ich zu ihnen. »Seid ihr nun zufrieden?«

»Was ist das«, fragte der hochgewachsene Mann, »was da immer noch im Licht des Sonnenuntergangs funkelt?«

Ich blieb stumm, so grausam der andere, mein Fänger, den Haken auch drehte und wendete.

»Ein goldener Ring«, antwortete er an meiner Statt, »der wie Blut glänzt.«

»Ich sehe einen Stab, der im Wasser blitzt wie Wodans Speer, wenn seine Hand ihn schleudert ...«, sprach drauf der weiskundige Mann.

»Gib es uns, und wir werden dich freilassen«, meinte der Fuchs. Ich blieb stumm, denn ohne diese Dinge würde dieser Ort seine Macht verlieren. Da band mich der Weiskundige mit Runensang. Und ich holte den Stab herauf aus den Tiefen, so sehr mein Geist auch dagegen wütete.

Vor langer, langer Zeit war er eines Königs Stab gewesen. Frodi selbst hatte ihn getragen, als er seinem Volk gute Gesetze gab und Segen für die wachsende Saat. Aber dem Fremden erschien er als ein Speer. Runen der Macht ritzte er in das Gold mit der Spitze seines Dolches,

Runen des Wissens und des Willens, von den Gesetzen, welche die Stämme der Menschen banden, und der Gerechtigkeit, dergleichen er mir wenig erwiesen.

»Einst war unser Gott ein Herr des Zaubers«, sprach der Runenmeister. »Doch als der Hunger uns zwang, unsere Heimat zu verlassen, war Wodan es, der uns führte, die wir neugierig waren, neue Lande zu schauen und neue Wege zu lernen. Nun brauchen wir einen König-Gott, uns gegen die Adler zu führen, und so nennen wir unseren Gott Allvater und Walvater. Dies soll sein Speer sein!«

Und wiederum sang er über den Stab. »Gungnir nenn' ich dich«, murmelte er. »Und mit deiner Macht werde ich Meister sein.«

Ein letztes Mal versuchte ich mich zu befreien, als sie mich wieder ins Wasser warfen, daß ich ihnen den Ring heraufbrächte, welcher das Herz des Hortes war: ein Ring, der Gold brütete wie der Ring Draupnir, da die Menschen von seinem Glanz angezogen wurden, ihre eigenen Opfergaben zu bringen. Doch der Zwang war unwiderstehlich. Und so kam der Ring hervor aus dem Schoß der Tiefe, und das Licht der sterbenden Sonne verwandelte ihn in ein Rad aus Feuer.

»Brisingamen nenn' ich dich«, sprach der Weiskundige. »Runen des Reichtums ritze ich in dein Gold. Mit Glück und Liebe zeichne ich dich: Feldern reich an Frucht, Leibern trächtig mit Leben, Herden und Vieh, die das Land bevölkern.« Er hob den Halsreif auf und drehte ihn, daß die neu eingeschriebenen Runen mit einem eigenen Licht aufleuchteten.

»Und dich werde ich auch behalten. Eine Priesterin wird dich tragen.« Er lachte leise. »Und wenn ich ihr beiwohne, werden wir die Welt erneuen.«

Der Schatz füllte zwei Ledersäcke. Den Stab und den

Ring verbarg der Runenmeister jedoch unter seinem Gewand. Als alles verstaut war, lachten die Männer erneut und warfen mich zurück in das Wasser wie einen Salm, der zu klein war für den Kessel.

Sie kehrten niemals wieder; und auch die anderen Menschen kamen nicht mehr, wie sie einst bei Aussaat und Ernte gekommen waren, um ihre Opfer zu bringen. Der Teich war unfruchtbar. Aus dem Wasserfall klagte die Göttin um ihren Verlust. Nach einer Weile verließ ich ihn, schwamm mit der Strömung weiter und weiter, jenen Fluß hinab, den die Menschen Rhein nennen, die Lebensader dieses Landes.

Ich habe den Schatz nicht verflucht, und doch liegt ein Fluch darauf. Und so warte ich, ein silbernes Schimmern am Grunde des Flusses, bis der Stab und der Ring dereinst wieder in die Tiefen zurückkehren, aus denen sie kamen.

ERSTES BUCH

BRUNHILDS LIED

Für Jim.
Möge der Wolf immer frei laufen.

›Rheingold! Rheingold!
Reines Gold!
O leuchtete noch
in der Tiefe dein lautrer Tand!‹

Richard Wagner, *Das Rheingold*

DER BRUNNEN DES SCHICKSALS

*Die Salzquellen von Halle
an der Grenze des Burgundenreiches
Glanzmond, A.D. 410*

Über den Menschen, die zum Feste hier zusammenkamen, lag ein Tosen wie das Rauschen eines breiten Stromes, doch es kam nicht vom Fluß, der drunten im Tal plätschernd zwischen schilfbewachsenen Inseln entlangrann. Das Gemurmel, das aus dem Lager auf der breiten Terrasse oberhalb des engen Tales hinunterdrang, kam von der menschlichen Flut, die immer weiter anschwoll, als immer mehr von den Burgundensippen herbeiströmten.

Ihre Verbündeten, die Markomannen, hatten bereits oberhalb des Dorfes auf der anderen Seite ihr Lager aufgeschlagen. Wenn der Wind sich drehte, fügte ihr Lärm dem Geräusch eine tiefere Note hinzu. Das blonde Mädchen, das sich seinen Weg am Ufer entlang suchte, hielt inne, lauschte – und schauderte. Es waren nur die Stimmen von Menschen, doch von hier aus war das anschwellende Rauschen wie das Wachsen eines Stromes, dessen Flut ganze Völkerscharen hinwegtragen konnte.

Bald würde die Sonne hinter den Wolken versinken, doch hoch droben war der Himmel noch klar. Führte der Fluß, der so verlockend vor ihr glitzerte, Salz mit sich, oder war es die Magie der Dorfbewohner, welche die kostbare Lake aus dem Boden emporsteigen ließ?

Langsam, weil ihre Mutter ihr eingeschärft hatte, vorsichtig mit dem neuen blauen Kleid zu sein, tastete sich Gudrun hinab zum Uferrand. Hier verbreiterte sich das Flußbett, so daß das Wasser sich seinen Weg zwischen sumpfigen Inseln hindurchbahnte, die mit Brücken aus Baumstämmen und durch Trittsteine verbunden waren. Die riedgedeckten Hütten des Dorfes Halle duckten sich unter den steilen Hang der anderen Talseite. Eine der Inseln war mit einer Palisade eingezäunt. Dort mußte der Brunnen sein, wo die Leute vom Alten Volk ihre Magie wirkten, um das Salz aus der Tiefe hervorzubringen.

Als Gudrun auf einen Stein trat, der in das Wasser hineinragte, kippelte dieser, und sie griff haltsuchend um sich. Etwas Nasses und Lebendiges landete in ihrer Hand; sie schrie auf und platschte hart in das kalte Wasser. Als sie die Augen wieder freigewischt hatte, sah sie über sich ein spitzes, sonnengebräuntes Mädchengesicht, umgeben von straff geflochtenen Zöpfen mit dem Glanz einer Rabenschwinge.

»Trampel! Troll!« Den Worten folgte ein Schwall von Flüchen in einer fremden, kehligen Sprache. »Jetzt ist er mir entwischt!«

»Wer?« Gudrun richtete sich auf und versuchte, jenem verächtlichen Blick zu begegnen.

»Mein Frosch. Du hattest ihn in der Hand!« Die harten Hände ließen sie los, und das andere Mädchen wich zurück und schüttelte den Kopf. Die Augen der Fremden waren so grün wie der Fluß. »Selbst eine Blindschleiche hätte sehen können, daß der Stein wackelig war.«

»Aber nicht Gudrun ...«, schloß sich eine tiefere Stimme an. »Sie ist tolpatschig wie eine Kuh. Du hast Glück gehabt, daß sie nicht auf dir gelandet ist! Soll ich sie für dich verhauen, zur Vergeltung?«

Gudrun fühlte ein vertrautes Ziehen in der Magengrube und wandte sich um. Ein breitschultriger junger Mann, dessen dunkelbraunes, dicht gelocktes Haar ihm tief in die Stirn hing, sah von der anderen Flußseite zu ihnen herüber. Es war Hagano, bereits für das Fest gekleidet, in einer neuen bestickten Tunika aus safrangelbem Stoff.

Einen zeitlosen Augenblick standen sie so, wie sich drei Stämme an einer Wegscheide der Geschichte begegnen: braun wie das Volk der Erde, schwarz wie die Reiter der Steppe, leuchtend golden wie die Kinder des nebligen Nordens.

Das andere Mädchen stand mit einer einzigen fließenden Bewegung auf, um die Gudrun sie um so mehr beneidete, als ihre eigenen Prellungen sich nun bemerkbar zu machen begannen.

»Und du bist ein Ochse, wenn du glaubst, daß ich von dir Hilfe brauche!« spuckte sie. »Hau ab!«

Hagano hörte auf zu lachen, als sie eine Handvoll Schlamm nach ihm warf. Er spritzte vor seinen Füßen auseinander, und der Junge trat zurück, als sie nach mehr grapschte.

»Geh!« rief sie. »Das war nur eine Warnung. Der nächste Treffer wird auf deinem feinen Kittel landen!«

Gudrun sah die Zornesröte unter seiner hellen Haut aufsteigen, aber Hagano hatte bereits begriffen, daß es für ihn hier nichts zu gewinnen gab.

»Ich danke dir«, sagte sie, als er zwischen den Weiden verschwunden war, die das Ufer säumten.

»Ha!« Das andere Mädchen grinste. »Du heißt also Gudrun. Mein Name ist Brunhild, und vielleicht werd' ich dich selber verhauen. Hast du keine Angst?«

»Du hättest das Recht dazu. Durch mich hast du etwas verloren, auch wenn's nicht meine Absicht war. Aber

Hagano davonlaufen zu sehen, das war die Sache wert!«
Gudrun legte den Kopf auf ihre gebeugten Knie.

»Na, du hast Glück, denn ich bleib' nicht lange wütend. Es war lustig zu sehen, wie er wegläuft. Aber warum wollte er dich schlagen?«

»Er ist mein Bruder, und er haßt mich.«

»Hmm – er sieht dir überhaupt nicht ähnlich ...«

Gudrun blickte prüfend auf, aber da war nur Interesse in Brunhilds hellen Augen. Sie waren etwa gleich groß, denn Gudrun war kräftig und hochgewachsen wie alle von ihrer Sippe, aber es schien ihr, daß Brunhild vermutlich um ein oder zwei Jahreszeiten älter war als sie mit ihren acht Wintern. Plötzlich hatte sie den Wunsch, dem anderen Mädchen trauen zu dürfen.

»Hagano ist der Sohn meiner Mutter, aber manche glauben, sein Vater sei ein Mann des Erdvolkes. Niemand sagt es laut; denn Mutter hat mächtige Verbündete, und sie ist zauberkundig. Aber die Leute flüstern, weißt du, und er spürt es. Ich bin die jüngste, aber jeder weiß, daß König Gibicho mein Vater ist, und darum haßt Hagano mich.«

»Und bist du immer so unbeholfen?«

»Wenn Hagano in der Nähe ist.« Gudrun wurde wieder rot. »Aber er ist schlau und tut mir nie weh, wenn jemand dabei ist.«

»Dann bin ich froh, daß ich ihn verscheucht habe. Das hat dir wenigstens Ärger erspart.«

Gudrun zuckte die Schultern. »Meine Mutter wird mich sowieso verhauen, weil ich das Kleid schmutzig gemacht habe.«

Brunhild gab ihr einen abschätzenden Blick. »Es ist nicht so schlimm. Es ist nur der Rücken. Wenn wir dein Haar auskämmen, dann sieht man nichts. Ich weiß, wie man das macht. Ich hab' einen Kamm, einen schönen!«

Gudrun wurde klar, daß ihr erster Eindruck von Brunhild falsch gewesen war. Wenn auch das Kleid des Mädchens bis zu den Knien durchnäßt war, so war es doch von gutem roten Tuch, und der Gürtel, der es unter ihrem schlammbespritzten Umhang zusammenhielt, war mit Metall beschlagen und goldverziert. Die Fibel, die den Mantel an der Schulter raffte, war ebenfalls vergoldet, und ein Paar roter Bundschuhe lag zusammengebunden am Flußufer.

»Bist du eine Markomannin?« fragte Gudrun. Der fremde Akzent in Brunhilds Worten ließ sich schwer einschätzen.

»Der Mann meiner Schwester, Heimar, ist ein Fürst der Markomannen –« Brunhild zuckte die Schultern. »Sie sind meine Pflegeeltern. Aber mein Vater ist Bladarda, Mundschuks Sohn, von der Königssippe der Hunnen.«

Gudrun blinzelte. Sie hatte von den Hunnen gehört, die mit ihrem Zug aus dem Osten begonnen hatten, nachdem die Burgunden von den Gestaden des Nordmeeres nach Süden gewandert waren. Nun lagen die Gebiete von der Donau bis zu den östlichen Ebenen unter hunnischer Herrschaft. Kein Wunder, daß die Markomannen, ihre nächsten westlichen Nachbarn, allzu gern bereit gewesen waren, einen ihrer größten Fürsten mit einer Großnichte des Königs zu vermählen. Gudrun hatte ihre Krieger gesehen, krummbeinige Männer, die ritten, als wären sie und ihre Pferde ein einziges Wesen. Es war klar, daß dieses Mädchen als Kriegerin geboren war.

»Die Tochter Gibichos, des *hendinos* der Burgunden und Stammeshaupts der Niflunge, dankt der Tochter von Bladarda, Khan der Hunnen.« Sie nestelte den Beutel auf, der an ihrem Gürtel hing, um ihren eigenen Kamm zu suchen, aus Hirschhorn geschnitzt und entlang des

Rückens mit einer Folge von konzentrischen Kreisen verziert, und hielt ihn dem Mädchen hin.

Brunhild grinste. »Ist das die Art, wie Töchter von Fürsten Bündnisse besiegeln?« Sie öffnete ihren eigenen Beutel und begann seinen Inhalt auszuleeren: eine Knochenpfeife, eine zerzauste Eulenfeder, einen glatten weißen Stein und schließlich den Kamm, von dem sie gesprochen hatte und zwischen dessen Zinken noch ein paar Strähnen schwarzen Haares hingen.

»Mein Onkel, Attila, hat mir den geschenkt. Er ist aus dem Zahn eines großen grauen Ungeheuers gemacht, das fern im Süden lebt.«

»Elfenbein ...« Gudrun strich über die glatten Zähne und das geschnitzte Muster von Blättern und Blumen und fand sich damit ab, daß ihr eigenes Geschenk übertroffen worden war. »Er ist sehr schön.«

»Er erfüllt seinen Zweck«, sagte Brunhild, steckte den Hornkamm in ihren eigenen Beutel und schnürte ihn wieder zu. Gudrun nickte. Als sie aufstehen wollte, fing das Glitzern des Wassers erneut ihren Blick ein. Sie schöpfte es mit der hohlen Hand.

»Es ist Süßwasser«, sagte Brunhild. »Ich hab' es bereits gekostet. Nur am heiligen Brunnen kommt es salzig aus der Erde.«

Gudrun öffnete die Finger und ließ die Flüssigkeit ablaufen. Dann, mit einem Gefühl als sei ihr Pferdchen mit ihr durchgebrannt, erhob sie sich, damit Brunhild ihr das Haar kämmen konnte.

Brunhild rannte den steilen Hang unterhalb der Kultstätte des Dorfes hinab, ungeachtet der Proteste ihrer Schwester, die hinter ihr verhallten. Alle anderen waren bereits zum Flußufer gegangen. Bertruid ist wie eine

Gans, die einen Raben ausgebrütet hat, dachte Brunhild, als sie das Markomannenlager hinter sich ließ. Die Kinder des Dorfes liefen jeden Tag Dutzende Male den Pfad zwischen ihren Hütten und dem Fluß hinauf und hinab, ohne zu fallen. Warum hatte ihre Schwester solche Angst?

Die Falten ihres Umhangs bauschten sich um ihren Körper wie Flügel. Und einen Augenblick lang war es wie Fliegen, während der Wind auf ihrer Haut brannte und die Welt vorbeirauschte. Sie sah die Scheite, die für das Feuer aufgeschichtet worden waren, die ragenden Götterbilder, die hellen Flecken von Bannern und Frühlingsblumen, welche die Hütten schmückten. Ihre Füße liefen schneller und schneller, bis sie nur durch ihre Geschwindigkeit aufrecht gehalten wurde. Ein Anflug von Angst überkam sie, als sie merkte, daß sie nicht mehr anhalten konnte, aber sie wollte es auch gar nicht. Gewiß würde ihr Schwung, wenn sie nur schnell genug rannte, sie bis in den Himmel tragen!

Die Zeit stand still. Brunhild trieb durch eine Welt, in der jeder Kieselstein glänzte und jeder Strohhalm in den riedgedeckten Dächern eine einzelne und vollkommene Wesenheit darstellte. Sie sah alles und nichts, denn ihre ganze Aufmerksamkeit war auf eine ausgestreckte Hand und das von einem dunklen Kopftuch umrahmte Gesicht einer Frau gerichtet, das sich vor ihr erhob.

Allmählich verschmolzen innere und äußere Zeit ineinander. Ihre Füße bewegten sich langsamer, und dann stand sie still, und alle Dinge um sie her kamen zur Ruhe; und die Frau, in deren Augen sie blickte, stand am stillsten von allem. Brunhild hörte ihr eigenes Herz pochen wie ein Echo der Festtrommel, als die Frau ihre Hand senkte.

»Nicht so, Königstochter, sollst du den Himmel durcheilen.«

Die Stimme der Frau war kühl und klar. Das Haar, das sich unter dem Schaltuch zeigte, war grau, aber ihr Gesicht erschien zeitlos. Jetzt konnte Brunhild das Blinken von Silber an ihrem Hals und ihren Handgelenken sehen und ein gewirktes Band von ineinander verschlungenen Schwänen, das sich um den Rand ihres wollenen Kopftuchs zog. Sie stützte sich auf einen Knaufstab.

»Aber mich dünkt, daß du eine von jenen bist, die lernen können, zwischen den Welten zu reisen ...«

Brunhild blinzelte und merkte, daß zwei weitere Gestalten hinter der ersten erschienen waren, eine stämmige Frau in mittleren Jahren und eine andere, die gerade erst dem Kindesalter entwachsen war. Beide waren mit Hosen und kurzen Tuniken bekleidet, wie Männer, und Schwerter hingen an ihren Gürteln. Alle trugen ihr Haar im Nacken einmal geknotet, wobei der Rest ihnen in einem langen Schweif auf den Rücken fiel.

Weisfrauen ... Hexen ... Der andere Name kam ihr da in den Sinn: *Walkyriun*, Erwählerinnen der Gefallenen. Sie hatte gehört, daß einige der Weisfrauen, welche die Geheimnisse der Stämme hüteten, hier sein sollten, aber sie hatte nie ihresgleichen gesehen.

»Geh nun, und geh langsam. Wir werden später mit dir reden«, sprach da die Weisfrau. Die Erwählerinnen hatten sich abgewandt, sie entlassen, und Brunhild fand, daß sie sich wieder rühren konnte. Und so setzte sie ihren Weg fort, den gewundenen Pfad hinab, der zum Fluß führte. Doch sie sah kaum, wo sie ging; denn ihre Gedanken folgten anderen Fährten.

Sie hatte Geschichten über die Walkyriun erzählen hören. Die *kams*, die Schamaninnen der Hunnen, konnten auf den Geisterpfaden wandeln, dem Sturm gebieten und Wohl oder Wehe wirken. Doch wenn sie nicht zu ihrem Vater zurückging, würde sie deren Magie nie lernen. Die Magie der Salzkocher gehörte allein den Dorfleuten. Doch die Erwählerinnen waren die Heiligen Frauen der germanischen Stämme. Würden sie ein Hunnenmädchen ihre Künste lehren?

Der Hall von Gesang schreckte sie aus ihren Träumen auf. Der Festzug begann! Brunhild rannte schneller, drängte sich durch die Ausläufer der Menge.

Der Westwind trieb Wolken über den Himmel. Als das Licht von Gold zu Silber und wieder zu Gold wechselte, blinzelte Gundohar; ihm war, als würde die Welt sich zugleich von der vertrauten Wirklichkeit zu etwas Unstofflichem, Seltsamem wandeln. Er kämpfte gegen das Gefühl an. Ein Prinz der Burgunden sollte auf die Krieger schauen, die ihn umgaben. Doch sein Blick wurde von dem Glitzern des Wassers angezogen, das von einem Felsgesims oberhalb des Salzbrunnens in ein Becken rann. Eine Laube war darüber errichtet worden, und weißgekleidete Mädchen schmückten das Gerüst mit weißen Primeln und Schlüsselblumen und den letzten Veilchen, die im Schatten unter den Bäumen wuchsen.

Idisen ... So nannte er sie stumm, zugleich beklommen und angezogen von der Anmut schlanker Arme und der Wölbung eines runden Busens unter dünnem Gewand. Dergleichen vermeinte er einst gesehen zu haben, als er sich bei der Jagd verirrt hatte: einen weißen Schimmer am Waldesteich. Doch diese Maiden sangen in gallischer Zunge, hießen mit ihrem Lied die Sommerszeit willkommen. Gundohar zuckten die Finger, aber seine Harfe war weit fort.

Die Burgunden hatten sich auf der einen Seite des

Kreises versammelt und die Markomannen auf der anderen, mit den Dorfbewohnern dazwischen, als fürchteten beide Seiten ein erneutes Aufflackern des Zwistes, dessen Beilegung sie begingen. Die jüngeren Krieger beäugten einander wie Hunde in einem neuen Gebiet. Nach dem Tanz am Abend zuvor war das Trinken – und das Prahlen – noch stundenlang weitergegangen, mit dem sie sich für die anstehenden Wettkämpfe in Stimmung gebracht hatten. Gundohar verzog das Gesicht. Er hatte mit den anderen Schritt zu halten versucht, aber das einzige, was er auf dem Grunde des Trinkhorns gefunden hatte, waren stechende Kopfschmerzen.

Bernsteinketten klickten leise aneinander, als seine Mutter sich vorbeugte, verwittert und unnachgiebig wie das aus einem Baumstamm gehauene Bildnis der Göttin. Gundohar warf ihr einen unbehaglichen Seitenblick zu. Königin Grimhild sammelte Zaubersprüche wie ein Barde Lieder. War sie nun auf die Magie der Dörfler aus? Er fragte sich warum. Die Gaben von Speisen und Schmuckstücken, die sie zur Quelle brachten, sahen nicht anders aus als die Opfer, welche die Burgunden den Geistern des Landes am Walburgastag machten.

Seine Schwester, Gudrun, rückte ein wenig von der Königin ab und griff nach seiner Hand. Manchmal hatte er den Eindruck, sie sei die einzige in der Familie, die ihn verstand. Sein Vater schien ihn als eine Spielfigur zu sehen, die nach Belieben hin und her geschoben werden konnte. Godomar dachte nur ans Kämpfen, und Hagano war allzu vertraut mit den Geheimnissen ihrer Mutter, als daß Gundohar ihm die seinen anvertraut hätte. Nur der kleinen Gudrun gegenüber hatte er je gewagt zuzugeben, daß er im Grunde gar nicht König werden wollte. Sie war die einzige, die seine Angst kannte, sich und den Seinen auf dem Feld des Wettstreits oder der Schlacht

Schande zu bereiten. Kunde war gekommen, daß Alarich und die Wisigoten gegen Rom marschierten. Gundohar fragte sich, ob die Burgunden dasselbe von ihm erwarten würden, wenn er König war.

Gudrun, die immer noch seine Hand hielt, wand sich. Dann zupfte sie ihn am Ärmel.

»Ich muß mal.«

»Du kannst jetzt nicht fort –« Er hielt sie fest, als sie sich davonschleichen wollte.

»Soll ich dir etwa deine neuen Schuhe vollspritzen?«

Gundohar ließ Gudruns Kleid los. Er spürte, wie ihm die Röte in die Wangen stieg.

»Sag Mutter, ich bin gleich wieder da!« Sie grinste zu ihm auf und duckte sich unter seinem Arm weg. Die Maiden waren mit dem Blumenschmuck fertig und begannen nun zu tanzen. Mit einem Gefühl der Hilflosigkeit, das er nur allzu gut kannte, wurde Gundohar klar, daß seine Schwester ihm entwischt war.

»Ich hatte gehofft, daß du hier wärst«, sagte Gudrun, als sie sich Brunhild gegenübersah, nachdem sie an zweien der Dorfbewohner vorbeigeschlüpft war, um sie zwischen sich und die verwirrten Blicke ihres Bruders zu bringen. Der arme Gundohar, immer so erpicht darauf, das Richtige zu tun, doch so leicht zu überreden, wenn man nur wußte, wie! Sie hoffte, ihre Mutter würde es ihm nicht allzusehr ankreiden, wenn sie merkte, daß er seine Schwester hatte laufen lassen.

»Kannst du verstehen, was sie singen?« fragte Brunhild.

»Sie bitten den Geist der Quelle, die süßen Wasser fließen zu lassen, um dem Land Leben zu spenden.« Das Dorfvolk hatte einen Kuchen gebacken, so groß wie ein

Wagenrad. Jetzt brach der Dorfälteste ein Stück davon ab und warf es in das Becken.

»Mein Schwager Heimar sagt, die Salzquellen hier seien von ein und denselben Familien betrieben worden, seit die Markomannen hier leben«, meinte Brunhild nachdenklich. »Das Geheimnis, wie man Salz aus der Lake gewinnt, wird vom Vater auf den Sohn vererbt.«

»Und seit wann geht das schon so?« fragte Gudrun mit großen Augen.

»Ehe mein Volk war oder deines«, antwortete Brunhild langsam und zog ihre neu gewonnene Freundin vom Weg fort. »Vielleicht sogar noch vor den Galliern …«

Gudrun fröstelte und fragte sich, wer wohl als erster das Geheimnis erfahren hatte – und wie. Verglichen mit den Dorfbewohnern waren Hunnen wie Burgunden Fremde in diesem Land. Das Singen hinter ihnen begann erneut.

»Und sie werden immer hier sein, nicht wahr?« meinte sie dann. »Selbst wenn keiner sich mehr an unsere Namen erinnert.«

»*Mich* wird man nicht vergessen!«

Gudrun sah zu Brunhild und lachte plötzlich, aber die Worte hatten sie schaudern lassen, als habe das andere Mädchen einen Zauber gewirkt. »Du prahlst wie die Krieger in meines Vaters Leibwache, die geschworen haben, heute alle Wettkämpfe zu gewinnen.«

Brunhilds Gesicht wurde gefährlich rot. »Meinst du? Dann zeig, daß du Mut hast! Die Salzquellen sind die letzte Station für den Umzug. Laufen wir voraus und werfen einen Blick in den Brunnen!«

»Du bist verrückt!« sagte Gudrun voll Überzeugung. »Sie lassen noch nicht mal ihre eigenen Kinder hineinsehen.«

»Im Brunnen muß eine mächtige Magie liegen! Die Geister werden nicht gekränkt sein, wenn wir ihnen eigene Opfergaben bringen!« Brunhild hielt eine ihrer goldenen Fibeln hoch, daß die Sonne darauf blitzte, und dann, als Gudrun noch zögerte, lachte sie: »Oder hast du etwa Angst?«

»Durch die Geschenke, die wir getauscht haben, bin ich verpflichtet, dir zu helfen«, sagte Gudrun grimmig. Sie hatte wieder das Gefühl, als wollte ihr Pferd mit ihr durchbrennen. »Aber ich sehe nicht, was an Gutem daraus werden kann ...«

Der Klang des Gesangs wurde schwächer, während sie dem Pfad stromabwärts folgten. Unter den alten Weiden wurde es immer dunkler, als die Wolken sich über ihnen zusammenzogen.

Brunhild, die voranging, runzelte die Stirn, und Gudrun fragte sich, ob sie es vielleicht doch schon bereute. Ach, warum bloß hatte sie sich von Brunhild überreden lassen mitzukommen? War es vielleicht, weil selbst eine Gefahr besser war, als durch den Schatten ihrer Mutter langsam in Stein verwandelt zu werden?

Vorsichtig überschritten sie die Baumstämme, die von Stein zu Stein über eine Reihe von sumpfigen Inseln führten, wo Erde und Wasser jedesmal den Platz wechselten, wenn die Schmelzflut im Frühling zurückging. Rotbrüstige Enten und Stockenten hielten beim Gründeln inne, wenn die Mädchen vorübergingen. Alle Dorfbewohner schienen bei der Zeremonie zu sein.

Mit einem Male war alles sehr still. Das Tor in der Palisade war mit einer Lederschlaufe verschlossen, aber der große Riegel war nicht vorgelegt. Zweifellos war es den Dorfleuten nie in den Sinn gekommen, daß jemand es wagen könnte, den Bannkreis zu übertreten. Schnell huschte Brunhild hindurch, und Gudrun folgte ihr, vor

Erleichterung aufseufzend, als das Tor sich hinter ihr schloß. Sie waren auf verbotenem Grund, aber zumindest konnte sie jetzt niemand sehen.

Von den Torpfosten starrten die gebleichten Schädel der Opfertiere des letzten Jahres aus dunklen Augenhöhlen auf sie herab. Öfen mit eingesetzten Siedebecken aus gebranntem Ton waren um den Brunnen verteilt, der mit einer Steinumrandung geschützt war. Aber die Öfen waren kalt, der Ort reingefegt als Vorbereitung für den Segen. Vorsichtig schlichen die Mädchen auf den Brunnen zu. Zwei Pfähle mit gezackten Bandornamenten hielten einen Querbalken, von dem die Kübel herabhingen, welche die Salzlake heraufschafften, und weitere Pfosten hielten das strohgedeckte Dach, das den Brunnen schützte.

Drunten lappte grünliches Wasser gegen weiß geränderten Stein.

Die Stille vertiefte sich. Der Brunnen war etwas mehr als eine Mannshöhe im Durchmesser, der Wasserspiegel lag um Armeslänge unter dem Brunnenrand. Dumpfiger Geruch schlug zu ihnen herauf, mit einem seltsamen scharfen Beigeschmack. Gudrun beugte sich weiter über den Rand hinaus.

»Es hat dieselbe Höhe wie der Fluß«, sagte das andere Mädchen. Gudrun wandte sich um. Ein seltsames Glitzern lag in Brunhilds Augen.

»Was ist? Es war deine Idee, die Salzmagie auszukundschaften. Hast du jetzt etwa Angst?«

»Natürlich nicht!« sagte Brunhild schnell. »Aber ich will nicht, daß du Schwierigkeiten kriegst. Alles, was ich wollte, war, einen Blick auf die Quelle zu werfen.«

Gudrun unterdrückte ein Lächeln. Warum war Brunhild so beunruhigt? Sie konnte nur das leiseste Wispern hören, als das Quellwasser gegen den Brunnenrand schlug, und das Seufzen eines aufkommenden Windes in den Weiden. Aus den Tiefen der Erde drang das Wasser empor, stets im Fluß, stets im Werden, allzeit neu.

»Der Ort ist heilig. Selbst wenn wir verbotenerweise hergekommen sind, müssen wir das Opfer bringen, das wir gelobt haben.«

Brunhild schlang die Arme um den Oberkörper; sie fröstelte. Aber Gudrun holte tief Atem und blickte erneut in das Wasser.

»Ob dies einer der Brunnen ist, der an den Wurzeln des Weltenbaumes liegt?« fragte sie leise.

»Wodan gab ein Auge für einen Trunk von dem Brunnen der Erinnerung«, meinte Brunhild mit einem Aufblitzen ihres alten Übermuts. »Aber der hier wird von mir nur eine goldene Brosche kriegen.«

»Dann sei dies der Brunnen des Schicksals, wo die Nornen das Geschick der Menschen schöpfen«, sprach Gudrun. Sie nahm eine langstielige Kelle, die an einem der Pfosten hing, und schöpfte damit von dem Wasser. Beim ersten Schluck verzog sie das Gesicht, dann kostete sie erneut und runzelte die Stirn.

»Wonach schmeckt es?« fragte Brunhild.

»Salz ... und etwas anderem, wie flüssiger Stein.« Gudrun hielt ihr die Kelle hin. »Traust du dich ...?«

Brunhild funkelte sie an, dann packte sie den Löffel und trank den ganzen Rest hinunter.

»Jetzt müssen wir unsere Gaben darbringen!«

Über ihren Häupten hatte der Himmel sich verdunkelt; das Schweigen lastete schwer, als warte wer zu hören, was sie sagen würden. Gänsehaut überzog Gudruns Arme, als sie einen Reif aus vergoldeter Bronze vom Handgelenk zog.

»Geist der Salzquelle, vergib uns, wenn wir dich gekränkt haben und nimm unser Opfer an. Guter Geist, zeig mir meine Zukunft. Gib mir Glück!« Sie beugte sich über den Rand und warf den Ring hinein.

Kreise breiteten sich träge in dunklem Wasser. Gudrun hing über dem Brunnenrand, bemühte sich, nicht zu blinzeln, wenn ihre Augen auch tränten und brannten. Langsam beruhigte sich die Oberfläche, und eine bleiche Gestalt blickte ihr schimmernd entgegen.

»Was siehst du?« kam die Stimme Brunhilds von hinten.

»Mein Gesicht im Wasser.«

Brunhild beugte sich näher, und plötzlich sah Gudrun ihrer beider Gesichter im Wasser, hell und dunkel, verzerrt zu einem einzigen Gesicht durch das Kräuseln des Wassers. Dann wurde es zum Gesicht einer Frau mit wallenden Haaren, das sich in Wellen von Licht und Schatten ausbreitete. Ihren Augen waren dunkle Teiche, durch die Gudrun einen großen Strom fließen sah und dann eine endlose, wogende Ebene, und sie wußte irgendwie, daß dies das Meer war.

Durch das Wasser wird dir alles zuteil, und das Feuer nimmt es hinweg ...

Gudrun fühlte sich hinabgezogen, als die Worte sich in ihrem Bewußtsein bildeten; dann zersplitterte das Bild, als Brunhild ihre Brosche in den Brunnen warf.

Sie setzte sich ruckartig auf die feuchte Erde am Brunnenrand und blieb dort sitzen. Ihr Atem ging in keuchenden Zügen. Plötzlich gab es einen Blitz und ein fernes Donnergrollen. Brunhild sprang mit einem Schrei zurück und kauerte sich nieder.

»Was war das?« fragte Gudrun. Sie legte ihre Arme um das andere Mädchen und fühlte das Zittern, das Brunhilds schmächtige Gestalt durchbebte.

»Das Auge ... Ein Auge, das mich ansah, aus der Dunkelheit. Sein Glanz hat mich geblendet. Wenn ich meine

Augen schließe, sehe ich es immer noch«, flüsterte Brunhild. Sodann entzog sie sich ihr und versuchte zu lächeln. »Für mich war es doch der Brunnen *Mimirs*, wie mir scheint ...«

Ein Wind war plötzlich aufgekommen, und selbst in der geschützten Umfriedung konnten die Mädchen den feuchten Hauch des nahenden Sturmes spüren.

»Wir müssen fort.« Brunhild sprang wieder auf die Füße, und diesmal war Gudrun ganz ihrer Meinung.

Als sie durch das Tor schlüpften, drangen die Klänge der Trommeln an ihr Ohr. Brunhild zerrte Gudrun weiter, doch es gab nur eine Brücke, die zur Insel führte, und in dem Augenblick, als sie die Stelle erreichten, erschienen die ersten Vorläufer des Zuges zwischen den Bäumen.

Brunhild blieb stehen, und Gudrun stieß mit ihr zusammen. Binnen weniger Augenblicke war der erste Aufschrei zu einem Wirrwarr gallischer Stimmen geworden.

»Frevler!« rief jemand in der Sprache der Stämme. »Haltet sie, sie haben den Schrein gesehen!«

Die Sonne sank in einem Flammenmeer von Feuer und Wolken. Brunhild starrte auf den Sonnenuntergang und kämpfte gegen die Angst an, derweil der weiche Körper ihrer Schwester Bertriud sich auf der einen Seite gegen sie preßte und die härtere Gestalt Heimars sie auf der anderen festhielt. Zumindest waren ihre Hände nicht gebunden.

Auf der anderen Seite des Kreises stand Gudrun gefangen zwischen ihren Brüdern. Ihr blondes Haar hing in wirren Locken, und ihre Augen waren vom Weinen gerötet; so wirkte sie trotz ihrer kräftigen Statur beinahe zerbrechlich.

Ob es wohl schlimmer war, fragte sich Brunhild, einer Mutter Zorn als einer Schwester Pein ins Auge zu sehen? Bertriud und Heimar hatten ihr klar zu verstehen gegeben, wie sehr sie die Familie mit Schande befleckt hatte. Doch vielleicht würde sie es nicht mehr lange zu ertragen haben. In der Mitte des Hanges warteten die aufgeschichteten Scheite des Holzstoßes. In Jahren, wenn ein Opfer vonnöten war, um Unheil vom Dorfe abzuwenden, war schon mehr als nur Holz im Beltenefeuer verbrannt worden.

Erforderte ihre Tat solch eine Ahndung? Gewiß hatten sie den Brunnen nicht entheiligt. Brunhild versuchte sich zu erinnern, warum sie so begierig gewesen war, die Salzquelle zu sehen, aber sie erkannte nur, daß wieder einmal ihre Gefühle den Verstand besiegt hatten. Sie tat einen tiefen Atemzug; die Luft war feucht. Es hatte geregnet, als man sie hierhergebracht hatte, und die Wolken am Himmel verhießen mehr Regen.

Ein Funke fing ihren Blick ein, als das trockene Holz, das um die Reibhölzer aufgeschichtet war, unter geschickten Händen zu glühen begann. Andere Hände schoben mehr Zunder heran, um die Flämmchen zu nähren. Ein lauter Schrei ließ die Schatten erzittern, als das Feuer gegen die Glut des Himmels aufflammte. Von Fackel zu Fackel verbreitete sich das Licht, und plötzlich glänzten die Gesichter der Menschen wieder aus dem Dunkel hervor, vom Feuerschein vergoldet, wie auch die Gesichter auf den Götterpfählen.

Die baumgehauene Figur der Göttin trat in scharfem Relief hervor; das Feuerlicht vergoldete ihren Halsreif und umschattete die tief geschnitzte Furche zwischen ihren Schenkeln. Der ährengekrönte Gerstengott stand hinter ihr; ein vorspringender Zweig war zu seinem Phallus ausgebildet. Flankiert von der Pferdestandarte der Markomannen und dem Gundwurm der Burgunden stand ein Baum mit dem Gesicht Wodans; sein Stamm bildete den runengeschnitzten Speer.

Brunhild zuckte zurück. Das Auge auf der rechten Gesichtshälfte des Gottes war eine grob geschnitzte Halbkugel, deren Blick dem Betrachter zu folgen schien, doch die leere Höhle seiner linken war schlimmer. Sie hatte gesehen, was jener Schatten verbarg, als sie in den Brunnen blickte.

Unter einem riedgedeckten Dach drang stetiges Trommeln hervor, als die Ältesten in den Kreis traten. Sie sah den burgundischen König, Gibicho, mit seinem Gesetzessprecher Ostrofrid und seinen Stammesfürsten um ihn herum und Brettald von den Markomannen und hinter ihnen den alten Drostagnos, der Sprecher der Dorfältesten von Halle.

Das Schlimmste, was sie mir antun können, ist der Tod ..., sagte sie zu sich selbst. *Und das Feuer ist ein sauberer Tod. Wird Bertriud weinen, oder wird sie erleichtert sein?* Selbstmitleid konnte die Tatsache nicht ändern, daß ein paar Augenblicke fehlgeleiteter Neugierde ihre Sippe in Gefahr gebracht hatte. *Wenn die Dorfleute mich nicht bestrafen,* dachte sie voll Elend, *werden meine eigenen Leute das gewiß nachholen!*

Und sie hatte nicht einmal bekommen, was sie gesucht hatte. Sie war zum Brunnen gegangen, um Wissen zu erlangen. Was sie gefunden hatte, war Furcht.

Ihr Fall war nicht der einzige, über den Recht gesprochen wurde, bevor das Fest seinen Fortgang nahm. Es gab eine Anklage wegen Viehdiebstahls, und für einen beim Ringen gebrochenen Arm wurde Sühne zugesprochen. Der Wind kam in Böen, peitschte die Fackeln zu langen Flammenfahnen. Dann und wann fiel ein Regenschauer. Wenn die Scheite des Holzstoßes zu naß wurden, um zu brennen, würde dies ein denkbar schlechtes Omen sein.

Ihr Magen krampfte sich zusammen, als der alte Drostagnos vortrat.

»Zwei von euren Frauen haben gefrevelt. Sie müssen uns übergeben werden, um ihren Frevel zu sühnen.«

»Es sind nur Mädchen, Kinder!« antwortete der burgundische Gesetzessprecher. »Und sie haben keinen Schaden angerichtet.«

»Sie haben das Heiligtum gesehen. Sie haben Wasser aus dem Brunnen gestohlen, ohne die notwendigen Gebete und Opfer darzubringen. Wenn der Geist des Brunnens uns deswegen seine Gunst versagt, werdet ihr ebenso darunter leiden wie wir.«

»Besänftigt den Geist mit einem größeren Opfer. Wir werden für die Tochter Gibichos zahlen und die Markomannen für ihr Kind. Welches Wergeld steht euch im Sinn?«

Brunhilds Vater war zu weit entfernt, um ihr zu helfen, wenn ihm daran gelegen wäre. Die Stämme würden zahlen, und keines der Mädchen würde man je vergessen lassen, was es sie gekostet hatte. Es mochte besser sein zu sterben!

»Wir sind großmütig«, fuhr Ostrofrid fort und strich sich über seinen langen Bart. »Wir bieten Sühne für die Kränkung eurer Ehre; denn wer will sagen, ob überhaupt Unheil geschehen ist? Die Mädchen sagen, sie hätten ihre eigenen Opfergaben dargebracht.«

»Wir müssen mehr wissen«, kam eine neue Stimme, die einer Frau. Die Weisfrau, die Brunhild am Morgen begegnet war, schien aus den Schatten hervorzufließen. »Laßt uns die Maiden befragen.«

Heimar und Bertriud ließen Brunhild los, die kühn in den Kreis trat. Irgend jemand stieß Gudrun nach vorn.

Ihr Gesicht war vom Weinen verquollen. Brunhild legte einen Arm um das jüngere Mädchen und stellte sich den Alten der Stämme.

»Laßt die Strafe auf mich fallen!« Ihre Stimme zitterte nur ein wenig. »Es war meine Idee, in den Brunnen zu schauen, und ich habe Gudrun angestiftet, mir zu folgen!«

»Wir haben nichts Böses gewollt!« Gudruns Stimme brach.

Brunhild hob ihr Kinn. »Wir wollten sehen, wie unser Schicksal sein würde ...« Von Westen her kam ein Lichtblitz und ein Grollen von Donner. Ringsum machten Leute ein Zeichen der Abwehr.

»Und was habt ihr gesehen?«

»Ich sah eine Frau«, sagte Gudrun leise.

»Ich sah ein Auge«, fügte Brunhild hinzu und schluckte.

»Im Brunnen?« Zum erstenmal war die Ruhe der Weisfrau erschüttert. Ihr Blick ging zu dem Bildnis, das von oben auf sie herabstarrte. Brunhild schauderte; denn wer sonst mochte es gewesen sein als der Gott? Sie konnte ihn spüren, wie er näher kam, auf den Schwingen des Sturmes.

»Hört den Ratschluß Hlutgards von den Walkyriun«, sprach die Weisfrau. »Für die Ehrkränkung des Dorfes sollen die Burgunden ein Rind geben. Die Göttin hat sich ihrer Tochter gezeigt, und kein Unheil ist geschehen. Was die andere betrifft, so gehört sie dem Gott.« Als sie sprach, waren die anderen Walkyriun hinter sie getreten, die Hand am Griff ihrer Schwerter.

»Dann soll er sie sich holen!« rief Drostagnos, das Gesicht verzerrt vor Wut und Angst. »Soll euer Wodan seine Gunst beweisen, indem er unser Feuer entfacht!«

Wieder grollte der Donner, diesmal näher. Brunhild fuhr zusammen, dann schob sie Gudrun von sich.

»Ich werde dich nicht vergessen!« Gudrun schossen die Tränen in die Augen; dann wandte sie sich rasch um und lief zu ihren Brüdern zurück. In dem Gesicht des ältesten wich das Erstaunen einer Art Bewunderung, doch Brunhild wußte, daß sie nie solche Angst gehabt hatte.

»Nun wird sich erweisen, ob du wahr geschaut hast«, zischte Hlutgard. »Richte deine Augen zum Himmel und leih deinen Willen unserem Ruf; denn wenn er ungehört bleibt, wirst du gewiß als Opfer erkoren!«

Die Walkyriun nahmen sie in die Mitte, doch Brunhild hatte keine Wehr gegen die Macht, die sie näher kommen spürte. Von den Priesterinnen kam ein leises Summen, das stärker wurde, bis es in ihren Knochen sang.

Ein heftiger Windstoß ließ die Fackeln flackern. Donner krachte nahebei, und Brunhild riß sich mit Gewalt zusammen, als sie ihre Sinne schwinden spürte.

»*Wodan, Wodan, Weiser, Wanderer –*« Worte woben sich durch den Wirrwarr von Stimmen.

Heil dem Hohen, Heiliger, höre!
Gebiete dem Blitze, schlag mit dem Speere!
Feuer lohe, Feinden drohe, Furcht verheere!

Hufschläge donnerten über ihren Häuptern, und am Himmel, als ob ein großes Auge sich geöffnet hätte, wurde die Sicht der Sterblichen zerspalten durch einen Speer aus Licht. Doch durch diesen Riß in der Welt sah Brunhild ein wildes Heer berittener Krieger, das über den Himmel raste. An ihrer Spitze war ein sturmgrauer Hengst, der mit langen Zähnen um sich schnappte; aus seinem Maul troff Geifer. Er drehte sich, ein Wirbel von Beinen durchwühlte die Wolken, und der dunkle Mantel des Reiters wallte im Wind. Licht erglänzte auf dem Stahl von Helm und Harnisch, doch es wurde überstrahlt durch den Glanz seines Auges.

Nun erfüllte allein sein Antlitz Brunhilds Blickfeld, und sie wußte, daß der Donner, den sie hörte, Gelächter war. Der Blick des Gottes erfaßte das Mädchen, das vor ihm erbebte, erfaßte es ganz, und die Wildheit in Wodans Lachen riß ihren Geist mit sich fort auf einer plötzlichen Woge des Glücks.

Das Bewußtsein kehrte zurück mit einer Welle von Hitze, die gegen ihre Haut brandete. Der Holzstoß loderte hell auf. Sie hörte Heimar reden, verstand aber nicht, was er sagte.

»Gebt dem Dorf einen Stier«, beschied ihn die Walkyrja. »Sie wissen unsere Kräuterkunde zu schätzen und werden die Sache nicht weiter verfolgen. Was das Mädchen betrifft, so nehmen wir sie mit.«

Brunhild taumelte, und jemand faßte sie am Arm. Regen trommelte auf den Blättern, doch im Kreis des Feuers fiel kein Tropfen.

Heimar rief ihren Namen, doch sie antwortete ihm nicht.

Sie hörte nur die Stimme des Gottes, die in ihr widerhallte, so wie sie ihn gesehen hatte. Ihn gesehen mit geschlossenen Augen, nachdem sie in den Brunnen geblickt.

»Nun wirst du meine Tochter sein, Brunhild ...«

ᛒ

DER FLUG DER WILDGÄNSE

Hilperichs Halle, Kernland der Franken
Wintermond, A.D. 410

Der Junge lag auf dem First der Festhalle und sah hinaus auf die Welt. Der Hügel, auf dem die Halle stand, war wie der Buckel eines großen Lederschildes, dessen Spiegel mit Ried und Grasland gefleckt war, durchzogen von Bändern aus Wasserläufen und eingefaßt von dem fernen Glitzern des Meeres. Fern im Süden, so hieß es, sei die Erde durch die feste Masse von Bergen verankert, aber der Junge hatte nie Berge gesehen. Im Norden lag das Meer.

Der Hügel war umringt von Gebäuden, den Langhäusern als Schlafstätten und den Werkschuppen innerhalb der Umzäunung und außerhalb davon den länglichen Wohnhütten der Familien, die König Hilperichs Felder bestellten. Dort herrschte nun reges Treiben, da die Leute sich auf das Fest vorbereiteten, mit dem man das Ende des Sommers beging. In der Küstenebene gab einem selbst eine so kleine Erhebung einen weiten Ausblick. Der Junge konnte die Stoppelfelder sehen und die Punkte, welche die königlichen Rinder darstellten, gar Segel auf dem Nordmeer oder den Rauch des nächsten Dorfes, einen halben Tagesritt entfernt. Und er konnte dem sorgsam gepflegten Dammweg folgen, wo Reiter lärmende Schwärme von Wasservögeln in die milde Luft aufgescheucht hatten. Der Junge unterdrückte eine aufgeregte Bewegung. Ob dies die Gäste waren, auf die sie warteten?

»Sigfrid!«

Ein leichter Wind wehte den Duft von gebratenem Fleisch und siedender Grütze über das Marschland, und als die Vögel sich wieder zu ihrer Futtersuche niederließen, setzten die Reiter ihre Pferde in Trab. Der Hügel summte wie ein geschäftiger Bienenkorb, doch der Junge lag still wie die Schlangen, die in die Gesimse der Halle geschnitzt waren.

»Sigfrid! Wo steckt der Kerl? Sigfrid, deine Mutter sucht dich!«

Perchta stand im Hof, die Fäuste in die breiten Hüften gestemmt, und versuchte mit schriller Stimme den Lärm zu übertönen. Zwei Knechte kamen gelaufen, schwankend unter der Last von Brettern, die auf die Böcke in dem freien Raum vor der Halle gelegt werden sollten. Die Frau machte ihnen fluchend Platz, wobei sie beinahe einen anderen Burschen mit einem Armvoll Feuerholz umgestoßen hätte. Von den Häusern außerhalb der Palisade eilten weitere heran, mit gebleichten Leintüchern für die Tische, Buttertöpfen und Laiben von geräuchertem Käse und gebeugt unter Jochen mit Eimern voll Milch oder Krügen braunen Biers.

Zwischen runden Wangen und gerunzelten Brauen verengten sich ihre grauen Augen zu Schlitzen, als Perchta sich drehte und alle Winkel des Hofes durchforschte – außer einem. Von seinem Sitz aus hatte Sigfrid sie durch das Dorf watscheln sehen, wo sie die Torwachen sowie Ragan in seiner Schmiede und die Kochfrauen am Feuer befragt hatte. Sie hatte im Langhaus nachgeschaut, wo die Familie schlief, und bei den Kriegern in des Königs Festhalle.

Sigfrid drehte den Kopf, um sie nicht aus den Augen zu verlieren; sein sonnengebleichtes Haar war von demselben hellen Braun wie das ausgewaschene Ried des Daches. Sie war jetzt fast unter ihm. In Vorfreude schwang er grinsend die Beine zur Seite. Das dichtgepackte Schilf war gewölbt wie der Buckel eines Heuschobers. Er ließ los, gewann an Fahrt, als der Hang steiler wurde und rollte sich auf dem Boden ab, um mit einem triumphierenden Feixen in einer Staubwolke vor Perchtas Füßen zu landen.

Einen Augenblick war sie sprachlos; dann zog sie ihn am Ohr hoch und verpaßte ihm die verdiente Tracht Prügel. Er wand sich in ihrem Griff; bei jedem Schlag stäubte es aus seinem Überrock und seinen Hosen.

»Nichtsnutziger Junge! Du hättest dir den Hals brechen können! Und schau, was du mit deinen Kleidern gemacht hast!«

Sigfrid wand sich; denn sie hatte Kraft in den Armen und ließ es ihn spüren.

»Reiter, Perchta –«, keuchte er schließlich, als ihr die Worte ausgingen. »Ich hab' sie gesehen, auf dem Dammweg hinter den Birken. Ob das Hlodomar ist?«

»Wenn er's ist, dann hast du gerade noch Zeit, dir Gesicht und Hände zu waschen und dir das Stroh aus dem Haar zu pflücken; denn deine Mutter will dich beim Fest dabei haben. Ein Glück für dich, Bübchen, denn wenn es meine Entscheidung wäre, dann könntest du dich mit den Hunden um die Essensreste balgen ...«, begann Perchta erneut zu zetern.

Doch Sigfrid lachte nur.

Das Klirren von Metall auf Metall übertönte fast den Lärm der Menschen draußen. Ragan schob die Lippen vor und beugte sich über die Axtklinge; die Muskeln in seinen langen Armen wölbten und streckten sich, während der Hammer der Krümmung folgte. Mit jedem Schlag wurde der vollkommene Halbmond der Schneide deutlicher. Schließlich hielt der Schmied inne und fuhr mit einem schwieligen Finger über das glatte Eisen.

»Ragan, was machst du? Des Königs Bruder ist hier mit all seinen Mannen, und das Fest fängt gleich an«, kam eine junge Stimme vom Eingang her.

Der Schmied blinzelte in das helle Rechteck, und sein Schnauben wurde zu einem Knurren, als er Sigfrid erkannte, langbeinig und breitschultrig für einen Knaben von acht Wintern und umstrahlt von einem Kranz aus Sonnenlicht. Ganz und gar ein Kind der Hohen schien er, doch Ragan ließ ihn in der Schmiede spielen, auf den Augenblick wartend, da sich die wahre Herkunft des Knaben erweisen würde. Nicht einmal Hiordisa kannte die ganze Sippe ihrer Mutter. Weder lachte Sigfrid über ihn, noch schien er Ragans Magie zu fürchten, und er machte sich von Zeit zu Zeit nützlich.

»Ist nicht *mein* Bruder. Hab' Arbeit. Warum kommst du?« Noch einmal strich er über die Axtklinge. Kein Augenblick war so befriedigend wie dieser, wenn die *Richtigkeit* des Werkes unter seinen Händen zum Vorschein kam.

»Aber unser ganzes Volk wird da sein –«

Ragan lachte auf, als er die Verwirrung in Sigfrids Stimme bemerkte; er verstand wohl, was der Junge nicht hätte in Worte fassen können. Die Festtafel war der Mittelpunkt der Gemeinschaft, ja, bestimmte diese in gewisser Weise sogar; denn ein Ausgestoßener war einer, dem es verboten war, Anteil zu haben an der Speise, die den Göttern dargebracht wurde. Doch trotz seiner dreißig Jahre in König Hilperichs Diensten war dies nicht

Ragans Volk, und er hegte einen alten Groll gegen dessen Götter.

Aber dies war nicht die Zeit, zu zeigen, wie gut er begriff. Obgleich sein Volk Erde von dieser Erde war, seit Anbeginn der Welt, würde er hier stets ein Fremder sein.

»Komme gleich. Die Axt ist zum Holzschlagen, fürs Feuer. Bin bald fertig. Geh jetzt zu deiner Mutter!«

Er nahm den Hammer auf und wandte sich wieder seiner Arbeit zu; am Aufblitzen des Lichtes merkte er, daß der Junge fort war.

Heming, Hundings Sohn, glitt von seinem Pferd und schaute mit Interesse auf die Gebäude ringsum. Seit drei Jahren ritt er nun mit Hlodomar, doch dies war das erste Mal, daß sie in der Nähe gewesen waren, um das Herbstfest mit der Familie zu begehen. Das Dorf wirkte wohlhabend; die Häuser waren sauber gedeckt, und die Umfriedung war aus starken, festgefügten Stämmen errichtet. Helle Farben hoben die Schnitzereien an Türpfosten und Giebeln hervor. *Der Ort dürfte einiges an Beute bieten,* dachte Heming mit der kalten Berechnung einer halben Lebzeit, *und einen guten Kampf, sie zu erringen, wenn wir als Feinde gekommen wären.*

Eine schöne Frau mit Haar, das wie neues Kupfer glänzte, trat aus der Menge hervor, die sich versammelt hatte, um sie willkommen zu heißen. Sie hielt ein großes, silbergefäßtes Trinkhorn. Sie bewegte sich mit Anmut, obgleich sie hochschwanger war. Ein Mann mit den gleichen buschigen Augenbrauen wie Hlodomar folgte ihr; sein helles Haar glänzte in der Nachmittagssonne. Dies mußte Alb sein, der älteste Sohn des Königs.

»Onkel, wir hätten fast ohne dich angefangen!« rief er aus. »Komm – wir haben den Stier schon getötet und sein Blut für die Geister im Gerstenfeld ausgegossen. Sein Fleisch siedet im Kessel, und wir wollten uns gerade zu Tische setzen!«

Hlodomar knurrte, schwang ein Bein über die Kruppe seines Pferdes und glitt zu Boden. »Deinem Vater geht's gut?« Er war ein großer, breiter Mann mit strohblondem Haar, das unter einer eisengefaßten Lederkappe hervorquoll, und viel jünger als sein Bruder, der König.

»Gut genug, um seinen Anteil am Bier zu saufen! Nur die Beine wollen ihn nicht mehr tragen.«

Alb nahm den Arm seines Onkels, mit dem wiegendem Gang, wie er Männern eigen ist, die viel Zeit auf See verbracht haben. Er hatte sich einen Namen auf Beutefahrten gemacht, während Hlodomars Kriegszüge hauptsächlich zu Land stattgefunden hatten. Heming folgte dem Rest der Schar zu den Tischen hin; Schwerter in abgewetzten Scheiden baumelten an ihren Hüften, und an ihren Hälsen blinkte erbeutetes Gold.

Am längsten Tisch wartete Hilperich mit seinen anderen Söhnen. Sein weißer Bart war gebürstet und glänzte. Er zauste das Haar eines Jungen, der eine Tunika aus blaßgelber Wolle trug, gesäumt mit Bändern aus Brettchenweberei, die eine Frau viele Stunden Arbeit gekostet haben mußten. Offensichtlich ein Lieblingsenkel; doch einer seiner Onkel schien ihn weniger zu mögen.

Der Junge hatte es auch gemerkt. Eine lange Zeit hielten die gelblichen Augen des Knaben dem feindlichen Blick des Mannes stand, und es war der Mann, der als erster wegschaute. Doch er runzelte die Stirn, und nach einer Weile duckte sich der Junge unter dem Arm des Königs hindurch und schlüpfte am Tisch vorbei an die Seite der Frau, die das Trinkhorn gereicht hatte.

Fasziniert strich Heming über seinen ergrauten Bart und suchte sich einen Platz am Ende der Tafel, wo er die beiden beobachten konnte. Im Blick des Knaben hatte etwas beunruhigend Vertrautes gelegen. Über den Lärm von Gespräch und Gelächter erklang eine ferne Musik, als eine weitere Schar von Wildgänsen südwärts über den Himmel strich.

»Ein Horn für Ingwio!« rief Hilperich, als die Frauen Schüsseln mit gebratenem Schweinefleisch herbeibrachten und sie den Gästen vorsetzten.

»Heil Ingwi-Fro, Herr des Landes, Spender der Ernte!« riefen die Gäste, als der König das Horn segnete, trank und es dem Mann neben ihm weiterreichte. Das Gelächter erwärmte sich, als die Leute die Gegenwart des Gottes spürten. Heming brach sich ein Stück Gerstenbrot ab und hielt seine Holzschale hoch, um sie sich von einer Frau füllen zu lassen, die mit einem Kessel voll Bohnen mit Lauch und Zwiebeln vorbeikam.

Von den Männern am anderen Ende von Hlodomars Tafel erscholl ein Aufwallen von Heiterkeit, als das Horn zu einem ihrer neuesten Gefährten kam, einem jungen Mann von einem der kleineren anglischen Königsfamilien, dem man den Spitznamen »Hengst« gegeben hatte.

»Ho, Hengest – hier ist etwas, das dich aufrichtet! Sei froh, daß sie keinen Glücksbringer brauchen, wie meine Buhle, wenn wir auf der Farm daheim ein Pferd schlachten!«

Bei der Anspielung auf den Pferdepizzel, der oft als Abbild des Gottes beim Fest verwendet wurde, wurde der junge Mann rot, doch er beherrschte sich. Trotz seiner Jugend war er bereits ein guter Kämpfer. *Wenn das Glück ihm hold ist, wird er es weit bringen*, dachte Heming.

»Heil dem fruchtbaren Gott!« Das Horn wurde an den Tisch gereicht, wo Heming saß, und eine Frau hielt es hoch. »Stärke meines Gatten Stab, daß er mein Feld mit guter Saat bestelle!«

Die Männer lachten, und der Mann der Sprecherin blickte finster.

»Wachse, Walse«, murmelte eine der älteren Frauen, »und werde groß, gestärkt mit Lein, gestützt mit Lauch. Laß die Frau fruchtbar sein, Herr, in deinem Dienste.«

Heming wand sich. Er ehrte den Phallusgott so wie jeder, doch ein Mann hatte einst den Namen getragen, den die Menschen dem Gott im Osten gaben, und es gab eine alte Blutfehde zwischen seiner und Hemings Sippe.

Der Met machte die Runde zu Ehren der anderen Götter: Tiw, der Sieg in der Schlacht gewährte und Gerechtigkeit beim Thing; Donar, dem Donnerer, der den Regen auf die Felder herabsandte; und Wodan, der ein Gott vieler Dinge war, welchen man bei diesem Fest als den willkommenen Erfüller des Verlangens anrief. Und mit jeder Runde wurden die Augen heller, die Gesichter schöner, die Herzen freier, als sie Gäste willkommen hießen, deren unsichtbare Gegenwart so offenkundig war wie ihre eigene. Dann erhob sich Hiordisa, Albs Gemahlin, und nahm das große, silbergefaßte Horn.

»Froja, der *disa* der Wanen, weihe ich dieses Horn! Froja vom Halsgeschmeide, Herrin der Liebe, die den Mann zum Weibe sich neigen läßt und das Leben in ihr weckt, dir sei Dank für deine vielen Gaben!« Sie hob ihre Hand segnend über das Horn, goß ein wenig auf die Erde, trank und reichte es ihrem Gatten.

Ihr Sohn stand an sie gedrückt, die gelben Augen halb geschlossen vor Müdigkeit, gegen die er mit jenem störrischen Willen ankämpfte, dessen Heming sich aus seiner eigenen Kindheit entsann. Mit einem seltsamen Anflug von Neid blickte er auf den geschwungenen, glatten Hals des Knaben; denn er selbst hatte kein Kind.

»Daß die Göttin *sie* gesegnet hat, sieht man.« Eine der älteren Frauen wies auf Hiordisas gewölbten Leib. »Es bringt Glück, wenn die Mutter eines starken Sohnes dieses Opfer darbringt.«

Die Sonne war den Gefilden des Tages entflohen, und das letzte Licht erstarb am Himmel. Einen Augenblick lang saß Heming bei einem Fest der Schatten. Ihn fröstelte, als berühre der Hauch des Schicksals seine Seele. Dann brachten die Knechte Fackeln herbei, und Gesichter und Ornamente traten erneut hervor in flackerndes Licht.

Die Stimmen wurden lauter, als die Trinksprüche sich von den großen Göttern den Helden der Vergangenheit und verstorbenen Freunden zuwandten. Franken oder Angeln, Hermunduren oder Jüten, ihnen allen war dieser Brauch gemein. Einige der Gäste berührten den Rand des Gefäßes nur zum Zeichen mit ihren Lippen, doch Hlodomars Mannen tranken tief, als das Horn die Runde machte, und Heming tiefer als sie alle, in der Hoffnung, das Feuer im Met möchte der Kälte wehren, die so plötzlich seine Seele erfaßt hatte.

»Auf Godo, der beim letzten Kriegszug ins Gallierland fiel«, sprach der Mann, der neben Heming saß. »So hat er seinen Anteil an dem guten, reichen Boden, festem, offenem Land, wo das Meer nicht die Felder wegfrißt, obgleich sie im Namen des Weißen Christ gesegnet werden anstelle der alten Götter.«

»Und Sklaven in Fülle, es zu bestellen«, lachte ein anderer, »während der Herr es sich gutgehen läßt. Kein Wunder, daß die Römer die Krieger der Stämme anwerben, für sie zu kämpfen. Überall entlang der Grenze trifft man heute auf unsresgleichen.«

»Und ihre Söhne verweichlichen vom guten Leben, und der Profit, den sie aus dem Lande ziehen, geht als

Steuer nach Rom.« Einer der ältesten sprach, ein Mann mit einer langen Narbe, die sich von der Schläfe bis zum Kinn zog. »Ich habe in den Legionen gedient, und ich weiß es. Besser, wir nehmen den Tribut, den sie uns anbieten, und kehren heim zu den Ländern, die wir verstehen.«

Heming wartete, daß das Horn zu ihm kam.

»Wenn das Land uns haben will.« Der nächste Krieger goß etwas Bier auf den Boden. »Jeder Winter wird länger und kälter als der letzte. Vielleicht zürnen die Götter uns, weil wir uns von ihnen abwenden! Das Land der Gallier ist zum Pflücken reif. Laßt uns dort unsere Opfer darbringen!«

»Vielleicht können wir Alb überreden, ein Schiff voll Krieger oder deren zwei mit seinen Freunden, den Jüten, nach Britannien zu schicken«, meinte einer der Franken. »Jetzt, da die Römer die letzte ihrer Legionen von dort zurückgezogen haben, sollte es dort leichte Beute geben.«

»Seid still!« Heming nahm das Horn. »Niemand kann seinem Schicksal entgehen, nicht einmal die Götter, doch ich werde mein Opfer auf dem Feld der Speere machen.« Er hob das Horn und leerte es in einem einzigen langen Zug.

Irgend jemand klopfte auf den Tisch, und aller Augen wandten sich dem König zu.

»Die Nacht wird kühl, und 's ist Zeit, unser Blut mit Tanz zu erwärmen. Doch bevor wir dies tun, sollen die Albinger ein letztes Horn zu Ehren der Göttin leeren, die unsere Sippe behütet!« Eine alte Frau wurde in den Kreis des Fackellichts geführt und nahm das silbergefaßte Horn.

»Albodisa rufe ich von der Wohnstatt der Hellen!« keuchte sie. »Weiße, komm geritten, sieh auf deine Kinder! Warne sie vor Gefahr, fülle die Leiber ihrer Frauen!

So sollen die Albinger gedeihen und lange leben im Lande!« Sie goß Met auf die Erde und gab das Horn dem König.

»Auf die Albinger!« Er hob das Horn. »Edel, frank und frei!«

Schweigen herrschte unter den Gästen, als das Horn herumgereicht wurde. Von dem König ging es zu Alb und dann zu dessen Brüdern. Es wanderte den Tisch hinab, und Frau Hiordisa nahm es, ohne daraus zu trinken, und wollte es weitergeben. Da griff ihr Sohn nach dem Horn.

»Nein, Kind.« Die Hand der Mutter schloß sich um die seine und nahm sie weg. »Du bist nicht von Albodisas Stamm.«

Die Erinnerung legte über das verwirrte Gesicht die Züge eines Mannes, verzerrt vor Überraschung, als er den Biß des Speeres verspürte, und Heming, Hundings Sohn, wußte, wo er jene gelben Augen schon einmal gesehen hatte.

Ein Walsung!

Der Knabe fuhr herum, als spüre er Hemings Blick auf sich ruhen. Er kämpfte mit den Tränen, doch als ihre Augen sich trafen, verwandelte sich langsam der Ausdruck des Kindes, und Heming fühlte, wie seine Nackenhaare sich sträubten, als er den hellen Blick Sigmunds, des Wolfskönigs, auf sich ruhen spürte. Einen Augenblick hielt er ihm stand, dann mußte auch er wegschauen.

Das Kind zitterte und klammerte sich an seine Mutter, und bald kam seine Amme, es ins Bett zu bringen. Doch Heming aß nichts mehr an Hilperichs Fest, obgleich das Gelage bis zum Morgen währte. Sein Kopf pochte, und mit jedem Pulsschlag kam derselbe Kehrvers:

Sigmund hatte einen Sohn. Ein Kind der Walsunge wandelt noch auf Erden.

Selbst nachdem Perchta die Tür zum Langhaus geschlossen hatte, konnte Hiordisa noch den Lärm der Männer bei ihrem Gelage im Hof hören. Sie würden bis tief in die Nacht weiterzechen, doch sie hatte alles getan, was die Höflichkeit verlangte. Sie lehnte sich gegen einen der Pfosten, dankbar dafür, daß die Sitte ihr diese Flucht in die Halle erlaubte. Sie war heute schon zu lange auf den Beinen gewesen, und ihr Rücken schmerzte von der Last des Ungeborenen. Doch es war nicht das Albingerkind, das sie trug, was ihre Kehle zusammenschnürte, als Perchta sie zu ihrem eigenen Kastenbett am Ende der Halle heimleuchtete, sondern der Sohn, den sie acht Jahre zuvor Sigmund dem Walsung geboren hatte.

Hiordisa ließ sich von Perchta das Schultertuch abnehmen, teilte die Vorhänge aus gestreifter Wolle und lauschte auf die leisen Atemzüge. Einen Augenblick stockten sie, als sie sich über den Knaben beugte; dann wurden sie mit einer täuschenden Regelmäßigkeit wieder aufgenommen.

»Sigfrid –« Sie strich das weiche Haar aus seiner Stirn zurück. »Schläfst du? Du mußt mir zuhören.«

Sie spürte, wie er sich abwenden wollte, doch sie hielt ihn fest, und statt dessen griff er nach ihr; sein Atem ging plötzlich schneller, als wäre er gerannt, doch er gab kein Wort, keinen Laut von sich. Stroh raschelte, als sie sich auf den Rand des Bettkastens niederließ.

»Mein Herz, mein Kleiner, kannst du mir verzeihen? In den Jahren zuvor lagst du immer schon im Bett, wenn Albodisas Horn herumgereicht wurde ...«

Wieder begann sie seine Stirn zu streicheln. Sie konnte die heißen Tränen spüren, die das Leinen tränkten, welches seine Bettstreu bedeckte, und mußte das Brennen in ihren eigenen Augen unterdrücken. Sie hatte Alb bereits eine Tochter geboren, und ein neues Kind regte sich in ihrem Schoß, doch in diesem Augenblick durfte sie sich eingestehen, daß ihr Erstgeborener einen Platz in ihrem Herzen innehatte, den kein anderes Kind einnehmen konnte.

»Wer bin ich denn, wenn ich nicht Albs Sohn bin?« flüsterte der Junge schließlich.

»Dein Vater war ein Walsung«, antwortete sie, und ihre Stimme bebte bei dem Gedanken. »Aus einem Geschlecht von Kriegern und Königen!« In dem einen Jahr ihrer Ehe hatte sie die Barden oft genug ihres Herrn Abkunft singen hören, um sich daran zu erinnern.

»Sigi war der erste von ihnen, Wodans Sohn, der aus dem Norden fliehen mußte, nachdem er einen Feind getötet hatte. Sein Sohn war Reri, welcher sich im Osten von hier ein großes Reich schuf. Reris Gemahlin hatte keine Kinder, bis die Mutter ihnen einen Apfel aus dem Garten der Götter sandte. Sie starb bei der Geburt, aber ihr Kind war so groß und stark, daß man ihn Walse nannte, und er vermählte sich mit einer Walkyrja, die ihm zehn Söhne und eine Tochter gebar, und der größte unter ihnen war Sigmund.«

»So ist Alb nicht mein Vater.«

Ihre Hände glitten herab zu seinen Schultern. Seine Haut war so weich, so zart. In der Dunkelheit konnte sie vergessen, wie seine Beine und Arme seit dem letzten Herbst gewachsen waren und sich an das pummelige Kind erinnern, das er vor so kurzer Zeit gewesen war. Eine Welle von Fürsorge ließ ihren Griff fester werden, bis er sich wand.

»Er war wie ein Vater für dich, doch es war Sigmund der Walsung, der dich zeugte, mein Heldenkind.« Der Name erklang in der Dunkelheit wie das ferne Klirren von Schwertern. »Obwohl er ein Mann war von meines Vaters Jahren, erwählte ich Sigmund zu meinem Gemahl, denn es liegt mehr Ehre darin, einen Mann von Rang zu ehelichen.«

»Das ist wahr –« Der Knabe sprach so nüchtern wie einer von Hilperichs Ratsleuten, und Hiordisa begann zu lachen trotz ihrer Tränen.

Es war eine kühl überlegte Entscheidung gewesen, bis sie ihn gesehen, bis sie die Stärke in seinen Armen bemerkt hatte und das belustigte Verstehen in seinen Augen. Nichts hatte ihn jemals überraschen können, wie es schien, nicht einmal am Ende.

Doch ihr Sohn wartete, und mit Mühe nahm Hiordisa ihre Stimme wieder zusammen.

»Sigmund war ein großer Mann. Als der Gatte seiner Schwester den ganzen Rest seiner Familie getötet hatte, lebte er allein im Wald, bis seine Schwester Signy im geheimen zu ihm kam und ihm einen Sohn gebar, der ihm half, ihre Sippe zu rächen. Das war Sintarfizilo, und als sie in ihr eigenes Land zurückkehrten, wurde er ein mächtiger Mann.«

»Er war mein Bruder?« fragte Sigfrid.

»Er ist jetzt tot«, sagte sie leise, »vergiftet von Sigmunds erster Gemahlin. Doch ihr Kind war auch ein guter Mann, der Held Helgi, der Hunding tötete, obwohl er noch jung war. Er wurde von der Walkyrja Sigrun erwählt und von ihr aus seiner Sippe entführt. Er wurde getötet von ihrem Bruder Dag, vor dem du dich hüten mußt, wenn du erwachsen bist.«

Sigfrid lag still und überlegte. »Ich schätze, es ist gut, berühmte Verwandte zu haben, doch da sie alle tot sind, sind sie mir nicht viel nütze«, meinte er schließlich. »Und mein Vater? Wer hat ihn getötet?«

Hiordisa biß sich auf die Lippe. Es war wahr, die Walsunge waren keine glückliche Familie. Sigfrid hatte bereits erkannt, daß die Männer seiner Sippe im allgemeinen nicht durch Zufall starben oder ihr Leben auf dem Strohlager aushauchten.

»Lyngwi, Hundings Sohn.« Sie spie die Worte aus, wünschte sich das langnasige, langschädelige Gesicht herbei, daß sie auch darauf spucken könnte. »Er wollte mich zur Frau haben, doch ich entschied mich für Sigmund, und das goß Öl in sein Feuer. So überfielen seine Brüder und er unser Land, zerstörten alles, was sie fanden, und mein Vater und Sigmund zogen hinaus, um sich ihnen auf dem flachen Land am Meer entgegenzustellen.«

Sigfrid setzte sich auf, zog die Schlaffelle um sich. Sie konnte spüren, wie ihm die Aussicht, eine Geschichte vom Kampf erzählt zu bekommen, das Herz höher schlagen ließ.

»Wenn Sigmund so mächtig war, wie konnte Lyngwi ihn töten?«

»Es waren zu viele –« Hiordisas Stimme stockte, und sie schüttelte den Kopf, versuchte die Flut von Erinnerungen zu bändigen. Es war Frühling gewesen, und die ersten Blumen waren gerade erblüht, ehe die Füße der Krieger sie zertrampelten ...

»Aus dem Wald sahen Perchta und ich dem Kampf zu. Ich sah, wie sie Eylimi, meinen Vater, töteten, doch Sigmund erschlug jeden, der gegen ihn antrat, trotz seiner Jahre, bis sein Schwert brach, und dann brachten sie ihn durch schiere Übermacht zu Fall. Lyngwi und seine Brüder ritten fort, um unsere Halle zu plündern, doch ich blieb in meinem Versteck, bis die Dunkelheit hereinbrach, und dann ging ich hinaus auf das Schlachtfeld.«

Der Duft frischen Grases hatte sich mit dem Gestank des Schlachtfeldes vermischt. Sie erinnerte sich an das Krächzen der Raben in der Dunkelheit, und den Schrecken, auf eines Toten Hand zu treten.

»Und du hast meinen Vater bestattet?«

»Sigmund war noch am Leben, als ich ihn fand, wenngleich es kaum eine Stelle an seinem Körper gab, die nicht von Wunden gezeichnet war. Doch er ließ sie sich nicht von mir verbinden.« Ihre Stimme brach. Selbst jetzt konnte sie immer noch das helle Oval seines Gesichts in den Schatten schimmern sehen und seine Worte hören.

Laß ab. Mein Glück hat sich gewendet. Siegreich war ich, solange es Wodans Wille war, doch nun hat er mein Schwert zerbrochen. Bewahre die Stücke auf für unseren Sohn.

»Ich flehte ihn an, sich von mir helfen zu lassen.« Sie konnte ihr Weinen nicht aufhalten, und Sigfrid versuchte ungeschickt, ihre Tränen wegzuwischen. »Ich sagte ihm, er müsse leben, um Rache an Lyngwi und seinen Brüdern zu nehmen, Rache für den Tod meines Vaters. Doch Sigmund sagte, diese Aufgabe bleibe dem Kind in meinem Leib überlassen, denn es sei Zeit für ihn, sich zu seinen Vorfahren zu gesellen. Und so blieb ich bei ihm. Meines Vaters Leichnam lag nahebei; meine Mutter, Lyngheid, war Jahre zuvor gestorben. Wohin sollte ich auch gehen?«

Sie hatte gespürt, wie seine Kräfte dahinschwanden, und es war, als weiche alles Leben aus der Welt. Er sprach nicht mehr, obgleich sie wartete, bis der Geist ihn im Morgengrauen verließ. Und dann war Perchta gelaufen gekommen, um ihr zu sagen, daß die Bucht voller Schiffe sei. Und Alb war erschienen und hatte sie fortgetragen.

»So. Mein Vater war ein Held«, sagte der Junge leise. »Warum hast du mir nie davon erzählt?«

»Weil die Männer, die ihn töteten, noch am Leben sind, und wenn sie von deiner Existenz wüßten, würden sie dich auch töten.«

»Warum sollten sie mir Böses wollen? Ich habe ihnen nichts getan!«

»Sie werden dich ansehen und werden in dir deinen Vater erkennen ...«, sagte sie durch den Schmerz in ihrer Kehle. Er war erst acht Winter alt, doch jetzt bereits wandten die Leute den Blick ab, weil sie den Glanz seiner Augen nicht ertragen konnten.

»Dann werde ich sie töten«, kam die klare Stimme aus der Dunkelheit.

»Wenn du erwachsen bist, mein Held; erst wenn du ein Mann bist!«

Lachend und weinend zugleich zog Hiordisa ihn an ihre Brust und hielt ihn dort, ihre Hände prägten sich das sanfte Fleisch des Kindes ein, das die starken Knochen bedeckte. Sigfrid war noch so klein, doch die Kraft war bereits zu spüren, die seinen Vater zu einem Riesen unter den Menschen gemacht hatte.

»Heute morgen gehörte ich zu der einen Familie, und heute abend habe ich eine andere. Es ist sehr verwirrend«, sagte Sigfrid leise nach einer Weile. »Und ich habe Feinde.«

»Nicht hier, mein Liebling«, murmelte Hiordisa und wiegte ihn. »Nicht jetzt.«

Doch es schien ihr, als könne sie bereits fühlen, wie er ihr entglitt, so wie Sigmund ihr entglitten war, selbst wenn sie seinen kindlichen Körper noch warm und fest unter ihren Händen spürte.

Über Nacht war ein Wind von Norden aufgekommen, hatte die hohen Wolken fortgefegt und den Rauch der Festfeuer über der Halle. Es war ein kalter Wind, und die Frauen steckten sich ihre Umhänge enger, als sie Schüsseln und Bierkrüge abräumten und die Reste des Mahls zusammenkehrten. Sonnenlicht glitzerte auf fernen Wasserläufen und blinkte auf Helmen und Geschirr der

Gäste, die sich zum Aufbruch rüsteten. Es war ein Morgen, der bis aufs Blut erfrischte, und selbst Männer, die noch unter den Nachwirkungen des gestrigen Gelages litten, bewegten sich forscher, sobald sie damit fertig waren, die Helle des Tages zu verfluchen.

Sigfrid entwischte aus dem Langhaus, ehe Perchta ihn zu packen kriegte, schnappte sich ein Stück Brot und einen Kanten Käse von einer der Mägde und schlüpfte durch das Tor der Umfriedung, ein Bündel Pfeile auf dem Rücken und einen Vogelbogen in der Hand. Die Erkenntnis, die ihn am Abend zuvor zum Weinen gebracht hatte, spornte ihn nun an. Sein Ahnherr Sigi war allein ausgezogen, und sein Vater hatte einsam im Walde gelebt. Wenn er keine lebenden Verwandten hatte, dann würde er ohne sie zurechtkommen.

Doch dumm durfte er sich dabei nicht anstellen. Rache war ihm aufgetragen, und dafür mußte er überleben. Seine Mutter hatte ihm gesagt, er sei hier sicher, doch Frauen wußten nicht alles. Es schien Sigfrid, daß es am klügsten wäre, sich irgendwo zu verstecken, wo er die Straße im Auge behalten konnte, und zu warten, bis die Gäste alle fort waren.

Draußen in den Sümpfen stiegen Vogelschwärme auf und ließen sich wieder nieder, riefen einander ungeduldig zu, während sie auf den Moment hinarbeiteten, wo eine instinktive Übereinkunft sie alle zugleich würde gen Süden schwärmen lassen, wie jedes Jahr. Eine zum Fest angereiste Familie nach der anderen lud ihre Wagen oder Pferde auf und zog über den Dammweg davon. Doch Hlodomars Männer ließen keine Eile erkennen, abzureisen.

Unter dem Ginsterbusch, in dessen Windschatten er saß, runzelte Sigfrid die Stirn. Er hatte das Brot und den Käse bis auf den letzten Krumen verzehrt, und der Wind wurde langsam kalt. Es war gut, daß er sich unbemerkt hatte davonschleichen können, doch Perchta hatte inzwischen bestimmt schon die Jagd auf ihn eröffnet, und er hatte keine Lust, wie ein geprügelter Hund durch das Tor zurückgeschlichen zu kommen.

Wenigstens hatte er Pfeil und Bogen. Wenn er eine Gans erlegte, dann könnte er so tun, als wäre ihm nicht klar gewesen, daß die Reste des Festmahls dem ganzen Dorf für die nächsten Tage zum Essen reichen würden. Ein wenig steif stand er auf und begann auf das Ende des Sumpfes zuzupirschen, wo ein Birkenwäldchen ihm Deckung geben würde, bis er nahe genug heran wäre, um seine Beute ins Visier zu nehmen.

Ganz konzentriert auf die Aufgabe, sich geräuschlos durch das trockene Gras zu bewegen, sah er die Bewegung hinter sich erst, als eine harte Hand sich um seine Schulter schloß und ihn herumriß.

Er wollte sich wehren, dann wich er zurück, als kalter Stahl ihn unter dem Kinn stach.

»So ist es besser. Sei still, und es wird schnell vorbei sein, schnell und schmerzlos.« Es war der Mann mit dem ergrauten Bart, der Mann, der ihn am Abend zuvor so angesehen hatte.

»Ich bin der Ziehsohn von Alb, Hilperichs Sohn«, sagte Sigfrid fest. »Du kannst mich nicht töten wie einen entlaufenen Sklaven.«

»Ich weiß, wer du bist.« Der Mann lachte leise. »Ich habe nach dem Namen des Jungen mit den Wolfsaugen gefragt, letzte Nacht beim Met. Mein Name ist Heming, und Hunding war mein Vater, und du bist der Sohn Sigmunds und der Bruder von Helgi Hundingstöter.«

»Dann weißt du, daß ich von edler Herkunft bin –« Sigfrid versuchte das Zittern in seiner Stimme zu unterdrücken. Er hatte Angst; vor allem aber war er zornig.

Nur ein Kind konnte so dumm sein, sich so ertappen zu lassen.

»Und wenn die Hälfte der Einherier von deiner Sippe ist«, sagte Heming und grinste durch seinen Bart, »ist Wodans Halle doch ein bißchen zu weit, daß man dich hören könnte. Aber zweifellos werden sie dich dort willkommen heißen.«

»Man wird dich Heming den Kindermörder nennen. Meinst du, es wird dir Ehre einbringen, einen Knaben zu töten?«

»Bist du ein Kind? Ich dachte, alle Walsunge kämen mit Fängen und Krallen zur Welt! Ich werde dich töten, wie ein Jäger das Wolfsjunge tötet, bevor es heranwachsen kann.«

Sigfrid ließ sich fallen. Sein Hemd zerriß in Hemings Hand, als er auf dem sandigen Grund Fuß zu fassen suchte. Einen Augenblick lang war er frei, dann schloß sich ein eiserner Griff um seinen Arm, und er hörte ein scharfes Knacken wie von einem brechenden Ast, als ihm der Arm auf den Rücken gedreht wurde. Jetzt lag die Dolchklinge in seinem Nacken, aber die Wellen des Schmerzes, die von seinem gebrochenen Arm aufwallten, hielten ihn wirkungsvoller fest als der kalte Stahl.

»Tut mir leid«, sagte Heming leise in sein Ohr. »Ich wollte dir keinen unnötigen Schmerz zufügen. Jetzt werden wir ganz langsam dort hinab in den Schutz der Bäume gehen. Ich werde mich zu meiner Tat bekennen, da ich keine Lust habe, als Mörder für vogelfrei erklärt zu werden, aber ich würde dies lieber außer Sichtweite des Hügels beenden.«

Die Welt drehte sich um ihn, als der Mann ihn vor sich her schob, auf den Teich zu.

»Ich werde deiner Mutter natürlich ein Wergeld zahlen. Ich bin sicher, meine Sippe wird es gerne leisten«, sagte Heming nun. »Es ist mein Glück, daß ich unter Hlodomar diente, oder wir hätten nie gewußt, daß noch ein Walsung am Leben ist.«

Nicht mehr lange, dachte der Knabe; denn es schien nichts zu geben, was er tun könnte. Ohne Hemings Griff wäre er gefallen, und mit jedem Schritt schossen heiße Wellen von Schmerz durch seinen Arm. Doch seine Ahnen würden ihn nicht in der Halle der Erschlagenen willkommen heißen, wenn er sich wie ein Lamm zur Schlachtbank führen ließ, ohne auch nur einen Schrei auszustoßen.

Sie erreichten die Birken. Durch das Gezweig konnte Sigfrid die wogende graubraune Masse der Gänse sehen, die im Teich nach Nahrung suchten.

Seid ihr meine Zeugen! dachte er, und dann, als der Griff seines Fängers wechselte, damit er sein Messer packen konnte, biß der Junge hart in den fleischigen Ballen unter dem Daumengelenk in des Mannes Dolchhand.

Heming brüllte auf, und die Klinge wirbelte blitzend durch die Luft. Die Gänse folgten sofort, verdunkelten den Himmel, als sie aufstoben. Sigfrid nahm seinen ganzen Mut zusammen, und als Heming nach ihm griff, duckte er sich und warf sich in den Teich.

Alb hatte darauf bestanden, daß sein Ziehsohn schwimmen lernte. Der Schock des kalten Wassers brachte den Jungen wieder zu sich, und ein guter Arm und zwei starke Beine ließen ihn wie einen Pfeil unter Wasser davonschießen, während der Mann sich noch im flachen Uferteil der erbosten Gänse erwehrte.

Nach Luft schnappend, kam Sigfrid in einem Schilfdickicht an die Oberfläche. Er konnte Heming fluchen hören, durch den Lärm der Gänse hindurch, der langsam abschwoll, als sie sich auf dem nächsten Teich niederließen. Bald würde der Mann anfangen, das Ufer abzusuchen. Sigfrid hatte keine Kraft mehr. Er fragte sich, ob es besser wäre, hierzubleiben und sich die Kehle durchschneiden zu lassen oder in die Mitte des Teiches hinauszuschwimmen, um zu ertrinken.

Und dann, als die Kriegsschreie der Gänse verebbten, hörte er Rufe anderer Art. *Perchta hat Sucher ausgeschickt*, dachte er voll Staunen. Durch das Schilf konnte er sehen, wie Heming sich umwandte; seine Hände waren leer. Sigfrid holte tief Luft, als die Dunkelheit ihn zu überwältigen drohte. Dann packte er ein Büschel Schilfgras am Rande des Wassers und zog sich hinauf auf festen Boden.

»Hier!« Er legte seine ganze Kraft in diesen Ruf. »Hier bin ich!«

Ragan der Schmied war zusammen mit dem Rest von König Hilperichs Leuten gerufen worden, das Urteil zu hören. Er stand ein wenig abseits von den anderen, die muskulösen Arme über der gewölbten Brust verschränkt, und sein gewohnt finsterer Blick verbarg den Groll darüber, daß er seine Arbeit für einen Streit des großen Volkes hatte verlassen müssen, und seinen Zorn über den Grund.

Der Gefangene wurde nun von seinen eigenen Gefährten bewacht, doch sie hatten ihm übel mitgespielt, bevor sie ihn dingfest gemacht hatten. Nichts war indes aus seiner Miene zu lesen, außer wenn sein dunkler Blick auf dem Knaben ruhte, der sich auf einer Bank unterhalb des Königssitzes an seine Mutter drückte. Man hatte Sigfrids gebrochenen Arm geschient und ihm etwas gegeben, um den Schmerz zu dämpfen. Offenkundig machte es ihn schläfrig, doch er hielt die Augen krampfhaft offen.

»Was soll nun geschehen?« Der König blickte mit einer Art Ratlosigkeit auf den gebundenen Mann und wandte sich dann Hlodomar zu: »Bruder, es ist einer deiner Krieger, der unser Kind angegriffen hat. Wie sollen wir über diese schreckliche Sache richten?«

»Ich spreche nicht für ihn«, sagte Hlodomar knapp, die Hand auf dem Griff seines Schwertes. »Er hat das Gesetz der Gefolgschaftstreue gebrochen ebenso wie die heiligen Bande der Gastfreundschaft.«

Heming versuchte etwas zu sagen, doch bevor er die Worte herausbringen konnte, wurde er brutal niedergerungen.

»Er hat das Recht zu sprechen, bevor wir ihn richten«, sagte Albald, Hilperichs jüngster Sohn. »Laß ihn los. Gebt ihm Gehör.«

»So ist es recht –«, kam ein Echo von den Umstehenden. »Gebt ihm Gehör!«

Ein bißchen Aufregung als Nachspeise zum Fest, dachte Ragan säuerlich. *Wenn sie ihn verurteilen, werde ich ihm den Kopf abschlagen müssen?*

»Laßt ihn reden«, sagte Alb mühsam, und seine Frau blickte ahnungsvoll auf. »Wenn es einen Grund für diesen Frevel gab, dann wollen wir ihn hören.«

Ragan runzelte die Stirn. Für einen Augenblick hatte er den Schmerz seiner eigenen Schwester in Hiordisas Augen gesehen. Lyngheid war hin und her gerissen gewesen zwischen ihrem sterbenden Vater und dem geliebten älteren Bruder, der ihn um Andwaris Schatzes willen getötet hatte. Wenn Hiordisa zwischen Sohn und Gatten wählen mußte, was würde sie tun? *Kein Frieden für dein Blut, bis Hreidmar gerächt ist*, dachte er grimmig.

Nach einem Augenblick nickte der König, und die Aufmerksamkeit der Menge wandte sich dem Gefangenen zu, der sie mit einem kalten Lächeln bedachte.

»Es gibt einen Grund«, sagte er rauh. »Ich bin Heming, Hundings Sohn, den Helgi Sigmundssohn erschlug, und das ist Helgis Bruder, den du aufziehst.«

Ein Gewisper von Fragen und Antworten ging durch die Versammlung wie Wind im Röhricht, und Ragan fragte sich, wie vielen wohl erst jetzt klar wurde, daß Sigfrid nicht Albs Kind war. Nur der Knabe wirkte nicht überrascht. Der Schmied rückte ein wenig näher. Er hatte es von Anfang an gewußt. Es war einer der Gründe, weshalb er hier geblieben war, um Sensen und Pflugscharen für einen unbedeutenden König zu schmieden. Er brauchte einen Helden, einen, dem vom Schicksal bestimmt war, große Taten zu vollbringen.

»Wohl heißt es, daß die in der Halle sitzen, oft wenig die Abkunft derer kennen, die kommen«, brach es aus Hiordisa heraus. »Hättest du dich als Sippenbruder derer zu erkennen gegeben, die Sigmund erschlugen, hättest du dennoch Gastrecht erhalten. Doch du hast das heiligste Gesetz verletzt, indem du die Hand gegen deine Gastgeber erhobst.«

»Wir waren außerhalb der Umfriedung und jenseits von Hilperichs Gesetz«, knurrte Heming. »Und es heißt, oft erwächst ein Wolf in einem Waisenkind. Bei einem Knaben, dessen Vater man getötet hat, gibt's keine Sicherheit, die sich mit Eiden oder mit Gold erkaufen läßt. Ich suchte nur zu vollenden, was vor neun Jahren hätte geschehen sollen.«

Alb trat einen Schritt vor, sein Blick ging über die Versammlung. Einige der Männer rührten sich, wie um ihm zur Seite zu treten, doch andere hielten sich zurück, murrend, und Albs eigene Brüder waren unter ihnen.

»Warum sollten wir eine Blutfehde eingehen für ein Geschlecht, das jedem nur Unheil brachte?« ging das Raunen ringsum. *»Der Junge ist eine Gefahr für uns alle.«*

Der Kummer, der in König Hilperichs Gesicht geschrieben stand, wurde tiefer. Sein Bruder Hlodomar wirkte immer noch zornig, doch ein Element der Berechnung war in seinen Blick getreten.

»Den Albingern steht ein Entgelt für die Kränkung zu und der Frau Hiordisa für die Verletzung ihres Kindes«, knurrte er, zu Heming gewandt. »Du bist bereits aus unserer Gemeinschaft ausgestoßen worden, doch wir werden dich gefangenhalten, bis das Sühnegeld gezahlt ist.«

»Mein Volk wird zahlen, und das gern«, fauchte Heming, »allein schon der Kunde wegen.«

Ragan, der sich nach vorn schob, sah den gestanzten Halbkreis von Zahnabdrücken auf Hemings verwundeter Hand und verbarg ein Lächeln.

Hilperich seufzte. »So sei es«, sagte er schwer. »Kein Enkel hätte mir lieber sein können, doch selbst wenn der Knabe von unserem Blut wäre, hätten wir ihn bald einem würdigen Mann als Ziehsohn geben müssen.«

Schweigen legte sich über die Runde, da jedermann sich fragte, welche Familie wohl willens wäre, sich um des Ziehgeldes wegen in eine Blutfehde mit den Hundingssöhnen hineinziehen zu lassen. Sigfrid löste sich aus seiner Mutter Arm und stand auf, obgleich seine Augen immer noch von Schmerz geweitet waren.

Doch Ragans Lächeln war breiter geworden, und die andern, die ihn nie so gesehen hatten, starrten ungläubig, als er sich in den Kreis drängte und vor den König trat.

»Werd' ihn aufziehn«, grollte der Schmied, »wo Hundings Söhne ihn nicht suchen. Werd' einen Helden aus ihm machen. Soll'n sie ihn fürchten, denn er wird alles vergelten, wenn er groß ist.«

Doch er blickte auf Sigfrid, und blinzelte ob der abwägenden Klarheit in des Knaben Blick. Die Entscheidung lag beim König, aber es war Sigfrid, der das Schweigen brach.

»Ich werde gehen.«

DER HÜGEL DES HOHEN

Hochtaunus
Ostaramond, A.D. 411

Irgendwo rief ein Rabe, ein langes »*Kaark*« – und dann ein fragendes Tschilpen. War es, wo die Fichten hinter der Halle der Walkyriun schwarz in den Himmel ragten, oder in der alten Eiche, die ihre knorrigen Äste über die Kochhütte reckte? Es gab viele Dinge in Fuchstanz, die einen Raben reizen könnten, doch es war der Vogel selbst, der Brunhild interessierte.

Als das Mädchen den Kopf hob, brachte ein warnendes Räuspern ihre Aufmerksamkeit wieder zu den Runenstäben in ihrer Hand zurück. Sechs sonnengerötete Gesichter waren ihr erwartungsvoll zugewandt. Bisher war noch keines der Mädchen, die sich für die Lehrstunde des Runenwerfens versammelt hatten, der scharfen Zunge ihrer Lehrmeisterin entronnen.

Brunhild holte tief Luft und hielt die Stäbe vorsichtig über das Tuch, bemüht, genau das richtige Maß an Druck in ihre ausgestreckten Finger und Daumen zu legen. Sie versuchte das Gewicht der Stäbe einzuschätzen, doch dies waren nur Übungsstöcke, nicht einmal geschnitzt. Sie lagen leblos in ihren Händen.

»Du wartest wohl darauf, daß sie Blätter treiben«, meinte Thrudrun. Die schweren Bernsteinketten auf ihrer Brust glühten wie Honig im Sonnenlicht. Unterdrücktes Kichern aus dem Kreis ließ Brunhilds Gesicht aufflammen, und in dem Augenblick zuckten die Muskeln ihrer Hand, und die Stäbe purzelten auf das Tuch.

»Schon besser«, sagte ihre Lehrmeisterin, und Brunhild öffnete ihre Augen wieder. »Da, wo die beiden schlanken Stäbe von dem einen gekreuzt werden, das könnte die Hagelrune sein. Doch die anderen fünf liegen da wie ein Stapel Brennholz.«

Brunhild lehnte sich mit einem Seufzer zurück, als die Seherin die Hölzer mit ihren kundigen Händen auflas. Die kleine Swala errötete ängstlich, als sie die Stäbe nahm, und Brunhild holte tief Luft; sie wünschte ihrer Freundin jeden erdenklichen Erfolg.

Die Mädchen, welche die Walkyriun zur Ausbildung angenommen hatten, waren interessanter als die Häuptlingstöchter, die zu den Versammlungen der Markomannen kamen, doch sie konnten hinterhältig sein wie Jungs. Galemburgis insbesondere hatte sich als schwierig erwiesen. Sie war die Tochter eines Alemannenhäuptlings, rothaarig wie eine Gallierin, größer als Brunhild und genauso stark. Doch Richhild, Liudwif und Swala hatten sich Brunhild angeschlossen.

Swala nahm einen tiefen Atemzug und ließ die Stöcke mit einem Zucken los, daß sie über den Boden flogen.

»Ist es ein Schneesturm, den du vorhersagst, Kind?« fragte Thrudrun. Swalas Gesicht wurde rosenrot unter dem Büschel von mausblondem Haar, und Brunhild rückte näher zu ihr und kniff sie in den Arm.

»Versuch, an was anderes zu denken, wenn du losläßt«, flüsterte sie.

Es war schade, daß Swala sich so leicht erschrecken ließ. Das Burgundenmädchen in Halle hatte seine Selbstbeherrschung behalten, selbst als es in den Fluß gefallen war. Doch es nützte nichts, sich zu fragen, wie es Gudrun hier ergangen wäre. Kunde war gekommen, daß die Burgunden sich einen neuen Wohnsitz auf römischem Gebiet an den Westufern des Rheins zu sichern suchten. Doch ihr König war mitten auf dem Feldzug gestorben. Sie hatten sein Leichenbier getrunken und seinen Sohn Gundohar zu Mogontiacum gekrönt. Während Brunhild in den Taunusbergen Runen las, würde Gudrun die Sprache Roms lernen.

Die Berge erhoben sich mit bewaldeten Kuppen über die Ebene, wo der Main dem Rhein zufloß, durchsetzt mit Felsen aus grauem Granit und Quarz, die weiß in der Sonne glänzten. Zu dieser Jahreszeit blühte der Rittersporn in violetter Pracht auf den Hängen. Fuchstanz lag windgeschützt, wo die Ost-West-Straße den Pfad kreuzte, der von der Mainebene heraufführte. Es gab ein Langhaus, wo die Frauen lebten, und ein zweites für die Mädchen sowie ein paar verstreute Lagerhäuser und Schuppen.

Die Heiligen Frauen des Taunus kamen aus vielen Stämmen. Sie kehrten gewöhnlich dorthin zurück, um ihrem Volk als Heilerin, Hebamme oder Seherin zu dienen und, wenn es not tat, den Kriegszauber der Walkyriun zu vollziehen. Doch es gab immer ein paar, die als Lehrerinnen in Fuchstanz verblieben, und andere, die in die Berge zogen, um an Orten wie dem Hügel des Hohen Wissen zu erlangen.

Das war es, was Brunhild reizte. Sie wollte die Schwertkunst lernen, die man die Erwählerinnen lehrte. Warum mußte sie hier sitzen und mit Stöcken spielen wie ein Kind? Sie hörte das tönende Klappern von fallenden Stäben und ein weiteres unterdrücktes Gekicher; dann fuhr sie hoch, als Thrudrun in die Hände schlug.

»Ihr haltet das für lustig?« rief die Runenmeisterin aus. »Wißt ihr, wie man die Runen schneidet und sie mit dem eigenen Blute nährt? Kennt ihr die Sprüche, die gesungen werden müssen, damit sie euch ihre Geheimnisse raunen?«

Brunhild sah das Glitzern von Tränen in Swalas Augen. »Wodan hing neun Tage am Baum, um diese Weisheit zu lernen«, sagte sie schnell. »Warum werfen wir Stöcke auf den Boden?«

»Ist es das, was du begehrst?« fragte Thrudrun grimmig. »Neun Nächte hangend zwischen Himmel und Erde, dem Tode näher als dem Leben, während dein Blut den Boden netzt? Wenn du die Ausbildung überstehst, wird die Prüfung noch rasch genug kommen. Doch ein Krieger übt zuerst mit einem Holzschwert und einem Haselstock. Erst wenn du das Wissen des Körpers erlernt hast, dann magst du dich der Prüfung der Seele stellen.«

Wieder rief der Rabe, und einen Augenblick lang flatterte etwas in Brunhilds Leib, ein Pulsschlag einer Mischung von Furcht und Verlangen. Sie hatte gesprochen, um die Aufmerksamkeit von Swala abzulenken, doch Thrudrun hatte sie nun herausgefordert. Sie sammelte die Stäbe auf, die auf dem Tuch verstreut lagen.

»Selbst ein Stockspeer läßt sich schärfen. Was ist hiermit? Wenn sie zu mir sprechen, wirst du mich dann etwas Wirkliches lehren?« Sie schloß die Augen fest. Es mußte eine Frage geben, wo die Antwort leicht zu erkennen war. »Seien die Stäbe die Runen der Hagelkornsippe«, sprach sie leise, »daß sie uns zeigen, wie das Wetter dieser Woche sein wird ...«

Rasch, bevor der Mut sie verließ, ließ sie die Arme nach vorn schwingen. Sie hörte die fallende Musik von Holz auf Holz und ein leises Keuchen der Überraschung. Doch es dauerte einen Moment, ehe sie den Mut aufbrachte, die Augen zu öffnen.

Im ersten Moment war alles, was sie sehen konnte,

daß die Stäbe diesmal zumindest nicht wie ein Haufen Feuerholz aussahen.

»Du hast sie geworfen«, sagte Thrudrun. »Jetzt lies sie!«

Wie konnte sie mit unbezeichneten Stäben auch nur das Wenige an Wissen anwenden, das sie besaß? Dann blinzelte sie, und aus dem Wirrwarr von Stöcken traten klar die Formen von Runen hervor.

»Dort liegt einer allein – das könnte die Eisrune sein«, sagte Brunhild leise. »Und das würde bedeuten, daß es nicht allzu kalt werden wird.« Das war eine ungefährliche Voraussage für den Ostaramond. »Die anderen hier sehen ein wenig aus wie die Rune für Ernte, mit der Sonnenrune dabei, was auf gutes Wetter hindeutet. Es ist nur eine Vermutung«, fügte sie hastig hinzu. »Wenn die Stöcke bezeichnet wären, würde es alles ändern.«

Es war zu spät für Rückzieher, doch Thrudrun eine Hilfestellung zu geben, damit sie nicht das Gesicht verlor, könnte ihre eigene Haut retten.

»Das würde es«, sagte die Runenmeisterin langsam. »Dies sind keine richtigen Runenstäbe, wie du sagtest. Doch wenn es welche gewesen wären, wäre dies eine angemessene Deutung. Wollen wir sehen, ob sie sich bewahrheiten wird ...«

Schließlich brachte Brunhild den Mut auf, dem unbewegten Blick ihrer Lehrerin zu begegnen. Er enthielt weder Lob noch Tadel. Vielmehr war es eine stumme Frage, die sie in jenen grauen Augen fand, und das machte ihr wirklich angst.

»Die jüngeren Mädchen machen sich also gut«, beendete Thrudrun ihren Tagesbericht, »doch mit Brunhild könnten wir ein Problem kriegen.« Das letzte Tageslicht machte ihre scharfen Züge weicher; in der Abendstille drangen die Rufe der Mädchen, die auf der Wiese spielten, klar zum Hügel über der Halle.

Hlutgard seufzte. Es war, davon war sie überzeugt, der Wille Wodans gewesen, daß sie das Mädchen aufnahmen; doch was gut für den Gott war, war nicht notwendigerweise das beste für die Walkyriun.

»So – du hast Angst, sie könnte dich übertreffen?« Randgrid, die Walmeisterin, lachte leise, dann griff sie nach der Ahle, mit der sie ihren Schwertgürtel ausbesserte. »Mir hat besonders die Bemerkung über den Stockspeer gefallen!« Rothaarig und langgliedrig, hatte Randgrid Waffen wie auch den Zauber der Walkyriun gegen die Römer eingesetzt, und nun lehrte sie die Mädchen ihre Künste.

»Glaubst du, Brunhild sei für deinen Weg bestimmt?« Thrudrun runzelte die Stirn. »Sie ist klein für ihr Alter, und wer weiß, ob sie je das nötige Gewicht für Schild und Speer haben wird? Doch ich gebe zu, sie hat mich überrascht.«

Hrodlind blickte von den Kräutern auf, die sie sortierte. »Du hast selbst gesagt, daß die Gabe der Prophezeiung von der Seherin kommt, nicht von ihren Werkzeugen –«

Von den Weisfrauen, die zur Zeit in Fuchstanz lebten, waren nur Golla, die andere Walmeisterin, und Wieldrud, die Hebamme, abwesend. Hlutgard hatte genug von den anderen gehört, um einen Eindruck von dem Problem zu gewinnen; sie mußten jetzt entscheiden, wie sie es handhaben wollten.

»O ja«, entgegnete die Runenmeisterin, und ihre starken weißen Zähne entblößten sich zu einem Grinsen. »Ich habe selbst Vorzeichen aus unbezeichneten Stöcken gelesen. Ich war nicht überrascht, daß es möglich war – nur, daß sie es versuchen würde.«

»Wenn sie eine von denen ist, zu denen die Macht schneller kommt, als man sie lehren kann, dann habt ihr eine interessante Zeit vor euch«, kam Hulds Stimme aus den Schatten unter dem Fichtenbaum. »Insbesondere, wenn sie eine Anführerin unter den anderen Mädchen geworden ist, wie ihr sagt.«

Hlutgard seufzte. Huld galt als die größte unter ihnen, zumal sie auch die älteste war, doch ihr Werk lag hauptsächlich in den Hallen der Könige. Sie verbrachte Frühling und Herbst unter den Stämmen, doch im Winter kam sie nach Fuchstanz und im Sommer, um Kräuter zu sammeln und den Rat der Geister in den Hügeln zu suchen. Es war gut und schön für sie, Kritik zu üben, doch es war Hlutgard, die für die Mädchen verantwortlich war, welche sie zur Ausbildung angenommen hatten.

»Ich frage mich, ob es wirklich der beste Weg ist, sie mit den anderen zusammenzulassen.« Thrudrun ließ sich nieder. »Wenn man die Übungen auf dem Niveau der anderen läßt, langweilt sie sich, und dann beginnen die Probleme.«

»Sie mit Galemburgis zusammen auszubilden ist gewiß eine Herausforderung für dich.« Randgrid grinste. »Die würde das ganze Alemannengebiet eigenhändig erobern, wenn man sie ließe, und sie hat für Brunhild *sehr* wenig übrig.«

»Wir sind hier, um allen Stämmen zu dienen!« rief Hlutgard aus.

Randgrid zuckte die Schultern. »So sagen wir. Und es wäre einfach genug, wenn alle Stämme gegen Rom kämpften. Aber wenn das Imperium fest steht, dann wenden sie sich gegeneinander wie Hunde im Zwinger. Es mag eine Zeit kommen, da wir uns entscheiden müssen.«

»Was wir nun entscheiden müssen, ist, wie wir mit Brunhild verfahren«, wiegelte Hlutgard ab.

»Wir könnten sie zu unseren Schwestern auf den Brocken senden –«, schlug Hrodlind vor. Der Gipfel in den Herzbergen war das älteste Heiligtum der Weisfrauen.

Hlutgard schüttelte den Kopf. Für Brunhild waren sie verantwortlich.

»Nun, wenn sie für euch hier ein Problem ist, warum schickt ihr sie nicht mit Huld in die Hügel?« fragte Randgrid und lachte. Huld schnaubte, aber Hlutgard begann zu lächeln.

»Es könnte gehen«, sagte sie langsam. »Schickt sie zu mir.«

»Seit du zu uns gekommen bist, hat das Sonnenrad fast eine Umdrehung vollendet«, begann Hlutgard leise, als Brunhild die Halle betrat. »Bist du glücklich hier?«

Der Tag war warm gewesen, und es hatte sich darum als nicht notwendig erwiesen, ein Feuer in dem langen Herd zu entzünden, doch Licht schimmerte aus Stein- und Bronzelampen, die von den Balken hingen, und enthüllte und verbarg im Wechsel die Züge des Mädchens, das zwischen den beiden inneren Pfosten der Halle stehengeblieben war. Brunhild war schmaler geworden, sonnengebräunt von den Tagen im Freien, und es lag etwas Ausgewogenes in ihrer Haltung, das vielleicht vorher nicht dagewesen war. Brunhild sah ihr ins Gesicht, und Hlutgard wartete, folgte dem Flackern des Ausdrucks in ihren grünen Augen.

»Herrin«, flüsterte sie schließlich, »sendet mich nicht fort. Ich wollte Thrudrun nicht verärgern.«

»Thrudrun ist nicht verärgert. Doch wir tragen Verantwortung für alle, die als Schülerinnen hierherkommen. Die anderen Mädchen sehen dich als eine Anführerin an. Das ist ein Grund, weshalb es wichtig ist, wie du dich fühlst.«

»Einige von ihnen hassen mich«, sagte Brunhild. »Und es ist nicht meine Schuld.«

»Du bist die Tochter eines Fürsten. Gab es jemals ein Menschenrudel ohne einen Streit darüber, wer es führen sollte?«

Das flackernde Licht der Öllampen schimmerte sanft auf den Behängen, welche die Betten zwischen den Pfeilern und der Wand abschirmten, bemalte Häute mit Bildern von Menschen und Göttern.

»Ist das der Grund, weshalb Ihr mich gerufen habt?« fragte Brunhild.

Hlutgard seufzte. »Du hast die Krieger am Feuer prahlen hören. Was, würdest du sagen, ist unsere größte Stärke im Krieg, verglichen mit dem Volk von Rom, und was sind unsere Schwächen?«

»Die Krieger der Stämme sind tapfer, und sie sind sehr stark –«

»›Die Krieger der Stämme ...‹«, wiederholte die Weisfrau. »Selbst wenn ich dein schwarzes Haar sehe, vergesse ich zu leicht, daß wir nicht von deinem Volk sind. Doch das sollte es einfacher machen, meine Frage zu beantworten.«

Brunhild war bestürzt, aber sie wich dem Blick der Älteren nicht aus.

»Jeder Krieger der Germanen ist ein Held, doch jede Sippe geht ihren eigenen Weg. In der Schlacht folgen die Hunnen einem Anführer, und so wurden Ermanarichs Goten vom Khan Balamber vernichtet, als mein Vater noch ein Kind war. Und so ist es, wenn die Stämme sich gegen den Grenzwall von Rom werfen. Sie können Überfälle machen, doch trotz all ihren Mutes können sie den Wall nicht brechen, wenn die Legionen gegen sie fest stehen. Und dann lassen die Römer sie in das Imperium ein, Sippe um Sippe, Stamm um Stamm, und sie vergessen ihre Götter und ihre Gesetze und sind nicht mehr die Menschen der Stämme.«

»Ich sehe, daß du gut zugehört hast, Tochter Bladardas, als du an deines Vaters Feuer saßest.« Zersplittert, wie sie waren, konnten die germanischen Stämme weder gegen die Hunnenhorde noch gegen das Reich bestehen. Doch sie würden all das verlieren, was sie zu Germanen machte, sofern sie sich einem einzigen Befehl unterwarfen. Welche Macht konnte ihnen weisen, wie sie sich zur Verteidigung vereinen sollten, ohne ihre Freiheit zu verlieren?

Brunhild zuckte die Schultern; doch es war eine erstaunlich scharfsichtige Antwort für ein junges Mädchen gewesen, und Hlutgard fragte sich, ob sie letzten Endes doch für Randgrids Weg bestimmt sein mochte.

»Die Erwählerinnen müssen wissen, wann sie zu folgen und wann sie zu führen haben«, sagte Hlutgard. »Überall sind die Völker in Bewegung, und selbst die Runen können uns nicht sagen, wo es enden wird. Die Stämme blicken zu uns auf um Rat, doch der Tod wartet auf jede, die unvorbereitet auf den Wegen läuft, die wir gehen.« Hlutgard beugte sich vor; die Entscheidung festigte sich mit ihren Worten: »Und darum schicke ich dich von hier fort ...«

Brunhild stand mit flammenden Augen und zusammengepreßten Lippen, um ihrer Lehrmeisterin nicht die Befriedigung zu geben, sie weinen zu sehen.

Plötzlich lächelte Hlutgard. »Dies ist keine Bestrafung. Morgen wirst du zu dem heiligen Berg aufbrechen, den wir den Hügel des Hohen nennen, zusammen mit Huld, die dort den Sommer verbringen will.«

Huld hatte protestiert, doch obwohl die alte Frau sich weigerte, die Last der Verantwortung in Fuchstanz zu teilen, war es Zeit, daß sie ein wenig davon mittrug.

»Bleibe bei ihr«, fuhr sie fort. »Sie ist die größte unter uns; denn sie beherrscht all unsere Künste und hat viele Länder durchreist. Doch sie wird alt. Sie braucht die Stärke deiner Jugend, obgleich sie es nicht zugeben wird. Und du brauchst ihre Weisheit.«

Sie sah, wie das Leben in Brunhilds Augen zurückkehrte.

Im Morgengrauen brachen sie auf. Mutter Huld ritt eine übellaunige Falbstute, und hinter ihr führten Mägde zwei weitere Pferde, mit Vorratskörben bepackt. Es war eine Reise, die Brunhild auf ihren eigenen zwei Beinen in der Zeit hätte schaffen können, die es braucht, um eine Kuh zu melken, doch der Pfad war nach den Winterstürmen noch nicht geräumt worden, und die Knechte, die mit ihnen gekommen waren, mußten oft anhalten, um gefallene Äste aus dem Weg zu schaffen.

Bald wich der Mischwald der unteren Hänge dichtem Fichtengehölz, und obwohl am Himmel über ihnen das Licht heller wurde, war unter den Zweigen alles schattig und still. Der Ort ließ Brunhild an den Eisenwald denken, welcher der Sage nach östlich des Weltenbaumes lag; er war die Wohnstatt von Riesinnen und Wölfen. Der Gedanke trug dazu bei, ihre Stimmung zu drücken. Galemburgis hatte dafür Sorge getragen, daß Brunhild erfuhr, wie sehr Huld dagegen gewesen war, daß sie mitkam.

Es war unklar, ob Hulds Unwillen eher daran lag, daß man sie mit einer Aufpasserin bedacht hatte, oder, daß man von ihr erwartete, wie sie es ausgedrückt hatte, eine Kastanie aus dem Feuer zu holen, die die anderen zu weit hatten hineinrollen lassen. *Soll sie mich doch mit Nichtachtung strafen!* dachte Brunhild. *Ich kann immer noch weglaufen, und wie wollen die Weisfrauen das dann meiner Schwester und ihrem Gatten erklären?* Swala hatte sie angefleht, genau das zu tun. Sie hatte geweint, als Brunhild es abgelehnt hatte, und sich geweigert, ihr Lebewohl zu sagen.

Doch solche Gedanken verschwanden, zumindest für den Augenblick, als sie den Gipfel des Berges erreichten. Plötzlich wurde die sanfte Böschung, die sie hinaufgestiegen waren, zu einem steilen Hang, übersät von quarzdurchsetztem Granit, der hier und da noch die Form von Mauern hatte. Der Pfad führte durch das alte Tor ins Sonnenlicht, und ein frischer Wind fegte all ihren Kummer hinweg.

In jenem ersten Augenblick, als sie aus der Düsternis des Waldes hinaustraten, schien es Brunhild, als ob sie eine andere Welt erreicht hätten, vielleicht das Land des Elbenvolkes, wo alles aus Licht und Luft geschaffen war. Licht schimmerte von den silbernen Stämmen der Birken, die auf dem steinigen Gipfel Wurzel geschlagen hatten, und von den sternförmigen weißen Blüten der Eschen; der Himmel war eine große blaue Kuppel. Vor langer Zeit war der Gipfel des Berges ein Heiligtum der Gallier gewesen, doch diese hatten hinter ihren schützenden Wällen immer nur Hütten aus Holzgeflecht und Stroh gebaut. Lediglich die Götterpfosten an der Umfriedung und der Kreis, der von tanzenden Füßen in das Gras getreten worden war, zeigte, daß es jetzt eine andere Art von Heiligtum war.

Brunhild stand still, überwältigt von der Weite der Welt. Im Süden lag die Flußebene des Mains unter einem Dunstschleier, der von einem gelegentlichen Aufblitzen des sonnenbeschienenen Flusses durchbrochen wurde.

Gen Norden und Westen erstreckte sich der Taunus in dunklen, bewaldeten Kuppen. Wodans Sitz mochte mehr von der Welt zeigen, doch Brunhild hatte gewiß noch nie soviel davon auf einmal gesehen.

»Die Weisfrau ist in ihre Hütte gegangen, um zu ruhen«, sagte eine Stimme in ihrem Rücken. Brunhild fuhr herum; sie war überrascht, festzustellen, daß die Pferde schon abgeladen waren und die Knechte sich zum Aufbruch bereit machten. »Wir haben Eure Sachen in die Hütte daneben geschafft, und wenn Ihr nichts mehr braucht, sollten wir jetzt die Tiere zurückbringen.«

Brunhild schüttelte den Kopf. Welche Hütte? Die Hügelkuppe war kahl. Dann sah sie einen Rauchfaden jenseits des ersten Ringwalls aufsteigen.

»Dort drunten?« Sie deutete auf einen Pfad.

»Die Hütten sind an den unteren Wall angebaut«, sagte der Mann. »Mit einigen der alten Steine. Dort ist es windgeschützter.«

»Und wie ist es mit Wasser?« fragte Brunhild.

»Auf der anderen Seite gibt es eine Zisterne für Regenwasser, und wenn das zu wenig ist, so führt ein Weg hinunter zur Quelle.«

Brunhild nickte. Sie erinnerte sich daran, bei den Traglasten ein Paar hölzerne Eimer gesehen zu haben. Es würde sehr mühselig sein, doch wenn die alte Frau es bis zum letzten Jahr alleine geschafft hatte, sollte auch sie jetzt dazu imstande sein. Huld würde ihr schon alles sagen, was sie wissen mußte.

Huld hörte, wie die Schale mit der Hafergrütze draußen abgesetzt wurde. In einem Augenblick würde das Kind sie fragen, ob sie irgend etwas brauchte, bereits gewärtig, eine Abfuhr zu erhalten, wie an den Tagen zuvor.

Schmerz stach durch Hulds Hüfte, als sie versuchte, sich umzudrehen. Der Gestank ihrer eigenen Ausscheidungen traf sie, und Übelkeit kämpfte mit dem Schmerz. Nach all den Reisen und dem großen Wissen, das sie angesammelt hatte, schien es lächerlich, daß ihr Körper sie so zur Gefangenen machen sollte.

»Mädchen –«

Ein Schatten fiel über den Eingang.

»Mädchen –« Hulds Stimme war ein kratzender Laut. »Ich brauche deine Hilfe. Es scheint ... wir müssen doch Verbündete sein.«

»Ich werde nach Fuchstanz zurücklaufen und Hilfe für Euch holen –« Der dunkle Kopf zog sich zurück. *Das Kind muß Angst haben, daß ich ihm wegsterbe*, dachte Huld. Verlangte sie zuviel? Doch selbst die Abscheu dieses Kindes würde leichter zu ertragen sein als das nachsichtige Mitgefühl in den Augen der Walkyriun.

»Wenn du Hlutgard hiervon erzählst, lasse ich deine Glieder verdorren!« sagte sie scharf und hörte das Mädchen innehalten. »Hör zu! Dies ist keine Krankheit – nur ein Schmerz in meiner Hüfte, der mich nicht aufstehen läßt. Wenn ich nicht eine störrische alte Frau gewesen wäre, hätte ich mir früher von dir helfen lassen, und es wäre nie soweit gekommen.«

»Ist es ein Hexenschuß?« fragte Brunhild.

Huld schnaubte. »Ob Hexen, ob Elben, das bleibt sich gleich. Es war der Ritt, der es zum Ausbruch gebracht hat, nachdem ich einen Winter am warmen Feuer gehockt hatte. Es wird keine angenehme Arbeit sein, mich wieder sauber zu kriegen. Hast du den Mumm dafür?«

Schweigen. *Nun werden wir sehen, aus welchem Holz sie geschnitzt ist*, dachte die Weisfrau, und verzog erneut das Gesicht, als sie den Kopf wandte, um zu hören.

»Und was dann? Ihr habt mich hier nicht gewollt.«

Zu ihrer eigenen Überraschung mußte Huld lachen. »Du bist hierhergekommen, um etwas zu lernen, nicht wahr? Ich muß dich also etwas lehren, wenn ich je wieder laufen will!« *Sie wird denken, es geschähe mir recht, wenn sie zu Hrodlind um Hilfe liefe; doch vielleicht kann ich mich begreiflich machen.* »Wenn ich nach Fuchstanz zurück muß, mußt du es auch«, sagte sie laut. »Hast du Angst, dir die Finger schmutzig zu machen?«

»Wenn Ihr den Schmerz ertragen könnt, den meine Ungeschicklichkeit Euch bereitet, sollte ich den Gestank aushalten können«, gab Brunhild zurück. Ihre Stimme zitterte nur leicht.

Huld seufzte; sie wußte, daß es ihr gelungen war, sie anzustacheln, und während der Unannehmlichkeiten, die folgten, gebrauchte sie, was ihr an Atem übrig blieb, um den Druck aufrechtzuerhalten. Sie hatte bereits den Verdacht, daß bei diesem Kind eine Herausforderung immer mehr bewirken würde als eine Bitte.

Als es vorbei war und Huld warm eingewickelt am Kochfeuer saß, war es fast dunkel geworden. Zwischen den Wällen hatten sie Schutz, aber weiter oben begann der Nachtwind in den Bäumen zu wispern.

»Ich glaubte, ein wenig Zeit würde das Leiden lindern«, sagte Huld, als sie sich von der Anstrengung erholt hatte. »Doch es wird nur schlimmer, wenn man sich nicht darum kümmert. Ich bin eine dumme alte Kuh.«

»Ihr seht mehr aus wie eine alte Krähe, ein wenig zerzaust, doch mit einem scharfen Schnabel.« Brunhild hockte sich neben sie nieder. »Was soll ich jetzt tun?«

Huld sah sie abschätzend an. Es war nur natürlich, daß die erzwungene Nähe zwischen Pflegerin und Patient Mißtrauen und Ehrfurcht aushöhlen würde. Sie wußte selbst, daß all ihr Lernen ihr nur gezeigt hatte, wie viel es noch zu wissen gab; doch aus eben diesem Grunde war es wichtig, daß dieses Kind die Regeln zu beachten lernte. Würde Brunhild jemandem gehorchen, den sie wie ein Kind gebadet und gepflegt hatte?

»Du willst, daß ich dir einen Zauber gegen den Hüftschmerz lehre. Glaubst du nicht, wenn ein Zauberer ausreichen würde, hätte ich ihn selber sprechen können und wäre geheilt?«

»Die Weisfrauen zu Hause heilen immer mit Hilfe von Zaubersprüchen«, erwiderte Brunhild.

»Das tun wir alle.« Die Frau verzog das Gesicht. »Laß dir dies als erste Lektion dienen: daß du deine eigenen Schmerzen rasch linderst, wenn du die Möglichkeit hast, damit sie dich nicht handlungsunfähig machen. Damit werden wir jetzt anfangen. Die Kräuter und der Zauber, beides tut not; doch der Geist muß frei sein, um die Macht in die Worte zu legen. Aus dem Bündel, das mit der Heilrune bezeichnet ist, nimm etwas von der Weidenrinde, und gieß mir einen Tee auf.«

Brunhilds Augen leuchteten auf. Gewiß war dies, worauf sie gehofft hatte. Wirkliche Magie, in einem Augenblick wirklicher Not.

»Gib soviel davon, wie den Hornlöffel füllt, in den Kessel«, flüsterte Huld, »und laß es eine Weile ziehen.« Brunhild beugte sich über den Kessel, sprach das Gebet an die Erdmutter darüber, das Huld ihr vorsagte.

Als der bittere Geruch die Luft erfüllte, sah Huld das Mädchen blinzeln, als sei ihr schwindlig. *Im Namen des Hohen*, dachte sie, *laß es geschehen. Herr aller Weisheit, gewähre ihr die Gabe des Heilens, und mir Heil.* Der Wind wurde stärker, fegte das Schweigen des Gipfels hinweg. Huld fühlte den Druck einer vertrauten Gegenwart in der rastlosen Luft.

»Es braucht eine Rune ...« Brunhilds Stimme war undeutlich.

Vater Wodan! Das Mädchen ist bereits halb in Trance! Huld vergaß fast ihren Schmerz vor Staunen und spürte die Intensität des Bewußtseins rings um sie wachsen.

»Wähle eine ...«, sagte sie leise.

»Ich glaube ... *Uruz* ...« Brunhild nannte die Rune des Auerochsen, der auch die Große Kuh war, welche die Welt bei Anbeginn dieses Zeitalters in Form geleckt hatte. »Thrudrun sagte, es sei eine Rune, die Macht in die Welt bringt.« Ihre Hand bewegte sich fast willenlos, um die Rune ᚢ über den Kessel zu zeichnen, und sie beugte sich vor, um ihren Namen in den köchelnden Sud zu raunen.

Das Gebräu brodelte wild, als Brunhild ihre Augen wieder öffnete. Sie sah sich verwirrt um, schauderte, dann griff sie nach der Kelle.

»Was ist?« fragte Huld, als sie die bronzegefaßte Hornschale nahm, die Brunhild mit Tee gefüllt hatte.

»Nichts. Ich glaubte nur für einen Moment, ich hörte ein Flüstern im Wind.«

»Vielleicht war es das«, antwortete Huld durch geschürzte Lippen, von der Bitterkeit des Tees zusammengezogen. »Warum, glaubst du, habe ich mich den ganzen Weg hier heraufschleppen lassen wie einen Sack Mehl? *Er* flüstert in den Frühlingswinden; doch in den Sommerstürmen, die um diesen Berggipfel tosen, ist seine Stimme am klarsten. – Der Gott«, erklärte Huld, als Brunhild sie nur anstarrte. »Wodan. Warum, glaubst du, wird dies der Hügel des Hohen genannt?«

Wieder durchlief ein Zittern Brunhilds Körper, doch es kam nicht von der Kälte. »Wodan ...«, wiederholte sie leise. »Es ist so viele Monde her ... Mutter Huld, ich weiß, daß Ihr mich nicht hier haben wolltet. Doch ich bitte Euch nun, mich zu lehren, was Ihr mich lehren könnt. Ich sah den Gott in Halle, als ich den Walkyriun begegnete. Er will etwas von mir!«

Huld blickte auf; eine angenehme Müdigkeit breitete sich bereits in ihren Gliedern aus, als der Tee seine Wirkung zeigte, doch ihr Herz schlug höher. Hatte sie diejenige gefunden, welche bestimmt war, ihre Weisheit zu erben?

»Erzähle«, sagte sie leise und lehnte sich zurück, sah es alles hinter geschlossenen Lidern, als Brunhild ihre Geschichte erzählte.

»Ich beginne zu verstehen«, sagte sie, als das Mädchen geendet hatte, »warum Hlutgard dich mir mitgegeben hat. Es wäre falsch für dich, den Bau mit den Füchsen zu teilen, wenn du mit den Wölfen heulen sollst. Thrudrun hat dir mit der Prüfung des Baumes gedroht, doch du wirst schwerere Wege wandeln als jenen, wenn du dich dem Gott anheimgibst.«

»Bin ich nicht bereits erwählt?« fragte Brunhild, und ihre Stimme bebte zwischen Furcht und Verlangen.

»Du bist gefragt worden, aber du hast ihm noch nicht geantwortet. Übereile es nicht, Kind. Wenn die Zeit kommt, wirst du es wissen!«

Am folgenden Tage hatte der Weidenrindentee Hulds Schmerzen gelindert, und die alte Frau erklärte, daß es Zeit sei, den Grund dafür in Angriff zu nehmen. Brunhild brauchte den Morgen dafür, die Sprüche zu lernen, die sie aufsagen mußte, während sie die roten Nesseln, den wilden Knoblauch und die Kletten sammelte, die sie brauchen würden, zusammen mit Mutterkraut und Wegebreit. Den Nachmittag verbrachte sie damit, die Kräuter im Wald zu suchen. Die Erde selbst war die Mutter aller Heilpflanzen, wie Vater Wodan den Menschen die Weisheit gab, sie zu nutzen, und ihre Zustimmung mußte darum immer eingeholt werden.

Am zweiten Tage lernte Brunhild einen anderen Reim, den sie aufsagen mußte, während sie die Kräuter in Butter aufschäumen ließ, sie mit dem Messer der Weisfrau umrührte und die Mischung durch ein Tuch strich. Am Abend des dritten Tages waren sie soweit, mit der Heilung zu beginnen.

»Was hat man dich über Elbenpfeile gelehrt, Kind?« fragte die Weisfrau. Über ihren Köpfen glühte noch ein leuchtendes Zwielicht, doch die Abendluft war heute ruhig und still. Jetzt, da der Schmerz sie nicht mehr quälte, sah Huld viel stärker aus, und obwohl ihr jede Bewegung noch Mühe machte, war ihre Zunge so scharf wie eh und je.

»Hlutgard sagt, es sei eine magische Waffe, die ein böser Geist oder menschlicher Feind verschießt. Ich selbst habe gesehen, wie Heiler Dornen oder Hornsplitter oder kleine steinerne Pfeilspitzen herausgezogen haben – doch ich habe mich immer gefragt, wie ein solches Ding aus dem Körper herauskommen konnte, ohne eine Wunde zu hinterlassen.«

»Aus der Ferne, ist es da leichter, der Bewegung eines Speers zu folgen oder eines Menschen Hand?« antwortete Huld mit einer Gegenfrage.

»Der Bewegung eines Speers, vermute ich, weil er größer ist –«, sagte Brunhild.

»Ich will dir ein Geheimnis verraten: Die Pfeilspitze, welche die Heilerin vorweist, kam aus ihrer eigenen Hand. Es ist ein Trick, und du wirst solche Dinge mit der Zeit lernen. Doch es gibt einen Grund dafür, und der ist keine Taschenspielerei. Es gibt denen, die keine Geistersicht besitzen, etwas zu sehen. Sie schauen auf die Pfeilspitze und glauben; doch die Heilerin spürt, wie das

Böse, das sie aus dem Fleisch herausgezogen hat, in den Stein übergeht, und so reinigt sie ihn oder zerstört ihn, und es ist fort.«

»Dann liegt die Magie in dem Herausziehen? Habe ich dafür die Salbe gekocht? Aber ich habe keine Pfeilspitze oder Dorne.«

Huld nickte. »Geh im Sonnenlauf um die alten Wälle herum, jetzt, in dem Augenblick zwischen Licht und Dunkelheit. Doch du wirst mit der Geistersicht suchen. Schau, bis du etwas in den Schatten blinken siehst, und bring mir ein kleines Stück weißen Stein.«

Brunhild schüttelte den Kopf; denn die Kunst, den Blick in die Ferne zu richten, um das Unsichtbare wahrzunehmen, war nicht unbedingt etwas, das man die jungen Mädchen lehrte, und wenn sie es versuchte, wie sollte sie sich davor bewahren, den Berghang hinunterzustürzen? Sie würde ein Stück gehen und dann anhalten müssen, um zu schauen, und dann weitergehen, in der Hoffnung, daß sie ihr Ziel nicht verfehlte.

Als sie endlich einen Stein von entsprechender Farbe und Größe gefunden hatte, verstreuten die Sterne bereits ihre eigenen Kristalle über den Himmel. Brunhild konnte nicht sagen, ob sie das Stück Quarz durch Glück oder Fügung aufgelesen hatte, doch es würde seinen Zweck erfüllen müssen. Die Stille des Abends hatte sich vertieft, als ob die ganze Welt auf etwas wartete.

Vor der Hütte war das Feuer niedergebrannt. Eingehüllt in ihre Decke, verschmolz Hulds Gestalt mit den Steinen. Bei Brunhilds Schritten erhob sich die unförmige Gestalt, und das Mädchen fröstelte, da es sich an die alten Geschichten von Bergtrollen erinnerte. Sie biß sich auf die Lippe und hielt ihr den Stein hin.

»Nein – zeig ihn mir nicht«, schnappte Huld. »Erinnerst du dich an die Worte, die ich dich heute nachmittag gelehrt habe?« Sie zog das Hirschfell beiseite, und Brunhild sah ihre Brüste wie leere Beutel und die faltige Haut ihres Bauches, doch es gab noch gute Muskeln an Schenkel und Hüfte, wenn die Gelenke ihre Aufgabe wieder wahrnehmen konnten. »Dann sprich sie, Mädchen, ehe der Schmerz zu groß wird.«

Brunhild holte tief Atem und fragte sich, ob sie nicht doch besser nach Fuchstanz zurückgegangen wäre, um Hilfe zu holen, trotz der Flüche der Alten. Doch Hulds Blick hielt sie gebannt, und so sagte sie sich, daß sie der alten Frau schlimmstenfalls Schmerzen bereiten, aber keinen wirklichen Schaden zufügen konnte. Vorsichtig tauchte sie ihre Finger in den Topf mit der fettigen Salbe und schmierte sie auf die trockene Haut. Sie war noch warm vom Feuer, und nach einem Augenblick begannen ihre Finger zu kribbeln. Brunhild hatte damit nicht gerechnet, aber es war klar, wenn die Salbe etwas bewirkte, würde auch sie es spüren.

Eine Zeitlang rieb sie nur die Substanz in die Haut ein, lockerte Muskeln, die durch ständigen Schmerz verkrampft waren. Zuerst hatte Brunhild das Gefühl, als versuche sie die Knoten aus einem Stück Eichenholz herauszumassieren, aber dann hörte sie die Frau seufzen und spürte, wie das Fleisch unter ihren Händen nachgab.

Ihre Finger fühlten sich an wie von einem inneren Feuer durchflutet. Sie ließ den Atem entweichen und versuchte ihr ganzes Bewußtsein in sie hineinfließen zu lassen, und dann, als Hulds Augen geschlossen waren, nahm sie das Steinchen auf und ließ es unter ihrer Handfläche gegen die Haut der Alten gleiten. Nun mußte sie sich nur noch an den Spruch erinnern ...

Heraus, kleiner Speer, wenn herinnen du bist!
Wenn binnen du weilst, Biß oder Brand,
Übelwichts Werk, weiche hinweg ...

Wessen Werk war es, dieser stechende Schmerz? Haßte eine der Walkyriun Huld, oder war der Angriff von einem Thursenweib gekommen oder einem Waldtroll, dessen Ruhe man gestört hatte? Brunhild dachte an die Schatten unter den Fichten und schauderte. Nicht nur Tiere lebten im Walde, und es gab viele Wesen, die den Menschen nicht liebten.

Sei's die Beinrenke,
sei's die Blutrenke,
sei's die Gliedrenke:
Bein zu Beine, Blut zu Blute, Glied zu Gliede ...

Mit erneuerter Kraft wandte sich Brunhild ihrer Aufgabe zu; sie merkte kaum, daß das Flüstern der Alten ihre Worte zurückgab. Ihr ganzer Körper kribbelte nun. Als sie die Augen öffnete, verschwamm ihr Blick; manchmal sah sie den ausgemergelten Körper der alten Frau und manchmal das lebendige Fleisch eines jungen Mädchens. So war sie einst ... so ist sie noch, im Innersten! Der Schmerz der Erkenntnis war schärfer als Elbenpfeile, und ihr Blick verschwamm vor Tränen.

Mit jedem Ausatmen drückte Brunhild härter, während alles andere aus ihrem Bewußtsein wich. Mit jedem Einatmen zog sie sich zurück, versuchte den Schmerz in den Stein hineinzuziehen, und das Quarzstück wurde heiß unter ihrer Hand.

Vor Unheil der Asen, vor der Elben Pfeil,
Vor der Hexen Harm Hilfe bring' ich.

*Weicht, üble Wichte, zu den wilden Hügeln.
Hüfte, sei heil, in des Hohen Namen!*

Der Stein glühte, als habe sie eine Kohle gegriffen. Brunhild riß ihn mit einem Schrei zurück und schleuderte ihn über ihre Schulter den Hügel hinab. Als sie sich umwandte, glaubte sie einen Augenblick eine Wildkatze neben dem Feuer hocken zu sehen. Dann stöhnte Huld auf, und es waren wieder nur die Falten der Decke.

Brunhild saß blinzelnd und horchte auf das Wispern des Feuers. Hatte es je so viele Sterne am Himmel gegeben? Gewiß würden sich im nächsten Augenblick ihre verstreuten Formen zu einem Muster vereinen, das Sinn ergab, wie die Runenstöcke ihren Willen auf das Tuch geschrieben hatten. Sie starrte, und Helle ließ ihren Blick verschwimmen. Sie vergaß zu atmen.

Ein seltsamer Laut erschreckte sie so, daß sie wieder zu sich kam. Brunhild wandte sich um, sah Hulds Gesicht erschlaffen, und einen Augenblick kam die Angst zurück. Dann hoben und senkten sich die faltigen Brüste, und sie hörte wiederum dieses Geräusch. Die Weisfrau war eingeschlafen, und sie schnarchte.

SPURENSUCHE

Teutoburger Wald
A.D. 412–413

Sigfrid setzte den Armvoll Feuerholz, den er gesammelt hatte, ab und beugte sich über die Spuren im Schlamm, den der Regen der letzten Nacht hinterlassen hatte. Ragan hatte ihn gelehrt, die Runen des Waldes zu lesen, wie er es nannte. Sigfrid erkannte den Halbkreis von Zeichen – Hinterfüße rechts und links von den winzigen Abdrücken der Vorderpfoten –, wo ein Eichhörnchen gelandet und wieder fortgesprungen war, und er sah den Doppelkeil, wo ein Reh angehalten hatte, um im Morgengrauen zu trinken, und die filigranen Spuren einer Feldmaus, die den Pfad überquert hatte.

Zwei Winter waren vergangen, seit Ragan mit ihm in den Wald gezogen war. Sigfrid entsann sich noch, wie das Land sich verändert hatte, nachdem sie die Weser überquert hatten. Marsch und Wiese waren einem Baumgestrüpp gewichen, das immer dichter wurde, je weiter sie nach Süden kamen, und sich hier und da zu weiten Ausblicken öffnete, wo purpurnes Heidekraut im Winde nickte. Und dann hatte er in der Ferne den Wald der Teutonen gesehen, wie er Kamm an Kamm aus Grün und Bronze und Ocker aufgestiegen war, mit einem Juwelenkranz von roten Beeren in den Hecken und getragen von den grauen Stämmen der Bäume.

Sigfrid erinnerte sich an jeden Schritt der Reise; doch das Land, das er hinter sich gelassen und die Familie, die ihn fortgeschickt hatte, hatte er nicht mehr vor Augen. Er hatte die Sprache der Wasservögel in den Salzsümpfen und die Unendlichkeit des Himmels vergessen. Er fürchtete den Schatten unter den Bäumen nicht mehr. Nur das Waldland und seine Geschöpfe hatten jetzt für ihn Bedeutung, und er sank in die Umarmung des Waldes wie in ein grünes Meer.

Die Wälder waren voller Geheimnisse. Unsichtbare Geister hausten in Felsen und Wasserfällen. Doch selbst große Tiere waren manchmal schwer zu sehen. Er hatte die buckligen Rücken von Wisenten wie braune Schatten durch die Bäume streichen sehen, und Ragan hatte gesagt, daß in einem kalten Winter mitunter selbst der wilde Auerochs den Schutz der Hügel aufsuchte. Das Erdvolk kannte die Wälder, als wäre es selbst dem dünnen Humus entsprossen, und der Junge hatte noch nie eine Spur gefunden, die der Schmied nicht lesen konnte. Doch der Wald selbst war Sigfrids bester Lehrmeister, und eingegraben in den Schlamm vor ihm war eine Spur, die er zuvor nie gesehen hatte.

Seine Finger zeichneten die abgerundete Rautenform der Pfote und fünf Punkte der Zehen nach. Er konnte gerade noch die Ansätze von Krallen ausmachen, doch weit interessanter war der Abdruck dazwischen, wie von einer Schwimmhaut. Die Spuren der Hinterfüße überlagerten die der vorderen ein wenig, als wäre das Tier behende gelaufen. Der Atem des Jungen ging schneller vor Jagdfieber, und so folgte er der Spur.

Er fand weitere Abdrücke an einer lehmigen Stelle ein Stück weiter, getrennt, als hätte das Tier seinen Lauf verlangsamt, und dann waren einige von ihnen halb verwischt, wie von einem schmalen Besen. Vor ihm wurde das Plätschern fließenden Wassers laut, und er ließ sich auf Hände und Knie nieder und kroch weiter. So nahe am Boden überwältigten die Gerüche von feuchter Erde und Moosen die Sinne. Sigfrid hielt inne; seine Nasenflügel weiteten sich bei einem seltsam fischigen Geruch, und er lächelte, als er den öligen Schmier auf einem Büschel Schilfgras sah, glitzernd von halb verdauten Schuppen. Das Tier, dem er folgte, war ein Geschöpf der Uferzonen, und es markierte sein Territorium. Ein abgehacktes Zwitschern und ein plötzliches Platschen vor ihm ließ ihn innehalten; dann schob er sich auf dem Bauch langsam weiter, bis er den Bach sehen konnte.

Hier weitete sich das schnell fließende Wasser zu einem dunklen Teich, überschattet von Lärchen und Erlen. Im ersten Moment sah der Junge keine Bewegung. Dann fing ein sich weitender Wellenkeil seinen Blick ein, der von einem braunen, schnurrbärtigen Kopf ausging; lautlos bewegte er sich auf einen tieferen Schatten in der Uferbank zu, wo eine Baumwurzel in den Fluß ragte. Sigfrid schürzte die Lippen. Er hatte den Bau eines Otterweibchens gefunden, und wenn die Gleitbahn auf der gegenüberliegenden Uferseite irgendein Anzeichen war, hatte es Junge. Er zog sich in ein Versteck hinter einem Felsen zurück und wurde ganz still, wurde eins mit den Steinen und den Bäumen.

Ragan hörte die Schritte des Knaben auf den Pflastersteinen der Schmiede, aber er wandte sich nicht um. Das Eisen in der Schmiede glomm bereits dunkelrot. Er zog noch einmal an den Bälgen, und die Holzkohle glühte auf. Er beobachtete genau, während das Metall, das es umfing, heller wurde, horchte auf die Laute hinter ihm, als der Junge das Feuerholz im Verschlag aufstapelte.

Das Eisen erblaßte von Kirschrot zur Farbe der Flammen. Ragan packte die Pflugschar mit der Zange und schwang sie hinüber auf den Amboß.

»Du bist spät«, grollte er, als er nach seinem Hammer griff. Schlacken von glühendem Eisen spritzten unter seinen Schlägen weg, als er die Spitze der Pflugschar formte. Nach ein paar Augenblicken verblich die Farbe, und das Eisen begann seinen Schlägen zu widerstehen. Schnaubend wuchtete er das Stück wieder auf die Holzkohle und begann erneut, den Blasebalg zu ziehen.

Als die Kohlen aufflammten, wandte er sich um, blinzelte vor Blendung und sah den Jungen als Schattenriß gegen das wechselhafte Licht eines Spätsommernachmittags.

Das mit Grassoden gedeckte Dach reichte an den Traufseiten bis zum Boden, mit tiefen Vordächern an beiden Giebelenden und Schreinen für den Schmiedegott Welund und die Erdmutter unter den Gesimsen. Im Winter legten sie Balken vor die breiten Türen – breit genug, daß ein Wagen hätte hindurchfahren können –, doch in der warmen Jahreszeit brauchte es nur Wände aus Weidengeflecht, die sich verstellen ließen, wenn der Wind sich drehte. Die ganze grüne Pracht des Waldes lockte jenseits dieser Tore, doch der Schmied hatte keinen Blick dafür.

»Ragan!« Sigfrid trat einen Schritt auf ihn zu; seine Augen glänzten vor Aufregung unter dem dunklen Gold seiner Brauen. »Drunten am Fluß haust eine Otterin, und sie hat drei Junge. Ich war so nahe dran, daß ich sie beinah anfassen konnte. Sie sind nicht länger als meine Hand. Wie alt mögen sie sein?«

»Drei Monde vielleicht, wenn sie schon schwimmen. Die ersten zwei bleiben sie im Bau.«

Otter ... Früher einmal hatte Ragan eine Menge über

sie gewußt. Er schloß die Augen, erinnerte sich an einen schlanken Kopf, der dunkles Wasser durchschnitt, einen Körper zweimal so lang wie der des Weibchens, das der Junge gesehen hatte.

»Die Mutter brachte ihnen Fisch zu fressen. Ihre Vorderpfoten sind wie Hände. Sie spielten mit ihrem Essen, wie Kinder –« Die Stimme des Knaben stockte ein wenig bei den letzten Worten.

»Du vermißt Spielgefährten?« Der Schmied blickte finster unter buschigen Brauen. »Nur wer lebt, ist einsam.«

Sigfrid zuckte die Achseln, und etwas von dem Glanz schwand aus seinem Blick. »In Hilperichs Halle gab es keine Kinder meines Alters. Ich hatte gehofft, meine Mutter würde einen Jungen bekommen, der mit mir spielen könnte.«

»Vielleicht …« An jenem Ort hinter seinen Augen sah Ragan einen Otter, der auf dem Bauch über die glatten Steine eines Wasserfalls glitt, mit einem Kopfsprung in den Teich platschte und grinsend wieder auftauchte. Dann verwandelte sich die Gestalt des langen Körpers. Ragan sah blasses Menschenfleisch durch das Wasser schimmern, leicht bepelzt mit braunem Haar, und das leere Otterfell wurde auf einen Felsen am Ufer geworfen. Mit derselben geschmeidigen Anmut wie zuvor begann der junge Mann wieder den Wasserfall hinaufzuklettern und einen kleinen Jungen herauszufordern, es ihm gleichzutun.

»Ich hatte zwei Brüder. Einer war ein Otter und der andere ein Kampfwurm.« Ragan sah Sigfrids Augen sich weiten und stieß ein kurzes, bellendes Lachen aus. »Einer war gut; er starb. Der andere tötete unseren Vater, versuchte, mich zu töten.« Er wandte sich wieder zu der Esse um, wo das Metall von Augenblick zu Augenblick heller wurde.

Sigfrid starrte ihn immer noch an. Ragan fühlte, wie der alte Zorn in ihm aufwallte, als das Metall die Hitze des Feuers aufnahm, und sah den Blick des Jungen vorsichtig werden, doch er verbiß sich die Worte, die das Kind aus der Schmiede getrieben hätten. Zwei Jahreskreise hatten Sigfrids Beine länger werden lassen, und das Schmiedewerk hatte Schultern und Arme mit harten Muskeln umgeben. Es war immer noch der Körper eines Knaben, doch die Ahnung von Kraft war bereits gegenwärtig. Kraft des Großen Volkes ... Ragan suchte vergeblich nach Spuren des anderen Blutes, von dem er wußte, daß es da war. Dennoch, vielleicht war die Zeit jetzt gekommen, ihm Anteil zu geben an jenem Zorn; ein erster Ansatz, Sigfrid auf jene Tat vorzubereiten, die zu vollbringen Ragan ihn hierhergebracht hatte.

»Einst hatte ich Familie«, sagte er düster. »In diesen Hügeln, die Letzten unseres Stammes. Vor langer Zeit führte mein Volk die Römer, die Adlerkrieger, in diese Hügel, führte sie in die Irre, daß Hermundur und die Cherusker sie alle töten konnten. Hermundur gelobte Schutz, doch das Große Volk wuchs und das Waldvolk schwand.« Ragan bewegte sich schweren Schrittes über den Steinfußboden und schöpfte Wasser aus dem Faß in einem kleinen Bronzebecher.

»Hreidmar, mein Vater, war letzter Geistsänger meines Volkes. Leute kamen zu ihm, wollten Zauber, selbst das Große Volk, dein Volk, wenn sie den Weg fanden. Er war Gestaltwandler, hatte viele Gestalten und Verbündete, doch sein erster Sohn Ottar hatte nur die Ottergestalt, und Fafnar wurde ein großer Wurm – eine Schlange –, wenn er in den Kampf zog.«

»Und du?« fragte Sigfrid leise.

»Hreidmar lehrte jeden Sohn Teil seiner Magie –« Ragan runzelte die Stirn bei der Erinnerung. »Ottar kannte alle Wege der Wälder und jedes lebende Wesen. Verbrachte Tage im Wald in Ottergestalt, fischte im Fluß. Fafnar lernte Kampfmagie und diente Königen. Mir gab Hreidmar das Geheimnis, wo Eisen und Gold unter der Erde wachsen und sie zu meinem Willen zu formen.« Der Schmied hob seine muskelbepackten, mit krausem dunklen Haar bepelzten Arme. »Habe nur Menschengestalt, aber Erdmagie in diesen Händen.«

Er stand da wie ein Teil des Gesteins, die Beine leicht gekrümmt und kurz im Verhältnis zu Armen und Oberkörper, wie gegen einen unsichtbaren Feind gestemmt. Und als er Atem holte, spürte er aus der Tiefe unter der Scholle die Macht der Erde in sich aufsteigen, die die Flamme seines Zorns nährte. Für Ottar war die Erdmagie mit den Wassern geflossen. Fafnar war die Erde selbst geworden, tödlich für alles, was lebte. Das Feuer im Innern der Erde war der Kern von Ragans Macht.

»Was ist mit ihnen geschehen?« fragte Sigfrid.

»Was schert es dich?« Der Zorn kochte plötzlich über. »Du bist von dem Volk, mit dem das Übel begann.« Er kam auf den Jungen zu, die vernarbten Schmiedehände vorgestreckt, wie um etwas zu packen, an dem er sein Leid rächen könne, und Sigfrid ergriff die Flucht.

Manchmal träumte der Junge, er sei wieder in Hilperichs Halle. In diesen Träumen hielt ihn jemand fest. Eine Frau. Er spürte lebhaft die Weichheit ihrer Arme, doch wenn er aufblickte, konnte er ihr Gesicht nicht erkennen. Sigfrid erwachte aus solchen Träumen weinend in seiner Ecke der Schlafhütte neben der Schmiede. Oft nach solchen Nächten ging er den Fluß hinauf, um den Jungottern beim Spiel zuzusehen, und er wußte, daß der Grund, weshalb er dorthin zurückkehrte, darin lag, daß sie eine Familie waren. Ragan gegenüber sprach er nie mehr von ihnen. Und eines Tages, gegen Ende des Sommers, kam er an den Fluß und stellte fest, daß die Otter weg waren.

Das nächste Mal, als Ragan ihn zur Jagd schickte, nahm Sigfrid den anderen Weg, der Händlerstraße folgend, die an den Pfeilersteinen vorbeiführte. Er hatte nie ein Gebäude aus Stein gesehen, doch er hatte Geschichten von den Römern und ihren mächtigen Wällen gehört. Er dachte, daß die Pfeilersteine im Wald die Überreste eines Grenzwalles waren, den Riesen errichtet hatten, um den Paß durch die Hügel zu hüten. Einst hatte ein großer Wall aus Sandstein die Schlucht versperrt, doch die Zeit hatte ihn in eine Reihe von ungleichen Türmen zerbrochen, die sich wie Häuserpfosten über die Bäume erhoben. Zu bestimmten Zeiten des Jahres pochte die Erdmagie in den Steinen.

Wenn man entschlossen und geschickt war, konnte man sie erklimmen. Sigfrid war nicht der einzige, der dies geschafft hatte; denn kurz nach Mittsommer hatte er auf der Spitze eines der mittleren Steine unter einem eingeritzten Sonnenkreuz die geschwärzten Reste eines Feuers gefunden. Doch als er Ragan fragte, wer das gewesen sein könnte, hatte der Schmied ihm brüsk befohlen, von dort wegzubleiben. Er gehorchte nicht. Er folgte zunehmend seinem eigenen Gutdünken, wenn er allein die Wälder durchstreifte. Doch obwohl er die Steine stets genau erkundete, wenn er in der Nähe war, sah er nie irgendwelche anderen Menschen dort.

Am frühen Nachmittag hatte Sigfrid mit seinem leichten Bogen vier Rebhühner erlegt. Der Gedanke, einen der Steine zu erklimmen, aus purer Lust daran, über die Bäume hinaussehen zu können, reizte ihn. Doch es war zu heiß für einen Versuch.

Als er an den Steinen vorbeikam, begann sein Schritt langsamer zu werden; denn Ragan war neuerdings häufig in schlechter Stimmung, und der Junge hatte kein großes Verlangen, nach Hause zu gehen.

Hier rannen die Quellwasser des Baches zwischen sumpfigen Ufern entlang, und der weiche Boden ließ alle Spuren gut erkennen, selbst wenn das Wetter trocken war. Die Abdrücke, wo das Rotwild herabgekommen war und ein Dachs, und all die kleinen Tritte von Maus und Maulwurf stellten für Sigfrid nichts Neues dar. Dann hielt er plötzlich inne. Vor ihm war ein scharf umrissener Abdruck eines dreieckigen Tellers und vier ovaler Zehen mit deutlich sichtbaren Klauen. Er kniete nieder und drückte seine Handfläche in den weichen Lehm – der Abdruck war fast so groß wie seine Hand.

Sigfrid hatte des öfteren das Wolfsrudel heulen hören, das in den Hügeln hauste, doch er hatte es nie gesehen. Und er hatte nie eine so frische Fährte gefunden. Erfreut folgte er der Spur.

Sie führte in einen Eichenwald. Die Abdrücke waren nicht so tief auf dem trockenen Grund, doch Sigfrid wußte nun, wonach er Ausschau halten mußte. Er sah die Zeichen eines Kampfes, wo der Wolf ein Eichhörnchen erwischt und gefressen hatte. Er fand die Stelle, noch feucht und scharfriechend, von der Markierung, die der Wolf hinterlassen hatte.

Das Tier hatte ein Dutzend Schritte dahinter angehalten, um sich in etwas zu wälzen, das auf einen Flecken trockenen Grases geschmiert war. Die Spuren waren so frisch, daß der Junge langsamer ging, halb überzeugt, daß sie von einem unsichtbaren Wolf waren, der direkt vor ihm lief.

Dann, gerade als er um einen Sandsteinfelsen bog, hörte er ein seltsames quietschendes Geräusch. Sigfrid erstarrte und hielt den Atem an. Lautlos wie ein Blatt im Wind glitt er hinter den Felsen und zog sich hinauf, so daß er etwas sehen konnte.

Der Wolf, dem er gefolgt war, befand sich unter ihm, ein lohfarbener Rüde mit einer schwarzen Zeichnung, der auf eine hellere Wölfin zutänzelte, die Ohren gespitzt, den Schwanz erhoben. Sie umtanzten einander, in einem Wirbel von stechenden Schnauzen und sich windenden Hälsen; sich duckend und springend, grüßten sie einander mit leisem Winseln und Quietschen. Dann standen sie einen Augenblick, den Kopf auf den Rücken des anderen gelegt, in schierer Zufriedenheit da.

Sigfrid mußte wohl ein Geräusch gemacht haben, denn die Ohren des Rüden zuckten, und er fuhr herum. Einen langen Moment trafen sich zwei Paare bernsteingelber Augen. Die des Knaben vor Staunen geweitet, die des Wolfs rund vor schierer Verblüffung, einen Menschen hier zu finden. Ein steifbeiniger Satz hatte die Fähe bereits ein paar Schritt weggetragen. Ihr warnendes Jaulen brach den Bann. Der Wolf blinzelte, und dann war er fort, mit waagerechtem Schwanz und angelegten Ohren, die Stirn gerunzelt vor Verwirrung, als er davonschnürte.

Sigfrid ließ sich den Felsen hinunterrutschen und konnte sich nicht mehr halten vor Lachen, doch als er endlich aufhören konnte, fand er, daß seine Augen voll Tränen waren. Waren es Lachtränen, oder hatte er geweint, weil er nicht mitlaufen konnte? Er wußte es nicht, doch er war froh, daß keiner es gesehen hatte.

Wenn ich ein Gestaltwandler wäre, dachte er, *wäre das die Gestalt, die ich wählen würde.*

Von Zeit zu Zeit machten Reisende einen Abstecher von der Straße, die den Bach entlang zur Weser führte, um die

Schmiede aufzusuchen. Es hatte ein paar Monde gedauert, bis sich herumsprach, daß dort wieder ein Schmied von Welunds Volk lebte, doch danach hatte Ragan ständig Aufträge. Sigfrid lernte rasch, sein Gesicht zu schwärzen und die Rolle eines Schmiedeknechts zu spielen, wenn sie Besucher hatten. Meist gefiel ihm dieses Spiel recht gut, doch gelegentlich war ein Kind oder eine Frau bei den Reisenden, und dann wurde er still und dachte an früher.

Dann schlüpfte er aus der Schmiede und suchte die Wölfe auf. Es war ein reicher Herbst gewesen, und zweifellos stand ein harter Winter bevor, doch zur Zeit brauchte das Rudel nicht weit auszuschwärmen, um Nahrung zu finden. Jede Nacht konnte Sigfrid sie heulen hören, wenn sie ihr Gebiet durchstreiften. Allmählich erschloß er das Netzwerk von Pfaden, denen sie folgten, und lernte das Krächzen der Raben zu deuten, das ihm sagte, wo sie zugeschlagen hatten. Die beiden Wölfe, die er zuerst gesehen hatte, waren vermutlich Bruder und Schwester gewesen. Die Anführer der Meute waren älter, ein großer Wolfsrüde mit einem zerfetzten Ohr und eine graue Wölfin, denen sich alle unterordneten. Es gab noch drei weitere Tiere, eine Fähe und zwei Rüden, die manchmal allein auf Jagd gingen. Zuerst ergriffen sie immer die Flucht, wenn sie Sigfrid witterten, doch nach einer gewissen Zeit schienen sie ihn als einen seltsamen, doch harmlosen Teil ihrer Welt zu akzeptieren.

Herbstwinde streiften das Laub von den Bäumen, als ein Händler von Westen herbeigeritten kam, mit einem Auftrag für Speerspitzen, die im Frühling fertig sein sollten. Sigfrid, der das müde Pferd getränkt hatte, blieb im Eingang stehen und versuchte, sich an den Namen des Mannes zu erinnern.

»Ich brauche sie für die Burgunden«, kam die amüsierte, rauchige Stimme des Fremden. Er war ein hagerer, braunhaariger Mann in einem fleckigen Umhang und mit einem Schlapphut, mit einem Gesicht, das von seinen Reisen wie Sandstein durchfurcht war. »Sie versuchen immer noch, ein Plätzchen im Imperium zu finden. Diesmal hatten sie die falsche Seite gewählt, und als Jovinus der Usurpator sich ergab, mußte die Kriegsschar, welche die Burgunden ihm zur Unterstützung gesandt hatte, ihre Waffen abgeben.«

Er nannte sich Farmamann, erinnerte sich Sigfrid, und er war vom Skythischen Meer bis nach Thule gezogen, wo es niemals Nacht wurde im Sommer und im Winter niemals Tag. Ragan hatte ihn begrüßt, als ob sie alte Bekannte wären.

»Speerspitzen gibt es überall«, schnappte der Schmied. »In Colonia und Mogontiacum macht man sie zu Dutzenden.«

Ragan würde einen eisernen Schuh an einem Pflug anbringen oder Nieten an einem Kessel für die Leute, die nahebei lebten, im Austausch für das, was ihm seine drei Ziegen oder der Wald nicht bieten konnten. Doch Sigfrid wußte, daß es nur die besonderen Aufträge waren, die guten Schwerter oder die geschmückten Spangenhelme, die der Kunst des Schmieds würdig waren.

»Sicher«, lachte Farmamann, »aber die Schmiede dort würden den Römern sagen, wie viele sie gefertigt haben und für wen! Ein treffliches Willkommen werden die Legionen dann für die Burgunden bereit haben, sobald diese die Grenze überschreiten. Komm, Mann, hast du so viel Arbeit, daß sie dich den ganzen Winter beschäftigt hält?« fuhr er fort. »Und es sind nicht so viele – wenn ich dich gebeten hätte, die Wisigoten zu bewaffnen, dann hättest du Grund zur Beschwerde; doch die sitzen jetzt im warmen Tolosa, und ich bezweifle, daß sie dich hier belästigen werden.«

Ragan schnaubte und wandte sich wieder seinem Blasebalg zu. Es war nur ein Paar Schürhaken, die er fertigte, indem er die Eisenstäbe Stück für Stück erhitzte und mit den Zangen auseinanderzog; keine Herausforderung für seine Kunst.

»Warum?« sagte der Schmied. »Besser, wenn alle daheim blieben!« Er schlug mit dem Hammer auf die Stange ein, daß der plötzliche Lärm die Ohren noch klingen ließ, als der Hammer längst schwieg.

Der Händler lehnte sich gegen einen der Pfosten, die Arme gekreuzt und den Kopf gesenkt, so daß sein halbes Gesicht unter dem breitkrempigen Hut im Schatten lag. Sigfrid runzelte die Stirn und trat näher heran; denn es schien ihm, als hätte sich etwas an dem Fremden verändert. Er starrte auf den entspannt dort lehnenden Mann und wunderte sich, weshalb er gerade zu stehen und der behauene Pfosten irgendwie aus dem Lot geraten zu sein schien.

»Warum sie kommen?« fragte der Gast leise. »Ich habe die nebligen Gestade des Nordmeeres durchwandert, wo die Burgunden ihren Zug begannen, und ich ritt mit den Goten über die Ebenen des Ostens. Warum sie ihre Heimat verlassen haben? Sie würden sagen, Krankheiten seien der Grund gewesen oder schlechte Ernten oder schlimmere Unbill, doch in Wahrheit wissen sie selber nicht, warum ...«

»Wißt Ihr es?« fragte Sigfrid und trat einen Schritt näher.

Der Mann wandte den Kopf. Der Junge fühlte sich gemessen von dem verborgenen Blick unter der herabhängenden Hutkrempe, doch er hielt ihm stand.

»Sie haben sich gewandelt, Junge. Das ist der Lauf der Welt.« Und dann, leiser: »Alle Dinge wandeln sich, selbst ich.«

Der Blasebalg ächzte, als Ragan wieder zu pumpen begann und finster in die Flammen blickte.

»Auch du wirst dich wandeln, Meister der alten Magie, oder du wirst sterben«, sagte der Besucher.

»Alte Wege waren besser«, knurrte der Schmied, »bevor ihr vom Großen Volk kamt.«

»Du kannst den Sommer nicht zurückdrehen.« Farmamann hob die Hand, wie um ein Zeichen in die Luft zu schreiben, und lächelte. »Nur wer den Winter überlebt, wird den Frühling schauen; einen anderen Weg kenne ich nicht. Und das gilt für jeden, selbst für die heiligen Götter.«

Ragan zuckte die Schultern und nahm die Zange auf. »Ich verehre die Erde und was sie hervorbringt. Das wandelt sich nicht.«

Ein leises Klingen kam aus dem Lederbeutel des Händlers, als er ihn von einer Hand in die andere warf. Als der Schmied sich umwandte, fing sich in seinen Augen die Glut der Esse.

»Gold, zum Beispiel?« Wieder lachte Farmamann. »Das hier ist eine römische Münze, die der Präfekt dem Gundohar gab, damit er auf dieser Seite des Rheins bliebe. Sie haben reiche Schätze, diese Burgundenfürsten, und eine Menge Kinder haben sie auch. Und die Hunnen sitzen ihnen im Nacken, und darum brauchen sie Land, neues Land, und sie werden es mit Blut kaufen, wenn es nötig ist.«

»Ihr *hendinos* zieht auch in die Schlacht?« fragte Ragan.

»Behütet von Kriegern aus seines Vaters Gefolge wie ein kränkliches Kind«, sagte Farmamann. »Doch ja, er kämpft auch.«

»Gib mir genug davon, ihm einen Königsspeer zu schmieden, und ich mach' dir die anderen auch.« Ragans hallendes Lachen grollte durch die Schmiede.

»Mit Silber eingelegt?« Der Händler hob eine Braue. »Zweifellos würde ihm das gefallen. Ich will nicht feilschen, nachdem ich so weit gereist bin. Doch ich glaube, daß es auch für dich etwas Wichtigeres als Gold gibt. Ist es die Gelegenheit, deine Kunst zu zeigen? Vielleicht würde der Fürst einen Helm bei dir in Auftrag geben, mit einem angreifenden Eber auf dem Kamm und mit Goldplatten, geziert mit Göttergestalten. Kannst du einen Helm schmieden, der einen Mann zum Helden macht – eine Rüstung, die ihn in der Schlacht zum unbesiegbaren Eber werden läßt?«

Ragans Augen blitzten. »Was weißt du von der Kunst des Gestaltwandlers?« Er trat einen Schritt auf den Fremden zu, den Hammer in der erhobenen Hand.

Doch Farmamann lachte nur. »Ein Wanderer muß seine Seele wandeln, wenn er von Land zu Land reist, und die Wahrheit der Dinge sehen lernen. Ich sehe zum Beispiel, daß dieses Kind das Blut von Kriegern in sich trägt, trotz des Strohs in seinem Haar!«

Wieder wandte sich der umschattete Blick Sigfrid zu, und der Junge erinnerte sich mit einem Anflug des Schreckens an Heming.

»Er hat Wolfsaugen«, sagte der Fremde und lächelte.

»Er ist faul«, bellte Ragan und trat schnell zwischen sie. »Er sollte jetzt Wasser holen.«

Sigfrid verstand sein Stichwort und huschte zur Tür, doch er blieb noch einem Moment draußen stehen, um zu lauschen.

»Wenn Gundohar der Speer gefällt, vielleicht will er noch mehr davon haben. Das würde mich freuen«, hörte er den Schmied sagen. »Und du wirst auch wiederkommen und berichten, was draußen geschieht ...«

»Wenn ein wenig Gewinn für mich herausspringt und auch ein wenig für dich?« Der Beutel mit Gold klirrte auf dem Arbeitstisch. »Oder vielleicht nur um meine eigene Neugier zu befriedigen? Vielleicht werde ich's wirklich. Und was dich betrifft, so glaube ich, du solltest anfangen, dir Gedanken über einen Helm zu machen.«

Am nächsten Morgen bemühte sich Sigfrid, einen Blick unter den Hutrand des Händlers zu werfen, als der Fremde sein Pferd bestieg. Der Mann grinste verwundert, sagte aber nichts. Es war ein vollkommen gewöhnliches Gesicht; die grauen Augen waren noch ein wenig trübe, als habe er nicht gut geschlafen. Als er den Reiter auf der Straße davonziehen sah, fragte sich Sigfrid, warum er am Abend zuvor geglaubt hatte, der Mann habe nur ein Auge.

Sobald der Händler verschwunden war, setzte Ragan Sigfrid daran, ihre eigenen Pferde aufzuzäumen. Sie hatten genug Roheisen, doch so viele Speerspitzen zu schmieden würde mehr Holzkohle erfordern, als sie vorrätig hatten, und der Winter kam rasch näher. Es war nicht mehr viel Zeit, bis der erste Schnee fallen würde, doch im Jahr zuvor war ein Sturmwind durch die Buchenwälder auf den westlichen Hängen der Hügelkette gefegt. Dort würden sie genug Bruchholz finden, das bereits trocken war.

»Den Händler?« beantwortete Ragan die Frage des Jungen, als sie aufbrachen. »Kenne ihn von früher. Er tut niemandem weh, aber er bringt Nachrichten. Du verschwindest, wenn er wiederkommt.«

Sigfrid nickte, aber irgendwie war er enttäuscht. Der Fremde hatte ihn erschreckt; doch es hatte ihn auch eine seltsame Erregung befallen, als er ihn sah – dasselbe Gefühl, das ihn überkam, wenn er das Heulen der Wölfe hörte.

Ihr Ritt führte durch einen alten Hohlweg, welcher dem Verlauf der Hügelkette nach Südosten folgte. Sigfrids neue Waldeskunde half ihm, dem Pfad zu folgen; doch manches Mal mußten sie anhalten, um den Weg von Astwerk freizuräumen, und es war klar, daß seit dem letzten Winter als einzige Huftiere das Rotwild hier entlanggekommen war.

»Alter Weg, ja. Mein Volk hat ihn gemacht, vor langer Zeit.« Ragan lachte in sich hinein, und Sigfrid fühlte, wie seine Anspannung nachließ. »Viele Pfade wie dieser im Herzen der Hügel. Selbst Menschen der Stämme kennen sie nicht. Doch einmal zeigten wir sie dem Römervolk, nicht weit von hier.« Er lachte wieder, doch sprach nicht weiter.

Es folgten mehrere Tage harter Arbeit, während sie das Holz zerkleinerten und zu Stapeln aufschichteten, dann genug Grassoden aushuben, um es zu bedecken. Der spätherbstliche Himmel war von einem klaren, blassen Blau, und als sie die Holzstöße anzündeten, stieg der beißende Rauch in Schwaden durch die Zweige auf und hing in der stillen Luft. Die Meiler erforderten ständige Aufmerksamkeit, aber sie brannten stetig weiter, selbst als Frost den Boden bedeckte.

Doch irgendwann hörte der Rauch auf, und eine weitere Zeit hektischer Aktivität begann, als sie die Soden entfernten, um die brüchige, schillernde Holzkohle auskühlen zu lassen. Die Arbeit schien Ragan von der düsteren Stimmung befreit zu haben, die in der Schmiede auf ihm gelegen hatte.

»Brauchen nicht mehr aufpassen. Komm – wir waschen uns am Bach, dann zeige ich dir was.«

Als sie sich gesäubert hatten, führte der Schmied Sigfrid hügelabwärts durch die Bäume, wo zwischen dem verdorrten Grün die Gebeine der Erde hervorstachen. Er hielt an einer Stelle an, die wie eine Lücke in einem geborstenen Wall aussah, und zeigte darauf. Der Junge konnte eine Öffnung erkennen, halb verborgen von Büschen, und er sah sich erstaunt um.

»Eine Höhle! Lebt irgend etwas darin?«

Der Schmied schnaubte. »Niemand lebt dort.« Er schob einen Felsblock beiseite. Die Höhle war so niedrig, daß man nur auf Händen und Füßen hineingelangen konnte. Wortlos kroch Ragan in den Durchgang und kam bald darauf rücklings wieder zum Vorschein. Er zog etwas hinter sich her, das in vermodertes Leder gewickelt war.

»Mach's auf«, beantwortete der Schmied die unausgesprochene Frage des Jungen, »und sieh!«

Sigfrid zog die Umhüllung beiseite und kniff die Augen zusammen, als ein Aufblitzen von Gold die Sonne traf. Die Gegenstände waren in einem Stil gearbeitet, wie er es nie zuvor gesehen hatte, doch es waren unverkennbar bronzene Adler, mit Gold beschlagen und mit Muffen versehen, so daß sie auf Stangen gesteckt werden konnten.

»Haben die Römer die verloren?« fragte er, als Verstehen in ihm aufdämmerte.

Ragan lachte sein bellendes Lachen. »Cherusker nahmen sie ihnen ab, als die Soldaten alle tot waren und Hauptleute von den heiligen Bäumen hingen. Diese beiden waren Belohnung für die Väter meiner Väter, die das Römervolk dorthin führten, wo Krieger der Stämme es töten konnten. Legionen suchen immer noch danach.«

»Doch gewiß würden sie eine hohe Belohnung zahlen, wenn man sie zurückbrächte.«

Aber Ragan schüttelte den Kopf. »Was wir haben, behalten wir.« Und dann verdunkelte sich sein Gesicht, und er sagte nichts mehr.

Kaum waren sie zur Schmiede zurückgekehrt, als der harte Winter, den Ragan vorausgesehen hatte, mit Macht hereinbrach. Als ein Sturm nach dem anderen die Berge peitschte und der Holzstapel immer kleiner wurde, begann Sigfrid zu fürchten, daß sie die Holzkohle noch als Brennmaterial brauchen würden. Es war sinnvoll, in solchen Zeiten in der Schmiede zu schlafen; denn ob Sturm oder Sonnenschein, die Arbeit des Schmieds ging weiter, und der Haufen mattglänzender Speerspitzen in der Ecke wurde höher, während das Jahr sich neigte.

Sigfrid betätigte den Blasebalg, bis er glaubte, seine Arme würden abfallen, und lernte, aus der Farbe des Metalls zu erkennen, wann es die richtige Hitze hatte. Zahllose Wiederholungen zeigten ihm die Feinheiten von Winkel und Kraft beim Hämmern, die Unreinheiten heraustrieben und den Stahl formten, und bald begann der Schmied den Knaben an der Arbeit teilhaben zu lassen, und Sigfrids Muskeln lernten, was seine Augen gesehen hatten. Der Knabe formte in jenem Winter einen Speer für sich selbst, ganz allein, angefangen von der Auswahl des Eisenrohlings bis zur Befestigung der Spitze an einem gut abgelagerten Schaft aus Eschenholz, und war damit sehr zufrieden.

Die Julzeit verging, und die Eismonde kamen und gingen, doch immer noch wollte der Frost nicht weichen. Sigfrid hörte den fernen Sang des Wolfspacks und fragte sich, wie es den Tieren ergehen mochte. Selbst in der Schmiede gingen die Vorräte an Fleisch und Mehl allmählich zur Neige. Der Knabe dachte an den herzhaften Geschmack von frischem Fleisch, und sein Magen krampfte sich vor Verlangen zusammen, doch Ragan schien es bei seiner Arbeit nicht zu kümmern, ob er etwas aß oder nicht.

Und dann war der letzte der Kriegsspeere fertig. Der

Schmied begann nun an dem Königsspeer zu arbeiten, und dafür brauchte er die Hilfe seines Ziehsohns nicht. Als der Sturm das nächste Mal abebbte, zog sich Sigfrid all seine Felle über und nahm seinen neuen Speer aus dem Winkel. Ragan blickte kaum von dem Muster auf, das er auf einem Stück Knochen ausarbeitete, als der Junge sich davonmachte.

Das Gleißen des Sonnenlichts auf dem Schnee war blendend hell nach der Düsternis der Schmiede, und Sigfrids Gesicht brannte in der eisigen Luft. Er zog seine Kapuze ins Gesicht, um seine Augen zu schützen, doch selbst durch den Fellsaum hindurch stach schmerzend das Licht. Er wischte mit dem Handschuhrücken darüber und trat hinaus auf die Wiese, wobei er seinen Speer als Stütze benutzte. Das Gehen im Schnee war nicht einfach, aber die Oberfläche war verharscht, und er sank nicht allzu tief ein. Die Anstrengung erwärmte ihn, und so begann er fester auszuschreiten, erfüllt von der frischen Kraft, die durch seine Glieder strömte.

Schon bald stieß er auf die Linie von Wolfsspuren im Schnee; er war überrascht, daß sie so nahe herangekommen waren. Ein Tier, vermutlich der große Leitwolf, hatte den anderen den Weg gebahnt. Die Spuren führten auf das graue Gehölz des Waldes zu, wo sich ein hungriges Reh oder Wisent aufhalten könnte, um die Rinde von den jungen Bäumen zu streifen. Grinsend folgte Sigfrid der Spur; denn gewiß wußten die Wölfe mehr über die Jagd im Winterwald als er, und wo sie Beute fanden, konnte vielleicht auch ein menschlicher Jäger Erfolg haben.

Eine Bogenschußweite vor dem Rand des Waldes spaltete sich die einzelne Linie von Wolfsspuren plötzlich in fünf einzelne Fährten auf, und einen Augenblick später fand der Knabe den Grund: ein zertrampelter Fleck, wo etwas sehr Großes versuchte hatte, den Schnee beiseite zu scharren, um das zugedeckte Gras zu erreichen. Die Spuren, die von hier fortführten, waren gespalten – es waren Spuren eines Rinds, doch größer als die jeder Kuh, die Sigfrid je gesehen hatte. Ihrer Tiefe nach zu urteilen, war das Tier schwer; es war in einen ungelenken Galopp verfallen, als die Wölfe es einkreisten. Die Spur führte in Richtung der schützenden Bäume.

Irgendwo aus der Nähe hörte er den harschen Ruf eines Raben, und als er aufblickte, flatterte ein weiterer Vogel aus dem Geäst, wie zur Antwort. Der Junge duckte sich zwischen den Bäumen hindurch. Der Lärm eines Kampfes war deutlich zu hören, das Keuchen der Wölfe und ein Jaulen, als es einen von ihnen erwischte, und das wütende Brüllen der Beute.

Sigfrid kroch vorwärts. Er sah den Schwung eines schweren, bärtigen Kopfes unter einem unmöglich lang geschwungenen Horn. Dies war keine verirrte Färse; dies war der große Ur aus den Tiefen des Waldes, eine gewaltige dunkle Masse gegen den weißen Hintergrund, bedeckt mit rauhem, rostigschwarzem Haar. Doch für den Auerochs waren die Wälder nicht minder eine Falle denn ein Schutz. In den Schneewehen konnte er keinen Fuß fassen, und wenn er zu weit zurückwich, würde er mit den Hörnern im Geäst hängenbleiben. Blut glänzte auf den Hörnern des Stiers, und einer seiner Angreifer lag halb verschüttet im Tiefschnee zwischen den Bäumen. Die Wölfe umflossen ihn wie graue Schatten, wechselten sich ab mit Angriffen gegen seine Nase und seine Kruppe, als läse einer die Gedanken des anderen.

Eine Zeitlang sah Sigfrid dem Kampf zu, wagte kaum zu atmen. Dann meinte er, ein Zucken bei dem Wolf zu sehen, der in den Tiefschnee geschleudert worden war, und beugte sich vor. Ob es seine eigene Bewegung war, eine Änderung der Windrichtung, plötzlich wirbelten die anderen von ihrer Beute fort und hielten inne, starrten ihn an, warteten, was er wohl tun würde. In der Stille konnte er ihr Keuchen hören und das tiefe, stöhnende Schnaufen des Stiers.

Der Junge stand wie erstarrt, doch seine Gedanken jagten sich.

Wenn er versuchte, wegzulaufen, könnten die Wölfe beschließen, ihn zu jagen, und er würde eine weit leichtere Beute abgeben als der Auerochs, selbst mit dem Speer.

Der Auerochs war ausgezehrt vom Winter, doch den Wölfen erging es nicht besser. Das Rudel war bereits kleiner, als es gewesen war; selbst durch das dichte Winterfell war zu sehen, wie mager die Überlebenden geworden waren. Der Stier war alt, doch immer noch stark, wie eine vom Blitz getroffene Eiche, die dem Sturm trotzte. Vielleicht konnte er diesen Angriff abwehren, doch mit den Wunden, welche die Wölfe ihm bereits zugefügt hatten, würde er nicht lange überleben.

Das Fleisch des Bullen wird das Pack mehrere Wochen lang ernähren, dachte Sigfrid nüchtern, *aber mein Körper würde kaum ein paar Tage vorhalten. Und es wäre ein armseliges Ende, von Wölfen zerrissen zu werden.*

Ohne seinen Blick von den Wölfen zu nehmen, streifte der Junge seine Handschuhe ab. Dann packte er den Schaft seines neuen Speeres und ging auf den Stier zu.

Die Wölfe wichen vor ihm zur Seite, die Ohren gespitzt vor Erstaunen. Doch der Stier neigte seinen Kopf, und Sigfrid fragte sich, ob er zuvor menschlichen Jägern gegenübergestanden hatte. Aus der Nähe wirkte er noch größer; er war mannshoch. Jedes Horn schien so lang zu sein, wie der Knabe groß war. Er wich zur Seite, um eine Möglichkeit zu suchen, hinter die Abwehr des Stieres zu gelangen.

Sein Speer würde Fell und Haut durchdringen, doch selbst Muskeln, die von langen Arbeitsstunden gehärtet waren, konnten ihn nicht durch Knochen stoßen. Viel hing davon ab, die richtige Stelle zu wählen; doch er mußte das Tier nicht tödlich treffen. Wenn er es entscheidend schwächen konnte, würden gewiß die Wölfe den Rest besorgen.

Sigfrid duckte sich, in halb gehockter Stellung, und ohne es zu wissen, entblößten sich seine Lippen zu einem knurrenden Wolfsgrinsen.

Zu seiner Linken kam der große Wolfsrüde herbeigetappt, mit gesenktem Kopf, die Ohren scharf gespitzt. Der Auerochs drehte sich ein wenig, um zu sehen, was vor sich ging; in dem Augenblick spannte sich der Körper des Jungen im Schwung und schleuderte den Speer mit aller Kraft auf die Kehle des Stiers.

Als der Schaft seine Hand verließ, rutschte Sigfrid aus und fiel in den Schnee. Auf Hände und Knie gestützt, hörte er das zornige Brüllen des Auerochsen die Luft erschüttern und wappnete sich für den Gegenstoß jener tödlichen Hörner. Er sah eine verschwommene Bewegung, als die Wolfsmeute an ihm vorbeihetzte und blickte auf, versuchte aus dem Tumult von Blut und grauem Fell und wirbelnden Hörnern etwas zu erkennen. Dann flog der Speer, losgeschüttelt von den Bewegungen des Stiers, an ihm vorbei. Er rollte sich über den Boden, bekam den Schaft zu packen und kam mit dem Speer in der Hand auf die Füße.

Der Stier hörte auf zu brüllen. Was nun aus seiner Kehle kam, war ein schreckliches Gurgeln, als er an seinem eigenen Blut erstickte. Er kämpfte immer noch, doch die Wölfe setzten ihm von allen Seiten zu. Sigfrid wich zurück, als der große, schwarze Leib sich himmelwärts stemmte. Dann löste sich alles auf in ein Gewirr von wirbelnden Beinen und knurrenden Wölfen.

Sigfrids Herz pochte. Sie hatten bereits begonnen, nach dem Bauch des Tieres zu schnappen. Durch einen roten Nebel sah er, wie der Kopf des Bullen sich in Todespein nach hinten beugte, und kreischend sprang er hinein, vorbei an den Hörnern. Der Speer blitzte, und er stieß die scharfe Spitze durch die ungeschützten Weichteile unter den Schläfenknochen und hinauf in das Hirn des Tieres. Ein Zucken, dann zog er ihn hinaus. Der Auerochs brach zusammen.

Fauchend trieb der Junge die Wölfe mit dem Speerschaft zurück, und im Augenblick waren sie überrascht genug, zu gehorchen. Der Auerochs lag hingestreckt und blutend da. Er war totes Fleisch, dachte der Junge, als die Feuer in seinem Kopf zu erkalten begannen, und warum sollte er versuchen, das Ende aufzuhalten, für das er sein Leben gewagt hatte?

Doch es war auch sein Fleisch! Ein schneller Schnitt mit dem Speer öffnete den Bauch des Stiers, und als die Eingeweide sich dampfend über den Schnee ergossen, stieß Sigfrid seine Hand in die Bauchhöhle und riß die Leber heraus. Hungrig nach Nährstoffen, welche die Nahrung des Winters nicht lieferte, wußte der Körper des Jungen besser als sein Verstand, was ihm fehlte. Er grub die Zähne in die blutige Masse, und es war besser als alles, was er je gegessen hatte. Und als er es verschlang, kamen die Wölfe zu ihm und begannen zu fressen.

Allmählich kehrte das Bewußtsein zurück, doch die Wölfe, die an dem großen Kadaver rissen, schenkten Sigfrid wenig Beachtung, selbst als die Wut ihn verließ und er die Kälte wieder zu spüren begann. Sie knurrten, als er ein Hinterviertel abzutrennen begann, um es zu Ragan zu bringen; doch er knurrte zurück, und sie ließen ihn gewähren.

Seine Handschuhe und seine Kapuze lagen zertreten im Schnee, doch als er sich umsah, sah er eines der im Kampf abgebrochenen Hörner des Auerochsen. Vorsichtig befreite er es aus dem Schnee. Dann, mit dem Horn im Gürtel und schwer auf seinen blutigen Speer gestützt, machte Sigfrid sich auf den Weg zurück zur Schmiede.

H

DER RABE IM SCHNEE

Hochtaunus
Hartung, A.D. 414

Das Julfest war vorbei, doch wenn die Sonne sich anschickte, ihre langen Strahlenfinger auszustrecken, so war in den Ländern der Menschen noch kein Anzeichen dafür zu finden. Seit der Wintersonnenwende hatte es nicht aufgehört zu schneien, und wenn die Luft für einen Augenblick aufklarte, war der Himmel immer noch von einer Wolkendecke überzogen. Selbst an dem Herd, der in der Mitte der Halle der Walkyriun entlangführte, war es kalt.

Galemburgis bohrte die Ahle durch das zähe Leder und zuckte, als die scharfe Spitze ihren Daumen traf, dann begann sie die Sehne durchzuziehen. Die anderen Mädchen waren mit ähnlichen Aufgaben beschäftigt. Sie verbrachten die Nächte in ihrem eigenen Langhaus, gut eingewickelt gegen die Kälte; doch bei Tage versammelten sich alle in einem Raum, um Brennholz zu sparen. Über die Feuergrube hinweg sah sie, wie Brunhild den Pfeilschaft, den sie glättete, in die Höhe hielt, als wolle sie ihn bewundern.

Sehr hübsch, dachte Galemburgis säuerlich, *doch Randgrid hat dich nicht eingeladen, mit ihr auf die Jagd zu gehen, mich aber wohl!*

Schmelzender Talg stank und zischte in den Steinlampen, die an den Querbalken hingen, und von Zeit zu Zeit knackte ein Eichenscheit in der Feuergrube und sandte einen Funkenschauer empor. Dann sah man die Rauchschwaden unter dem Rieddach, den Wirrwarr von Gegenständen, die an den Pfosten hingen, und die Häute und Vorhänge, welche die Bettkästen verdeckten. Der aufflackernde Feuerschein verlieh Gesichtern, die das Sonnenlicht seit Wochen kaum gesehen hatten, einen rosigen Hauch und ließ die Ornamente auf dem Hochsitz in der Mitte der Halle hervortreten. Dann erstarben die Flammen wieder, und es gab nur noch dunkle Frauengestalten, die sich um das matte Glühen des Feuers scharten.

Ein paar Bänke weiter war Frojavigis dabei, ihr langes Haar zu strählen, golden wie ein Kornfeld zur Erntezeit. Es schimmerte selbst jetzt, wo das Feuer niedergebrannt war.

»Es geht mir schon bis zur Hüfte«, sagte sie zu Swala, die es von ihrem Platz neben Brunhild bewunderte. »Ich werde es bald schneiden müssen.«

Burgundinnen – Galemburgis seufzte. Was suchten sie hier? Wenn Galemburgis sie ansah, mußte sie immer an das Land denken, das ihr Stamm dem ihren im Namen Roms weggenommen hatte.

»Nicht zu kurz –« sagte Raganleob, eines der älteren Mädchen. »Das Haar einer Walkyrja muß lang genug sein, um sich notfalls damit zu erdrosseln ...«

Ringsum verstummten abrupt die Gespräche.

»Glaubt ihr mir nicht?« Raganleob grinste. »Ihr habt eure Geschichte noch nicht gelernt! Als die Römer die Kimbern und Teutonen besiegten, die als erste von unseren Völkern in römischen Landen zu siedeln suchten, nahmen sie die Priesterinnen gefangen, die in der Wagenburg Zuflucht gesucht hatten. Als die Frauen fragten, ob es ihnen gestattet sein würde, den Göttinnen Roms zu dienen, lachten die Soldaten. Und so, statt

Sklavinnen zu werden, erdrosselten unsere Frauen einander eine nach der anderen mit ihrem langen Haar.«

Immer noch lachend, legte sie ihren eigenen langen Zopf um ihren Hals und ließ den Kopf nach hinten fallen. Frojavigis starrte sie entsetzt an; ihre Bürste hing reglos in der Luft über dem goldenen Haar.

»Ein angemessener Tod für eine Priesterin des gehenkten Gottes«, sagte Galemburgis in das Schweigen. Sie sah Brunhild heimlich ihren eigenen schwarzen Zopf befingern; andere taten desgleichen.

»Ich denke, es wäre besser zu sterben denn als Sklavin in Rom zu dienen«, meinte Frojavigis schließlich und begann mit kurzen, heftigen Strichen ihr Haar weiterzubürsten. Doch Swala saß immer noch mit weit aufgerissenen Augen da.

»Nicht alle haben so gedacht«, warf Richhild ein. »Ich habe mir sagen lassen, es gebe viele blondhaarige Sklavinnen im Römerreich. Die Römer machen Perücken für reiche Frauen aus ihrem Haar.«

»Was für ein Volk!« schnaubte Galemburgis. »Warum sind wir so erpicht darauf, in ihren Landen zu siedeln. Wir sollten alle wieder zurück in den Norden ziehen!«

»Die römischen Länder sind warm«, sagte Richhild knapp und streckte ihre Hände zum Feuer aus. Swala fröstelte und nahm ihre Spindel auf. Selbst im Winter gab es immer etwas zu tun, und man konnte spinnen, auch wenn man kaum etwas sah.

»Sollen sie doch dahin ziehen«, meinte Galemburgis. »Sollen die Burgunden doch Römer töten oder sterben, solange sie die Länder der Alemannen in Ruhe lassen.«

»Borbetomagus war eine römische Stadt, keine alemannische, bevor die Burgunden kamen!« rief Frojavigis aus.

»Das ganze Tal des Oberrheins ist alemannisches Land –«, begann Galemburgis.

»Ihr schnattert wie Gänse!« Thrudruns Stimme schnitt ihnen das Wort ab. »Habt ihr nichts zu tun?«

Galemburgis biß sich auf die Lippe. Politik war ausdrücklich eine Sache der Ältesten, die darüber entschieden, welche Seite die Walkyriun im Kampf unterstützten, wenn überhaupt. Jeder Stamm bildete seine eigenen Weisfrauen auf den heiligen Bergen aus, aber die Walkyriun des Taunus waren zu Hermundurs Zeiten eingesetzt worden, um in dem größeren Konflikt gegen Rom zu dienen, und zu ihnen kamen Schülerinnen aus vielen Völkern.

Einen Augenblick später lachte Raganleob bereits wieder und begann über ihre Einweihung in die Walkyriun zu sprechen, die im kommenden Frühjahr stattfinden sollte.

»Wenn sie es sich nicht vorher abgewöhnt, den falschen Scherz zur falschen Zeit zu machen, wird sie nicht so lange durchhalten«, flüsterte Brunhild, und diesmal war Galemburgis ihrer Meinung.

Swala stieß einen langgezogenen Seufzer aus. »Ich auch nicht«, meinte sie leise. »Wenn der Schnee schmilzt, gehe ich heim ... Schaut mich nicht so an, als wäre ich eine Verräterin!« rief sie aus. »Mein Vater hat bereits eine Hochzeit für mich in die Wege geleitet, mit einem Mann aus König Gundohars Gefolge.«

Seit Galemburgis nach Fuchstanz gekommen war, hatten zwei Gruppen ihr Gelübde abgelegt, doch sechs Mädchen waren heimgegangen, und jetzt wollte auch Swala sie verlassen. Das Kind war ein Schwächling, der nicht hierher gehörte, aber die Walkyriun gingen immer in Gruppen von neun einher. Würden neun für die Weihe übrigbleiben?

»Ich dachte, wir würden unsere Lehrzeit zusammen abschließen«, sagte Brunhild, und Galemburgis wunderte sich, warum sie so verstört klang. »Du kannst doch nicht –«

Swala schüttelte den Kopf. »Für dich ist das alles schön und gut. Du ziehst jeden Sommer mit Mutter Huld los. Selbst Galemburgis zollt deinen Fähigkeiten Achtung. Du weißt nicht, wie es für mich gewesen ist, wenn du fort warst. Ich weiß, was ich tue; weißt du, was dir bevorsteht?«

Galemburgis zog eine Braue hoch. Was hielt sie selbst wirklich von Brunhild? Das Hunnenmädchen war keine Stammesfeindin, doch es ging immer seine eigenen Wege. An Brunhilds Fähigkeiten gab es keinen Zweifel, aber Galemburgis fühlte sich in ihrer Gegenwart noch unwohler als selbst bei den Burgunden, die sie zumindest verstehen konnte.

»Auf dein Mitleid kann ich verzichten«, sagte Brunhild knapp. »Wie du sagst, du hast deine Wahl getroffen, und ich werde meine treffen.«

»Ich dachte mir, daß du es so auffassen würdest! Du bist störrisch und stolz«, sagte das andere Mädchen. »Aber ich glaube, daß meine Waffe am Ende mächtiger sein wird als deine.« Sie tippte mit der Spindel in ihrer Hand gegen den Pfeil, dann raffte sie die Wollflocken auf und stiefelte davon.

Stolz, dachte Galemburgis. *Ist das der Grund, weshalb Brunhild so schwer zu verstehen ist?* Das Hunnenmädchen sagte nichts und rührte sich auch nicht, und nach einer Weile nahm es den Pfeil wieder auf und begann daran weiterzuarbeiten.

»Das ist gut«, sagte eine neue Stimme. »Wir werden ihn brauchen. Unsere Fleischvorräte gehen zur Neige.«

Randgrid blickte auf Brunhilds Pfeil herab; ihr graumeliertes Haar schimmerte rötlich im Schein der Glut. Selbst hier trug sie die Beinkleider einer Kriegerin. Alte

Narben glänzten auf sehnigen Armen, gezeichnet von Jahren der Übung mit Schwert und Schild.

»Ihr nehmt mich mit auf die Jagd?« fragte Brunhild. Ihre Stimme verriet nichts.

Randgrid, kannst du nicht sehen, daß sie sich nichts daraus macht? Galemburgis' Blicke bohrten sich in den Rücken der Walkyrja. *Laß sie nicht mitkommen!*

»Du bist bereit. Suche dir für morgen früh deine Sachen zusammen.«

Brunhild nickte. »Seid bedankt«, sagte sie leise. »Es war hart, wie eine kranke Kuh eingesperrt zu bleiben.«

Randgrid lachte und drückte Brunhilds Schulter mit ihrer starken Hand. »Es sind deine Schießkünste, die dir einen Platz in der Jagdgruppe eingebracht haben, nicht mein Mitgefühl. Ich tue nie etwas aus Freundlichkeit.«

Brunhild biß sich auf die Lippe. Randgrid beugte sich plötzlich nieder und nahm ihr den Pfeil aus der Hand. Galemburgis sah hoffnungsvoll zu, wie die Walkyrja mit den Fingern über den Schaft strich, und erinnerte sich an Zeiten, wo ihre Zunge fürwahr alles andere als freundlich gewesen war.

»Willst du ihn zu Bruch schleifen? Er ist jetzt fertig für die Spitze und Befiederung.« Brunhild nickte. Randgrid ließ den Schaft wieder in ihre Hände fallen. »Such dein Zeug zusammen. Wir brechen im Morgengrauen auf.«

Galemburgis wiegte den Kopf in Bewunderung, als die Walmeisterin den Herd entlangging, und verzieh ihr selbst die lobenden Worte für Brunhild. Sie hätte jenen geschmeidigen Gang erkannt, selbst wenn sie nicht gewußt hätte, wer es war. Randgrid war eine wahre Walkyrja. Galemburgis seufzte, als Visionen von alten Zeiten und alten Sitten ihren Geist entflammten, da Kriegerpriesterinnen wie Sigrun Helden zum Ruhm geführt hatten. Träumte Brunhild dieselben Träume?

Das andere Mädchen strich mit den Fingern über den Pfeilschaft, auf und ab, und starrte blind in die Glut. Dann langte es in seinen Beutel, um ein Messer herauszuholen, und begann die Runen einzuritzen, die den Pfeil ins Ziel tragen sollten.

»Schaut, er ist fertig!«

Huld blickte von dem Umhang auf, den sie ausbesserte, als Brunhild das Bärenfell beiseite schob, das ihren Schlafplatz verhängte, und ihr den Pfeil hinhielt.

»Und morgen gehe ich auf die Jagd«, fügte sie munter hinzu. »Es wird so guttun, endlich wieder nach draußen zu kommen. Wollt Ihr einen Segen über ihn sprechen, bitte?«

Huld runzelte die Stirn, als sie einen seltsamen Unterton der Bitterkeit in den Worten spürte, die eigentlich freudig sein sollten. Was stimmte nicht mit dem Kind?

»Tut mir leid –« Ein momentanes Erröten verdunkelte Brunhilds gelbliche Haut. »Ich kann mir denken, daß selbst der Gedanke, nach draußen zu gehen, Euch frieren läßt.«

Huld verzog zustimmend das Gesicht. Sie hatte den Großteil des Monats nahe am Feuer verbracht, nicht weil es ihr dort gefiel, sondern weil ihre Knochen in der Kälte schmerzten. Die Schlafstätte der Weisfrau war am unteren Ende der Halle, wo die Anbauten die Kraft des Windes brachen und das dicke Rieddach sich fast bis zum Boden senkte. Dort hatte sie ihre Schlaffelle, eine geschnitzte Eichentruhe für ihre Werkzeuge und Gewänder und einen Arbeitstisch. Beutel mit magischen Gerätschaften und Büschel von Kräutern hingen von den Pfosten und Balken. Um den Winkel noch besser abzudichten, hatte man Leder vor die Wände gespannt und die Zwischenräume mit Stroh ausgestopft. Holzkohle glühte in einem Becken aus römischer Bronze, doch wenn der Wind sich drehte, drang trotzdem noch kalte Luft herein.

»Habe ich dich nicht genügend Zauber gelehrt, Kind? Zeichne eine Speerrune darauf, daß er gerade fliegt.« Huld zwang sich zu einem Lächeln und wandte sich wieder ihrer Arbeit zu, wob den grauen Wollfaden durch das Tuch, um den Riß im Stoff zu flicken.

»Das habe ich bereits getan«, antwortete Brunhild verteidigend, obwohl die Verlegenheit in ihrem Gesicht blieb. »Doch wenn Ihr ihn für mich verzaubert, werde ich Euch eine feiste Hirschkuh bringen. Frisches Fleisch wird Eure Knochen wärmen.«

Huld schnaubte. »Kannst du die Sonne damit treffen und sie nordwärts ziehen?« Sie milderte ihre Worte mit einem Lächeln, da sie wußte, wie leicht Mädchen in jenem Alter verletzt waren. »Ich habe versprochen, zum Frühlingsfest im Frankenland zu sein, aber wenn es so weitergeht, werde ich vorher erfrieren.«

»Wenn Ihr ans Reisen denken könnt, dann habt Ihr sicher Kraft, einen Pfeil für mich zu verzaubern! Ihr sitzt sonst den ganzen Tag nur herum!«

Huld schnaubte verächtlich, aber sie konnte sehen, wie der Glanz in Brunhilds Augen zurückkehrte. »Jetzt sehe ich, was daraus wird, wenn man ein Mädchen frei herumlaufen läßt. Du hast keinen Respekt vor mir.«

»Wie könnt Ihr das sagen? Habe ich Euch nicht den ersten Pfeil gebracht, den Randgrid für gut genug hielt? Segnet ihn, Mutter«, die Stimme des Mädchens stockte plötzlich, »und Eure Weisheit wird mit mir sein.«

Huld warf ihr einen scharfen Blick zu und nahm den Pfeil auf. »Er ist gut gemacht. Hast du dich also entschlossen, dem Weg der Kriegerin zu folgen?«

Brunhild lehnte ihren Kopf gegen den Pfosten. »Ich ...

ich weiß es nicht«, flüsterte sie. Sie kniff die Augen zusammen, als ob sie brannten von zuviel Arbeit in der rauchigen Halle oder vielleicht von unvergossenen Tränen?

Huld sah zu ihr auf. »Wer hat dir weh getan, Kind?«

»Weh getan?« Plötzlich schluchzte Brunhild. »Swala geht heim ...«

Huld seufzte. »Die Schwalbe kehrt also in ihr Nest zurück. Sie ist klug. Sie hätte es hier nicht überstanden.«

»Sie sagte, ich sei stolz. Sie sagte, es kümmert mich nicht!« brach es plötzlich aus Brunhild hervor, und sie ließ sich auf den dreibeinigen Schemel zu Füßen der Weisfrau sinken.

»Und du, nehme ich an, hast dort gesessen mit einem versteinerten Gesicht und kein Wort gesagt?«

Das Mädchen verbarg sein Gesicht in den Händen.

»Wen kann ich denn lieben? Mein Vater hat vergessen, daß er eine zweite Tochter hat, und meine Schwester hat mit ihrer eigenen Familie zu tun. Ich glaubte, ich könnte hier Schwestern finden, doch selbst Ihr nennt sie Füchsinnen – vielleicht hat Swala recht. Vielleicht sollte auch ich nach Hause gehen!«

»Ach, ich bin eine dumme alte Ziege, wenn ich diesen Eindruck erweckt habe. Gewiß gibt es Liebe unter den Walkyriun. Randgrid und Golla stehen sich seit Jahren näher als Schwestern, und auch die anderen schließen Verbindungen, wenn die Prüfungen alle bestanden sind. Doch gibt es einige von uns, für die keines Mannes und keiner Frau Liebe genug ist. Ich habe sie zurückgewiesen, als ich die Götter suchte. Doch du siehst, wie sie sich um mich sorgen –« Sie wies auf das Kohlenbecken, die Felle. »Ich liebe dich, mein Kind ...« Mit wehem Herzen berührte sie leicht Brunhilds Haar. Es war lange her, seit sie von solchen Gefühlen und solchen Ungewißheiten erfüllt gewesen war, doch sie erinnerte sich. Einen Augenblick lang wußte sie nicht, ob es Brunhilds Schmerz war, den sie spürte, oder ihr eigener.

Liebe ich sie bereits zu sehr? Ihr Weg wird so schwer, und sie muß so stark sein!

Brunhild wandte sich um, preßte den Kopf gegen den Schenkel der Alten. Huld fuhr fort, ihr übers Haar zu streichen, und merkte, wie das Zittern allmählich verebbte.

»Dann segne meinen Pfeil, gute alte Ziege –« Brunhilds Schluchzen wurde zu einem Schluckauf, und sie lachte.

»Es ist heute viel wärmer!« rief Raganleob und schob ihre mit Fuchspelz gefütterte Kapuze zurück. »Den Göttern sei Dank! Ich habe mich schon gefragt, ob Ragnarök hereingebrochen sei, während wir alle schliefen, und die Eisriesen die Welt zurückerobert hätten!«

Die Wolken waren endlich aufgebrochen. Ein berauschender Hauch von Frühling lag in der feuchten Luft, die ihre Gesichter berührte, doch diese Schmelze war für die Jagd alles andere als günstig. Brunhild sagte sich, daß dies der Grund sei, weshalb die Freude, die sie in dem Tag zu finden erwartet hatte, von ihr gewichen war, nicht die Tatsache, daß Randgrid auch Galemburgis mitgenommen hatte. Der Schnee wurde bereits matschig, und alle Spuren aus der vorangegangenen Nacht würden beim ersten Sonnenstrahl verschwinden.

Brunhild spähte mit zusammengekniffenen Augen über die Weiße, welche die vertrauten Konturen des Taunus bedeckte, und war plötzlich sehr froh, daß sie mit ihrer Waidkunst nicht geprahlt hatte. Zwar hatten die zwei Sommer, die sie mit Mutter Huld in den Bergen verbracht hatte, ihr eine Kenntnis dieses Landes vermittelt, derer sich wenige von den anderen rühmen konnten. Sie kannte die Namen der Heilkräuter sowie die Zeiten, wann man sie pflücken, und die Zauberworte, die man dabei sagen mußte; und sie wußte, wo das Rotwild in der Hitze des Tages rastete und wie es seine Jungen aufzog und wo die zarten Schößlinge wuchsen, die es am meisten schätzte. Doch diese Winterlandschaft war eine neue Welt, und sie war schon froh, die darunter liegende Gestalt des Landes erkennen zu können.

Randgrid freilich schien zu wissen, wohin sie ging. Brunhild trottete hinter den anderen drein und versuchte, sich nichts daraus zu machen, daß der Schneematsch durch die Säume und das Innenfutter ihrer Kalbslederstiefel drang. In der ganzen hellen Landschaft waren das Knirschen von Schuhleder auf Schnee, ihr rauhes Atmen und ein gelegentlicher dumpfer Schlag, wenn ein Ast sich seiner Schneelast entledigte, die einzigen Geräusche.

Kurz vor Mittag erspähten sie zwei dunkle Gestalten, die einen Hang querten, und binnen einer Stunde hatte Randgrids Pfeil das erste Rottier des Tages erlegt.

Danach jedoch schien ihr Glück sich zu wenden. Das zweite Tier war in einer weißen Wolke davongehetzt, während Brunhild noch ihren Pfeil auflegte, und alles andere Wild in den Bergen schien sich in ein Versteck geduckt zu haben. Als Brunhild ihren Mantel wieder schloß, merkte sie, wie kalt es plötzlich geworden war. Hohe Wolken sammelten sich zu ihren Häupten, ließen das Tageslicht bleichen. Unter der Sonne war die gleißende Weite schön gewesen. Jetzt umgab sie auf allen Seiten konturlose Blässe.

Doch während sie durch die Schneewehen stapften, erwachte irgend etwas in ihr, verband Erinnerungen von sommerlichen Wanderungen mit den Formen des Landes, und selbst in dem fahlen Licht wußte sie, wo sie nun waren.

Sie hielt an, um die Riemen um ihre Beinwickel fester zu ziehen, und fragte sich, wann Randgrid das Zeichen geben würde, den Heimweg anzutreten. Jeder konnte sehen, daß es bald schneien würde. Galemburgis und Raganleob, die größten von ihnen, trugen das Wild, während Randgrid den Weg erkundete. Brunhild spürte den nassen Kuß einer Schneeflocke auf ihrer Wange und beschleunigte ihren Schritt den Hang hinauf, wobei sie ihren Bogen als Stock benutzte. Und genau in dem Moment, als sie den Kamm des Hügels erreichten, hörte sie ein Geräusch wie von einem brechenden Ast und sah Randgrid fallen.

Im Nu waren sie alle um sie versammelt.

»Vielleicht ist es nur eine Verstauchung«, sagte Raganleob hoffnungsvoll. »Und wenn zwei von uns dich stützen –«

Aber Randgrid schüttelte den Kopf. »Das Bein ist gebrochen. Ich habe nicht darauf geachtet, wohin ich meine Füße setzte, und bin durch die Schneekruste in ein Loch getreten!« Sie biß die Zähne zusammen.

»Dann müssen wir ein Pferd holen, um dich hier wegzuschaffen«, sagte Galemburgis ein wenig verzweifelt. Sie drehte sich um, um den Pfad zurückzublicken.

Doch der Pfad war verschwunden. In jenen wenigen Augenblicken waren aus den vereinzelten Flocken ein weißer, wirbelnder Vorhang geworden, der die Welt verhüllte.

»Schafft sie in den Schutz der Bäume«, sagte Brunhild. »Wir können Zweige abschneiden, um sie darauf zu betten.

»Glaubst du, daß der Schnee bald nachlassen wird?«

fragte Raganleob, als sie damit fertig waren. Randgrid schwitzte trotz der Kälte, und sie brauchte ein paar Augenblicke, um zu antworten.

»Ich glaube ... das ist nur der Anfang des Sturms. Schichtet den Schnee über diese Zweige, um mich zu schützen, und schneidet Holz ... wenn ihr trockenes finden könnt ... für ein Feuer.« Zwischen zusammengebissenen Zähnen stieß Randgrid die Worte hervor. »Dann müßt ihr gehen ... solange ihr noch könnt.«

»Und Euch hier lassen?« rief Raganleob aus. »Schade, daß die Hirschkuh so klein ist! Ich hab' gehört, daß ein Mann einen Schneesturm überlebt hat, indem er den Bauch seines Pferdes aufgeschnitten hat und hineingekrochen ist. Aber wir haben die Bäume als Schutz, und wir können das Wild essen.«

Doch Brunhild sah in Randgrids Augen die bittere Selbsterkenntnis, daß sie nicht beides überleben würde, die Kälte und den Schock des gebrochenen Knochens.

»Was die Nornen gewoben haben, wird geschehen«, sprach die Walmeisterin. »Ihr müßt mich hier lassen.«

»Ich werde Hilfe holen«, sagte Brunhild.

»Nicht allein –«, begann Randgrid, doch Brunhild schüttelte den Kopf.

»Ich habe letzten Sommer hier Kräuter für Mutter Huld gesammelt, und ich weiß, wo wir sind. Hrodlind kennt die Hügel auch. Sie wird diese Stelle nach meinen Angaben finden können, selbst im Schnee.«

»Dann komme ich mit dir –«, begann Galemburgis, und Brunhild fand, daß sie das Alemannenmädchen in diesem Augenblick fast mochte. Doch Raganleob hatte überhaupt kein Glück mit ihrem Feuerstein und Stahl.

»Wenn ihr kein Feuer machen könnt, werdet ihr beide Randgrid warmhalten müssen, und meine Chancen sind allein nicht schlechter als zu zweit ...«

Randgrid wollte Einspruch erheben, aber für Brunhild schien alles vollkommen klar. Ohne auf eine Antwort zu warten, wandte sie sich um, und Augenblicke später waren die anderen hinter dem fallenden Schnee verschwunden.

Das kräftige Ausschreiten im Schnee wärmte sie. Brunhild zog die Schnüre ihrer Kapuze fester, so daß der Fuchspelz, mit dem sie gefüttert war, einen Teil des Schnees abhalten konnte, und stapfte weiter, direkt in den Wind. Die Weisfrauen würden sie nicht mehr ablehnen können, wenn sie eine der Ihren rettete. Sie versuchte sich Hlutgards anerkennendes Lächeln vorzustellen und das Staunen auf Swalas Gesicht, wenn sie von Brunhilds Tat erfuhr.

Nach einer Weile spürte sie die Kälte in ihren Zehen nicht mehr. Das war kein gutes Zeichen, aber sie konnte es sich nicht leisten, darauf zu achten. Mit dem federnden Langbogen aus Eibenholz als Stock konnte sie die Gefühllosigkeit ausgleichen und weitergehen. Sie blinzelte in die wirbelnde Weiße und versuchte, vertraute Umrisse von Baumgruppen unter den sich auftürmenden Schneekappen zu erkennen. Gewiß markierte jene Fichtengruppe den Pfad zu der Wiese, wo sie im letzten Frühling Wegebreit gepflückt hatte. Wenn sie sich nach rechts wandte, müßte das Land ansteigen, und dann würde sie auf die Händlerstraße stoßen, die nach Fuchstanz führte.

Doch als Brunhild die Bäume umrundete, fand sie sich am Rande des Waldes wieder. Hier gab es keinen Pfad. Vielleicht hätte sie schon vorher links abbiegen müssen. Sie ging ein Stück zurück, wo sie gekommen war, und fand einen Weg durch die Bäume; doch dieser Pfad, wenn es einer war und keine natürliche Lücke zwischen den Bäumen, gab ihr kein vertrautes Gefühl.

Immerhin ging es bergan. Wenn sie den Hügelkamm erreichen konnte, würde sie vielleicht den Weg nach Hause finden.

Auf der Hügelkuppe traf sie der Wind mit einer Kraft, daß die Kälte durch Mark und Bein ging, die sie wieder zurück unter die Bäume trieb. Bleiche Schemen verdichteten sich in den Wirbeln, als der Wind stärker wurde. Brunhild klammerte sich an einen Fichtenstamm; einen Augenblick war sie sicher gewesen, ein klaffendes Maul zu sehen und Arme, die sich nach ihr ausstreckten. Dann fegte ein weiterer Windstoß die Gestalt fort. Sie blinzelte. War es nur ein Trugbild des Sturms gewesen? Hier kam ein anderer Geist, mehr als mannshoch. Heulend rollte er auf sie zu.

Sie floh zurück in den Wald und versuchte, dem Hügelkamm zu folgen, aber sie konnte nicht sicher sein, in welche Richtung sie ging.

Randgrid hat den Fehler gemacht, nicht darauf zu achten, wohin sie trat, doch ich war vielleicht die größere Närrin ..., dachte Brunhild betäubt. Ohne daß Wolken den Horizont verbargen, hätte sie vielleicht ihren Weg finden können, auch wenn der Schnee die Konturen des Landes verdeckte. Doch nun verließen sie sowohl Sicht als auch Form. So wie der Schnee die Täler füllte, war es sogar schwer, oben von unten zu unterscheiden. Nur die Granitblöcke, die aus der Erde ragten, behielten noch erkennbare Formen bei. Sie kam zu einer Felsgruppe, an die sie sich zu erinnern glaubte. Wenn sie in dieselbe Richtung weiterging, würde sie vielleicht an eine Stelle kommen, die sie kannte.

Erschöpfung machte ihr mehr zu schaffen als Angst. Es wäre so einfach, sich hinzulegen und die Kälte ihr Werk tun zu lassen; und es schien ihr, daß ihr Tod nur ein kleiner Verlust für die Welt sein würde. Doch dann würde auch Randgrid sterben, und darum mußte sie weitergehen. Der Schnee klebte an ihren Stiefeln und machte ihre Füße schwer. Brunhild versuchte sich abzulenken, indem sie die Namen und Anwendungszwecke der Kräuter aufzählte, die Huld sie gelehrt hatte, und die Namenslisten von Königen, doch die Worte hatten keine Bedeutung mehr für sie.

Vielleicht konnte sie sich mit Rätseln auf andere Gedanken bringen, mit den Kenningen, die des Sängers Weg waren, die Wahrheit der Welt aufzudecken. *Schneefelder ...*, dachte sie verschwommen, *die Gärten Skadis*. Und die Bäume im Wald könnte man die Knochen der Häuser nennen. Doch besser nicht an Knochen denken, denn ihre eigenen waren nun nahe dabei, zu erfrieren. *Denk an etwas Wärmeres*, sagte sich Brunhild. *Was brät die Nahrung, die sein Feuer nährt?* Sie versuchte, sich die aufflackernden Flammen eines Scheiterhaufens vorzustellen, doch ein weißes Feuer brannte auf ihrer Haut.

Eis, flüsterte eine verräterische Stimme in ihrem Innern, *ist der Leib Orgelmirs, aus dem die Welt geschaffen ward und in den sie zurückkehren wird ...*

Brunhild hielt inne, als etwas vor ihr aufragte. Es sah vertraut aus, doch es dauerte mehrere Augenblicke, bis ihr klar wurde, daß es dieselbe Steinformation war, die sie zuvor gesehen hatte. Die Gedanken kreisten so langsam wie das Blut in ihren Adern, doch gelangten schließlich zu der Erkenntnis, daß es keinen Sinn machte, ihre Kräfte zu erschöpfen, nur um dort zu enden, wo sie losgegangen war.

Ob Raganleob und Galemburgis es schafften, Randgrid warmzuhalten, fragte sie sich. Wenn die Walmeisterin starb, würden die anderen Walkyriun sie betrauern. Würde Swala weinen, wenn Brunhild nicht zurückkehrte?

Würde Mutter Huld, deren Geist in Hellas Hallen

gewandelt und zurückgekehrt war, auch weinen? Die Weisfrau hatte gesagt, daß sie sie liebe. Es schien hart, daß all ihre Ausbildung nun vergebens sein sollte. Brunhild hatte den Pfeil nie gebraucht, den ihre Lehrerin ihr gesegnet hatte. Irgendwie erschien ihr dies als das Traurigste von allem.

Ich werde ihr ein Geisterreh schießen, dachte sie verworren. Schwankend, als der Sturmwind sie schüttelte, versuchte sie ihren Bogen zu spannen. Der Pfeil glitt immer wieder von der nassen Sehne, doch Brunhilds ganzes Trachten hatte sich auf die simple Entschlossenheit verengt, diese eine letzte Tat zu vollbringen. Sie packte den Pfeil, biß die Zähne zusammen und zielte gen Himmel. Als ihre Finger ihn losließen, brüllte der Wind ringsum auf und wirbelte ihn hinweg.

Der Bogen entglitt den kraftlosen Fingern. Brunhild torkelte auf die Felsen zu, wünschte sich, sie wären hoch genug, um ihr mehr Schutz zu geben. Doch zumindest würden sie als Mal für ihre Gebeine dienen. Würde Froja sie empfangen, oder würde sie ihren Weg zu Hellas kalten Hallen suchen müssen? Sie lehnte sich dankbar gegen den Stein; selbst jetzt war sie nicht gewillt, sich im Schnee niederzulegen.

Das Heulen des Windes war wie ein Gesang ... Brunhild fuhr hoch, fragte sich, wie lang ihre Augen geschlossen gewesen waren. Sie konnte ihre Füße nicht mehr spüren. Die Luft um sie her schien seltsamerweise wärmer geworden zu sein. Schnee wirbelte in tanzenden Schemen, doch sie fürchtete sich nun nicht mehr.

Brunhild sah zu, wie die Schneegeister ringsum aufwallten und fortwirbelten. Dann runzelte sie die Stirn. Hinter ihnen schien eine verhüllte Gestalt näher zu kommen, deren peitschender Schwanz das Chaos des Schnees abwehrte.

»Brunhild, Brunhild, du mußt weitergehen —«
Die Worte waren viel zu deutlich, um durch den Wind an ihr Ohr gedrungen zu sein. Das Mädchen kniff die Augen zusammen, versuchte, etwas zu erkennen. Durch das Schneegestöber kam die Gestalt einer Frau. Sie trug das Gesicht, das Brunhild gesehen hatte, als sie Mutter Huld zu heilen versuchte, und war gekleidet in das Fell einer Wildkatze.

Wenn dies der Schutzgeist der Weisfrau war und nicht ein Produkt ihrer eigenen verwirrten Phantasie, war das Vordringlichste, daß sie die einzig wichtige Nachricht weitergab. Brunhild kämpfte um Worte.

»Randgrid liegt mit einem gebrochenen Bein unter den Bäumen, wo wir letztes Jahr den Falkenhorst fanden. Wenn Ihr Hrodlind mit Pferden dorthinschickt, könntet Ihr sie und die anderen noch rechtzeitig finden. Doch ich weiß nicht, wo ich bin.«

»Ich weiß es«, kam die ruhige Antwort. *»Schutz ist nahe. Folge mir ...«*

Das ist Wahnsinn, dachte Brunhild. Doch Mutter Huld winkte, und es schien leichter, zu gehorchen.

Sie taumelte durch eine Welt ohne Landmarken, stolperte, als ihre Füße tief in Schneewehen versanken. Es gab keine Entfernung, wie es keine Zeit gab, nur die Pein der Erschöpfung und der Kälte. Sie sah die Felsen nicht, bis sie dagegen lief.

»Zu deiner Linken ist eine Öffnung ...« Die ruhige Stimme formte sich in ihrem Bewußtsein. Brunhild war bereits auf den Knien. Sie kroch vorwärts in die Dunkelheit, kalt, aber trocken, und geschützt vor dem Wind.

Brunhild wandelte in einer Welt des Nebels. Sie weinte. Es gab jemanden, nach dem sie sich sehnte, jemanden, der sie liebte. Nicht ihre Mutter, die bei ihrer Geburt gestorben war. War es ihr Vater? Sie versuchte, sich sein Gesicht mit den schwarzen Brauen vor Augen zu rufen, aber es war von ihr abgewandt. Warum sollte sie ihn herbeisehnen? Er hatte sich schließlich nie um sie gekümmert.

Doch es gab jemanden, dem sie nicht gleichgültig war – die Erinnerung erzitterte bei der Berührung dunkler Schwingen.

War sie schließlich doch gestorben und hatte ihren Weg in die Unterwelt gefunden? Gewiß waren die Höhlen an den Wurzeln der Welt dunkler, und wo waren die Flüsse von Blut, die jene durchqueren mußten, die Hellas Hallen aufsuchten? Zwar war dieser Ort voller Nebel, doch sie hatte das Gefühl, daß er irgendwo viel höher lag. Ein Rabe krächzte, und sie sah etwas Dunkles zwischen den harten, höckrigen Formen der Felsen flattern. Es war schwierig, durch den Nebel etwas zu erkennen. Sie tastete sich voran, dem Vogel nach.

Kies knirschte unter ihren Füßen, als sie zwischen verwitterten Steinpfeilern hindurchging, die sich wie die Pfosten eines Hauses erhoben, wenngleich dieser Ort zum Himmel offen war. Auf ihrer Wange spürte sie den feuchten Dunst der treibenden Schwaden; dann lichtete sich der Nebel, und ein Regenbogenschimmer entflammte die Luft. Im nächsten Augenblick war das Licht erloschen, doch Brunhild ging nun beherzter voran. Vor ihr öffnete sich der Gang; undeutlich spürte sie, daß sie am Eingang eines größeren Raumes stand, der von hohen Steinen umgeben war.

Im Zentrum des Kreises bildeten große Felsplatten einen Hochsitz. Darauf saß einer, gehüllt in einen Mantel, dessen blauschwarze Falten mit den Schatten verschmolzen. Der Rabe, der sie führte, krächzte rauh, und von den Säulen über dem Sitz antwortet, ihm eine zweite Vogelgestalt. Helligkeit strömte herein. Brunhild trat einen weiteren Schritt vor und erstarrte; denn eine Kälte, schneidender als die des Sturmes, ließ ihr das Blut in den Adern stocken, als sie sah, wer da saß.

»*Tochter, warum fürchtest du dich?*«

Ihre Füße trugen sie weiter, doch sie konnte keine Worte finden. Sie hatte jenes Gesicht im Triumph erschaut, als der Gott auf dem Donner ritt, doch in den letzten zwei Jahren hatte sie zu viel über ihn gelernt, um ihn nicht zu fürchten.

»Habe ich dich nicht erwählt? Du bist es, die mich gemieden hat!« Unter dem breitkrempigen schwarzen Hut lag das linke Auge des Gottes im Schatten, doch das andere schien ihre Seele zu durchdringen. »Nun, vielleicht hast du einen Grund –«

Er lachte leise, und der Klang ließ sie wieder erbeben; denn sie konnte nicht sagen, ob dieses trockene und nicht gänzlich freundliche Gelächter gegen sie oder gegen ihn selbst gerichtet war.

Sie richtete sich auf und sah ihm fest ins Gesicht. »Ich habe keine Angst vor dir ...«

»Hast du Angst vor dem Sterben?« Sein heiles Auge betrachtete sie neugierig. »Das ist es, was auf den Körper wartet, den du drunten gelassen hast. Du bist an einen Punkt der Entscheidung gekommen, mein Kind. Darum bist du hier.«

»Wenn ich sterbe, werde ich dann zu Hella eingehen?«

»Du wirst mit den anderen Maiden der Gefion in Frojas vielsitziger Halle weilen.«

»Und wenn ich lebe?« Brunhild trat einen weiteren Schritt auf ihn zu, und ihr Herzschlag wurde schneller angesichts des Lichts, das sein Gesicht verwandelte, als er zu lächeln begann. Bernsteinfarben glomm es aus seinem ergrauenden Haar, und er erschien ihr jetzt nicht alt.

»Dann wirst du eines Tages den Helden, welche mir dienen, den Met reichen ...«

Brunhild schüttelte den Kopf, der Gefahr bewußt. Sie konnte die Kraft in ihm spüren, als stünde sie zu nahe an einem Feuer, aber sie konnte sich ihr nicht entziehen.

»Ich will nicht deinen Helden dienen. Du hast mich deine Tochter genannt. Was soll das bedeuten?«

»Meine Töchter wohnen in den Tiefen meiner Seele. Durch sie kenne ich das Herz des Weibes, wie mein Geist den Mann kennt. Meine Töchter bringen mich an den Ort, wohin kein Mann gehen kann.«

»Dann willst du dich meiner nur ... bedienen?«

»Erwartest du, daß ich dich liebe?« Sein Auge funkelte tückisch, und er griff nach dem langen Speer, der am Steine lehnte. »Für die, welche ich liebe, bin ich am gefährlichsten von allen ...«

»Ich verstehe«, sagte sie leise.

Der Blick seines Auges wandte sich nach innen, und Brunhild schauderte, als sie seinen Schmerz sah. »Verstehst du, daß ich dich nicht schonen darf, daß du alles fühlen wirst, was ich fühle? Meine Kinder müssen demselben Schicksal dienen wie ich.«

»Aber wirst du mich lieben?« Sie begegnete seinem Blick mit ihrem eigenen. Alles Sein hatte sich auf den leuchtenden Punkt verengt, der Wodans Auge war.

»Die Welt wandelt sich. Doch wenn auch Völker und Reiche zu Staub zerfallen, meine Liebe bleibt.« Seine Stimme hallte durch den Stein, durch ihre Knochen, durch alle Welten hindurch.

»Dann will ich dir gehören ...«

Er erhob sich. Das Gewand unter seinem blauen Umhang schimmerte wie gefangenes Sternenlicht. In einer weiten Ferne hörte sie Raben krächzen, doch er sprach zu ihr und sagte:

»Wer für mich lebt, muß durch den Tod gehen. Ist das dein Wille?«

Die Stimme war jetzt sehr sanft. Als Wodan den Speer hob, erglühte Licht in den Runen, die in den dunklen Schaft geschnitten waren, und glitzerte unheilvoll auf der Klinge.

Brunhild nickte.

Die Spitze senkte sich, und sie spürte den kalten Stich von Stahl unter ihrem Herzen. Dann drang der Speer in sie ein – und die Welt löste sich auf in Licht.

Regenbogensplitter zerspellten in tausend Gesichte, als der Schmerz sie durchströmte. Sie keuchte, gepfählt auf eine Lanze aus Eis und Feuer; sah, was er sah; fühlte, was er fühlte – seine Qual und seine Ekstase. Und dann verspürte sie die heilende Süße der Lippen des Gottes auf ihrer Stirn.

»Meine Geliebte ... mein Kind ...«

Dunkelheit hüllte sie ein.

Rabenstimmen zerrissen die stille Luft. Frauenstimmen antworteten schrill, gedämpft von Schnee. Huld holte tief Luft, verzog das Gesicht, als die bittere Luft ihre Brust stach und die Füße zwang, sie das letzte Stück des Hanges unter den Steinen hinaufzutragen.

»Du bist wohl verrückt«, sagte Thrudrun und griff nach ihr, um sie zu stützen. »Mit Randgrid haben wir schon genug zu tun; sollen wir dich auch noch pflegen müssen? Wenn das Mädchen noch am Leben ist, wirst du ihm nicht helfen, wenn du dir hier das Brustfieber holst.«

»Wir werden Brunhild finden – lebendig«, murrte Huld. »Und ich bin nicht so zerbrechlich, wie du denkst. Ich bin nur faul geworden am warmen Herdfeuer.«

Thrudrun knurrte skeptisch und zeigte auf die Raben,

die schwer von den Felsen aufflogen, als sie näher kamen. Huld schüttelte den Kopf. Gewiß hätte die Willenskraft, die am Nachmittag zuvor durch ihr Bewußtsein geschossen war wie ein Pfeil, das Mädchen am Leben erhalten. Die Verzweiflung in jenem geistigen Schrei hatte Huld so sehr aufgeschreckt, daß sie ihren eigenen Geist ausgesandt hatte, und in jenem Gesicht hatte sie Brunhild gefunden und sie zur Sicherheit der Höhle geführt.

Sofern es nicht alles eine Täuschung gewesen war, geboren aus ihrem eigenen Verlangen, das Kind zu retten. Sie hatten Randgrid und die beiden anderen Mädchen an jener Stelle gefunden, die Brunhild ihr genannt hatte. Der Teil war erwiesen. Doch hatte sie die Nacht in der Höhle überlebt? Die Weisfrau blickte auf die kreisenden Raben und kletterte den Rest des Hügel hinauf.

»Dort muß es sein – in der Spalte zwischen den beiden Steinen«, keuchte Huld. Thrudrun spähte in die Dunkelheit, als der Knecht sich in die Öffnung wand.

»Ich sehe etwas! Er hat sie!« Die Runenmeisterin beugte sich vor, um dem Mann zu helfen, etwas ins Freie zu zerren, was wie ein Haufen Lumpen aussah, und Huld kniete, suchte nach dem Flattern des Pulsschlags an der Kehle. Brunhild lebte, doch sie glühte vor Fieber.

»Brunhild, Kind, kannst du mich hören?«

Die Lider des Mädchens flatterten, und sie stöhnte ob der Helligkeit; dann öffneten sich ihre Augen und weiteten sich, als sie ihre Lehrerin über sich gebeugt sah.

»Ihr seid wieder in Eurem Körper –«, flüsterte das Mädchen. »Aber Ihr seid zu mir gekommen, im Schnee ...«

»Still, Kind«, antwortete Huld. »Sprich jetzt nicht davon.« Brunhild holte tief Atem, hustete und faßte sich an die Brust, als schmerze es sie. Ihr Gesicht war gerötet, doch die Haut ihres Halses war fahl, ihr dunkles Haar von der Feuchtigkeit zu wirren Zotteln zerzaust.

»Wie habt Ihr mich gefunden?«

»Wie hätten wir dich übersehen können«, Thrudrun drängte sich neben die ältere Frau, »mit einer Wolke von Raben, die von hier aufstiegen wie Rauch von einem Scheiterhaufen? Und ein solches Feuer hätten wir auch nötig gehabt, dünkt mich, doch du bist ja noch am Leben!«

»Er traf mich mit dem Speer«, flüsterte sie, und ihre Finger krallten sich in ihre Brust, »doch ich werde nicht sterben.«

Thrudrun legte die Hand auf ihre Stirn, und ihr Gesicht war besorgt, als sie zu Huld blickte, doch das war jetzt nebensächlich. Die Weisfrau beugte sich über das Mädchen, das sie ausgebildet hatte. Ihr eigenes Herz begann zu pochen, als sie die Wahrheit in jenen glänzenden Augen las.

»Wodan? Du hast den Gott gesehen?«

Es war kein Wahn, trotz des Fiebers. Brunhild hob matt die Hand an ihre Schläfe, und es erschien Huld, als ob das Zeichen eines Kusses noch auf ihrer Stirn brannte.

Sie wird eine Walkyrja sein, und zwar eine große! Die Weisfrau brauchte keine Runen, um jenes Schicksal zu lesen. Brunhilds Blick verschwamm, als das Bewußtsein zu schwinden begann, und Huld spürte die Worte eher, als daß sie sie hörte.

»Ich gehöre jetzt ihm ...«

ᛈ

DAS LIED DER WÖLFE

*Wald der Teutonen,
Hilperichs Burg
Wonnemond, Brachmond, A.D. 415*

An einem Morgen gegen Ende des Wonnemondes schlüpften die Wolfswelpen aus dem Bau unter den Ebereschen in das Licht des Tages.

Sigfrid hielt den Atem an, als die erste schwarze Nase aus der Dunkelheit spitzte, ein Maul sich öffnete zu einem fast unhörbaren Heulen. Die Wölfin lag neben dem Eingang, winselte ermutigend, und alsbald erschienen zwei weitere gesprenkelte Köpfe und blinzelten erstaunt ins Licht. Sigfrid grinste, als sie auf ihre Mutter zutappten und sich bei fast jedem zweiten Schritt auf den Hintern setzten. Mit einem Seufzer streckte die Fähe sich aus, um sie saugen zu lassen, und die Kleinen drängten sich an ihre Zitzen, das einzig Vertraute in dieser fremden Welt des Tageslichts.

In den zwei Wintern, seit er die Wölfe des Rudels entdeckt hatte, hatte Sigfrid sie beobachtet, wann immer er sich von der Schmiede wegstehlen konnte. Er hatte ihre Paarung in den stürmischen Tagen am Ende des Winters verfolgt; er hatte gesehen, wie die erwachsenen Wölfe sich zusammentaten, um die Jungen zu füttern und zu lehren. Einmal war er tatsächlich in den leeren Bau gekrochen, neugierig darauf, was ein Wolf unter einem trauten Heim verstand. Der Gang führte etwa die Länge eines ausgewachsenen Mannes hinab in den Hügel; dann öffnete er sich nach oben in eine unregelmäßige Höhle, deren Boden von Jahren des Gebrauchs geglättet war. In der geheimen Dunkelheit hatte Sigfrid sich zusammengerollt und sich vorgestellt, er selbst sei ein Welpe im Leib der Erdmutter, der darauf wartete, geboren zu werden. All dies und mehr hatte er erfahren, doch bis heute hatte er es nie geschafft, in dem Augenblick zugegen zu sein, da die Welpen in die unvorstellbare Helle des Tages hinaustraten.

Nach einiger Zeit drehte sich der Junge auf den Rücken und blickte hinauf zu dem leuchtend flackernden Sonnenlicht, das durch das junge Grün drang. Sein Blut pochte im Rhythmus des tiefen Herzschlags, der die Welt ringsum erbeben ließ. Oder vielleicht war der Aufruhr auch in seinem Innern; er wuchs derzeit so schnell, daß sein Körper ihm kaum der eigene schien. Hier am Boden waren die Gerüche von moderndem Farnkraut und neuem Gras überdeutlich, und eine Art von wilder Minze wuchs nahebei.

Die Eindrücke überwältigten ihn. Einen Augenblick lang war die ganze Welt in ihm; dann holte er tief, schluchzend Atem und entspannte sich wieder. Wie die Wölfe lag er an der Brust Erdas; doch wer sorgte sich um ihn, wie das Rudel sich um seine Jungen sorgte? Er hatte nur einen Lehrer, und Ragan schien anspruchsvoller zu werden mit jedem Mond, der verging.

Ich bin nicht wie er ..., dachte der Junge. *Ich werde nie wie er sein, wie sehr ich mich auch bemühe.* Er wußte, daß er recht geschickt geworden war, was die tägliche Arbeit in der Schmiede betraf. Wenn es auch immer noch einige Arbeiten gab, zu denen er einfach nicht die Kraft hatte, konnte er doch einen Kübel bereifen oder einen Kessel flicken oder ein Stück Eisen zu einer brauchbaren Messer- oder Speerklinge hämmern. Doch er hörte weder das geheime Singen in einem Stück Eisen, noch liebkoste er das getriebene Gold mit eines Meisters Hand.

Gedanken zogen in einem hellen Dunst vorbei. Wölfe huschten durch den Sonnenglast, der jedes Haar ihres Fells mit einem Lichtfunken besetzte. Sigfrid blinzelte, und das Licht wurde zu einem glitzernden Strom von Speerspitzen, die sich über eine grasbewachsene Ebene ergossen. War es das, was er suchte? Er kniff die Augen zusammen und sah nur noch Flammen.

Als er wieder zu sich kam, war ihm kalt trotz der milden Luft. Er stützte sich auf die Ellbogen und blickte auf das Lager hinab. Aus dem Geknäuel von dunklem Fell an der Seite der Wölfin kam ein leises Knurren. Einer der Welpen hatte die Pfote eines anderen zwischen den Zähnen und zerrte daran; doch während Sigfrid zusah, fiel der Angreifer in Schlaf und nach kurzer Verwirrung tat sein Opfer es ihm gleich.

Sigfrid lachte, und der Kopf der Wölfin fuhr hoch, die Ohren auf sein Versteck gerichtet. Sie konnte ihn nicht sehen, doch sein Lachen erstarb. Wenngleich die Wölfe sich an ihn gewöhnt hatten, wußte er, daß ihre Langmut hier endete, an dem Bau, in dem jeden Frühling ihr Bindeglied mit der Zukunft geschmiedet wurde. Einzelne Wölfe wurden geboren und starben; das Rudel lebte weiter.

Selbst die Wölfe haben eine Familie, dachte er düster. *Doch ich bin ein Ausgestoßener.* Das war es, was ihn quälte, und seine Freude an den Wölfen, die als Trost gedacht war, hatte sein Verlangen nur vergrößert. Er sehnte sich nach einer Mutter, die ihn liebte; er wünschte sich Brüder, an denen er seine Stärke erproben und die ihm zur Seite stehen könnten.

Doch was er hatte, war Ragan, der ihn bestimmt schlagen würde, wenn er nicht bald zurückkehrte.

Ragan starrte den Boten an; das Bild des Schwertes, an dem er gearbeitet hatte, verblaßte vor seinem inneren Auge, als des Mannes Worte zu ihm durchdrangen.

»Frau Hiordisa sagt, Ihr sollt kommen, Meister, und den Jungen mitbringen«, fuhr der Bursche fort. Der Schmied erinnerte sich vage an ihn; er war einer von Albs Leuten, auf dem Schiff mehr zu Hause als auf dem Pferderücken. »Und wir müssen uns beeilen. Von der Sippe habt Ihr beide den längsten Weg.«

»Du kannst Pferde einfangen?« fragte der Schmied. Auf des Mannes Nicken zeigte er zur Tür. »Nimm Seile vom Haken und folge dem Pfad. Pferde grasen auf der Wiese. Spart Zeit, wenn du sie herbringst.«

Ragan runzelte verärgert die Stirn, als die Schritte des Boten verklangen. Es würde noch mehr Zeit sparen, wenn Sigfrid bald zurückkäme. Der Junge hatte sich wieder vor Morgengrauen davongemacht, durchstreifte die Wälder wie ein Wildfang, und nur die Trolle wußten, wann er sich entschließen würde, heimzukehren.

Der Schmied schüttelte den Kopf und begann seine Sachen zu durchsuchen. Der große Amboß und Blasebalg würden noch in der Schmiede in Hilperichs Feste stehen, doch er sollte besser Werkzeug für feinere Arbeiten mitnehmen. Bestimmt hatte irgend jemand etwas zerbrochen, was er gemacht hatte, und wollte, daß er es wieder in Ordnung brachte.

Wo blieb der Junge? Mit einem Ohr auf Sigfrids Rückkehr lauschend, holte er einen Ledersack hervor. Doch es war eine Veränderung in der Luft, die ihm sagte, daß jemand in der Tür stand. Ragan fuhr herum. Er hatte vergessen, wie leise das Kind sich zu bewegen gelernt hatte.

»Was ist los?« Der Junge ließ den Kadaver eines Hirschkalbs von der Schulter auf die Arme gleiten. »Auf der Koppel steht ein fremdes Pferd.«

Ragan knurrte. »Hilperich ist tot.« Er rollte einen Grabstichel in weiches Leder ein und ließ ihn in den Sack fallen. »Der Bote kam von deiner Mutter.«

Sigfrid ließ das Tier auf den Boden fallen. »Es ist ein Ritt von einer Woche. Man wird ihn verbrannt haben, ehe wir eintreffen können.« Aus seiner Stimme war kein Gefühl herauszuhören.

»Wir werden rechtzeitig da sein für die Leichenfeier«, sagte Ragan. »Die ganze Sippe wird zusammengerufen.« Es war nun fünf Winter her, seit er den Jungen fortgebracht hatte. Und der alte Fürst hatte ihn geliebt. Man sollte meinen, daß Sigfrid zumindest einen Anflug von Neugierde zeigte.

»Was hat das mit mir zu tun? Wenn ich von ihrem Blut wäre, hätten sie mich nicht mit dir fortgeschickt.« Sigfrid lehnte seinen Jagdspeer an die Wand.

Ragan verzog das Gesicht. So, der Knabe hatte das Gerede auf jenem letzten Familienrat der Albinger verstanden, und es schmerzte ihn immer noch.

Er blickte auf den Knaben, der vor ihm stand, ganz Arme und Beine und zottiges braunes Haar, und fragte sich, was die Albinger von ihm denken würden. Bei diesem schönen Wetter trug Sigfrid nur eine Hose aus fleckigem Leder, die an den Knien abgeschnitten war, und eine geschnürte Weste aus Ziegenfell. Ein Blutspritzer war auf seiner Stirn. Bevor seine Verwandten ihn sahen, würde man etwas hinsichtlich seiner Kleidung tun müssen. Der Junge konnte den guten römischen Mantel haben, den jemand Ragan im Tausch gegeben hatte und eine der goldenen Fibeln, um ihn festzustecken. Sigfrid mochte dann immer noch ungelenk und zerzaust erscheinen, aber zumindest würde ihn dann keiner als einen Knecht ansehen.

»Das ist jetzt gleich«, sagte Ragan streng. »Wenn Königsmacht endet, ist nicht nur die Familie betroffen. Alle die dem Häuptling Eide geleistet hatten, müssen gehört werden, wenn ein neuer gewählt wird. Alle Vereinbarungen müssen neu getroffen werden, alle Bündnisse. Eidgebunden an Hilperich war ich als dein Ziehvater. Wir gehen nicht der Liebe oder der Blutsbande wegen, sondern des Schwurs.« Er ging zu einer Truhe und kramte darin nach dem Umhang.

Sigfrids gelbe Augen wurden rund zwischen ihrem Kranz von dunklen Wimpern. »Sind sie es, die das Band zertrennen würden, wenn wir nicht kämen, oder bist du's?«

Etwas in Ragan spürte das unterschwellige Zittern in der Stimme des Knaben; es war, wie wenn der Klang des Metalls sich unter seinen Schlägen änderte. Er legte den Mantel nieder und drehte sich um.

»Ragan, Hreidmars Sohn, bricht keinen Eid!« Die Pflastersteine vibrierten unter dem Klang seiner tiefen Stimme. »Ich schwor, Sigfrid als würdigen Sohn Sigmunds aufzuziehen. Schwor es Hilperich und schwor es dir. Du hast dich entschieden, mit mir zu kommen!« Er beugte sich vor, packte den steinernen Rand der Feuerstelle und hoffte mit aller Kraft, das Kind würde verstehen.

»Aber aus mir wird nie ein guter Schmied werden, und du weißt das.« Der Junge hatte seine Selbstbeherrschung wiedergefunden, aber Ragan kannte das Feuer, das im Innern lohte. »Ich bin Sigmunds Sohn, nicht der deine. Was also willst du von mir?« Sigfrid begegnete

Ragans Blick über die kalte Asche hinweg, und aus dem Feuer des Verlangens in dem Knaben entflammte etwas lang Ersticktes in des Schmiedes Herz.

»Weinst du, weil du keine Familie hast?« fragte er heiser. »*Ich* habe keine Familie. *Ich* bin allein. Weiß besser, als du glaubst, Junge, was du fühlst. Brauch' keinen Sohn. Ich brauche ... einen Helden ...« Die Worte kamen langsam, wie Schmiedeeisen, das über der Flamme zwischen den Zangen gedehnt wird.

Unter gerunzelten Brauen gab der Junge den Blick zurück. »Wozu?«

»Werde es dir sagen ... wenn du ein Mann bist.«

Von draußen kam das Klappern von Hufen, und das Pferd des Boten wieherte ein Willkommen.

»Nun gut«, sagte Sigfrid schwer. »Ich schulde dir mehr, als Hilperichs Ziehgeld dir eingebracht hat. Du wirst es mir sagen, eines Tages, wenn die Zeit reif ist.«

Die Worte hingen zwischen ihnen wie eine Erinnerung an das tote Feuer. Ragan trat einen Schritt auf den Jungen zu. Dann schob sich der Bote durch den Eingang.

»Hier sind Eure Pferde, und hier, sehe ich, ist der Junge. Na, das wird ja mal ein großer Kerl. Ihr seid nahezu bereit zum Aufbruch, wie ich sehe?« Er blickte vom einen zum anderen, blinzelnd nach der Helligkeit des Tages.

Es war Sigfrid, der sprach, als setze er ein Gespräch fort, das sie eben unterbrochen hätten.

»Und was soll ich mit dem Wild machen?«

Ragan holte tief Luft. »Schneid ab, was wir heute abend braten können. Den Rest gib deinen Wölfen! Hast gedacht, ich wüßte es nicht?« Er sah den Ausdruck im Gesicht des Knaben, und plötzlich mußte er lachen, ein Laut, der einem Grollen aus den Tiefen der Erde glich. »Sie haben jetzt Junge, nicht wahr? Gib ihnen zu fressen!«

Sigfrid rutschte auf der harten Bank hin und her und versuchte, nicht daran zu denken, wie sehr seine neue Wolltunika ihn an den Schulterblättern kratzte. Perchta hatte sie genäht, bevor er angekommen war, doch sie war wirklich zu klein, und über Ragans zweitbesten Hosen, die um seine langen Beine schlappten, sah sie lächerlich aus; das wußte er. Alles, was er tun konnte, war, den Mantel fest um sich zu schlingen, ganz gleich, wie warm es in der Halle wurde!

»*Hilperich fällte Euten wie Donar die Eichen!*« sang der Barde, und ein halbes Hundert Hörner hob sich zum Gruß. »*Heruler verheerte er, Sachsen schlug er mit dem Schwert!*«

Hilperich war neun Tage tot, und seine Asche unter dem Hügel längst erkaltet, doch seine Totenfeier ging gerade erst ihrem Höhepunkt entgegen. In einer langen Lebzeit hatte der alte Mann viele Taten vollbracht, von denen jede einzeln gefeiert werden mußte. Ragan hatte Sigfrid die Weisung gegeben, genau zu beobachten, wer zusammen saß, wer Beifall rief und wer stumm blieb, und auf die Bedeutung hinter den Worten zu lauschen. Doch es sagte dem Jungen weniger als das Schnattern der Gänse in den Marschen.

Der Krieger zu seiner Rechten war ins Gespräch mit seinem Nachbarn vertieft. Der Mann auf der anderen Seite schien hauptsächlich daran interessiert, seinen Anteil am Met zu ergattern. Sigfrid pickte an dem Stück Schweinebraten auf seinem Holzteller und wünschte sich, er könnte dem rauchigen Innern der Halle entfliehen.

»Wirst du jetzt Hlodomar folgen, da der alte Mann tot ist?«

»Er spricht viele schöne Worte, doch kann er sie halten?«

Sigfrids Aufmerksamkeit wandte sich den Sprechern

hinter ihm zu. Sie standen hinter den Pfeilern und waren wohl der Meinung, daß keiner mithören konnten. War das die Art von Gespräch, auf die er achten sollte?

»Man sagt, er sei jetzt ein großer Herr am Rhein geworden, da Vetera in seinem Einflußbereich liegt«, sagte der Erste. »Ein Ringspender ist er jetzt und ein Lehnsherr, großzügig denen gegenüber, die ihm Treue schwören.«

»Mit welchen Eiden und bei welchen Göttern?« kam die Antwort. »Dieses römische Gold ist vergiftet. Die Stammesführer, die es annehmen, wollen sein wie der Kaiser, der die Leiber der Menschen sein eigen nennt, und sein Gott, der ihre Seelen besitzt. Ich werde bei einem König bleiben, der weiß, daß er seinen hohen Sitz dem Volk verdankt, das ihn darauf setzte.«

Alb saß nun zwischen den geschnitzten Pfeilern des Hochsitzes, mit Sigfrids Mutter an seiner Seite. Sein helles Haar war mit Weiß durchzogen, seine Wangen waren mit den Jahren schwerer geworden, und Sorgenfalten hatten die Spuren der Sonne, die sich beim Spähen über das offene Meer in sein Gesicht gegraben hatten, ersetzt. Der Junge verstand genug, um zu wissen, daß Hlodomar in Germanien ein ernsthafter Mitbewerber für die Führerschaft der Sippe gewesen wäre, aber es schien, daß Hilperichs Bruder die Regeln geändert hatte. Er fragte sich, wie viele ihm folgen würden.

»Halte es, wie du willst, aber unsere Vettern von der Salzwasserkante sitzen jetzt in Gallia Secunda. Ich schätze, alle Franken werden eines Tages jenseits des Rheins wohnen, und wer als erster hinzieht, dem wird es in dem neuen Land am besten ergehen.« Die Stimme des Mannes wurde leiser, als ob er sich entfernte.

Sigfrid runzelte die Stirn. Sollte er jemandem erzählen, was er gehört hatte? Aber gewiß war all dies kein Geheimnis. Das Fleisch auf seinem Teller war kalt geworden, das Fett gestockt, und der Kopf tat ihm weh. Seine Mutter konnte ihn nicht sehen, und niemand sonst schien überhaupt zu wissen, daß er da war.

Einer von den älteren Kriegern hatte das Horn genommen und begann mit einer endlosen Geschichte über einen Feldzug gegen irgendeinen Stamm, der den Norden verlassen hatte, bevor Sigfrid geboren war. Unauffällig wie ein Tier im Walde zog er seine Beine gegen die Brust, drehte sich auf seiner Bank und verschwand in den Schatten.

Sigfrid trat auf den Hof hinaus, als die Sonne gerade unterging, und nahm das bestickte Band ab, mit dem Perchta versucht hatte, sein Haar zu bändigen. Im Westen flammten zerfaserte Wolkenbahnen, als ob Hilperichs Scheiterhaufen noch brenne. Der Junge holte tief Atem und fragte sich, wie er die Unermeßlichkeit des Himmels oder den Salzgeruch des Meeres vergessen haben konnte.

Beifall erscholl aus der Halle, doch der Lärm im Hof war kaum geringer. Für alle, die gekommen waren, gab es Essen in Fülle, um Hilperichs Andenken zu ehren. Kinder liefen einander kreischend nach. Knechte lagerten auf angehäuftem Stroh. In dem offenen Raum vor dem Tor übten sich einige der jüngeren Krieger im Fechten mit Holzknüppeln und Schilden. Sigfrid wußte alles über den Speerkampf, aber die Technik des Kampfes mit Schwert und Schild war ihm neu.

Die Bedeutung der Lobgesänge in der Halle war klar gewesen. *Wenn ich ein Held wie Hilperich sein will*, dachte Sigfrid säuerlich, *muß ich lernen, Menschen zu töten.* Er trat näher heran, um zuzuschauen.

Offensichtlich gab es Regeln im Kampf bei den Menschen, wie bei den Wölfen auch, doch anstelle der fauchenden Knäuel bei Rudelkämpfen sah er hier ein seltsam planmäßiges Vorgehen. Die Schläge, wenn sie kamen, waren schnell und hart, doch die Männer wechselten sich jeweils ab. Die Überraschung lag darin, wohin der Holzstab gezielt war und wann der Schlag geführt wurde. Paare von Kämpfern unkreisten einander, die Augen über den zerhauenen Rand des Schildes auf den anderen gerichtet. Es war ein Kampf des Willens, der hier vonstatten ging, erkannte der Knabe. Ein jeder machte seinen eigenen Geist stark und versuchte den des anderen zu brechen, bevor er zuschlug. Und auch das war wie bei den Wölfen.

»Ob das einer der Dwergar ist? Sie machen gute Schmiedearbeiten, sagt man.«

Als die Worte Sigfrids Konzentration durchdrangen, wurde ihm bewußt, daß seit geraumer Zeit hinter seinem Rücken gewispert wurde.

»Nein, er ist zu dürr, aber er ist zottelig wie ein Bilwiß«, entgegnete ein anderer.

»Ein wilder Mann!« meinte ein dritter, mit einem spöttischen Lachen. »Er ist ein wilder Mann aus den Wäldern, der dem Zwergenschmied die Kleider gestohlen hat!«

Sigfrid hatte gehofft, andere Jungen zu finden, doch diese klangen nicht freundlich. Es war ein fremdes Rudel, und er war hier der Außenseiter. Und sie hatten recht, was seine Kleidung betraf. Er spürte die Hitze der Verlegenheit in seinem Nacken und wartete, bis sie abflaute. Dann drehte er sich um.

Fünf Jungen unterschiedlichen Alters standen vor der Weberhütte, alle von ihnen reich gekleidet in farbigen Tuniken, die mit golddurchzogenen Flechtbändern gesäumt waren. Sie beobachteten ihn mit einem gierigen Eifer, den er nie zuvor im Auge eines Tieres gesehen hatte. Die alte Wunde in ihm begann wieder zu schwären, doch in den Jahren mit Ragan hatte er gelernt, seine Gefühle nicht zu zeigen.

»Habt ihr von mir gesprochen?«

»Donar steh' uns bei, es redet!« Der größte der Jungen lachte. Er sah ein Jahr oder zwei älter aus, und er hatte begonnen, Fleisch auf seine Knochen zu packen, aber für Sigfrid, der fünf Jahre lang gelernt hatte, sich wie die Tiere des Waldes zu bewegen, wirkten seine Bewegungen unbeholfen.

»Es kämpft auch«, sagte Sigfrid ruhig. »Ist es das, was ihr wollt?«

»Nein, was für ein Troll!« sagte einer der anderen. »Weiß nicht, daß wir Strafe zahlen müßten, wenn wir den Frieden brächen. Hast du geglaubt, die da kämpfen?« Er wies auf die Krieger. »Dies sind geschworene Gefolgsleute, und sie üben ihre Waffenkunst.«

»Ja«, sagte Sigfrid, doch seine Augen hielten immer noch die des großen Burschen gefangen. Offenkundig war dieser der Anführer des Rudels, und wenn Sigfrid ihn besiegte, vielleicht würden die anderen ihn dann auch akzeptieren. »Will einer mit mir üben?«

»Das ist verboten«, sagte der Anführer, doch ein Unterton der Unsicherheit war aus seiner Stimme zu hören. Sigfrid verhielt sich nicht auf die Art und Weise, wie sie es erwartet hatten.

»Man hat uns nicht verboten zu wetten!« rief der Junge aus, der das Gespräch geführt hatte. »Geirrod, du könntest deinen neuen Dolch gegen das hübsche Jagdhorn wetten, das er trägt.«

Sigfrids Hand ging schützend an das Auerochshorn an seiner Seite, welches von ihm selbst unter Ragans

Anleitung bereift und in Silber gefaßt worden war, nachdem er es vor zwei Wintern nach Hause gebracht hatte. Geirrod war älter als er und schwerer, aber Sigfrid war groß für einen Jungen von dreizehn, und das Leben im Wald hatte ihn stark gemacht. Welche Herausforderung konnten diese hauszahmen Buben bieten, die ihm gerecht würde?

»Er könne zum Beispiel auf das Dach der Halle klettern, wenn er sich traut –« Der Sprecher war wie Loki, immer bereit, jemand anderen auf Abwege zu führen.

»Das habe ich schon mit fünf Jahren getan«, unterbrach sie Sigfrid. Der Sprecher blinzelte, und ein anderer Junge schob seinen Kopf vor.

»Sie beide sollen die Nacht auf König Hilperichs Grabhügel verbringen!«

Von den anderen kam ein Gemurmel unbehaglicher Zustimmung. Sigfrid zuckte die Achseln. Eine Gefahr für Leib und Leben konnte er verstehen, aber warum sollten die Toten Furcht hervorrufen? Doch er konnte sehen, daß Geirrod Angst hatte.

»Von mir aus«, antwortete er, und zum erstenmal lächelte er.

Der lange, milde Abend des Spätfrühlings versank in eine neblige Dunkelheit, als die Jungen den Hügel erreichten. Die Albinger hatten den Leichnam ihres Herrn auf traditionelle Weise verbrannt und ein irdenes Gefäß mit seiner Asche gefüllt; doch statt es im Urnenfeld bei den anderen zu begraben, hatte man es mit einem Vorrat an Nahrung und den Waffen und der Rüstung des Toten in dem uralten Hügelgrab südlich der Feste beigesetzt, weil Hilperich ein König gewesen war.

Aus Angst, gesehen und angehalten zu werden, hatten sie keine Fackeln mitgenommen. Doch Sigfrid hatte den Eindruck, daß mehr als nur die Furcht vor Entdeckung die anderen so schweigsam machte.

»War das ein Wolf?« flüsterte einer vor ihm und schloß einen Schritt zu ihm auf.

»Nur eine jagende Eule«, antwortete Sigfrid.

»Aber es gibt Wölfe auf der Heide. Im letzten Winter haben sie zwei von meines Vaters besten Kühen gerissen.«

Sigfrid seufzte. Der Gesang eines Wolfsrudels hätte ihm das Gefühl gegeben, zu Hause zu sein; doch er hatte Verstand genug, dies nicht laut zu sagen. Eine dunkle Masse ragte vor ihnen auf, und er sah einen großen Stein wie einen umgefallenen Wachtposten. Jenseits davon konnte er gerade eben eine rechteckige Umfriedung von aufrecht stehenden Steinen erkennen. Die Jungen gingen weiter, und jetzt sah er den Buckel des Grabhügels. Die Felsen, die ihn stützten, traten hier und dort hervor wie Gebeine.

Der Eingang zum Grabhügel war schwarz selbst gegen die Schatten, ein Tor zur Dunkelheit oder vielleicht in die Unterwelt.

»Alles, was ihr zu tun habt, ist, den Hügel hinaufzusteigen und dort zu bleiben«, sagte der eine, der den Vorschlag gemacht hatte. »Und am Morgen kommen wir und schauen, wer noch am Leben ist!«

Hinter ihnen kicherte jemand, und Geirrod wandte sich zornig um.

»Vielleicht wird ein großer schleimiger Wurm aus den Sümpfen kommen und sie verschlingen«, kam eine andere Stimme. »Oder eine Hexe, die man für ihre bösen Zauber im Moor versenkt hat. Man bindet die Leiber mit Weidenruten an Pfähle, damit sie nicht auftreiben, aber manchmal lösen sich die Bande, und die Frau kommt frei und sucht Rache ...«

»Sei still« rief Geirrod. »Oder sie werden dich auf dem Heimweg verschlingen!«

Geirrod ging auf den Hügel zu und stieg hinauf; Sigfrid folgte ihm etwas langsamer, weil er auf die nächtlichen Laute ringsum lauschte. Es war eigentlich nicht gerecht, dachte er, als er sich auf dem grasbewachsenen Hang niederließ und seinen Römermantel um sich schlang. Für ihn hielt die Nacht keine Schrecken bereit, doch er konnte die Angst des anderen Jungen geradezu riechen.

»Hast du zuviel Angst, um zu reden?« fragte Geirrod laut. Der Rest des Jungen-Rudels war inzwischen wohl fast wieder bei der Feste angelangt. Geirrod hatte bislang selbst nichts gesagt, und Sigfrid hatte kein Bedürfnis nach Unterhaltung verspürt.

»Was soll ich denn sagen, meinst du?« Vermutlich sollte er dem anderen Jungen dankbar sein für diese Gelegenheit, der Enge des Langhauses zu entkommen. Es war ihm gar nicht richtig bewußt gewesen, wie unbehaglich ihn die Gegenwart so vieler Menschen machte, bis er den offenen Himmel über sich sah.

»Na ja, machen all diese Geister, auf denen wir hier sitzen, dir nicht angst?« fragte Geirrod. »Manchmal setzten die Altvorderen Grabunholde als Wächter ein, um ihre Gräber zu schützen.«

»Der Wald, wo ich lebe, ist voller Knochen«, sagte Sigfrid. »Vor langer Zeit schickten die Römer ihre Legionen dorthin, und die Stämme töteten die Soldaten und hängten ihre Leichen an die heiligen Bäume. Die Römer haben einige von ihnen zurückgeholt, aber es gibt immer noch Bäume, deren Rinde um Knochen gewachsen ist. Ich bin um Mitternacht unter diesen Bäumen gegangen und habe nie irgendeine Gefahr verspürt; und diese Männer hatten Grund, unser Volk zu hassen.«

»Die noch nicht so lange tot sind, sind vielleicht nicht so friedlich. Was ist, wenn Hilperich kommt und neues Fleisch sucht, um seine Knochen zu bedecken?«

»Ich wäre froh. Ich hätte dem alten Mann gern auf Wiedersehen gesagt. Er war gut zu mir, als ich ein Kind war.«

Geirrod machte einen seltsamen Laut auf halbem Wege zwischen Zorn und Verärgerung.

»Ich weiß nicht, ob du tapfer bist oder zu dumm, um die Gefahr zu begreifen; aber du bist ein seltsamer Kerl. Vielleicht hätte ich doch mit dir kämpfen sollen. Hast du schon mit Schwert und Schild gekämpft?« Nachdem er einmal angefangen hatte, war Geirrod nicht mehr zu halten; er versuchte, die Dunkelheit mit Worten zu füllen, und es schien für ihn keinen Unterschied zu machen, ob Sigfrid antwortete oder nicht.

Es mußte kurz vor Mitternacht sein, und Geirrod, der endlich verstummt war, saß in seinen Mantel gehüllt und zitterte, als von einem der Steine der Umfriedung ein Niesen kam. Der abnehmende Mond hatte sich endlich über die Bäume erhoben, und das ungewisse Licht machte neue Geheimnisse aus Formen, die in der Dunkelheit vertraut geworden waren, doch Sigfrid konnte sehen, daß da ein Stein stand, der vorher nicht dagewesen war.

»Wer ist da?« rief er leise.

»Dummkopf, sei still!« zischte Geirrod und versuchte sich im Gras so flach wie möglich zu machen.

»Wer sollte schon hier sein um Mitternacht, außer einer, die jene Kräuter sucht, welche nur im Licht des Mondes wachsen.«

Geirrod zuckte hoch. »Lauf! Es ist der Geist der Hexe,

die sie letztes Jahr im Moor ertränkten, als das Fieber kam, und sie will unsere Seelen rauben!«

»Das glaube ich nicht«, begann Sigfrid, »es sei denn, daß Geister nach Ziegenkäse riechen –«, doch Geirrod rutschte bereits auf der anderen Seite des Hügels hinab.

»Und wer bist du«, kam die Stimme aus der Dunkelheit, »daß du den Frieden derer störst, die im Schoß der Erde schlafen?«

Sigfrid hörte das Rascheln des Grases, als die Sprecherin näher kam, und das Brechen von Zweigen, als Geirrod durch die Bäume wegrannte, was die Beine hergaben.

»Ich bin Sigfrid der Walsung, und es wäre mehr als Geirrods Getrampel nötig, um die zu wecken, welche hier schlafen.«

»Dann fürchtest du die Toten nicht?« Die Frau, die sicher alt genug war, um eine Hexe zu sein, der Art und Weise nach, wie sie sich bewegte, ließ sich auf einen der Steine nieder. »Oder die Lebenden? Doch es ist klug, vor den Dingen Angst zu haben, die uns ein Leid tun können. Ich nehme an, du fürchtest auch die wilden Tiere nicht – doch wie ist es mit Hunger oder Schmerz?«

Sigfrid zuckte die Achseln. Bei Ragan hatte er gelernt, sich nicht zu beklagen.

»Ich frage mich, wovor die Leute Angst hatten, die diesen Grabhügel bauten«, fuhr sie leiser fort. »Was sie mit solch mächtigen Steinen einzuzäumen suchten. Die Winde haben ihre Gebeine mit dem Staub der Jahre hinweggeweht, und die Welt kennt ihre Namen nicht mehr. Ist das nicht etwas, was man fürchten sollte?«

»Die Steine sind noch hier«, sagte Sigfrid fest, doch etwas in ihrer Stimme sandte einen Schauder sein Rückgrat hinunter. Drüben in der Halle sangen die Männer immer noch Hilperichs Lob, doch selbst die Barden konnten eines Mannes Ruhm nicht in ein neues Weltalter hinüberretten. Würde irgend etwas von Hilperich übrigbleiben, wenn alle, die ihn gekannt hatten, tot waren?

Sigfrid blickte auf, aber der Mond war weitergewandert, und er konnte die Gestalt der alten Frau zwischen den Steinen nicht mehr erkennen. Er lauschte, aber hörte nur ein Echo ihres Gelächters. Sie hatte ihn allein gelassen, und das beunruhigte ihn, wenngleich nicht aus den Gründen, aus denen Geirrod Angst gehabt hatte.

Als der Morgen hereinbrach, hatte der Junge eines gelernt, das ihn im Inneren berührte. Und das war die Angst, daß es immer so sein würde – daß er nie eine Familie haben würde oder jemanden, den er lieben könnte.

Hiordisa hörte erst das Knurren und dann das Lachen. Sie hielt inne und wartete darauf, daß das Pochen ihres Herzens sich verlangsamte. Ihre zwei kleinen Töchter kreischten vor Vergnügen, und so konnte der Laut, den sie hören konnte, nicht von einem der großen Kampfhunde kommen, wie sie befürchtet hatte. Dann wich das Knurren einer Reihe von seltsamen Winsellauten, die sie an eine Hündin mit Welpen erinnerte. Der Schrecken verwandelte sich in Neugierde, und so rückte sie ihren Kopfputz zurecht und schob den Ledervorhang beiseite, der den Hauptteil der Schlafhalle abtrennte.

Arnegundis zerrte enthusiastisch an einem Ende eines Gürtels, dessen anderes Ende von den Zähnen eines Jungen gehalten wurde, der auf Händen und Füßen ging und knurrend seinen Kopf schüttelte. Albdrud tanzte um sie herum, juchzte und hüpfte dann in den Kreis, um dem Jungen einen Klaps auf den Hintern zu geben. Der ließ den Gürtel los und wirbelte mit einem Fauchen herum, daß Hiordisa sich die Nackenhaare sträubten, und immer noch auf allen vieren, ging er auf sie los.

»Friß mich nicht, Wolf! Bitte nicht!«

»Ich fresse nur böse Mädchen –« Es war immer noch ein Knurren, doch zumindest waren dies menschliche Worte. »Und ich werde Albdrud fressen ... jetzt!« Er machte einen Satz und packte sie, doch drehte sich im Fallen, so daß sie auf ihn zu liegen kam.

»Dann kitzel' ich dich!« Albdrud umklammerte die Rippen des Jungen mit ihren Beinen, und ihre Schwester kam ihr zur Hilfe, und sie kitzelten den Gefangenen, bis sein Knurren zu einem sehr menschlichen Gekicher wurde.

»Arnegundis ... Albdrud!« Das menschliche Knäuel auf dem Boden wurde plötzlich still, als erst ein Kind, dann das andere merkte, daß ihre Mutter im Raum war. Sie krabbelten auf die Füße; blondes Haar umgab ihre vor Erregung rosaroten Gesichter wie der Flaum von Pusteblumen. Der Junge sog mit einem Schnauben die Luft ein, dann rollte er sich zusammen und kam mit einer einzigen fließenden Bewegung auf die Füße und stand vor ihr.

Hiordisa sah ein Gesicht, dessen sonnengebräunte Haut nur ein wenig glühte von der Anstrengung. Doch seine Augen, umgeben von dunklen Wimpern, die eine Frau zum Seufzen bringen würden, flammten wie zwei Sonnen. Einen Augenblick lang stolperte ihr Herzschlag. Sigmund hatte so ausgesehen, wenn er bei den Kriegerspielen Beifall schrie. Dann erlosch das Licht, als habe jemand eine Blende hinter den Augen des Knaben zugemacht, und er war nur ein Kind, in jenem unbeholfenen Alter, wo keines seiner Gliedmaßen ganz richtig am Platz zu sein schien. Doch in der Art, wie er sich bewegte, hatte nichts Unbeholfenes gelegen.

»Mutter –« Sigfrid beugte entschuldigend den Kopf. »Ich wollte ihnen nichts tun. Ich weiß nicht, wie man mit kleinen Mädchen spielt ...«

»Nein? Jedenfalls scheint es ihnen gefallen zu haben.« Ihre Töchter liefen an ihre Seite, und sie drückte sie an sich, immer noch dem Jungen zugewandt. »Sie können schrecklich sein. Ich bin überrascht, daß dir nichts geschehen ist!« Arnegundis kicherte in ihre Röcke, und Albdrud umklammerte ihre Hand. Vorsichtig löste Hiordisa die kleinen Finger und strich dem Kind durchs Haar. »Jetzt lauft, meine Kleinen. Perchta wartet schon, und ich muß ein Wort mit eurem Bruder reden.«

Mit zögernden Schritten und unterdrücktem Gekicher liefen die beiden Mädchen auf den Durchgang zu. Dann schlüpften sie durch den Vorhang, und Sigfrid und seine Mutter waren allein.

Hiordisa hatte keine Worte. Sie breitete ihre Arme aus, und zögerlich wie ein Geschöpf des Waldes trat Sigfrid vor. *Wie ein kleines Tier*, dachte sie, als er zu ihr kam und sie den knochigen Körper des Jungen spürte und den Duft von wildem Heu in seinen zerzausten Haaren. *O mein Kind, was ist aus dir geworden?*

»Albdrud ist jetzt vier?« fragte er, als sie ihn schließlich losließ. »Und Arnegundis sieben? Ich bin froh, daß ich Schwestern habe. Sie sind netter als Jungs. Ich habe nie gewußt, ob das neue Kind ein Junge oder ein Mädchen war.«

»Ich wünschte –«, begann Hiordisa, dann verschloß sie ihre Lippen. Doch sie sah Begreifen in Sigfrids Augen aufflackern. »Du bist auch gewachsen«, sagte sie munter. »Was hat Ragan dir beigebracht?«

»Schmiedekunst.« Er zuckte die Schultern. »Ich hab' dieses Horn selbst eingefaßt.« Sie ließ die Finger bewundernd über die glatte Oberfläche gleiten. Ein Dolch mit einem goldenen Heft steckte daneben. Hiordisa unterdrückte ein Lächeln bei den Gedanken, daß sie nicht von der Wette wissen durfte, bei der er ihn gewonnen hatte. Wenn Mutter Huld nicht in der Stunde nach Mitternacht mit der Kunde zu ihr gekommen wäre, daß Sigfrid in Sicherheit war, hätte sie vermutlich die ganze Nacht keinen Schlaf gefunden.

»Und was hast du für das Horn eingetauscht?«

Es gab ein kleines Schweigen.

»Vor zwei Wintern habe ich einen Auerochs getötet«, sagte Sigfrid schließlich. »Ich und die Wölfe ...«

Hiordisas Atem stockte. Wie närrisch sie gewesen war, hier um seine Sicherheit zu fürchten! Doch zu sagen, daß er hätte getötet werden können oder daß einen Auerochs zu erlegen eine Herausforderung war, die mancher junge Krieger gesucht hatte, um sich als Mann zu erweisen, war jetzt nebensächlich. Weit wichtiger war das andere, das ihr Sohn ihr erzählt hatte. All die Anzeichen kamen zusammen – das Knurren und die Geschmeidigkeit, mit der er sich bewegte.

»Sigfrid, bist du ein Gestaltwandler?« Sie drehte seinen Kopf zu sich.

»Wie Ragans Brüder?« fragte Sigfrid, die dunklen Brauen gerunzelt. »Ich wollte, ich wär's, aber alles, was ich kann, ist, die Wölfe nachzuahmen.«

Hiordisa biß sich auf die Lippe. Vielleicht war es ja wirklich nur Nachahmung. Aber wenn dem Jungen dies Schicksal bestimmt war, dann mußte sie ihn warnen.

»Was weißt du von Sigi, dem ersten deines Geschlechts?«

»Er war ein Geächteter, der aus Skandzia im Nordmeer geflohen ist«, antwortete der Junge.

»Nicht nur ein Wolfskopf, sondern wahrlich ein Wolf,

nach den alten Legenden«, sagte Hiordisa. »Er war ein Gestaltwandler. Dein Vater war auch einer. Wenn du die Kraft geerbt hast, wird sie jetzt zu dir kommen, wenn dein Körper zu dem eines Mannes wird.«

Sie sah ihn, und ihr Herz sank, denn seine Augen glänzten.

»Wie werde ich das merken?«

»Wächst bereits Haar auf deinem Körper?« fragte sie. Er wurde rot, und sie vermutete, daß sein Körper bereits mit anderen Veränderungen begonnen hatte, um ihm zu zeigen, was es hieß, ein Mann zu sein. »Zieh deinen Kittel aus –«

»Gern!« Er verzog das Gesicht. »Er ist zu eng, und die anderen Jungen lachen darüber.« Er stand auf und zog ihn über den Kopf, und als er sich umwandte, sah sie auf seinem Rücken einen Flaum von braunem Haar, der sich wie ein Mantel über die langen Schultermuskeln breitete. Bei Sigmund war er drahtig gewesen, ergraut wie sein Haar, doch das Muster war dasselbe.

»Auf deinem Rücken wächst das Haar in einer Weise, die man den Wolfspelz nennt«, sagte sie leise. »Und es heißt, daß diejenigen, die ihn tragen, Gestaltwandler seien. Es könnte sein …«

»Aber wie?« rief er aus. »Wenn es ausreichte, wie ein Wolf zu denken, dann wäre ich jetzt schon dazu imstande! Wie hat mein Vater es gemacht?«

»Ich weiß es nicht«, antwortete ihm Hiordisa. »Er tat es nie, solange ich ihn kannte. Und ich glaube nicht, daß er die Gestalt gewandelt hatte, seit er jung gewesen war. Ich kann dir nur sagen, daß du es wissen wirst, wenn der Wandel über dich kommt. Doch suche ihn nicht herbeizuführen, und sprich zu niemandem davon. Die Menschen fürchten den Wechselbalg, und manchmal wird die Gestalt übermächtig, wie es Ragans Bruder widerfuhr, und der Träger vergißt, was es heißt, ein Mensch zu sein.«

»Was für einen Balg?« fragte Sigfrid, und Hiordisas Herz sank, als sie erkannte, daß er überhaupt nichts verstanden hatte. »Hatte er einen Wolfspelz wie Ottars Fell? Hat er es dir gegeben?« Seine Stimme überschlug sich vor Aufregung, doch seine goldenen Augen blickten fest – die Augen seines Vaters.

Langsam ging Hiordisa zu einer großen geschnitzten Truhe, die an der Wand stand. Sie hatte ihr Brautkleid enthalten, und ihre besten Gewänder waren immer noch darin verstaut. Und noch das eine oder andere mehr, unter den Kleidern. Sie tastete unter den Tuchen und zog etwas Weicheres hervor, verborgen in einem Leinensack, der braun war vor Alter.

Doch der Pelz im Innern war unversehrt. Sie sah, wie Sigfrid den Atem anhielt, als er das dichte schwarzgoldene Fell entrollte. Es war ein großes Tier gewesen, das ungefähr so viel gewogen haben mußte, wie der Junge jetzt wog, und die Haut war vollständig gegerbt, so daß die Maske über den Kopf gezogen und die Vorderpfoten um die Brust geschlungen werden konnten, um es zu tragen. Sigfrid hob das Fell hoch, und sie griff nach seinem Arm.

»Nein! Wenn das Ding noch Zauberkraft hat, dann will ich nicht, daß du dich hier verwandelst, wo Alb kaum auf seinem Thron sitzt! Ich hätte dir nie sagen sollen, daß es überhaupt existiert!« sagte sie wild. »Doch du hattest das Recht, davon zu erfahren. Höre, Sigfrid – wenn du klug bist, wirst du es nie anlegen. Doch wenn du es mußt, versprich mir, daß du es nie tragen wirst, um gegen Menschen zu kämpfen.«

»Das wäre wahrlich unheilig«, sagte er düster. »Ich würde meine wilden Brüder nicht beleidigen, indem ich es so mißbrauchte. Wenn ich Menschen bekriege, dann werde ich die Zähne und Klauen benutzen, die wir in Ragans Werkstatt schmieden.«

Hiordisa gelang ein Lächeln, obwohl sie nicht sicher war, ob er gescherzt hatte. Doch erst als das Wolfsfell wieder zusammengerollt in seinem Beutel steckte, konnte sie wieder ihre Arme um ihn legen und so tun, als wäre er ihr einziges Kind.

Als Sigfrid mit Ragan in den Wald zurückkehrte, ging das Wolfsfell mit ihm, doch der Sommer brach an, und immer noch hatte er es nie angelegt. Zuerst war es, weil zu viel Arbeit auf sie wartete und er alle Hände voll zu tun hatte am Blasebalg oder mit der Vorbereitung des Roheisens für Ragans Feinarbeit. Und dann dachte er, wenn er in seinem Versteck lag und die Welpen von kleinen dunklen Fellkugeln zu unbeholfenen Langbeinern heranwachsen sah, Halbwüchsigen wie er selbst, daß dies ihm vielleicht genügen sollte. Schließlich war er kein Wolf, sondern ein Mensch.

Dann kam der Herbst, mit einem kalten Wind, der die Blätter zu Flammen aufwirbelte. Das Rotwild war feist in jenem Jahr, und es erschien Sigfrid, daß die Wölfe aus reiner Lebensfreude heulten. Dann lag er wach und lauschte, preßte seine Nase gegen das Loch, das er in das Fachwerk der Schlafhütte gebohrt hatte, um die Nachtluft zu spüren.

Und dann kam eine Nacht, als ein Herbstmond golden wie ein Wolfsauge sich über die Baumwipfel erhob. Auch der Tag war golden gewesen, mit der milden Wärme, die manchmal just vor Anbruch des Winters kam, als ob die Erde sich aale wie ein gesättigtes Tier, fett von der Frucht des Jahres.

In der Schlafhütte war es stickig, doch bei Sonnenuntergang war ein leiser Wind aufgekommen. Durch sein Guckloch konnte Sigfrid die reichen Düfte riechen, die der Wind weckte, und plötzlich konnte er den Gestank menschlicher Körper in der Hütte nicht mehr ertragen. Ragan schnaufte wie ein Blasebalg in seinem Bett an der anderer Wand. Sigfrid erstarrte, als er sich regte, dann drehte der Schmied sich um und begann zu schnarchen.

Der Junge lächelte und setzte sich auf. Er lag bereits nackt auf seinen Schlaffellen, und die Nacht war nicht kalt genug, daß sie Kleidung erfordert hätte, doch als er aufstehen wollte, hörte er die Wölfe in der Ferne heulen, und sein Herz begann zu klopfen. Die Nacht war verzaubert, und er konnte seinen Hunger nicht länger leugnen. Ganz leise griff er hinter die Kleidung, die an der Wand hing, und nahm den Beutel vom Haken, den er dort versteckt hatte.

Er ging zuerst zum Fluß und schrubbte mit einer Handvoll süßer Kräuter den Geruch von Schweiß, gekochtem Essen und Holzrauch ab. Dann zog er weiter, den Pfad entlang, den das Rotwild benutzte, und ließ seine Haut an der Luft trocknen. Er spürte, wie das Haar, das auf seinen Schultern wuchs, sich aufrichtete, als die kühlen Finger des Windes ihn berührten, aber er glaubte nicht, daß es von der Kälte kam. Er trat hinaus auf eine Lichtung; Mondlicht umfloß ihn, und ein Schauder überkam ihn. Er entrollte das Wolfsfell mit zitternden Fingern und schlang es über seinen Rücken, zog die Maske über seinen Kopf und verschnürte die Vorderpfoten mit dem Riemen über seiner Brust.

Nichts geschah. Das alte Leder lag weich auf seinem Rücken. Vielleicht mußte man sich, um ein Wolf zu werden, wie einer bewegen. Sigfrid blickte sich um, aber niemand sah ihm zu außer einem dunklen Vogel, der in einem der Zweige nistete. Er ließ sich auf alle viere nieder und bewegte sich vorwärts, in jenem lockeren, tanzenden Wolfstrott, den er so oft gesehen hatte. Was immer sonst geschehen mochte, so lag doch eine Lust in der Bewegung, die er nicht erwartet hätte. Der schwarze Vogel regte sich, als er unter seinem Baum hindurchkam, und flog mit schwerem Flügelschlag himmelwärts. Sigfrid begann zu lachen, ließ es dann zu einem wölfischen Winseln werden. Jetzt lief er schneller. Wenn er schon kein Wolf war, so konnte er zumindest wie einer rennen.

Der Lauf wurde schneller, als das Blut sich erwärmte. Es gab jetzt kein Ich, nur Bewegung. Er spürte die Wolfspur eher, als er sie sah, und folgte ihr nach, stürzte sich in eine Welt neuer Eindrücke.

Seine Augen unterschieden leicht zwischen hundert Abstufungen von Licht und Dunkelheit. Über dem leisen Rascheln von bloßen Füßen auf modrigem Blattwerk oder Gras hörte er das Huschen einer Maus auf Nahrungssuche, das langsamere Rascheln, als ein Dachs sich seinen Weg durch das Farngestrüpp bahnte. Doch bemerkenswerter noch waren die Gerüche. Seine Nüstern weiteten sich bei dem erdigen Duft, wo der Dachs in gefallenen Blättern, die noch feucht waren vom gestrigen Regen, nach Eicheln grub. Ein Hauch von Moschus sagte ihm, daß ein Fuchs den Pfad gequert hatte, und dann roch er, stechend scharf, den alten Strunk, wo die Wölfe des Rudels ihren Pfad markiert hatten.

Da spürte er die beiden wolfsförmigen Schatten, die mit ihm liefen. Als habe sein Bewußtsein sie gezwungen, Gestalt anzunehmen, floß erst der eine, dann der andere aus dem Unterholz und trabte vor ihm den Pfad entlang. Grau wie Nebel und größer als irgendein Wolf, den er je gesehen hatte, gehörten sie nicht zu dem Rudel, das sein

Lager bei den Pfeilersteinen hatte. Ihr Fell glitzerte im Mondlicht; in den Schatten glühten ihre Augen.

Dann kamen sie auf eine Lichtung, und er sah das Rudel vor sich. Er verlangsamte seinen Lauf, einer Herausforderung gewärtig, doch die zwei grauen Wölfe verschmolzen mit dem Gewirr von schnappenden Schnauzen und wedelnden Schwänzen, und bevor er einen Rückzieher machen konnte, war er umgeben von heißem Atem und rauhem Fell, der Berührung einer kalten Nase hier und dem warmen Lecken einer Zunge dort und einem Chor von Winseln und Kläffen und Jaulen. Diese Laute kamen auch aus seiner eigenen Kehle, und als der schwarze Leitwolf ein letztes Bellen ausstieß und auf der Spur eines jungen Rottiers davonhetzte, sprang das Geschöpf, das Sigfrid gewesen war, mit den anderen hinter ihm drein, und die beiden grauen Wölfe liefen an seiner Seite.

Sie schlugen das Wild eine Meile im Norden und machten sich dann, in langsamerem Tempo, zurück auf den Weg zum alten Bau. Der Mond neigte sich im Westen, als sie die Pfeilersteine erreichten. Die älteren Wölfe ließen sich in das Gras am Fluß sinken, während die Jungen zwischen den Pfeilern Nachlaufen spielten. Doch es schien Sigfrid, daß die beiden Nebelwölfe die Steine erklommen. Er ging ihnen nach, und Pfoten, die sich erinnerten, daß sie Finger hatten, zogen ihn hoch. Keuchend erreichte er die Spitze eines der mittleren Pfeiler und sog dort, auf allen vieren niedergehockt, in tiefen Zügen die kalte Nachtluft ein.

Um ihn herum verschwammen Hügel und Wald zu substanzlosen Schlieren. Macht pulsierte aus den Tiefen der Erde durch das Innere der Steine und die sterbliche Kreatur, die sich daran klammerte. Geblendet vom Mondlicht, glaubte er in dem Leuchten Gestalten zu erkennen:

zwei Wölfe, die einem Mann auf einem großen Pferd folgten, der über den Himmel jagte.

Sigfrid hatte den Rücken gekrümmt, den Kopf zurückgeworfen und die Kehle weit geöffnet. Und als das Rudel unter ihm seinen Sang anstimmte, brach sich sein ganzer Schmerz und seine Leidenschaft in einem ekstatischen Heulen Bahn.

ᚱ

DIE NEBEL DES RHEINS

Burgundisches Kernland
Heumond, A.D. 416

Es war erst kurz nach der ersten Tagstunde, aber die Mittsommerhitze hielt das Land im Griff. Selbst in den Hügeln des Taunus schimmerte die Luft vor Hitzedunst. Auch in der Halle der Walkyriun war es stickig, aber die dunklen Nadeln des Fichtenhains über Fuchstanz flirrten, wenn sie einen Luftzug der oberen Luftschichten mitbekamen.

Im Sommer hielten die Weisfrauen ihre Beratungen hier ab. Seufzend ließ Huld die Stimmen ihrer Schwestern über sich ergehen und wandte ihr Gesicht jener illusorischen Kühle zu. Wenn sie Wind gewollt hätte, so gab es immer ein Lüftchen am Hügel des Hohen, und dort hätte sie nicht dafür bezahlen müssen, indem sie an dieser Sitzung teilnahm. Sie seufzte wieder, als die gewöhnlichen Rechenschaften ihres Lebens weitergingen: wieviel Getreide in den Speichern war, wieviel Milch und Käse es gab, gemessen an der Zahl von Mündern, die es zu speisen galt ...

Wenn ich mit meiner Rückkehr von der Reise nur ein wenig länger gewartet hätte, wäre mir dies erspart geblieben, dachte Huld. Sie war willkommen in hundert Dörfern, und sie hatte gehofft, dieses Jahr zu König Albs Burg zurückzukehren. Der Knabe Sigfrid wuchs heran, und er würde vielleicht mehr Hilfe brauchen, um mit seinem Erbe fertig zu werden, als Ragan ihm geben konnte.

Doch heute hatten die Walkyriun wichtigere Dinge zu bereden als die Frage, ob sie vor dem Winter zusätzliches Getreide einhandeln müßten. Huld hob das schweißgetränkte Tuch ihres Gewandes von der Brust und zwang sich, ihre Aufmerksamkeit wieder der Diskussion zuzuwenden.

»Es heißt, daß mit jedem Mond neue Burgundensippen nach Germania Prima einwandern«, sagte Hrodlind. »Eine Besetzung durch Krieger ist immer nur eine vorübergehende Sache, doch wenn ihre Familien dort Fuß fassen, werden sie sich nicht mehr vertreiben lassen.«

»Vielleicht«, antwortete ihr Randgrid. »Jetzt, da Wallia Iberien befriedet hat, siedeln sich die Wisigoten friedlich im südlichen Gallien an. Und da Sigerich tot ist und jene römische Prinzessin, die Adolfus geheiratet hatte, wieder zu ihrer Familie nach Ravenna zurückgekehrt ist, werden die Legionen mehr Muße haben, über den Rhein nachzudenken. Sie könnten es bereuen, die Burgunden zu Bundesgenossen gemacht zu haben, und sich die Ländereien zurückholen, die sie ihnen gaben.«

»Das würde den Alemannen nur recht sein«, bemerkte Hlutgard. »Sie haben ihren Anspruch auf das Gebiet nie aufgegeben, und seit den Salzkriegen in meines Vaters Zeit sind sie und die Burgunden immer erbitterte Feinde gewesen.«

»Seit wann stehen wir auf der Seite der Alemannen?« Randgrid richtete sich stirnrunzelnd auf.

»Wir unterstützen jeden, der die Römer von diesem Land fernhält«, antwortete die Anführerin der Walkyriun streng. »Sollen die gierigen Stämme doch nach Westen drängen und uns im Hinterland in Frieden lassen. Wenn die Präsenz der Burgunden am Rhein diesem Ziel dient, werden wir ihnen beistehen. Wenn nicht, werden wir unsere Hilfe den Alemannen zuteil werden lassen.«

Huld schnaubte. »Die Gierigen drängen nach Westen«, wiederholte sie, »und dort lernen sie die römische Art. Eines Tages werden sie kein Land mehr zu erobern haben und werden zu uns zurückfluten, mit der Stärke unseres Volkes noch in ihren Armen und der Sprache des Weißen Christ auf ihren Zungen. Wie steht es dann mit den alten Wegen?«

»Wer ...«, begann Randgrid.

Huld zuckte die Achseln. »Vielleicht die Goten, wenn sie in Italien scheitern. Oder die Franken, die ins nördliche Gallien gezogen sind. Ich bin bei ihnen gewesen und habe die Veränderungen gesehen. Sie begraben nun ihre Häuptlinge, statt sie im Feuer zu Wodan zu schicken.«

»Sie werden furchtsam wie die Römer, die ihre Toten in steinernen Trögen verstecken«, meinte Hlutgard verächtlich. »Wodan braucht solche Krieger nicht! Wir werden die Magie, die den Göttern dient, bewahren, solange uns die Häuptlinge ihre Töchter in die Lehre schicken!«

»Dann reden wir jetzt über die Mädchen«, sagte Hrodlind ungeduldig, »und hören auf, über Heere zu spekulieren, die wir vielleicht nie sehen werden!« Golla lachte, und ein beipflichtendes Murmeln kam von den anderen. Aus dem Baum über ihnen schrie ein Rabe wie zur Zustimmung. Huld blickte auf, ihre Augen verengten sich.

So, Verborgener, ist dein Bote hier, um sich zu vergewissern, daß wir richtig entscheiden?

Sie bedachte den Raben mit einem finsteren Blick, und es schien ihr, als schalle zur Antwort verhaltenes Gelächter durch die Bäume. Als sie wieder zu den anderen blickte, schaute Hlutgard sie mißtrauisch an, und sie hob die Schultern. Raben gab es häufig in diesen Höhen; nicht jeder von ihnen kam einem Vorzeichen gleich, und sie konnte sich das Lachen auch eingebildet haben. Dann, obwohl der Himmel wolkenlos war, hörte sie das leise Grollen von Donner.

Ich höre dich! Sie schloß ihre Augen; ein Frösteln überzog ihre Arme, trotz der Hitze. *Doch die Entscheidung liegt nicht allein bei mir. Du mußt deinen anderen Töchtern sagen, was dein Begehr ist!*

»Es ist Zeit, zu beraten, ob die Neun, die wir gegenwärtig in der Lehre haben, für die Weihe bereit sind. Frojavigis, Donarhild, Fridigund, Galemburgis, Richhild, Liudwif, Eormanna und Brunhild haben alle ihre Lehrzeit hier abgeschlossen«, sagte Hlutgard. »Doch es braucht mehr als nur die Ausbildung, um eine Weisfrau zu werden, und wie ihr alle wißt, hört das Lernen nie wirklich auf. Bevor ein Mädchen sich an ein Leben unter uns bindet, müssen wir uns ihrer Treue sicher sein, und wir müssen wissen, ob die Götter sie annehmen werden. Raganleob, du bist die Jüngste unter uns und kennst sie gut. Was sagst du?«

Raganleob, die einen Großteil ihrer Vorwitzigkeit bei ihrer eigenen Einweihung verloren hatte, errötete bis zu den Haarwurzeln, als die anderen Walkyriun sie alle ansahen. Der Rest ihrer Neun waren bereits in alle Winde verstreut, um anderen Pflichten zu folgen – einige, um weitere Unterweisung in ihren speziellen Fähigkeiten zu erlangen, andere zum Dienst an ihren eigenen Stämmen. Von ihrer Gruppe war sie die einzige, die in Fuchstanz verblieben war, um bei der Ausbildung der Mädchen mitzuhelfen, die nach ihr gekommen waren.

»Ich denke, daß Frojavigis so bereit ist, wie man es erwarten kann«, begann sie. »Sie ist besonnen; die anderen mögen sie alle.«

»Ich stimme zu.« Hrodlind erbarmte sich ihrer. »Wie

ihr wißt, habe ich Frojavigis in der Kräuterkunde unterwiesen. Ihr Geschick ist nicht bemerkenswert, doch ihr Wissen ist angemessen, und sie ist sehr sorgsam. Doch ich glaube, sie wird als Weisfrau in irgendeinem Dorf oder einer Siedlung dienen. Sie braucht das Leben eines Dorfes um sich – ich sehe keinen Verbleib für sie hier.«

»Das genügt. Wenn sie bereit ist ...«, sagte Hlutgard. »Sind wir uns einig?« Die anderen nickten. »Also gut. Hrodlind, sag es dem Mädchen und hilf ihr, sich vorzubereiten.«

Während die Sonne höher stieg, gingen die Walkyriun die Stärken und Schwächen der anderen Kandidatinnen durch. Das Ideal war, daß eine Gruppe von neun zusammen das Ziel erreichte, doch oft genug verringerten Krankheit oder familiäre Gründe oder ein Versagen in der Prüfung die Zahl. Diese Gruppe hatte bereits Swala verloren, und alle stimmten überein, daß Fridigund noch nicht soweit war. Huld sagte wenig; sie wußte, daß Hlutgard das Thema Brunhild bis zum Schluß aufsparen würde, weil sie eine längere Diskussion erwartete, doch sie konnte eine gewisse Unruhe nicht verleugnen, als die Anführerin sich schließlich ihr zuwandte.

»Nun müssen wir über deine Schülerin reden, über Brunhild, die sechs Winter bei uns ist. Ist sie bereit für die Weihe? Ist sie würdig, eine Walkyrja zu werden?« Schweigen trat ein, als sie in die Runde blickte. »Raganleob, was sagst du?«

Die jüngere Frau schüttelte lächelnd den Kopf. »Was soll man da sagen? Ihr wißt alle, daß Brunhild in allem die beste von ihnen ist.«

»Ihr Wissen um Kräuter macht deiner Ausbildung Ehre, Huld«, gab Hrodlind ein wenig widerstrebend zu.

»Sie hat auch ein gutes Gespür für die Zauber, die man dabei braucht.« Huld lächelte freundlich.

»Ihre Schwertkunst wäre wirksamer, wenn sie mehr Gewicht in ihre Schläge legen könnte«, sagte Golla, »doch sie weiß genug, um sich auf einem Schlachtfeld zu behaupten. Sie kann alles reiten, was auf vier Beinen läuft, doch das ist nicht unser Verdienst – die Hunnen setzen ihre Kinder auf Pferde, sobald sie groß genug sind, daß sie nicht herunterfallen.«

»Und sie ist großartig mit Lanze und Bogen – mit allem, was ein gutes Auge verlangt«, fügte Randgrid hinzu.

»Sie versteht sich auf mein Gebiet gut genug, obwohl ich nicht glaube, daß ihr wirklich daran liegt«, bemerkte Wieldrud, die Hebamme.

»An den Runen wohl.« Thrudrun lachte ein wenig kläglich. »Sie sprechen zu ihr. Wenn sie die Stäbe wirft, sind die Muster immer klar.«

»Wir alle wissen, daß sie hart arbeitet und das ohne Klage«, sagte Hrodlind. »Was ihr Wissen angeht, so hätte sie schon vor zwei Jahren die Weihe erlangen können. Doch das ist nicht der Punkt, nicht wahr? Können wir ihr trauen? Können wir sie in unser Werk einbinden? Wenn wir Brunhild weihen, wo wird diese ganze Kraft hingehen?«

»Das ist es, was ich mich frage«, sagte Hrodlind. »Sie ist fast zu gut. Sie geht ihren eigenen Weg.«

»Sie schlägt ihrer Lehrerin nach –«, begann Randgrid, nicht unfreundlich, doch Hrodlind schüttelte den Kopf.

»Ich gebe Huld keine Schuld daran! Doch was bei einer Priesterin von erwiesener Erfahrung bewunderswert ist, könnte bei einem Mädchen gefährlich sein.«

»Sie hat die Macht, andere an sich zu ziehen«, sagte Raganleob. »Sie war früher sehr beliebt bei einigen der jüngeren Mädchen. Doch sie scheint sich etwas zurückgezogen zu haben, seit Swala fortging.«

»Wie kann sie einer Neunheit angehören, wenn sie mit den anderen nicht zurechtkommt?«

»Es ist nur Galemburgis, die sie wirklich nicht mag, und sie haben ihre Gefühle zumindest so gut im Griff wie wir heutzutage!« Golla lachte.

»Sie hat sich verändert, und zwar ab dem Zeitpunkt, als sie sich damals im Schnee verirrt hatte ...«, bemerkte, Randgrid. Sie alle sahen Huld an.

»Als Wodan sie erwählte«, sagte Huld geradeheraus und lachte. »Ihr schnattert wie Elstern, Schwestern. Als ob die Entscheidung bei euch läge! Wenn ihr sie nicht einweiht, wird *er* es tun! Wenn der Gott Brunhild will, wird sie eine Rabenpriesterin sein, was immer ihr auch unternehmt. Besser fügt euch drein, und versucht zu verhindern, daß die Sache außer Kontrolle gerät!« Schweigen senkte sich herab, und Huld lauschte, wartete auf den Donner.

»Der Gott mag sie erwählt haben, aber was ist mit den Göttinnen?« fragte Wieldrud. »Wenn sie nicht auch deren Hilfe hat, wird er sie verschlingen.«

»An ihrer Bereitschaft besteht kein Zweifel«, meinte Hlutgard schließlich. »Noch an ihrer Ergebenheit. Doch wir müssen unter Menschen leben, und sie ist Bladardas Tochter. Sechs Jahre lang hat er sich nicht um sie gekümmert, doch die Hunnen werden von Jahr zu Jahr mächtiger. Als sie zu uns kam, wurde kein Wort über ihre Zukunft gesprochen. Wollen wir es wagen, eine Hunnentochter aus königlichem Hause für uns zu beanspruchen?«

»Eine schöne Überraschung wäre das, wenn wir das Mädchen weihten und dann herausfänden, daß ihr Vater sie einem Häuptling der Goten versprochen hat!« rief Raganleob aus.

»Wenn Wodan sie will, soll er sich um die Hunnen

kümmern«, sagte Thrudrun grinsend. »Ich stimme dafür, Brunhild zu einer Walkyrja zu machen. Doch bevor wir das tun, muß sie von ihrem Vater freigegeben werden.«

»Wenn wir jetzt eine Botschaft senden, werden wir nicht vor Winteranfang Antwort erhalten«, wandte Raganleob ein. »Es wäre nicht gerecht den anderen Mädchen gegenüber.«

»Soll Brunhild ihre eigene Freiheit suchen«, sprach Hlutgard. »Ein Besuch bei ihrem Volk wird ihren Willen prüfen – und den Willen des Gottes.«

»Warum senden wir die anderen nicht mit ihr, als letzte Prüfung?« schlug Huld vor. »Wenn sie bei ihrer Rückkehr immer noch miteinander reden, wissen wir, daß sie wahrlich eine Neun sind.«

»Das gefällt mir! Schicken wir sie zusammen fort und weihen die ein, die zurückkehren!« Thrudruns Zähne glänzten weiß, als sie lachte, und wie im Echo krächzte der Rabe auf dem Baum.

Eins ist für den Weltenbaum,
Der hoch und stolz sich erhebt;
Eins ist der Erde grüner Saum,
Der alles nährt, was lebt –
   Neun Welten sich am Baume breiten,
   Neun zu neun Walkyriun reiten –

Die Stimmen der anderen Mädchen erklangen hell den Weg entlang, als Brunhild die Zügel anzog. Vor ihnen lag der große Fluß wie eine gewaltige Schlange, die sich den Weg durch das Hügelland bahnt, wo der Taunus sich mählich zur Ebene hinabsenkte. Die graugrünen Furchen änderten fortwährend ihre Gestalt, glitzernd im Sonnenlicht.

Die junge braune Stute spürte, daß ihre Reiterin abgelenkt war und hielt an. Sicher würde nichts dieses Wasser aufhalten, bis es das Nordmeer erreichte. Warum ritt sie nach Süden, wenn es selbst den Fluß machtvoll in die andere Richtung zog?

Drei für den Hohen, den Alten,
Den Höchsten und Dritten der Macht;
Drei sind die Nornen, sie halten
An des Schicksals Quelle die Wacht.
  Neun Welten sich am Baume breiten,
  Neun zu neun Walkyriun reiten –

»Brunhild!« Galemburgis' Lachen riß sie aus ihren Gedanken. »Weiter geht's! Man sollte glauben, du hättest noch nie zuvor einen Fluß gesehen!«

»Keinen wie den hier ...«, antwortete sie, doch sie grub die Fersen in die Weichen der Stute, das Tier schnaubte und machte einen Satz, daß die Rabenfedern am Zügel flatterten. »Ich bin von Osten nach Fuchstanz gekommen, durchs Mittelgebirge. Ist er überall so wie hier?« Sie kniff die Augen zusammen, um die gleißende Flut durch den Hitzedunst zu sehen.

»Im Süden, wo das Tal breiter ist, ist er ruhiger«, sagte Galemburgis. »Und wenn er die große Tiefebene im Norden erreicht, da, heißt es, wendet er sich nach Westen und scheint fast überhaupt nicht mehr voranzukommen. Nur hier ist er so gefährlich, wegen der Enge.«

Das war nicht, was Brunhild gemeint hatte, aber sie nickte. Jetzt konnte sie flußaufwärts blicken, wo die westlichen Hügel in langen Hängen von den Flußauen zurückwichen, doch sie dachte, daß selbst zwischen diesen schilfbedeckten Sümpfen der Fluß seine Stärke zeigen konnte. In ihrer Heimat im Donaugebiet hatte sich ihr Volk seine Ehrfurcht vor dem Wasser bewahrt, die es in den öden Steppen gelernt hatte, aus denen seine Väter gekommen waren. Dieser Fluß, der größte Germaniens, war offenkundig ein Wesen von großer Macht.

»Vater Rhein!« Galemburgis hob eine Hand zum Gruß, nur halb im Spott. »Es tut mir leid, daß unser Weg von dir wegführt.«

»Muß er das?« fragte Frojavigis. »Warum folgen wir nicht dem Fluß ein Stück nach Süden und wenden uns am Neckar ostwärts statt hier am Main?«

Galemburgis öffnete den Mund; und dann, mit sichtbarer Selbstbeherrschung, schloß sie ihn wieder. Natürlich würde das Alemannenmädchen nur ungern durchs Burgundenland hindurchreiten. Doch Galemburgis wußte so gut wie jede von ihnen, daß ihre Weihe davon abhing, ob sie diese Reise in Eintracht vollendeten.

»Den Main entlang führt der kürzeste Weg in meines Vaters Land«, sagte Brunhild zögernd. Die Stute legte die Ohren an, und das Mädchen zog am Zügel, bevor das Tier Galemburgis' Grauschimmel einen Tritt verpassen konnte.

Acht sind die Enden der Erde,
Von denen der Sturmwind weht;
Acht Beine eignen dem Pferde,
Das über den Himmel geht.
  Neun Welten sich am Baume breiten,
  Neun zu neun Walkyriun reiten –

Die anderen sangen immer noch.

»Wie wir uns auch entscheiden, auf jeden Fall müssen wir ihm ein Stück folgen, bis wir die Furt erreichen«, meinte Richhild.

Brunhild nickte. Die anderen, selbst Galemburgis,

schienen sie als Anführerin anzusehen, obwohl niemand sie dazu ernannt hatte, und sie war froh, ihre Führungskraft vorerst noch nicht unter Beweis stellen zu müssen. Gemeinsam stimmten die Reiterinnen ihr Lied wieder an.

Neun Tage hat einsam gehangen
Allvater, sich selbst geweiht;
Neun Nächte harrte mit Bangen
Fro, der die Riesin gefreit.
  Neun Welten sich am Baume breiten,
  Neun zu neun Walkyriun reiten –

Am nächsten Tag war Brunhild immer noch unentschlossen, als sie das braune Band des Mains in der Ferne sahen und zu einer Gabelung kamen, die zur Furt hinabführte. Doch es war unsinnig, jenen Weg zu wählen – je eher sie die Sache mit ihrem Vater regelte, desto schneller konnte sie zurückkehren. Und sie wollte zurück – sie hatte ihr Leben auf jene Möglichkeit gebaut; sie konnte das alles jetzt nicht mehr in Frage stellen. Sie trat die Stute fest in die Weichen und trieb sie in einem flotten Schritt die Straße hinab.

Als sie an der Abzweigung vorbei wollten, scheute Brunhilds Tier plötzlich. Sie riß die Stute herum, und blickte über die Schulter. Ein Toter, dachte sie, als sie einen Haufen Lumpen auf dem Weg sah; der größte Rabe, den sie je gesehen hatte, hockte darauf. Dann flog der Vogel mit schwerem Flügelschlag auf, und das Bündel erzitterte und erhob sich zu einer menschlichen Gestalt, die in einen zerlumpten Mantel gehüllt war, und einen breitrandigen Hut trug, der das eine Auge verdeckte.

Nicht tot, nur sturzbetrunken, dachte sie, als ihr Pferd schnaubend ein zweites Mal scheute. Es war ein junges Tier, und Brunhild hatte diese Reise nutzen wollen, um es zu erziehen. Die anderen Mädchen hatten angehalten und kicherten, als sie ihren Kampf mit der Stute sahen.

»Aus dem Weg, Narr, bevor ich dich zertrample!« Sie fügte ein paar wohlgewählte Schimpfworte in ihres Vaters Sprache hinzu.

Einen Augenblick sah er sie mit einem leeren, wäßrigen Auge an. Dann verwandelte erwachende Intelligenz, was sie von seinen Gesichtszügen sehen konnte, und er begann zu lachen.

»Du bist eine noch größere Närrin, wenn du diesen Weg einschlägst.«

»Was meinst du?« Brunhild bekam ihre Stute endlich unter Kontrolle und zügelte sie scharf, als der Bettler, auf seinen Stab gestützt, zu ihr herangehumpelt kam.

»Hermunduren und Goten stehen im Krieg. Die Goten sind mit den Hunnen im Bunde, doch die Hermunduren liegen zwischen euch. Du würdest eine feine Geisel abgeben, eine Jungfer aus königlich hunnischem Hause ...«

Brunhild biß sich auf die Lippe und runzelte die Stirn. *Aber das bin ich nicht!* wollte sie ausrufen. *Ich bin eine Walkyrja!* Und dann: *Wie kann er das wissen?*

»Sie würden es nicht wagen!« Frojavigis trieb ihr Pferd heran. »Wir sind heilige Frauen und stehen unter dem Schutz der Götter!«

Doch würden die Hermunduren das respektieren, fragte sich Brunhild, insbesondere da sie und ihre Gefährtinnen noch nicht eingeschworen waren?

»Wären wir denn sicherer bei den Burgunden?« fragte sie.

»Die Burgunden würden es nicht wagen, die Hunnen zu brüskieren, derweil ihre besten Männer versuchen, die westlichen Lande zu halten. Geht nur, ihr werdet ein warmes Willkommen finden.«

»Das ist lächerlich!« rief Brunhild aus, als hinter ihr eine Diskussion entbrannte. Die Lumpen des alten Mannes flatterten, als die Stute um ihn herum tänzelte, doch er stand da ohne eine Regung. Ein zweiter Rabe hatte sich zum ersten in eine Buche gesellt und krächzte wie im Hohn.

»Wie gelangen wir über den Main?«

Der Alte grinste wölfisch. »Der Fluß führt Niedrigwasser. Ihr würdet nur ein wenig naß, wenn ihr die Furt durchquert. Geh nach Süden, Tochter – dort wirst du jemanden treffen, den du kennst ...«

Tochter ... Brunhild fühlte, wie das Haar in ihrem Nacken sich sträubte, und die braune Stute, die ihre Unruhe spürte, begann wieder zu tänzeln. Wenn nur das verdammte Tier stillstehen würde, so daß sie sehen könnte ...

Doch die anderen Mädchen, erleichtert, daß ihnen die Entscheidung abgenommen wurde, zogen bereits mit ihren Pferden an ihr vorbei, und die Stute wollte folgen.

»Ich bin Bladardas Tochter«, zischte sie und bändigte das Pferd.

»Bist du das?« Er hob den Kopf, wirkte plötzlich größer als zuvor. Die herabhängende Krempe seines Hutes verbarg sein linkes Auge, doch das andere, das sie sehen konnte, hielt sie gebannt, daß sie ihren Blick nicht abwenden konnte, und selbst die Stute stand jetzt zitternd still. »Brunhild, dein Weg liegt südwärts. Geh!« Er hob den Stab.

Brunhild fühlte, wie sich die Muskeln der Stute unter ihr spannten; dann eilten sie auch schon hinter den anderen her.

Der maskierte Gott ... Der Vielgestaltige ... Der Wan-

derer ... Der Hufschlag des Pferdes trommelte die Namen, als es den Pfad entlanghetzte. Es konnte sein. Huld sagte, daß die Götter manchmal durch den Mund von Menschen sprächen. Doch sie hätte Wodan wiedererkennen müssen – gerade sie! Brunhild sagte sich, daß sie ihn erkannt hätte, wenn sie ihm in einer Vision begegnet wäre, doch der Schock, ihn in sterblicher Gestalt vor sich zu sehen, ließ sie erbeben.

Warum mußten sie die südliche Straße wählen, und wer wartete dort, den sie kannte? Würde ihr Vater damit einverstanden sein, daß sie dem Weg der Walkyriun folgte? Liebte er sie noch? Ihre Visionen waren immer nach dem Willen des Gottes zu ihr gekommen, nicht nach ihrem eigenen, und sie hatte so viele Fragen! Wenn Wodan zu ihr sprach, war kein Zweifel möglich. Doch wenn er stumm blieb, dann begann sie sich zu fragen, ob sie sich nicht in ihrer eigenen Einsamkeit nur etwas eingebildet hatte. Warum sollte gerade sie erwählt worden sein, die sich von ihrem eigenen Volk und dessen Göttern abgewendet hatte?

Sie drehte sich im Sattel um, als das Pferd langsamer wurde. Der alte Mann stand noch da und starrte ihr nach. Er lehnte sich jetzt auf seinen Stab, doch sein Kopf war zurückgelegt, und man konnte sehr deutlich sehen, daß er zwei Augen hatte. Die Raben waren kleiner werdende schwarze Punkte im Sommerhimmel. Doch voraus blinkten die braunen Fluten des Mains, und die anderen Reiterinnen hatten bereits das flache Wasser erreicht.

In der allgemeinen Hektik, alle Tiere sicher über die Furt zu schaffen, bemerkte keine von Brunhilds Gefährtinnen, wie still sie geworden war und wie nachdenklich.

Die östlichen Ufer des Rheins waren altes Kulturland und trugen reichen Ertrag an Dinkel, Weizen und Gerste. An einigen Stellen war man bereits dabei, die Ernte einzubringen, und das Gold der Kornfelder vertiefte sich mit jedem Tag. Die Mädchen ritten zwischen Feldern und Wäldern und sich wellenden Schilfgründen dahin, die sich teilten, um die grüne Fläche des tief fließenden Stromes freizugeben, der das Herz des Landes war.

Bei Nacht kampierten sie unter den Pappeln am Rande des Flusses. Das Landvolk war gern bereit, ihnen neues Korn im Austausch gegen einen Segen oder einen Runenwurf zu geben, und Brunhild schoß Wasservögel mit ihrem Bogen. Es war eine lächelnde Jahreszeit, in einem heiteren Land, und Brunhilds Gefährtinnen ritten unter Lachen. Tagsüber scherzte sie mit ihnen. Doch in den Nächten schlief sie tief und traumlos.

Vier Tage lang reisten sie so, bis sie von der dichten Mauer bewaldeter Hügel zu ihrer Linken die blauen Wasser des Neckars herabfließen sahen. Dann wandten sie sich nach Osten, dem Gezwitscher der Vögel folgend.

Durch das hohe Fenster konnte Gudrun Schwalben auf dem Flug von und zu ihren Nestern unter der Dachtraufe sehen. Die Schwalben waren hier gewesen, seit die Römer dieses Kastell gebaut hatten, das sie Rufiniana nannten. Nun waren nur noch zwei Mauern von der alten Steinfestung übrig. Ihr Vater hatte den Rest mit Fachwerk wiederaufgebaut und das Gebäude mit einem dichten Rieddach gedeckt, welches die zerborstenen römischen Ziegel ersetzte. Jetzt nannten sie den Ort Heiligberg, nach dem heiligen Hügel jenseits des Flusses; doch die Schwalben blieben. Der Blick des Mädchens folgte dem geschwinden Flug, und sie dachte, selbst wenn die Burgunden dieses Land verlassen sollten, würden die Schwalben immer noch hier sein.

»Gudrun!« Schritte klatschten auf ausgetretenem Marmor. »Gudrun!«

Einen Moment flatterte ihr Geist, immer noch im Flug mit den Schwalben, hilflos umher. Dann richtete sich ihre Aufmerksamkeit wieder auf den vertrauten Kleinkram der Frauengemächer und die massige Gestalt der Frau, die ihr gegenübersaß.

Godomar kam im Türrahmen zum Stehen, als er ihre Mutter sah, und hob, immer noch keuchend, eine Hand zum formellen Gruß.

»Ja, mein Sohn?« Königin Grimhilds schwerlidrige Augen hoben sich von der Stickerei in ihrem Schoß, als sie ihn erblickte.

»Leute kommen!« schnaufte er. »Walkyriun – das Hunnenmädchen, das Gudrun in Halle getroffen hat ...« Seine Stimme stockte, und er warf seiner Schwester einen scharfen Blick zu; sicher erinnerte sie sich daran, wie Gudrun sie alle damals bloßgestellt hatte. Doch das, dachte sie ungehalten, war jetzt sechs Jahre her! Sie stach ihre Sticknadel in das Tuch.

»Vater Priscus murrt, und die Männer wollen wissen, ob wir sie einlassen sollen ...«, fuhr Godo fort.

Die Augen der Königin öffneten sich ein bißchen weiter. »Aber natürlich. Wir sind noch nicht so christlich, um Reisenden Gastfreundschaft in dieser Halle zu verweigern ... selbst heidnischen Priesterinnen.« Ihre Lippen wurden schmal. »Insbesondere, wenn eine von ihnen die Tochter des Khans Bladarda ist.«

Gudrun unterdrückte ein Lächeln. Vater Priscus stritt sich jeden Abend mit dem arianischen Priester Severin bei Tisch, doch wenn die Burgunden ein Fest der alten Götter feierten, zogen sie sich beide, Gebete murmelnd, in ihre Hütten zurück. Und selbst Anhänger des neuen Glaubens ließen sich zu einer spontanen Abwehrgeste verleiten, wenn sie ihrer Mutter bei der Rückkehr von den Riten begegneten, die sie von Zeit zu Zeit in den Wäldern beging. Sorgfältig begann Gudrun das Leinen zusammenzufalten, das sie bestickt hatte.

»Geh, Kind. Worauf wartest du?« Der scharfe Blick der Königin traf ihre Tochter. »Die Walkyriun sollen keinen Grund haben, sich über ein mangelndes Willkommen zu beklagen!«

Gudrun sprang auf die Füße und folgte ihrem Bruder aus der Kammer.

Um die Zeit, als Brunhild und die anderen ihren Weg durch das Gewirr von Hütten und Häusern gefunden hatten, welche sich unterhalb des alten Kastells drängten, waren alle Kinder Gibichos versammelt, selbst der kleine Gislahar, des alten Königs nachgeborenes Kind. Godomar blickte stirnrunzelnd auf diese Mädchen, die ritten wie junge Krieger mit Lanze, Lederhelm und Holzschild; doch als Brunhild ihre tänzelnde Stute zügelte und in einer einzigen geschmeidigen Bewegung zu Boden glitt, hörte Gudrun einen erstickten Laut hinter ihr. Es schien, als sei die ganze herrscherliche Würde, mit der ihr Bruder Gundohar sich aufzutreten bemühte, seit man ihn zum König ausgerufen hatte, plötzlich verschwunden.

Warum starrten sie alle so? Die Walkyriun trugen Hosen und Tuniken aus tiefdunklem Blau, doch Brunhilds Mantel wurde von einer juwelenbesetzten Fibel gehalten. Das Reiten in der Sonne hatte ihrer Haut einen goldenen Schimmer verliehen, und ihr Haar war deren Schatten. Man konnte sie nicht schön nennen, nicht mit dem spitzen Kinn und der seltsamen Schräge ihrer Augen – und doch bewegte sie sich mit derselben lebhaften Anmut wie ihre Stute. Gudrun, die sich ein Kleid aus gelben Leinen mit rotem und blauem Flechtband an Hals und Saum übergezogen hatte, fühlte sich wie eine Kuh, deren Hörner für das Fest geschmückt worden waren.

»Die kleine Wasserratte ist groß geworden, seit du sie in Halle getroffen hast...«, kam Haganos Stimme aus ihrem Rücken.

Gudrun riß die Augen auf. Die Dinge hatten sich wahrlich verändert, wenn Gundohar wie ein betäubter Ochse glotzte und selbst Hagano Brunhild mit einem nachdenklichen Stirnrunzeln musterte.

Da erkannte Brunhild sie und begann zu grinsen, und Gudrun erinnerte sich daran, daß hier das einzige menschliche Wesen stand, das je zu ihr gehalten hatte.

»Heute könntest du vielleicht unsere Gäste den Heiligen Berg hinauf zur Quelle führen«, sagte die Königin. Sie trug einen gerafften Rock mit einer Tunika darüber, dem alten Stil gemäß, um ihre Besucherinnen zu ehren. Goldmedaillons glänzten an ihrem Gürtel; goldene Fibeln hielten ihr Gewand zusammen; und um ihren Hals glühte ihre Bernsteinkette wie goldenes Feuer in der Morgensonne.

Gudrun blickte hoch. Ihr Blick ging schnell von ihrer Mutter zu Brunhild. Niemand hatte bislang darüber gesprochen, wie lange die Walkyriun bei ihnen zu bleiben gedächten, doch nach einer Woche auf Reisen schienen die Mädchen ganz froh zu sein, in weichen Betten schlafen und ihre Kleider reinigen zu können. Nur daß sie nicht wirklich Mädchen waren, dachte Gudrun. Auf sie wirkten sie wie erwachsene Frauen, obwohl sie bereits so groß wie Brunhild war und keine von ihnen mehr als zwei oder drei Jahre älter als sie.

Es ist, weil sie sich ihr Schicksal selbst in die Hand genommen haben, dachte sie düster, *während ich komme und gehe, wie meine Mutter befiehlt.* Gudrun verstand nun, warum ihre Mutter ihr das alte ärmellose Kleid bereitgelegt hatte, das zum Wandern geschürzt werden konnte.

»Natürlich«, sagte sie ruhig. »Wenn sie es wünschen, werde ich ihnen gern den Weg zeigen ...«

Brunhild blickte die Königin an. »Ein altes Heiligtum?«

»Die Frauen der Gallier haben dort ihr Opfer dargebracht«, sagte Grimhild. »Die Römer haben die Stätte entweiht, indem sie einen Signalturm auf dem Hügel erbauten, doch ein Erdbeben hat ihn umgestürzt. Jetzt sind es die Frauen der Burgunden, die dem Geist der Quelle ihre Gaben bringen. Ich glaube, ihr werdet es sehenswert finden.«

Brunhild hielt ihrem abwägenden Blick stand, dann wandte sie sich zu Gudrun.

»Würdest du mir die Quelle zeigen? Es wird wohl kaum so schlimm werden wie das letzte Mal, als wir in einen Brunnen schauten!«

Gudrun errötete, doch sie mußte in das Lachen des anderen Mädchens einstimmen.

Doch erst als die Walkyriun auf ihrem Weg aus den Räumen des Kastells durch die Ratshalle kamen, begriff sie, warum ihre Mutter es so geregelt hatte, daß sie heute den Berg erklimmen sollten.

Die Bänke waren jetzt leer, und nur ein Rauchfaden an einem Ende des langen Herdes zeugte von dem lodernden Feuer der letzten Nacht. An dem Tisch unter dem Fenster konnte sie Vater Priscus' weiße Robe und die dunkleren Gestalten ihres Bruders und des Gesetzessprechers Ostrofrid sehen.

»Als die Legionen Germanien bewachten, wurde ein Drittel der Erzeugnisse des Landes für ihren Unterhalt reserviert, eingetrieben in Form von Steuern«, kam deutlich Priscus' Stimme. »Dies sind die Vorräte in den staatlichen Speichern, die Eure Krieger ernährt haben. Wenn Ihr nun ihre Familien ins Land bringt, dürft Ihr nicht mehr als das Drittel der Ländereien, auf dem jene Bodenfrüchte angebaut werden, für sie in Anspruch nehmen.«

»Meint Ihr, daß man die Krieger auf die Güter verteilen soll, damit sie jeweils ein Drittel davon mit den Leibeigenen bewirtschaften und die Erzeugnisse direkt einbehalten können?« fragte Gundohar.

»Das ist nicht die Art unseres Volkes«, wandte Ostofrid ein. »Laß sie das Land Sippe für Sippe besiedeln, ein Mann und seine erwachsenen Söhne und ihre Familien zusammen, mit gemeinem Land als Weide für das Vieh –«

»Die alten Zeiten sind vorbei!« rief der Priester. »Jetzt müßt Ihr nach römischer Art und römischen Gesetzen leben –«

Die Zugluft von der aufgestoßenen Tür verwirbelte den Rauch und ließ die Pergamente rascheln, die auf dem Tisch ausgebreitet lagen, als Gudrun die Walkyriun in die Halle führte. Vater Priscus wandte sich finsteren Blickes um. Doch Gundohar entfaltete seine schlaksige Länge und stand auf, daß die großen Hände, die immer noch geschickter mit einer Harfe umgingen als mit einem Schwert, an seinen Seiten baumelten.

»Möge das Auge des Tages hell für Euch leuchten, Herr der Burgunden«, sagte Brunhild höflich.

»Es sind Eure Augen, die diese Halle erleuchten …«, antwortete Gundohar. Doch seine Stimme stockte, und Gudrun konnte ihn erröten sehen, selbst in dem Halbdunkel. Eines der anderen Mädchen kicherte, und Brunhild brachte es mit einem raschen Blick zum Schweigen.

»Wir gehen nun, um den Heiligen Berg zu ersteigen.

Verzeiht, daß wir Eure Beratungen störten.« Brunhild stieß das Mädchen vor ihr weiter.

Kein Wunder, daß ihre Mutter die Gäste aus dem Weg haben wollte, dachte Gudrun, als sie die Schar auf die ferne Tür zutrieb. Es war klar, daß ihr Narr von einem Bruder glaubte, er sei in Brunhild verliebt!

»Frojas Segen auf Eurem Wege!« sagte Gundohar heiser. Licht flutete herein, als Gudrun die Tür aufzog, und zeigte ihnen nur zu deutlich seine Augen, wie die eines guten Hundes, dessen Herr ihn verläßt, und Vater Priscus' wütenden Blick.

Die Walkyriun begannen bereits zu kichern, als Gudrun die Tür hinter ihnen zuschlug, und als sie die Straße zwischen den Hütten hinuntergingen, schallte ihr Gelächter empor in die helle Luft. Bestimmt war es noch in der Halle zu hören, dachte Gudrun. Plötzlich tat Gundohar ihr leid.

»Dein Bruder ist wie alt?« fragte die eine, die sie Frojavigis nannten, als sie den Pfad betraten, welcher zum Flußufer führte.

»Achtzehn Winter«, antwortete Gudrun.

»Und man hat noch keine Frau für ihn gefunden?«

»Jede Menge –« Gudrun schüttelte den Kopf und führte das andere Mädchen um einen Pferch voller Schweine herum. »Doch keine, auf die der ganze Rat sich einigen könnte!«

»Wie schade, daß Brunhild bald unter die Walkyriun aufgenommen wird!« sagte Frojavigis und lachte.

Wohl wahr, dachte Gudrun, als sie zum Wasser hinabgingen. Ein Bündnis mit den Hunnen wäre für die Burgunden äußerst nützlich, eingezwängt wie sie waren zwischen dem sich ausdehnenden hunnischen Stammesverband im Osten und den Römern auf dem Westufer des Rheins. Der Rat zog für eines von Gibichos Kindern eine solche Heirat in Erwägung.

Vor ihnen flossen die Wasser des Neckar tief und stark, glitzernd in der Sonne. Brunhild stand schon im Heck des Prahms bereit, der sie übersetzen sollte; ihr wehendes schwarzes Haar und die ausgebreiteten Arme ließen sie aussehen, als wolle sie gleich losfliegen. Gudrun versuchte sich vorzustellen, jener helle Geist wäre an die Pflichten einer burgundischen Königin gebunden, und unterdrückte einen Seufzer. Es war zu schade. Als sie Kinder gewesen waren, hatten sie geschworen, Verbündete zu sein; es wäre so herrlich gewesen, wenn Brunhild tatsächlich ihre Schwester hätte sein können.

Und dann waren sie an der Fähre, und die anderen Walkyriun kletterten ins Boot, lachten, als es schwankte und sich drehte. Als Gudrun sie so sah, fiel ihr auf, wie gleich sie alle waren. Vielleicht war es die Art, wie sie sich bewegten, anmutig wie junge Stuten, die wild über die Weide rannten.

Sie sind Brunhilds Schwestern, dachte sie und wischte zwei Tränen weg, die nicht vom Wind kamen. *Und ich bin allein.*

»Ich würde gern nach der Erntezeit hier entlanggehen, wenn die Kastanien reif sind«, sagte Brunhild, die stehengeblieben war.

Die Gestalten der anderen Mädchen, die in größerem Abstand hinter ihnen den Pfad erklommen, schimmerten in dem wechselnden Licht, und selbst Gudruns helles Haar hatte einen grünlichen Schimmer. Die junge Burgundin hielt neben ihr und blickte auf.

»Ich wünschte, du könntest es«, sagte sie leise. »Nur du und ich, allein. Wir würden kein Wort sprechen und lauschen, wie die reifen Früchte auf den Boden tropfen. Oder wir könnten auf ausgebreiteten Mänteln unter den

Zweigen liegen und uns vom Berg nähren. Die Nüsse hier haben eine Süße, die ich in keinem anderen Wald gefunden habe.«

Brunhild sah sie verwundert an, versuchte die sehnsüchtigen Untertöne in Gudruns Worten zu begreifen. Irgend etwas stimmte hier nicht – Mutter Huld hätte es im Nu gewußt, doch Brunhild hatte noch nicht das Geschick dazu. *Wird selbst diese Reise ausreichen, mich bereit für die Weihe zu machen?* fragte sie sich. *Ich habe noch so viel zu lernen.*

Wenn sie mit Frojavigis gesprochen hätte, hätte jener Unterton bedeutet, daß das Mädchen zu beschäftigt war und Zeit brauchte, um alles zu verarbeiten. Liudwifs Sehnen wäre aus reiner Gier entsprungen, und Richhilds aus einer natürlichen Trägheit. Galemburgis hätte hinzugefügt, wie viel süßer die Nüsse im Alemannenland wären. Erst jetzt wurde Brunhild klar, wie gut sie ihre Gefährtinnen inzwischen kannte. Es schien ihr, daß sie selbst Galemburgis, die immer ihre Rivalin gewesen war, näher stand als dieser Burgundenprinzessin, die doch ihre erste Freundin gewesen war.

Es ist die gemeinsame Reise, dachte sie dann, *die uns alle dieses Bandes bewußt gemacht hat, weil sie zeigt, wie die gemeinsame Lehrzeit uns von denen getrennt hat, die zu Hause geblieben waren.* War dies der Grund, weshalb die Walkyriun sie zusammen losgeschickt hatten? Hatten die Weisfrauen gewußt, wie es sein würde?

Brunhild seufzte und ging weiter. Erst jetzt, da die Bewegung ihre Muskeln gelockert hatte, merkte sie, wie sehr nur ein paar Tage in geschlossenen Räumen sie eingeengt hatten. Wenn sie geweiht war, würde sie in den Taunusbergen bleiben. Selbst das freiere Leben einer Hunnenfrau wäre nun zu beengend. Mehr denn je tat ihr

Gudrun leid, die zu einem Leben als Prinzessin in einer königlichen Halle verdammt blieb.

Mein Vater muß seine Erlaubnis geben! Sie schüttelte den Kopf in Selbstironie. *Ich werde fortlaufen und allein im Walde leben, wenn man mir nicht erlaubt, in die Reihen der Walkyriun einzutreten.*

Sie ließen die Kastanienbäume hinter sich und kamen in einen Mischwald aus Buchen und Eichen, als der Pfad sich westwärts in einer langen Spirale um den Berg herumwand.

»Schau –« Gudrun faßte plötzlich ihren Arm. Zwischen den dicken Stämmen der Buchen glitzerte es plötzlich silbern. Brunhild hielt den Atem an.

»Der Rhein?«

Gudrun nickte. »Der Heilige Berg bewacht den Eingang zum Tal. Von hier aus kannst du die Ebene sehen, die sich zum Fluß hinabsenkt, doch das Land auf der anderen Seite liegt im Nebel verborgen.«

»Es ist, als würde die Welt dort enden«, sagte Brunhild, »und auf dem jenseitigen Ufer begänne Elbenheim.«

»So schön ist es nicht, aber auch begehrenswert und vielleicht ebenso gefährlich«, antwortete Gudrun. »Dort liegt das Land, das die Römer Germania Prima nennen. Vor zwei Jahren schwor mein Bruder dem Kaiser Honorius Treue als Bundesgenosse und erhielt es als Lehen, um es gegen alle anderen Stämme zu verteidigen.«

Brunhild nickte. Galemburgis hatte die alemannische Ansicht über diese Entwicklung recht deutlich dargelegt.

»Wir haben das Recht, dort zu leben, doch wir können kein Blut vergießen, um das Land in Besitz zu nehmen. Das ist der Grund, weshalb du meinen Bruder zwischen diesen zwei Graubärten hocken sahst wie Wodan zwischen den Feuern; er versucht zu entscheiden, wie das Landgesetz der Römer sich mit unserem eigenen vereinbaren läßt.«

»Und wenn es ihnen gelingt?«

»Dann, nehme ich an, wird der Rest von uns über den Fluß ziehen müssen«, antwortete Gudrun. »Es heißt, der Boden sei gut, aber ich will nicht dort zwischen den flachen Äckern gefangen sein.«

Brunhild runzelte die Stirn. Sie hatte die endlosen Diskussionen zwischen den Walkyriun über diese Frage mitbekommen; doch jetzt, als sie diesem Mädchen zuhörte, das selbst mitten in diesen Veränderungen steckte, war alles plötzlich ganz anders.

»Werden die Geister des Landes euch annehmen?« fragte sie. »Welche Götter wohnen dort?«

»Der Priester Priscus sagt, daß unter den Römern nur Christus und sein Vater herrschen.« Gudrun lachte nervös. »Ich schätze, sie haben alle Landgeister vertrieben.«

Brunhild fröstelte, und sie wandte sich abrupt wieder dem freundlichen grünen Schatten der Bäume zu.

Jetzt bog der Pfad zurück und wieder aufwärts. Bald sah sie eine Ansammlung grober Felsblöcke und wußte, daß dies die zerfallenen Wälle der alten gallischen Hügelfestung sein mußten; denn sie ähnelten sehr den Steinen, die den Hügel des Hohen umgaben. Sie konnte die Stimmen der anderen hinter ihnen näher kommen hören und schritt rascher aus.

»Wir sind jetzt fast oben«, sagte Gudrun. »Hier entlang.«

Der innere Steinring umschloß ein Gebiet von der Größe eines kleinen Dorfes. Nach Norden und Osten erstreckte sich in einem endlosen Meer von Grün der Wald. Südwärts fiel der Hügel steil zu der großen Kluft ab, die der Neckar durch die Hügel gegraben hatte. Und nach Westen – Brunhild schüttelte den Kopf. Sie hatte bereits nach Westen geblickt.

Stirnrunzelnd legte sie die Hand auf einen Block, der auf dem Boden lag. *Welche Feinde haben die Menschen bedroht, die dich erbauten*, dachte sie plötzlich, *daß sie auf Berggipfel fliehen und sich hinter solchen Mauern verbergen mußten, wie diese gewesen sein müssen?*

Ihre Sicht verschwamm, und einen Augenblick lang konnte sie sie sehen, hochgewachsen und hellhaarig ... dann wurde die Vision von einer anderen ersetzt, von einem breitgebauten Volk mit erdbraunem Haar ... von einem hageren, blassen Volk mit schwarzem Haar ... von anderen, zottelig und in Felle gekleidet. So viele, so viele! Jedes Volk hatte diesen Berg in Besitz genommen, eines nach dem anderen, und jetzt waren sie alle fort. *Macht es einen Unterschied, wer das Land in Besitz hat?* fragte sie sich dann. *Am Ende gehört es doch den Bäumen und den Steinen!* Schwindelnd zog sie ihre Hand zurück.

»Brunhild, ist alles in Ordnung?«

Sie blickte zu Gudrun auf. »Dieser Ort besitzt Macht!«

»Ja, wenngleich die Römer es anscheinend nicht geglaubt haben!« Sie deutete auf die zerfallenen Mauern eines kleinen Turmes. »Sie benutzten dies für Signalfeuer.«

Selbst die Römer haben dieses Land verlassen, obgleich sie sich alle Welt zu eigen machten! Brunhild begann zu lächeln. Doch die Macht blieb, ob sie es fühlen konnten oder nicht. Sie konnte sie nun spüren, ein langsames Wallen, das sie umgab, wie Feuchtigkeit die Luft an einem Flusse schwer macht. Vielleicht würden die Landgeister sie schließlich doch überdauern.

Lachend kamen die anderen Mädchen durch die Lücke im Wall auf sie zu gerannt. Brunhild fing Gudruns hellen Blick auf, und in dem Augenblick gemeinsamen Verstehens waren sie Schwestern.

»Ich bin durstig«, sagte Brunhild und lächelte. »Laß uns unseren Freundschaftsbund erneuern, Gudrun, mit einem Trunk aus deiner heiligen Quelle.«

†

DER WEG DER WALKYRJA

Hunnenlande
Weinmond, A.D. 426

Der Herbst war gekommen, mit schärferen Winden und dem ersten Hauch von Farbe in den Bäumen. Begleitet von Gundohars Mannen, nahmen Brunhild und ihre Gefährtinnen den Weg nach Süden durch die Schlucht, welche die schnell fließenden Wasser des Neckar gegraben hatten. Sie wandten sich ostwärts in ein Land hügeliger Wälder und aßen wilde Äpfel im Schutze verfallener Mauern, wo einst römische Wachtposten gewesen waren. Mit jeder Meile wurden die bestellten Äcker weniger, doch manchmal trafen sie Viehherden, die von den Hochweiden in die Täler abgetrieben wurden.

Bald kamen sie in ein Land, das menschenleer zu sein schien. Auf den Feldern hatten junge Bäume Fuß gefaßt, und verkohlte Balken stachen durch wucherndes Gestrüpp. Es hatte hier zu viele Überfälle gegeben, sagten die Krieger, die mit ihnen ritten. Mal waren es Goten gewesen, mal Hunnen, und manchmal namenlose, vermischte Reste von vergessenen Stämmen. Die Bauern hatten alle Zuflucht in den neuen Ländern im Westen gesucht.

Die Reisenden hatten nun das Ende des burgundischen Gebietes erreicht. Doch obwohl sie seit Tagen niemanden getroffen hatten, wurde jeder ihrer Schritte von wachsamen Augen aus den Wäldern beobachtet. Als sie das jenseitige Ufer der Jagst hinaufritten, spürten sie die Erde unter sich erbeben vom Donner vieler Hufe. Die Burgunden ergriffen ihre Schilde und faßten ihre Speere fester, doch Brunhild reckte sich im Sattel, als ihr Pulsschlag pochte, wie sie es lange nicht verspürt hatte.

Die Zweige vor ihnen zitterten, und plötzlich war der Weg von kleinen, drahtigen Männern versperrt, die auf dem Rücken ihrer Pferde saßen, als wären sie mit ihnen verwachsen. Einen Augenblick lang herrschte Schweigen. Der Anführer der Reiter war im Gegensatz zu den anderen groß und hager, mit strohblondem Schnurrbart unter dem Nasenschutz seines Helms. Sein grauer Blick schweifte über die Burgunden und ging dann von einem der Mädchen zum anderen. Dann tat sein Pferd ein paar Schritte nach vorn, obwohl der Reiter kein sichtbares Zeichen gegeben hatte.

»*Tänri khatun* –« Er verbeugte sich vor Brunhild, bis der Rand seines Helms die steife Mähne des Pferdes berührte. Die Hornplatten seiner Schuppenrüstung knirschten leise.

Himmlische Herrin ... Sie hatte Mühe, die Bedeutung der Worte zu erfassen. Sein Gesicht mochte das eines Goten sein, doch im Verhalten war er mehr Hunne als sie. Und dann, mit einer fast körperlichen Veränderung, kamen die Worte ihrer eigenen Sprache zu ihr zurück, und sie verstand, was er sagte:

»Ich bin Ragnaris, Kursiks Sohn. Ihr werdet jetzt mit uns reiten. Der Khan, Euer Onkel, hat es mir aufgetragen.«

»Ich werde mit Euch kommen, *su tzur*.« Sie nickte dem Hauptmann zu. Ob zum Guten oder Schlechten, sie war jetzt wieder unter ihrem eigenen Volk.

Brunhild leckte das Hammelfett von ihren Fingern und betrachtete den flockigen gekochten Hirsebrei auf dem Teller vor ihr und fragte sich, ob sie noch mehr herunterkriegen könnte. Ein paar Fetzen Fleisch waren übriggeblieben, doch sie hatte genug gegessen, um den Erfordernissen der Gastfreundschaft Genüge zu tun. Die meisten der Geladenen hatten ihr Mahl beendet, und die anderen Mädchen, die einen weniger auffälligen Platz nahe dem Eingang der Jurte bekommen hatten, hatten bereits angefangen, sich in das Langhaus zurückzuziehen, das ihnen zugewiesen worden war. Brunhild stellte den kleinen Tisch beiseite, lehnte sich in die bestickten Filzkissen zurück und sah gedankenvoll zu, wie die Krieger auf der Männerseite des runden Zeltes ihre Becher römischen Weines leerten.

Ein Mond war vergangen, seit die Reiter ihres Onkels Brunhild und ihre Gefährtinnen zu diesem Lager in den Hügeln oberhalb von Castra Batava an der Donau gebracht hatten. Ihr Vater war weit im Osten, im Dienste Ruga Khans in den Ländern um das Maeotische Meer. Eine Botschaft war zu ihm gesandt worden, doch wenn nicht bald eine Entscheidung fiel, würden Brunhild und die anderen Mädchen den Winter wohl hier verbringen müssen. Ihr Onkel, der Khan, war derjenige, welcher ihr die Erlaubnis geben konnte, zu den Walkyriun zurückzukehren. Sie sah ihn unter gesenkten Lidern an und fragte sich, wie sie ihn überzeugen könnte, sie ziehen zu lassen.

Äußerlich unterschied den Khan nicht viel von seinen Volksgenossen: Er war untersetzt gebaut, mit einem mächtigen Oberkörper, einer von Wind und Wetter tief gebräunten Haut, einem Gesicht, das neben den wie mit der Axt gehauenen Profilen der Goten in seinem Gefolge flach wirkte, sowie dunklem Haar mit einer Spur von Rot und einem dünnen Bart. Doch den schwarzen Augen, die tief unter seinen starken Brauen lagen, entging nichts, und selbst jetzt, umgeben von seinem Gefolge und mit einem Becher unverdünnten Weins in der Hand, bewegte er sich mit einer inneren Spannung, als ob er jeden Moment aufspringen könnte. Er war nicht ungnädig; die Goten, die ihm dienten, hatten ihn in ihrer Sprache »Attila«, Väterchen, genannt, und die Bezeichnung hatte sich so festgesetzt, daß sein hunnischer Name ganz in Vergessenheit geraten war. Doch wenn Väterchen befahl, gehorchte jeder.

Er würde sich nicht von alter Zuneigung bewegen lassen, wenngleich Brunhild sich dunkel erinnerte, wie er mit ihr gespielt hatte, als sie ein kleines Kind gewesen war und er ein junger Mann, gerade zurück von seiner Zeit als königliche Geisel in Rom. Selbst wenn sie zu Tränen imstande gewesen wäre, würde er sich dadurch kaum beeinflussen lassen.

Jeder Mann, der ihm diente, war *lochagos*, ein Auserwählter, berühmt für sein Geschick mit Bogen oder Speer, als ein Sprachkundiger oder Liedermacher oder Heerführer, und Attila behielt niemanden in seiner Nähe, der nicht in Krieg und Frieden seinen Wert erwiesen hatte. Doch wozu waren Frauen gut? Hunnische Mädchen lernten, mit Waffen umzugehen, doch wie überall lag der Hauptwert einer Frau des königlichen Hauses darin, Bündnisse von Fürsten zu besiegeln und neue zu gebären. Ihre eigene Mutter war eine Prinzessin der Terwingen gewesen, die zu dem Zwecke mit Bladarda vermählt worden war, wenngleich sie nur zwei Töchter hervorgebracht hatte und bei der Geburt der zweiten gestorben war.

Wenn Brunhild zu Hause aufgewachsen wäre, wäre sie einem vielversprechenden Krieger wie jenem Halbblut Ragnaris zur Frau gegeben worden, der sie hierher eskortiert hatte. Er saß jetzt an Attilas Seite, und sie hatte gesehen, wie oft er sie über den Rand seines Trinkhorns ansah. Die goldenen Ornamente an Brunhilds Kopfputz klingelten, als sie ihre Lage auf den Kissen änderte. Sie fragte sich, wie es wohl sein würde, in den Armen eines Mannes zu liegen. Dann schüttelte sie den Kopf. Sie wollte mit ihm ausreiten, ihn zu großen Taten beflügeln, wie Sigrun es für Helgi getan hatte, nicht sein Bett wärmen! Bladarda hatte viele andere Kinder – sollte Ragnaris doch eines von ihnen ehelichen! Irgendwie mußte Brunhild ihren Onkel überzeugen, daß sie ihm als eine der Walkyriun von größerem Nutzen sein würde.

Ein plötzliches Gelächter von der Männerseite ließ sie aufblicken. Attila hob seine silbergefaßte Trinkschale, gearbeitet aus dem Schädel des ersten Mannes, den er getötet hatte, dem Fremden zu, der neben ihm saß. Dieser war ein Römer von adeliger Abkunft, der gekommen war, um hunnische Truppen zu kaufen, weil er seinen eigenen nicht trauen konnte. Sein Name war Aëtius – ein großer Mann mit dem blonden Haar seiner gotischen Mutter und einer Nase wie dem Schnabel des römischen Totemvogels.

Aëtius kann Attila Gold geben, und mit Gold kann man Verbündete kaufen, dachte sie, als sie ihnen zusah. Den Burgunden mochten die Hunnen als eine einzige, alles überrennende Horde erscheinen, doch Brunhild wußte, daß ihre Sippen sich noch freier bewegten als die germanischen Stämme; sie waren immer Wanderer gewesen. Nur ein starker Anführer, der seinen Gefolgsleuten Gold und Beute gab, konnte sie einen, und dann kamen ihnen selbst die römischen Legionen an Hingabe und Disziplin nicht gleich. Ihr Urgroßvater Uldin hatte solche Treue in seinen Leuten geweckt. Jetzt war Kharatons Sippe die größte, und Uldins Nachkommen warteten, schmiedeten

Bündnisse, sammelten Reichtümer und erwarben sich einen Namen. Das Gerücht ging um, daß Kharatons Stern im Sinken sei. Wenn er fiel, würde Attila seinen überlebenden Onkeln, Oktar und Ruga, helfen, an die Macht zu kommen.

Er versteht es zu warten, wenn er etwas will, sagte sie sich. *Kann ich es auch?* Die erhitzte Luft in der Festhalle wurde ihr plötzlich zu stickig. Brunhild erhob sich von den Kissen, verbeugte sich in Richtung des Schreins gegenüber dem Eingang und ging über die Schaffelle, die den Boden im Mittelgang bedeckten, zum Ausgang. Sie war inzwischen lange genug daheim, daß es keines bewußten Gedankens bedurfte, ins Freie zu treten, ohne die Schwelle zu berühren.

Brunhild reckte sich dankbar, als sie auf der Matte vor der Tür stand. Das letzte Licht des Herbstabends lag sanft über den dunklen Waldniederungen, die sich zur Donau hinabsenkten. Die verstreuten runden Filzjurten und hölzernen Langhäuser zeichneten sich in einem heimeligen Wirrwarr gegen das verglimmende Rot des Himmels ab. Dieses Land konnte hart sein, wenn der Winter kam, doch heute, in der Abenddämmerung, wirkte die Luft, getränkt mit den vertrauten Gerüchen von Pferden, Holzrauch und gebratenem Lammfleisch, warm.

Das pannonische Sklavenmädchen, das Attila ihr gegeben hatte, wartete auf sie, um ihre weichen Halbschuhe gegen feste Lederstiefel zu tauschen. Brunhild legte den schweren Kopfputz mit seinem goldgefaßten Perlendiadem ab und schlüpfte aus dem offenen, mit Dreiecken aus Blattgold besetzten Seidekaftan, den sie über ihrer Tunika trug. Ihre Finger verweilten noch einen Augenblick auf dem glatten Stoff; zu ihrer Überraschung stellte sie fest, daß sie sich bereits weniger rauh anfühlten.

Aber ich will nicht hierbleiben, dachte sie. *Oder etwa doch?* Die wartende Stille zwang sie zur Aufrichtigkeit. Wenn Attila sich weigerte, sie zurück in den Taunus gehen zu lassen, wäre das so schlimm? Ihr wurde plötzlich klar, daß die innere Anspannung, die sie unter den Walkyriun immer verspürt hatte, sich zu lösen begonnen hatte. Einschränkend wie das Leben hier sein mochte, war sie hier doch *tänri khatun*. Ihr Platz war sicher, und zum erstenmal waren die anderen Mädchen hier die Außenseiter, deren Status allein auf der Freundschaft zu ihr beruhte, so wie sie früher unter ihnen geduldet worden war.

Werden sie mich je als eine der Ihren ansehen? War ich die ganze Zeit verblendet? Sie überließ die Kleider dem Sklavenmädchen und ging auf die Pferdekoppeln zu. Sie mußte nachdenken. Denn sie sollte sich erst klar darüber werden, was sie selbst wollte, ehe sie mit Attila zu reden versuchte.

Doch sie war erst ein kurzes Stück von der Jurte entfernt, als sie Schritte hinter sich hörte. Unverkennbar selbst in dem Zwielicht, war es der hochgewachsene Römer, der ihr folgte.

»*Salve* ...« Sie wußte nicht, was sie als nächstes sagen sollte, denn das war fast alles, was sie an Latein konnte. Aëtius lachte.

»Das ist nicht nötig, *khatun*. Ich war vier Jahre lang Geisel bei Ruga und habe Brüderschaft mit Attila geschworen. Ich beherrsche Eure Sprache gut genug, um mit Euch reden zu können.«

»Vielleicht besser als ich –« Sie erwiderte unwillkürlich sein Grinsen. »Ich habe nur die Sprachen der Alemannen und Burgunden gekannt, seit ich zehn Winter alt war.«

»Wollen wir sehen, ob ich diese Sprache noch kenne.«

Aëtius wechselte zu dem seltsam akzentuierten Germanisch der Wisigoten. »Ich habe ein Jahr bei König Alarich verbracht, bevor ich zu den Hunnen geschickt wurde.«

»Ihr seid weit gereist«, antwortete Brunhild in einem Dialekt, der dem seinen ähnlich genug war, daß er ihn verstehen konnte.

»Und Ihr«, erwiderte er. »Ihr seid die Nichte, nicht wahr, die bei den Weisen Frauen in die Lehre gegangen ist.«

Brunhild sah ihn an. »Was wißt Ihr davon? Sind nicht die Terwingen – die Westgoten – jetzt allesamt Christen?«

»Arianische Irrgläubige«, berichtete er. »Doch es ist wahr, es gibt unter ihnen keine Priesterinnen mehr. Aber ich habe die Werke des Tacitus gelesen und gehört, daß es östlich des Rheins Sibyllen gebe wie jene, die er beschrieben hat. Lehrt man sie immer noch wie in den alten Zeiten?«

»Wir haben Frauen, die den Göttern dienen –«, sagte Brunhild langsam, mit einem Prickeln der Vorahnung in ihrem Rücken. Dies war kein stolzer Patrizier, der alles verachtete, was außerhalb der Tore Roms lag. Aëtius war intelligent genug, um mit ihrem Onkel Schritt zu halten, und es war anzunehmen, daß er, wie Attila, aus allem lernte, das ihm begegnete. Wozu wollte er das wissen?

»Gibt es keine Weisfrauen in Rom?«

»Manchmal glaube ich, daß es in Rom nicht einmal weise *Männer* gibt!« rief Aëtius aus, und in seinem Lachen lag wenig Erheiterung.

»Das liegt daran, daß Ihr Eure Götter vergessen habt«, meinte Brunhild nüchtern.

»Die Bischöfe würden sagen, es liegt daran, daß wir arianische Ketzer am Leben lassen«, kam die rasche Antwort.

»Ist der Weiße Christ ein so kleiner Gott, daß er nur auf eine Art verehrt werden kann?« Es gab einen Augenblick des Schweigens, als sie den Pfad hinuntergingen.

»Ich werde mich nicht mit den Priestern anlegen«, sagte Aëtius vorsichtig, »die sagen, daß ein einziger Glaube notwendig ist für ein geeintes Reich.«

»Warum kehrt Ihr dann nicht zu Euren alten Göttern zurück, wenn der neue solche Zwietracht hervorruft?« meinte Brunhild.

»Der Kaiser Julianus hat das versucht, doch Jupiter hat ihn nicht gerettet. Die Götter von Rom sind tot, Herrin. Wenn sie noch Macht besäßen, hätten sie dann nicht Stilichos Frau dafür gestraft, daß sie sich Vestas Halsband anlegte, und den Heerführer selbst, weil er die sibyllinischen Schriftrollen verbrannte? Vielleicht ist es besser, der Philosophie des Marcus Aurelius zu folgen und sich auf überhaupt keine Götter zu stützen.«

Brunhild hielt an. »Wie könnt Ihr das sagen?« Selbst an den Christ zu glauben mußte besser sein, als allein in einer Welt zu wandeln, aus der alle Heiligkeit entschwunden war.

»Hört mich an, Brunhild, *khatun* –« Aëtius wandte sein Gesicht zu ihr, und plötzlich wurde ihr klar, daß er kaum älter war als Gudruns Bruder Gundohar. »Wie ich seid Ihr ein Kind vieler Völker, von denen alle bei ihren eigenen Göttern schwören. Habt Ihr nicht gesehen, wie sehr die Götter jeden Volkes seinen Menschen ähneln? Glaubt Ihr wirklich, daß der Donnerer in den Wolken lebt? Ich habe manch einen gotischen Krieger gesehen, der Donar verkörpern könnte. Vielleicht ist das, was die Priester *divinitas* genannt haben, jene Eigenschaft, die wir in den Momenten zeigen, in denen wir am meisten Mensch sind.«

»Ihr könntet ebensogut sagen, daß die Menschen die

Augen und Ohren sind, womit die Hohen die Welt wahrnehmen!« gab Brunhild zurück. »Ich habe *gesehen* –«

Sie hielt inne. Nicht einmal den anderen Mädchen, die ihr gewiß geglaubt hätten, hatte sie erzählt, wie Wodan ihr den Weg ins Burgundenland gewiesen hatte. Sie durfte diese Erinnerung nicht schmälern, indem sie sie mit diesem gottlosen Mann teilte.

»Die Menschen sehen, was sie brauchen, *domina*«, sagte Aëtius behutsam, wie zu einem Kind. »Erinnert Euch dessen, wenn Euer Gott Euch verläßt, und sucht Eure Stärke in Euch selbst.«

»Die Menschen sind blind für das, was sie fürchten«, gab sie zurück. »Erinnert Euch daran, wenn Eure Philosophie Euch im Stich läßt, und öffnet die Augen für die Welt, die Euch umgibt!«

Sie standen einander gegenüber wie Zweikämpfer; der hochgewachsene Römer war ein dunklerer Schatten gegen den dämmrigen Himmel. Aus der königlichen Jurte kam ein Ausbruch von Gelächter, in der Koppel vor ihnen stampfte ein Pferd, doch das Land ringsum versank immer tiefer in Stille. Was hörte er, dieser junge Krieger eines Volkes, das leichte Beute einer neuen Religion geworden war, weil es seine Götter verloren hatte? Glaubte er, der Wald sei nichts als eine Vielzahl von Bäumen?

Brunhild sandte ihren Geist in die Weite, bis der Druck des Lebens, das in Wald und Flur pulsierte, schier unerträglich wurde. Dies war es, wohin sie gehörte – wo sie das Geheimnis spüren konnte. Mutter Erda war nicht leer. Sie wartete, so wie Brunhild selbst, auf den Nachtwind, daß er mit der Stimme des Gottes zu den Baumwipfeln sprach.

Galemburgis stieß einen Fluch aus, als Brunhilds Hieb ihre Schulter traf. Dies war schon das zweite Mal, daß die Schnelligkeit des Hunnenmädchens ihre Deckung durchbrochen hatte. Sie spürte den Aufprall, als ihr eigener Stock Brunhilds erhobenen Schild traf, nutzte den Schwung aus und lachte, als sie den Schenkel ihrer Gegnerin streifte.

»Ein guter Schlag!« rief Richhild. Keuchend trat Galemburgis zurück, und nach einem Augenblick richtete sich Brunhild aus ihrer Kampfstellung auf, und das Feuer in ihren Augen begann zu schwinden.

»Endlich. Bei den ganzen Gelagen in der letzten Zeit habe ich schon gefürchtet, ich könnte nicht mehr mit einer Waffe umgehen!«

Brunhilds gelbbraunes Gesicht färbte sich dunkler. »Tut mir leid. Ich wäre genauso gern zu Hause wie ihr.«

Galemburgis hob eine Augenbraue. *Sie sieht das hier nicht als ihr Zuhause an, wo jedermann sie wie eine Königin behandelt? Vielleicht gehört sie am Ende doch zu den Walkyriun.*

»Dann sollten wir uns besser aufmachen. Der Weinmond geht schon dem Ende zu, und bald wird es Schnee geben«, bemerkte Liudwif.

»Ich weiß«, flüsterte Brunhild. »Doch mein Onkel gibt mir keine Antwort, wenn ich ihn bitte, mich gehen zu lassen!« Im Kampf war sie wie eine Wilde gewesen. Jetzt wirkte sie kleiner, angespannt und zerbrechlich, und Galemburgis verspürte ein ungewohntes Mitleid. Es würde nie große Liebe zwischen ihr und Brunhild geben, aber in den vergangenen Monden waren sie beinahe Freundinnen geworden.

Plötzlich hob Brunhild den Kopf. Galemburgis hörte den Hufschlag und wandte sich um, als ein schaumbeflecktes Pferd aus dem Wald brach und vor der Jurte des

Khan zum Halten kam. Im nächsten Augenblick war der Hof voller gestikulierender Menschen. Als der Bote seine Stiefel abstreifte und sich bückte, um hineinzugehen, rannte Brunhild auf die Jurte zu, und die anderen Mädchen folgten ihr.

Alsbald begann ein Gewirr von Gerüchten durch die Menge zu summen. Eine Bande von Alanenkriegern, die das Abkommen mit den Hunnen verraten hatten und nicht mit dem Rest ihres Stammes nach Westen gezogen waren, hatte bei einem Überfall auf eine Hofstatt der Gepiden im Norden Vieh und Pferde geraubt. Die meisten der Gepidenkrieger hatten sich bei den römischen Hilfstruppen verdingt, und um die Räuber abzustrafen, hatten die Überfallenen sich an den Khan gewandt.

Die Leibwachen, die Attila stets begleiteten, wappneten sich bereits: untersetzte Hunnen, krummbeinig vom Reiten, hochgewachsene jüngere Söhne aus den Adelsfamilien der Goten und Männer aus einem Gemisch all jener Völker, welche die Hunnen auf ihrem Zug gestreift hatten. Doch sie alle trugen gute Schuppenpanzerung, und alle führten den mächtigen Hunnenbogen, und jeder einzelne von ihnen bewegte sich mit der Selbstsicherheit langer Erfahrung und harter Übung. Die Ähnlichkeit unter ihnen wurde noch deutlicher, als Attila mit dem Boten aus der Jurte kam und sie ihn grüßten.

Der Khan blieb im Eingang stehen, blickte auf die Menge, und alle wurden sofort still.

»Ihr seid weich geworden vom Herumtrödeln im Lager – ist es das? Und ihr wollt etwas zu tun haben?«

Ein Murmeln erhob sich von seinen Kriegern, halb ein Knurren aufgrund der Beleidigung, halb Belustigung, weil er mit ihnen scherzte.

»Wohlan, meine Kinder, in Bälde werden wir reiten«, sagte Attila. »Vorräte für eine Woche, Turgun –« Er winkte einem der Männer. Als der Khan in das Sonnenlicht hinaustrat, kam der Römer, Aëtius, hinter ihm aus der Jurte hervor. »Nun, kleiner Bruder, willst du mit uns auf diese Jagd gehen? Es ist zu lange her, seit wir Seite an Seite in den Kampf ritten!«

Während Aëtius, grinsend wie ein Junge, seine Sachen holte und Sklaven die Packpferde beluden, drängte sich Galemburgis durch den Tumult an Brunhilds Seite.

»Frag ihn, ob wir mitdürfen. Vielleicht läßt er uns ziehen, wenn wir unseren Wert beweisen!«

Brunhild runzelte die Stirn, dann wandte sie sich an ihren Onkel. Galemburgis gab sich Mühe, keine Regung zu zeigen, als der durchdringende Blick des Khans von ihren Gesichtern zu den Haselruten in ihren Händen ging.

»Würdet Ihr ein Schwert in der Scheide rosten lassen?« stammelte Brunhild. »Wir haben Waffen, und wir wissen sie zu gebrauchen, und wir haben den Kampfzauber der Walkyriun gelernt. Wir werden Euch nicht zur Last fallen. Onkel, laßt uns mitkommen!«

Einen Augenblick schien sein Blick nach innen zu gehen, und Galemburgis fragte sich, was sie sonst noch vorbringen könnten, um ihn zu überzeugen. Die Leute sagten, es gäbe immer mehr als einen Grund für Attilas Handlungen.

»Dann kommt«, sagte er schließlich. »Und zeigt mir den Zauber der Walkyriun ...«

Die weißen Pferdeschweife an der Standarte des Khans regten sich, als der Morgenwind die Baumwipfel berührte, doch die Reiter starrten mit demselben unbewegten Blick in das Tal hinab wie die leeren Augen des Hirschschädels auf der Standarte.

Der Hauch des Windes brachte Leben in die graue

Landschaft, weckte Flecken von Kastanienbraun und Bernsteingelb in den Kronen der umliegenden Bäume. Auf dem Hang unterhalb des Waldes grasten die geraubten Tiere auf taudurchtränktem Gras. Das behelfsmäßige Lager dahinter wirkte gleichermaßen friedlich.

Brunhilds Reittier warf den Kopf hoch; sie zog die Zügel an, damit das Gebiß nicht klirrte, und das Tier, ein Hunnenpferd, zum Kampf erzogen, beruhigte sich wieder.

Das Blattwerk der jungen Eichen neben ihnen zitterte, und die beiden Späher, die Attila ausgeschickt hatte, tauchten unter dem bronzefarbenen Geäst auf.

»Keine Wachen. Sie schlafen ihren Rausch aus –«

Attila schnaubte. »Glaubten sie, wir könnten ihnen nicht folgen? Gut, wir greifen jetzt an, wie geplant –«

Die Krieger zu seiner Linken und Rechten rührten sich. Brunhild spürte die Spannung in den Mädchen hinter ihr. Trotz ihrer großen Worte hatten sie nie zuvor an einem echten Kampf teilgenommen. Sie hatte das unbehagliche Gefühl, daß die Weisfrauen dieses Abenteuer untersagt hätten; doch sie alle wußten, daß es jetzt kein Zurück mehr gab.

»Und du« – der Khan wandte sich ihr zu – »bleibst hinter mir! Und keinen Laut, bis wir bei den Zelten sind!«

Brunhild errötete. Glaubte er etwa, daß sie mehr als die anderen einer Ermahnung bedurfte? Sie sah seine Lippen zucken und errötete wieder. Der Kampfschrei der Walkyriun war gedacht, den Feind zu verwirren, nicht die eigenen Leute.

Sie wurden schneller, als sie durch die Bäume brachen. Die Männer auf den Flanken ritten voraus, schwangen in einem Bogen zur Seite. Ragnaris führte einen der Flügel an. Rinder wichen beiseite, Hunde brachen in scharfes Gebell aus. Eine Frau schrie auf, und ein Krieger, geduckt aus dem Zelteingang kommend, begann in der Sprache der Alanen Befehle zu rufen.

Es würde kein einfaches Abschlachten sein, dachte Brunhild und fand in dem Wissen sowohl Erleichterung als auch Schrecken. Sie ließ ihre Zügel fallen, das Pferd mit den Knien lenkend, und packt Lanze und Schild fester.

»*Tiwaz ... Uruz ... Hagalaz ... Thurisaz ...*«, flüsterte sie die Kampfrunen. »*Tiw ... Urs ... Hagal ... Thurs ...*« Die Namen wurden zu einer Folge von reinem Klang. Sie dachte, daß Donner vom Himmel widerhallte, als ob ein großes Pferd vor ihnen einherritte, obgleich der Himmel klar war.

Wodan ... Siegvater ... sei mit mir!

Ihr Geist war frei. Sie war zugleich Angreifer und Feind, die aufgeregten Pferde, die bellenden Hunde und die Menschen. Keuchend kämpfte Brunhild um Beherrschung.

Dann waren sie zwischen den Zelten. Aus den Kehlen der Streiterinnen brach es hervor. Unwillkürlich öffnete sich ihr Mund. Frohlocken und Furcht entluden sich in langgezogenen Lauten. Schatten umschwirrten sie wie ein Rauschen dunkler Schwingen, und Brunhilds Innerstes erschauderte, als sie eine Gegenwart spürte, die vertraut war und fremd zugleich.

Die Gestalt eines Mannes tauchte vor ihr auf; seine nackte Brust war weiß im Dämmerlicht. Instinktiv stieß sie zu und riß ihren Speer zurück – und sah eine rote Blume auf seiner Brust erblühen.

»*Du bist die Erwählerin ...*«, sprach eine lautlose Stimme in ihr. »*Bring mir Helden, Brunhild ...*«

Abrupt klärte sich ihr Blick. Vor ihr hielt ein hochgewachsener Alane einem hunnischen Reiter stand, Lanze gegen Langspeer. Licht schien ihn zu umspielen; Brunhild hielt auf ihn zu, ihre Lanzenspitze berührte seine Schulter; im selben Augenblick öffnete er seine Deckung, und die Lanze des Hunnen durchbohrte ihn.

Galemburgis trieb ihr Pferd heran; sie schrie. Ein Schwert schwang auf sie zu; Brunhild stieß zu, und der Mann fiel. Die andere wollte etwas sagen, aber die Schlacht trieb sie auseinander, bevor sie ein Wort wechseln konnten.

Brunhild ritt weiter, und wo ihr Speer hinwies, da starben Menschen. Nicht alle von ihnen waren Alanen. Brunhild wußte nur, daß die Männer, die sie berührte, leuchteten, bevor sie niedersanken. Einmal sah sie Attila vor sich, doch der Glanz, der von ihm ausging, war nicht das unheimliche Flackern, das ihre Opfer bezeichnete. Eine Frau kam axtschwingend aus einer der Hütten gerannt; der Schaft von Brunhilds Speer traf sie am Kopf, und die Axt wirbelte durch die Luft und grub sich in die Seite eines Alanen.

Ihr Pferd trug sie weiter. Vor ihr hielt sich ein riesiger, schwarzbärtiger Mann mit großen Streichen eines langen, schweren Schwertes die Hunnen vom Leibe. Einer von ihnen, in vorderster Reihe, war Ragnaris; seine hellen Augen blitzten. Als der Alane nach ihm schlug, sprang er zurück, da sah er Brunhild und grinste, warf sich dann mit einem Eifer wieder in den Kampf, wie er ihn vorher nicht gezeigt hatte.

Er versucht mich zu beeindrucken. Brunhild lehnte sich im Sattel zurück, und ihr Pferd wurde langsamer. Die anderen Männer gaben Ragnaris Raum, und es schien weniger Bewegung um sie herum zu geben. Der Rest der Feinde mußte geschlagen sein, und sie konnten es sich leisten, diese letzte Begegnung zu einem Zweikampf zwischen Anführern werden zu lassen.

Die Klinge des Alanen war länger als des Mannes Arm

und leicht gekrümmt. Ragnaris benutzte eine gerade Klinge wie eine römische *spatha*, und er hatte immer noch seinen runden, lederbespannten Schild. Metall klirrte, als der Alane Ragnaris' Schwert beiseite schlug; der Hunnenhauptmann ließ sich vom Schwung herumdrehen und hob den Schild, um den nächsten Schlag abzufangen. Brunhild erstarrte, als das Kampflicht zwischen ihnen zu fließen begann, hin und her, so, wie die beiden Kämpfer zum Angriff vorgingen. Der Alanenkrieger war größer und schwerer, doch sie glaubte zu sehen, daß er müde wurde, während Ragnaris, wenngleich leichter, Rüstung trug und genauso schnell war wie er.

Ragnaris stieß zu, und eine rote Linie öffnete sich quer über den Oberkörper seines Gegners. Brunhild trieb ihr Pferd näher heran. Die anderen hatten einen Ring um sie gebildet, Attila in der Mitte, der mit zusammengekniffenen Augen zusah. Ragnaris wirbelte umher wie ein Blatt im Wind, und Brunhild war plötzlich sicher, daß er nie so gut gekämpft hatte. Doch trotz seiner Wunde fielen die Hiebe des Alanen immer noch schwer. Zerfetztes Weidengeflecht stach wie Knochengerippe durch das Leder von Ragnaris' Schild, und er warf ihn weg, hob seine leichtere Klinge, um die Schläge seines Gegners abzufangen und wankte unter jedem Hieb.

Das Leuchten um die Kämpfer erstrahlte heller. Doch plötzlich merkte Brunhild, daß das Licht des Alanen sich zu einem stumpfen Glühen dämpfte, während das von Ragnaris zu einem silbrigen Glitzern wurde, als sähe sie ihn durch einen Nebel aus Licht.

Nicht er! Nicht Ragnaris! Ich werde ihn dir nicht geben! Brunhild versuchte, ihr Pferd abzuwenden, aber nur ihr Arm wollte sich bewegen und hob den Speer, senkte die Spitze.

Ragnaris öffnete einen weiteren Schnitt in seines Gegners Bauch; der linke Arm des Alanen hing bereits nutzlos herab. Er stand wie ein Bär, der von Hunden bedrängt wird, schwankend, und die Hunnen bejubelten bereits den Sieg ihres Recken. Ragnaris tanzte hinein, grinsend; dann rutschte sein Fuß aus. Während er noch um sein Gleichgewicht kämpfte, fuhr das große Schwert des Alanen herab und traf ihn zwischen Hals und Schulter.

Die Hunnen heulten auf, als Ragnaris zu Boden fiel, und plötzlich wurde die Helle von fliegenden Speeren verdunkelt. Der Bann, der Brunhild festhielt, war gebrochen. Ihre eigene Lanze entglitt ihren kraftlosen Fingern, ihre Fersen gruben sich in die Weichen des Pferdes.

Menschen sprangen zur Seite, Bäume und Pferde schienen vorbeizufliegen. Und dann, unvermittelt, war nichts mehr vor ihr. Ihr Tier kam stolpernd zum Halten. Das Licht erstarb, dann rief sie das Gewicht ihres eigenen Körpers wieder ins Bewußtsein zurück.

»Brunhild? Brunhild! Bist du verletzt?«

Brunhild richtete sich im Sattel auf, und Galemburgis ließ ihren Arm los. Ihr Pferd rupfte unbekümmert im Gras. Sie fühlte sich, als wäre sie mit Stöcken geschlagen worden, und unter der Schwelle des Bewußtseins lag ein dunkler Schatten der Erinnerung. Wie lange hatte sie hier gesessen?

»Müde«, flüsterte sie. »Nur müde. Und du?« Ein großer Blutfleck rötete die Seite ihrer Gefährtin.

»Das ist nicht meins. Wir haben gewonnen –« Sie klang nicht sehr triumphierend, überhaupt nicht so, wie man es sich nach einem gewonnenen Kampf vorgestellt hätte.

Brunhild sah sich um. Die meisten der Lederzelte waren zertrampelt, und die Kochhütte stand in Flammen. Tote lagen, wo sie gefallen waren. Die Aaskrähen sammelten sich bereits. Einige der Männer des Khans waren dabei, die Verwundeten in den Schatten der Bäume zu schaffen, während andere die Trümmer durchsuchten. Rufe sagten ihr, daß irgend jemand damit begonnen hatte, die gestohlenen Tiere zusammenzutreiben.

»Wir sollten helfen«, meinte Galemburgis. »Liudwif und die anderen kümmern sich schon um die Verwundeten.« Brunhild nickte müde, erleichtert darüber, daß keine ihrer Gefährtinnen getötet worden war, und trieb ihr Pferd dorthin, wo die anderen Tiere standen.

Bei ihrer Rückkehr stolperte sie über eine Wurzel und hielt sich am Stamm des Baumes fest, um nicht zu fallen. Sie fragte sich, wieso sie so müde war. Es kam ihr vor, als wäre ein ganzer Tag vergangen, doch die junge Sonne war kaum über die Bäume emporgestiegen. Der Kampf war kürzer gewesen als die meisten Übungsstunden.

Sie lehnte sich einen Augenblick gegen die rauhe Rinde. Die Eiche war fest verwurzelt, doch es schien ihr, als könne sie eine ganz leise Schwingung durch den Stamm spüren. Der Baum war ein Mittler zwischen den Kräften von Erde und Himmel, und während sie ihn umfaßte, floß etwas von dieser Kraft in sie hinein, und die Welt wurde wieder klar.

Jetzt erinnerte sie sich an den Runensang und den Kampf und wie sie Krieger für den Gott erwählt hatte. Sie hatte Ragnaris erwählt... Das war es, was ihr die Kraft genommen hatte. Empörung brandete in ihr auf, als ihr klar wurde, wie der Gott sie benutzt hatte, um einen jungen Mann zu zerstören, den sie hätte lieben können. Dann seufzte sie. Sie hatte Wodan angerufen, als sie in die Schlacht ritt. Welche deutlichere Einladung hätte sie ihm geben können?

Zweifellos hatten die älteren Walkyriun Mittel und Wege, der Erschöpfung vorzubeugen. Und sicher hätten sie etwas über die Gefahr zu sagen gehabt, in die sie die anderen Mädchen geführt hatte. Doch es war der einzige Weg gewesen, den sie sich hatte denken können, um sie alle wieder nach Hause zu bringen. Und jetzt war Ragnaris tot, und sie wußte immer noch nicht, ob Attila sie ziehen lassen würde.

Brunhild nahm ihren Beutel mit Heilmitteln auf, den sie aus der Satteltasche genommen hatte, und ging auf die Stelle zu, wo die Verwundeten unter den Bäumen lagen. Einige hatten nur einen Verband nötig gehabt und waren schon wieder auf den Beinen, mit verkniffenen Gesichtern, wenn eine Bewegung sie schmerzte. Die anderen Mädchen waren alle beschäftigt, doch es warteten noch mehr auf ihre Hilfe. Es war eine blutige Schlacht gewesen, so kurz sie auch gedauert hatte.

Als sie die Bäume erreichte, rief Liudwif ihren Namen.

»Brunhild, komm schnell! Hier liegt einer im Sterben, und er fragt nach dir.«

Einen Augenblick erkannte sie ihn nicht ohne seinen Helm. Er sah so jung aus, wie er da lag. Doch seine Augen hellten sich auf, als er sie wahrnahm, und ihre eigenen füllten sich mit Tränen.

»Ragnaris –« Sie kniete bei ihm nieder.

»*Tänri ... khatun ...*« Er holte vorsichtig Atem und verzerrte das Gesicht, doch als er ausatmete, quoll Blut zwischen seinen Lippen hervor.

Die Hornschuppen seines Harnischs hatten die Schneide der Klinge aufgefangen, doch die Wucht des Schlages hatte Schlüsselbein und Schulter zerschmettert und Bruchstücke in die Lunge und vermutlich ins Herzgewebe getrieben. Zweifellos hatte er auch innere Blutungen. Sie hatte von Heilern gehört, die einen Menschen aufgeschnitten hatten, um einen Pfeil von dort zu entfernen, aber die Verletzungen waren so schwer, daß Ragnaris, selbst wenn er überlebte, nie mehr würde kämpfen können.

»*Su tzur*, ich bin hier.« Sie versuchte zu lächeln.

»Meine Mutter hat mir erzählt ... von den Walkyriun.« Ragnaris sprach das Gotisch, das er als Kind bei ihr gelernt haben mußte. »Hat mich gelehrt, Wodan zu verehren ... erzählte ... von seiner Halle.« Er kämpfte wieder um Atem. »Ich habe dem Khan gedient ... Ich will jetzt Wodan dienen. Walkyrja ... zeig mir, wohin ich gehen muß.«

Ihre Lippen öffneten sich, um Einspruch zu erheben. Sie war noch nicht geweiht; ohne eine der Weisfrauen als Führerin war es ihr verboten, jenen Weg zu gehen. Doch die Hand, die sie hielt, war so kalt, und es lag eine solche Hoffnung in Ragnaris' Augen.

Weiß er, daß er meinetwegen hier liegt? fragte sie sich dann. Selbst wenn es sie das Leben kostete, war gewiß das mindeste, was sie tun konnte, ihm den Weg zu weisen.

»Ich werde mit dir kommen«, sagte sie leise. Sie ließ sich mit gekreuzten Beinen neben ihm nieder. »Der Gott hat dich bereits benannt. Nun besiegele ich dich mit seinem Zeichen.« Sie legte den Finger auf die rote Wunde seiner Schulter und beschrieb den Todesknoten in seinem eigenen Blut auf seine Stirn.

Ein Schauder durchlief ihn bei ihrer Berührung, dann schien die letzte Anspannung aus ihm zu weichen. Unter dem roten Mal auf seiner Stirn war sein Gesicht blutleer. Er versuchte ihr zu antworten, doch es kam nur ein Husten heraus. Brunhild beugte sich zu ihm und küßte ihn auf die Lippen; der eiserne Geschmack des Blutes war auf seinem Mund. Ihr Blick verengte sich, bis sein Gesicht das einzige war, was sie sehen konnte. Die flatternden Augenlider des Kriegers fielen herab, doch sie konnte immer noch das gequälte Pfeifen hören, als er Luft in seine Lungen zwang.

»Hör mir zu, Ragnaris! Sieh, was ich sehe, und zusammen werden wir diesen Weg gehen ...« Es schien ihr, als spüre sie einen antwortenden Druck von seinen Fingern. Sie brachte ihren Atem unter Kontrolle und schloß die Augen.

Sie konnte immer noch die Nähe des Mannes neben ihr spüren; sie ließ ihre eigenen Sinne zu ihm fließen, folgte dem Faden seines Namens. Sie berührte seinen Schmerz und seine Verwirrung und ließ jegliches andere Bewußtsein fahren.

»Ein kühler Nebel umgibt dich, Ragnaris. Laß den Nebel deinen Schmerz hinwegnehmen. Du mußt den Schmerz hinter dir lassen. Stell dir vor, du bist auf einem Pfad, dem Weg durch den Wald, damals, ehe du mich trafst. Du siehst den Pfad vor dir –« Während sie sprach, formte sich das Bild des Pfades hinter Brunhilds geschlossenen Lidern, und da war Ragnaris, doch diesmal waren sie allein.

»Folgen wir nun dem Weg. Bald werden wir an eine Biegung kommen –« Und wie sie das sagte, sah sie die Wegkrümmung, und nun wandelten sie durch Wälder, die immer tiefer wurden, je weiter sie gingen. Dies waren irdische Bäume, doch sie wuchsen in einer anderen Wirklichkeit, in dem wahren Midgard, das in der Welt verborgen lag.

Unter Anleitung war Brunhild diesen Weg zuvor gegangen, doch nie hatten die Bäume einen solchen Tunnel der Dunkelheit gebildet. Er saugte sie ein; undeutlich wurde ihr klar, daß sie in Ragnaris' Sterben hineingezogen wurde. Sie mußte es unter Kontrolle bringen, sonst waren sie beide verloren.

»*Der Weg ist dunkel und gefährlich.*« Sie formte die

Worte, obwohl sie nicht mehr laut sprach. *»Er führt hinab in die Unterwelt. Hier ist der Eisenwald, wo die wilden Wölfe hausen. Hier ist der Fluß der Schwerter ...«*

Worte brachten Bilder, und die Dunkelheit ringsum nahm Gestalt an. Eine nach der anderen benannte sie die Gefahren, die Flüsse, die Brücken, die sie querten. Der Pfad führte immer tiefer, bis ein Hall wie von Donner das Schweigen zerriß und ein Glimmen die Dunkelheit zu vertreiben begann.

Nebel umwallte sie, als ein großer Wasserfall, von Felsen gerahmt, von oben herniederstürzte. Dahinter blinkte dunkles Wasser unter dem Wurzelgewölbe.

»Wo sind wir?« Ragnaris hatte es gesprochen.

»Dies ist die Donnerflut, die an dem Brunnen vorbeifließt, wo die Nornen den Weltenbaum bewachen. Hier sitzen die hohen Götter im Rate, die über eine Regenbogenbrücke vom Himmel herabgeritten kommen. Hier liegt unser Weg.«

»Ich sehe ihn nicht —«

Einen Moment lang erfüllte sie Panik, als sie versuchte, jenem Farbenwirbel im Nebel Gestalt zu verleihen. *Wodan! Hilf uns! Ich kann ihn jetzt nicht verlassen!*

»Sieh das Licht!« sagte sie verzweifelt, auf das Regenbogenflackern starrend. Vielleicht war ihr Auge einfach zu langsam, um den Schimmer von Bifröst zu vernehmen. Sie versuchte sich auf ein einziges zitterndes Tröpfchen zu konzentrieren, fühlte eine seltsame Veränderung in ihrem Geist, als alles andere von ihr wich. Plötzlich war ihr Gefährte von demselben schimmernden Licht umgeben, das ihn auf dem Schlachtfeld gezeichnet hatte.

»Ich sehe die Helle ...«, sagte Ragnaris, und jetzt sah sie es auch: ein Leuchten, gleißend bis zur Schmerzgrenze und darüber hinaus, alle Farben in sich enthaltend, doch keiner angehörend. Der Krieger ließ ihre

Hand los und trat vor, eine scharfe Silhouette gegen das Licht. Ihnen entgegen kam eine andere Gestalt, die noch heller strahlte. Erst langsam, dann immer schneller begann Ragnaris auf sie zuzugehen. Und jetzt konnte Brunhild, wie durch einen Nebel, die Züge des anderen erkennen, und es war das Gesicht, das sie geschaut, als sie sich im Schnee verirrt hatte. Jetzt sah sie, was den Schatten warf, den sie auf dem Schlachtfeld gesehen hatte.

Vater! Brunhild wollte auf ihn zulaufen. Doch bevor sie ihn berühren konnte, versperrte ein Riegel von sengendem Licht ihren Pfad.

»Geh zurück, mein Kind!« Sie kannte die Stimme ebenfalls. *»Es ist noch nicht an der Zeit, daß du zu mir kommst!«*

Brunhild hielt den Atem an. Beide Gestalten entfernten sich nun; der Regenbogen trug sie hinweg. Sie ersehnte nichts mehr, als ihnen zu folgen. Es war so schön, jenseits von Leid und Angst. Hinter ihr lag nur Schatten. Sie wußte nicht einmal, ob sie den Weg zurück finden würde.

Die beiden Raben rauschten aus dem Nebel herbei, von Licht umhüllt, und als die Düsternis sich um sie schloß, wies ihr das Leuchten ihrer Schwingen den Pfad.

Brunhild schlug die Augen auf. Die Welt lag farblos im harschen Licht des Tages. Etwas in ihr trauerte immer noch um den Glanz, den sie geschaut hatte. Warum hatte Wodan sie gezwungen zurückzukehren? Sie seufzte und blickte hinab auf den Krieger; jeder Muskel in ihrem Körper begehrte gegen die lange Starre auf. Doch Ragnaris würde sich nie mehr bewegen. Dann regte sich etwas neben ihr. Attila stand dort. Anscheinend hatte er auf sie gewartet, hatte sie beobachtet, eine lange Zeit. Doch sie konnte den Ausdruck in den Augen des Khans nicht deuten.

Sie versuchte aufzustehen, taumelte, und plötzlich war seine Hand unter ihrem Ellbogen, wie Stahl unter der rauhen Wolle. Er hielt sie fest, bis sie aufrecht stand, und ohne ein Wort ging sie zusammen mit ihm den Hügel hinab, fort von den anderen.

»So«, sagte Attila schließlich. »Das ist es, was die Walkyriun tun.«

Brunhild öffnete den Mund zu einer Antwort und schloß ihn wieder. Meinte er das Wandeln auf dem Geisterpfad oder die Heilkunst, oder hatte er irgendwie verstanden, was geschah, wenn sie mit ihrem Speer auf Männer zeigte?

»Hat dein Gott ihn angenommen?«

Sie nickte stumm.

»Das ist gut. Ragnaris war ein wahrer Krieger. Ich ehre seinen Geist.«

Brunhild leckte sich die Lippen. Sie konnte immer noch nicht feststellen, ob Attila Bewunderung empfand oder Zorn. Sie sah die Schönheit der Welt um sich her. Dies war nicht der Glanz der Anderswelt, doch plötzlich wollte sie leben. Ein feiner Schweißfilm trat auf ihre Stirn, als sie weitergingen.

»Ich werde dich zu den Walkyriun zurückschicken. Ihre Magie ist stark. Es ist gut, daß eine von unserem Volk lernt, was sie wissen.«

Brunhild hielt inne, versuchte in seinem Blick zu lesen. Wenn sie jetzt aufbrachen und schnell vorankamen, konnten sie den Taunus erreichen, bevor der Schnee die Straßen versperrrte. Das war es, was sie angestrebt hatte – warum fühlte sie sich, als habe er sie verurteilt anstatt freigesprochen?

»Dein Wodan ist ein mächtiger Gott«, sagte Attila nachdenklich. »Ich ziehe ihn dem Gott der Römer vor. Der will nur die Schwachen. Dein Gott liebt Krieger, und er ist gierig. Ich glaube, es ist besser, wenn du deinen Speer in den Ländern entlang des Rheins erhebst, Brunhild. Meine Krieger sollen nur mich fürchten.«

Der Griff des Khans verstärkte sich schmerzhaft um Brunhilds Schulter, als sie die Tatsache zu verdauen suchte, daß er besser als sie selbst verstand, was genau sie getan hatte und welche Auswirkungen es haben mochte.

»Es gibt Menschen, die von den Göttern als Werkzeug ausersehen sind, ihren Willen in der Welt zu wirken.« Sehr leise fuhr er fort: »Vom Gott besessen, sind sie ebenso gefährlich für sich selbst wie für ihre Feinde. Ich hoffe, du folgst deinem Gott aus freiem Willen, Brunhild. Du bist meine Blutsverwandte, und ich würde dich gerne beschützen, doch ich bin auch der Khan. Ich schulde meinem Volk mehr.

Geh zurück in den Westen, kleine Kriegerin. Soll Wodan dort sein Werk an dir vollbringen.«

Attila hob seine Hand von ihrer Schulter, und sie schauderte und fühlte sich plötzlich sehr allein.

1

DER RUNENBAUM

Hochtaunus
Wonnemond, A.D. 417

Ich spinne die Fäden mit kundiger Hand;
Ich webe mit Geist und Willen.
Den Weg ich geh', die Not ich seh',
Mein Schicksal will ich erfüllen ...

Brunhilds schlanker Leib bog und wand sich, als sie das Garnknäuel zwischen den vorderen und hinteren Kettfäden hindurchschob und die Litze drehte, um die Fäden umzukehren und einen Raum zu schaffen, das Schußgarn wieder zurückzufädeln. Einen ganzen Monddurchlauf war sie damit beschäftigt gewesen, ein Tuch für ihr rituelles Gewand zu weben. Es war ihre letzte Aufgabe vor den Riten, die ihre Einweihung in die Geheimnisse der Walkyriun darstellen würden.

Stark sind die Enden, vereint im Verband,
Und stark sind die Fäden, die binden:
Kette und Schuß, des Lebens Muß,
Der Nornen Weg zu ergründen ...

Als Brunhild und ihre Gefährtinnen endlich wieder im Taunus angelangt waren, hatte sich das Warten endlos hingezogen. Den ganzen Winter lang hatten sie den

Leinenfaden gesponnen, aus dem sie die Roben weben würden, und während sie an ihren Spinnrocken saßen, wurden sie befragt, Stunde um Stunde, in einem Verhör, das jede Rune und jeden Spruch umfaßte, alle Götternamen und Königslisten und jedes Kraut der Macht. Erst als der Vollmond nach dem Ostarafest gekommen war, hatten sie damit beginnen dürfen, das Tuch zu weben.

Viele Fäden webe ich ein,
Und viele Mächte ich sehe.
Das Schicksal webt ein wohl Groß und Klein
Und Götter, wie ich verstehe ...

Das Lied war zu ihr gekommen, Zeile um Zeile, während der langen Tage der Arbeit in der Hütte, die sie selbst im Wald gebaut hatte. Während jenes Monats hatte niemand zu ihr gesprochen bis auf die Weisfrauen, die ihr zu essen brachten.

Brunhild hielt inne, maß, wie das Tagwerk auf dem Rahmen gewachsen war, und die Melodie des Lieds erstarb auf ihren Lippen. Es war jetzt Zeit für eine andere Magie.

»O ... tha ... la ...«, flüsterte sie, als sie den Faden anzog und ihn mit der Lade festdrückte. Dreiundzwanzig Tage lang waren die Runen in das Gewebe eingesungen worden, eine für jeden Tag, und jetzt war das Werk fast vollendet. Sie versuchte die Bilder heraufzubeschwören, die ihr die Bedeutung der Rune weisen würden. Doch *Othala*, das Zeichen von Heim und Sippe, dem alten heiligen Grund, hatte sie nie recht verstanden.

Wind regte sich in den Kiefern, brachte den Duft von Holzrauch und Kochfeuern, die Gerüche, die Fuchstanz und die Walkyriun kennzeichneten. *Ist dies mein Heim?* Die Frage durchtrennte den Faden ihres Gesangs. Brunhild klammerte sich an den Webrahmen; ihre Hand verharrte in der Bewegung. Heim war bei der Familie, und Wodan war ihr Vater ... oder etwa nicht? Sie waren den Winter über so beschäftigt gewesen, daß sie keine Zeit für Visionen gehabt hatte. Als sie mit Attila geritten war, hatte sie beides gesehen, Wodans Dunkelheit und sein Licht. War es nur ein Mangel an Zeit, die sie davon abgehalten hatte, den Gott zu suchen, oder etwas Bedeutungsvolleres? Attila hatte sie gefragt, ob sie ihrem Gott aus freiem Willen diene. Während dieser letzten Wochen, als sie gezwungen gewesen war, sich ihren eigenen Ängsten zu stellen wie nie zuvor, war ihr klar geworden, daß sie es nicht wußte. Doch wenn sie nicht seine Tochter war, war sie niemandes Kind, und Ragnaris' Tod war dann ohne Bedeutung.

In fünf Tagen, wenn der Mond wieder voll war, würde das Ritual beginnen. In der Prüfung würde sie dem Gott gegenübertreten müssen. Brunhild zwang ihre steifen Finger, das Garnknäuel bis zum Ende zwischen den Kettfäden hindurchzuschieben und es auf der anderen Seite herauszuziehen.

»Allvater«, flüsterte sie, »hilf mir. Ich will mich vor dir nicht fürchten ...«

In der Spanne zwischen Sonnenuntergang und Mondaufgang brachte man die Mädchen von der Quelle, wo sie sich zuvor gereinigt hatten, zu der Kuppe, die den Hügel des Hohen krönte. Huld stand mit Hlutgard und Hrodlind bei dem Heiligtum der Steine und lauschte auf den Wind, der zwischen den Bäumen wisperte, und das Knistern des Feuers. Sie hatte viele Male bei der Weihe einer Weisfrau Hilfe geleistet, doch es war lange her, seit sie so wie jetzt gewartet hatte, gespannt wie ein schußbereiter Bogen.

»Geduld«, sagte Hlutgard. »Sie werden bald hier sein.«

»Ich bin's nicht gewohnt, in dieser ganzen Tracht herumzuzulaufen –« Huld fuhr sich mit dem Finger unter die Bernsteinketten, die sie um den Hals trug. Ihr Kopfputz war aus dem Fell einer Wildkatze genäht, und ihr dunkelblauer Mantel war mit demselben Fell gefüttert und um den Saum mit klingelnden Metallstückchen und bronzenen Glöckchen besetzt. Bei jeder Bewegung blinkten die polierten Steine, die in ihren geschnitzten Stab eingesetzt waren, im Abendrot.

»Ich bin auch froh, wenn wir das hinter uns haben«, sagte Hlutgard. »Es war Zeit, unsere Anzahl zu erhöhen. Ich schätze, unsere neuen Priesterinnen werden bald vonnöten sein.«

»Wegen der Burgunden?« fragte Hrodlind.

»Wenn ihnen gestattet wird, sich auf beiden Seiten des Rheins anzusiedeln, werden die Alemannen fürchten, daß sie zu stark werden könnten.«

»Ein Stamm wird mächtig, und ein anderer schwindet dahin«, sagte Huld scharf. »Was haben wir damit zu schaffen?«

»Die Alemannen haben uns bereits Geschenke geschickt. Ich sagte ihnen, daß die Entscheidung für ein solches Bündnis nur von der Vollversammlung gefällt werden könne.«

Hrodlind knurrte angewidert. »Huld hat recht – wir halten uns besser raus.«

»Dies mag mehr sein als nur ein Konflikt zwischen Stämmen«, entgegnete Hlutgard. »Denkt an die Eide, die wir geleistet haben …«

Die Walkyriun des Taunus hatten geschworen, die alten Götter zu verteidigen und die alten Wege ihres Volkes zu bewahren, und wenn auch die Macht der Legionen Roms schwand, so schien doch der Einfluß seiner Sitten und seiner Religion gewachsen zu sein. Am Ende würde die Magie der Weisfrauen der Seite zu Hilfe kommen, die am ehesten ihrem Eid diente.

Huld hob den Kopf, als der Wind den Pulsschlag der Trommel herbeitrug. Irgend etwas schimmerte in der Dunkelheit der Fichten auf der fernen Seite der Hügelkuppe. Dann tauchten die ersten Priesterinnen auf der Kuppe auf, mit Fackeln in der Hand, deren Flammen gegen die Glut des Himmels blaß wirkten. Die Mädchen folgten ihnen mit verbundenen Augen; ihre Leinenroben zeichneten sich hell gegen die Bäume ab.

Huld spürte ein leichtes Flattern unter ihrem Brustbein, als Golla und Randgrid die Mädchen unmittelbar hinter den beiden Feuern aufreihten. Sie konnte sich noch ganz genau an den Tag vor vierzig Wintern erinnern, als sie eine von ihnen gewesen war. Wenn sie bislang zuversichtlich gewesen waren, würden sie nun anfangen, Angst zu bekommen.

»Töchter der Stämme, warum seid ihr gekommen?« Hlutgards Stimme hallte über die Ebene.

»Ich suche meinem Volk und meinen Göttern zu dienen.« Die erste Antwort kam noch zögerlich.

»Wollt ihr euch an dieses Schicksal binden, im Angesicht unserer Versammlung?«

»Ich will –« Diesmal sprachen sie im Chor. Hlutgard trat einen Schritt vor.

»Seit im Anfang die Kuh das Eis leckte und die Erde bar der Sonne entblößt ward; seit dem Tag, da die hohen Götter der Menschheit Leben einhauchten, ward Frauen das alte Weistum offenbart. Von Wodan dem Runenmeister lernten sie, wie er von ihnen, und von Froja, Herrin der Magie. Nornen und Idisen lehrten sie. Vogel und Tier und Pflanze ließen sie teilhaben an ihrer Weisheit; es lehrte sie Erda selbst, unser aller Mutter.«

Hulds Augen kehrten immer wieder zu Brunhild zurück. Die Haut des Mädchens war fahl von langen Stunden in der Hütte, doch ihr schmales Gesicht war voller Entschlossenheit. *Das ist gut*, dachte Huld. *Du wirst all deine Kraft brauchen.*

»Von Schwester zu Schwester ward dieses Wissen weitergegeben seit uralten Zeiten. Alles, was wir geben können, ist euer. Nun ist es an euch, den Göttern zu dienen.«

Golla trat hinter Liudwif, schlang das lange, helle Haar um den Hals des Mädchens und zog es fest, während Randgrid ihren Speer hob und die Spitze gegen ihre Brust drückte. Liudwif begann sich zu wehren, dann ließ sie langsam ihre Hand herabsinken. Golla grinste und schob sie vor sich her, bis sie zwischen den beiden Feuern stand, entfernte dann die Augenbinde.

»Welchen Eid willst du uns leisten, Liudwif, Tochter Gundfrids, derweil du dein Leben in unsere Hände legst? Schwöre wahrhaftig, denn wenn du den Eid brichst, wird dein Leben dem Seil und dem Stahl und dem Feuer anheimfallen.«

Liudwif, die bereits von der Hitze der Flammen schwitzte, hustete. Dann fand sie ihre Stimme und begann die alten Worte zu wiederholen.

Nach ihr wurden Frojavigis und Richhild und dann Galemburgis eingeschworen und weggeführt. Dann war es Brunhild, deren glänzendes dunkles Haar um ihren Hals gelegt wurde, bevor man sie zwischen die Feuer führte. Ihr Blick war starr, und sie sprach mit der Inbrunst einer, die beschwört; so, als spräche sie nicht von dem, was war, sondern von dem, was sie durch ihren Willen ins Sein rief:

»Ich entsage allen Banden der Sippe und des Blutes und erkläre mich blutsverwandt allen Menschen in diesem Land, sie zu lehren, zu heilen und zu verteidigen. Von dieser Stunde an, wie das Schicksal mich leitet, werde ich nur den Göttern und meiner eigenen unsterblichen Seele gehorchen und dem Willen der Walkyriun.«

Das sollte für Brunhild leichter sein als für die anderen, dachte Huld, *denn ihr eigenes Volk hat sie bereits verstoßen.*

»Ich ehre die Geister des hellen Tages und der dunklen Nacht.« Die Stimme des Mädchens wurde stärker. »Den Landgeistern erweise ich Ehrfurcht, den Mächten von Wind und Wasser, den Elben und Idisen und der Mutter Erda. Ich bringe mein Leben den Göttinnen und den heiligen Göttern zum Opfer. Erhabene, hört mich nun!«

»Dann opfere«, sagte Hlutgard leise. »Das Heiligtum steht vor dir.«

Randgrids Speer schwang hoch und Brunhild packte ihn. Über ihren Häupten schienen am dunkelnden Himmel die ersten Sterne auf; die Bäume waren eine dichte Masse von Finsternis, die den Hügel umgab, doch das Feuerlicht vergoldete die weiße Robe des Mädchens.

Huld schaute sich um, nach einem Omen suchend, doch selbst der Wind war verstummt. Und doch spürte sie einen Druck, als ob in jener Stille etwas lausche.

»Gewährt mir heilende Hände und Worte der Macht«, wisperte Brunhild. »Der, die hier vor euch steht, gebt Sieg.« Sie zog die Speerklinge quer über ihren Unterarm, hielt ihn ausgestreckt, ohne zu zittern, daß das helle Blut auf die Steine tropfte, und ihre Stimme erklang mit derselben plötzlichen Schärfe wie die Klinge. »So bringe ich mein Opfer dar ...«

Der Druck in der Luft wurde zu einem Summen, das die Haare auf Hulds Armen aufrichtete. Wind kam auf; das Feuerlicht flackerte und tanzte, und eine dunkle Schwinge rauschte über sie hinweg. Huld trat an Brunhilds Seite, mit einem Tuchstreifen, um die Wunde zu verbinden. Bei der Berührung zuckte das Mädchen zusammen, und zum erstenmal erwiderte sie Hulds Blick.

»Was war das?« flüsterte sie.

Huld schüttelte lächelnd den Kopf. Sie mußte nun stumm bleiben, doch sie ließ ihre Hand zur Ermutigung einen Augenblick länger auf dem Arm des Mädchens liegen, als nötig gewesen wäre.

»Dein Eid wurde angenommen«, kam deutlich Hlutgards Stimme. »Gehe nun zu deiner Prüfung.«

»Neun Tage und neun Nächte hing Wodan im Weltenbaum.« Hulds Stimme war wie das Wispern des Windes in den Bäumen. »Wir verlangen von dir nur neun Stunden. Bist du immer noch bereit, dieses Opfer zu bringen?«

Sie standen mit Randgrid am Rande des Eibenhains, einem Ort, der selbst bei Tageslicht von Düsternis erfüllt war. Jetzt herrschte fast völlige Dunkelheit unter den Zweigen, wie in einem Wald der Unterwelt. Brunhild zwang ihren Blick zurück von den Schatten jenseits des Fackellichts zu dem Gesicht ihrer Lehrerin, welches, gefurcht und umschattet, fast das Antlitz einer Fremden zu sein schien.

»Ich bin bereit«, antwortete sie fest.

»Weder Fleisch noch Trank ward dem Gott gegeben, noch sollst du sie erhalten. Wie er mit dem Speer verwundet ward, so sollst auch du verwundet sein –«

Brunhild blickte ihre Lehrerin an. »Ich bin schon mit jenem Speer verwundet worden«, sagte sie tonlos.

»Warum sollte ich mich fürchten?« Huld wußte das alles – warum mußten sie jeden Schritt dieses Rituals nachvollziehen?

»Neun Tage hing Wodan am windigen Baum, neun lange Nächte, Runen zu finden und ratbare Stäbe. Du kennst die Runen, glaubst sie zu kennen. Bist du bereit, sie in deine Seele aufzunehmen?«

»Dafür bin ich hergekommen«, sagte Brunhild. Sie wußte, daß die Weisfrauen ihr angst zu machen suchten, so daß die Spannung sie zur Erleuchtung treiben würde. Doch sie hatte zu lange auf diesen Augenblick gewartet. Jetzt wollte sie nur, daß es endlich soweit war.

Huld blickte sie mit einem resignierten Stirnrunzeln an, und Randgrid lachte.

»Dann ist es Zeit, den Baum hinaufzusteigen ...«

Die Dunkelheit schloß sich um sie, als sie den schmalen Pfad zwischen den Bäumen entlangschritten. Die Luft enthielt noch immer etwas von der Wärme des Tages, und Brunhild öffnete ihren Mantel. Der Eibenhain war uralt. Hier standen nur ausgewachsene Bäume; ihr dichtes, dunkelgrünes Astwerk hielt das Licht ab, so daß keine andere Pflanze dort leben konnte. Es war trocken unter dem Baumdach; der Boden war bedeckt mit einer staubigen Schicht von gefallenen Nadeln und trockenen Zweigen, welche die Stürme des letzten Winters abgebrochen hatten. Ohne Unterholz gab es keine Deckung für Getier. Sie waren allein mit den Bäumen.

Bald darauf blieb Huld stehen und hob ihre Fackel, so daß Brunhild die Balkenleiter mit eingehauenen Trittstufen sehen konnte, die gegen den größten der Bäume lehnte. An ihrem oberen Ende spaltete sich der Stamm in drei Teile auf, die sich weiter verzweigten. Wo der Stamm sich gabelte, wirkte die staubige Rinde ungewöhnlich glatt.

»Es ist ein natürlicher Hochsitz«, sagte Huld. »Es ist nicht das erste Mal, daß der Baum uns auf diese Weise dient.« Sie nickte Randgrid zu, die Brunhilds Arm faßte und sie auf die Eibe zuführte.

Als sie sie erreichten, legte Brunhild ihre Arme um den unteren Teil des Stammes, soweit es ging. *Mutter, wirst du mir Weltenbaum sein? Mich für eine Nacht in dir aufnehmen?*

Zuerst spürte sie nichts. Dieser Baum war alt, bereits hochgewachsen, als die Römer erstmals den Rhein erblickten. Sein Leben rann tief unter der Rinde. Doch alsbald erschien es ihr, als ob das Holz sich erwärme, und sie hatte ein Gefühl, daß etwas sehr Altes und sehr Geduldiges seine Aufmerksamkeit in ihre Richtung gewandt hatte.

Brunhild ließ den Baum los und setzte den Fuß auf die erste Kerbe der Leiter. Als sie oben war und sich in der Gabelung niedergelassen hatte, kam Richhild ihr nach. Stricke aus Hanf waren bereits um eine der Gabeln gelegt. Rasch wickelte die Walkyrja den Mantel des Mädchens um ihren Körper und band sie an Hüfte und Brust, daß sie ihre Oberarme nicht mehr bewegen konnte. Ein weiteres Seil hing von oben herab, mit einer Schlinge am Ende. Brunhild hielt den Atem an, als Randgrid es ihr über den Kopf schob. Wenn sie den Kopf nach hinten gegen den Baum legte, spürte sie kaum etwas davon, doch sie wußte, daß die Schlinge sich zuziehen würde, sobald sie versuchte, sich vorzubeugen, um ihre Fesseln zu lösen. Dann schlang die Walkyrja eine letzte Leine um den Baumstamm, um ihre Beine festzubinden, stieg die Leiter hinab und nahm sie fort.

»Dies ist die erste Prüfung: stumm und allein zu harren ...«, sagte Huld. »Denke an das Opfer Wodans und folge ihm nach!«

Sie wandte sich um und führte Randgrid eilends den Weg zurück, den sie gekommen waren. Ihre Schatten wurden länger, verzerrten sich, als das Fackellicht kleiner wurde. Brunhild sah dem flackernden Funken nach, bis er entschwand.

Die Baumgabelung gab Brunhilds Körper nur teilweise Stütze. Ohne die Seile hätte sie ihre Stellung nicht lange halten können. In ihren Mantel eingeschnürt und an den Baumstamm gefesselt, hing sie in der Dunkelheit. Brunhild stieß in einem langen Seufzer ihren Atem aus und lehnte sich gegen den Baum zurück.

Der erste Schritt war, sich zu entspannen, jegliche Verkrampfung ihres Körpers zu lösen, so daß ihr Geist frei treiben konnte. Ein Muskel in ihrem Bein begann zu schmerzen, und sie streckte ihn. Es schien in den Seilen genug Spiel für solche kleinen Bewegungen zu geben. Ihr kam der Gedanke, daß dies Absicht sein mußte, denn sonst würde sie heute nacht nichts anderes lernen, als wie unbequem es war, an einen Baum gebunden zu sein.

Ein Baum ... der Weltenbaum ... Wodan hatte sich zu seiner eigenen Prüfung den größten aller Bäume erwählt. Manche sagten, daß Yggdrasil eine Esche sei, hochgewachsen und gerade. Doch andere glaubten, es sei eine Eibe, manchmal auch Nadelesche genannt, langlebiger und ausdauernder als selbst die Eiche Donars. Gewiß waren ihre breiten Kronen besser geeignet als die einer Esche, um Walkyriun auszubrüten. Die Nadeln der Eibe waren nicht duftend wie die anderer Nadelbäume, aber es war nicht nur der Staub, der sie in der Nase kitzelte. Die Blätter der Eibe konnten Tiere vergiften. Welche Wirkung würde die Luft, die sie umgab, auf sie haben?

Ein Muskel in Brunhilds Rücken begann zu schmerzen, und sie legte ihr Gewicht in die Seile, bis es besser wurde.

Wodan war dann zum Mittelpunkt der Welt gegangen. War es in Skandzia, der Wiege der Stämme? Zu weit im Norden, sagten die Händler; weder Eibe noch Esche wuchsen dort. Es könnte nur eine Birke gewesen sein. Vielleicht lag die Mitte der Welt südöstlich; denn einige sagten, Wodan sei ursprünglich von Mundburg gekommen, der Stadt des Kaisers Constantinus. Doch von den Hunnen wußte sie, daß die Steppen Grasland waren. Der Weltenbaum konnte dort nicht wachsen.

Und doch, wenn sie ihre Augen schloß, konnte sie ihn sehen, wie sie die Höhle zwischen den Felsen gesehen hatte, wo sie dem Gott begegnet war. Lagen die neun Welten in irgendeiner der Richtungen, nach denen sich die Menschen der Mittelerde ihren Weg suchten, oder mußte man zur Reise dorthin den Geist in eine völlig andere Richtung wenden?

Brunhild ließ den Atem entweichen. Ihr Rücken schmerzte immer noch, aber es war nicht mehr so wichtig. Dies war der Weg, den man sie gelehrt hatte. Sie konnte den Weltenbaum sehen, tief im Herzen der wildesten aller Wälder. Um ihn herum war offener Raum. Seine verzweigten Äste verflochten sich mit dem Astwerk des Waldes, doch sein Stamm hob sich darüber hinaus, und von oben drang ein Flimmern blendender Helle durch die Blätter herab.

Als sie nach oben blinzelte, kam ein großes graues Eichhörnchen den Baumstamm herabgehuscht, beäugte sie einen Moment lang mißtrauisch und verschwand dann in einer Öffnung, wo eine der drei großen Wurzeln des Baumes in den Boden drang. Es war mehr als eine Öffnung. Sie war groß genug, daß ein Mensch hindurchschlüpfen konnte, und die Unterseite der Wurzel und das Gestein darunter waren glatt und glänzend, als hätten schon viele diesen Weg genommen.

Mit den Ohren ihres Körpers hörte Brunhild den fernen Ruf einer jagenden Eule. Ihr Knie schmerzte; sie beugte es, und diese Bewegung wurde Teil ihres ersten Schritts in den dunklen Gang.

Die Luft hier war klamm, und es roch nach feuchter Erde. Felsen ragten aus den Wänden des Ganges heraus; sie waren kalt und schlüpfrig, wo Wasser von oben heruntersickerte. Doch irgendwie hatten sich ihre Augen an die Dunkelheit gewöhnt. Vorsichtig setzte sie einen Fuß vor den anderen. Ein kalter Wind strich den Gang hinauf, aus unbekannten Tiefen. In der Welt, die sie verlassen hatte, ließ ein anderer Wind die Wipfel rauschen; die zwei wurden in ihrem Geiste eins, und sie ging weiter.

Jetzt gabelte sich der Gang. Aus einem Abzweig kam ein kalter Nebelhauch und das Rauschen fallenden Wassers. Das war der Weg, den sie Ragnaris geführt hatte; diesen Weg durfte sie nicht nehmen. Aus dem zweiten Stollen kam leise der Klang von Hämmern. Dorthin mußte die Göttin Froja gegangen sein, als sie die Zwerge suchte, die ihr Halsgeschmeide Brisingamen schufen. Doch die Baumwurzel schien sich nach rechts zu wenden. Obwohl der dritte Gang der engste war, folgte Brunhild ihm, wie er in einer Spirale, dem Sonnenlauf folgend, um die Wurzel des Baumes führte.

Bald darauf sah sie ein Leuchten, das nicht von den Steinen kam. Die Luft hier war nebelfeucht, und das Donnern eines Wasserfalls erfüllte den Raum. Tröpfchen glitzerten im Regenbogenlicht – nein, das Licht *war* ein Regenbogen, die Brücke, welche die Helle des Himmels zu den Wurzeln des Baumes trug. Auf einer Bank waren zwölf steinerne Sitze neben einem Brunnen. Brunhilds Nasenlöcher weiteten sich, als der Geruch von Salzlake sie traf, wie bei dem Brunnen, in den sie und Gudrun vor so langer Zeit geblickt hatten. Sie erkannte voll Überraschung, daß sie einen kürzeren Weg zu Bifröst und dem Ratssitz der Götter gefunden hatte.

Einen Augenblick lang starrte sie mit einer Mischung aus Furcht und Sehnen auf den Regenbogenschimmer und dachte daran, wie der Gott die Brücke herabgeschritten war, um Ragnaris mit sich zu nehmen. Doch sie war nicht aufgerufen, ihm zu folgen. Der Pfad vor ihr gabelte sich wieder, und eine Abzweigung senkte sich zum Brunnen hinunter. Die andere folgte ein Stück dem Verlauf der Baumwurzel nach oben, und Brunhild sah, daß Kerben in das Holz gehauen waren, die den Baumstamm hinaufführten.

Doch sie war hinabgestiegen. Wie konnte sie von hier aus den Weltenbaum erklimmen? Und wie überhaupt konnte Bifröst durch die Oberfläche der Mittelerde hindurch Asgard mit dem Brunnen des Schicksals verbinden? Der Widersinn erschütterte sie; sie schloß die Augen und einen Moment lang sah sie die mannigfache Dunkelheit des Eibenwaldes und spürte die harte Oberfläche des Baumes. Dann schien sie Hulds Stimme zu hören.

»Selbst der Weg um den Weltenbaum ist nicht so groß wie sein Inneres.«

Obwohl Brunhild aus dem Land der Hunnen an den Rhein gekommen war, war selbst die Entfernung, die sie zurückgelegt hatte, nicht so lang wie die Meilen, die sie gehen konnte, wenn sie sich in jene andere Richtung wandte, die nach innen führte. Der Weltenbaum war nur ein weiterer Schritt in jener Spirale, und sie sah nun, daß der Raum um so weiter wurde, je näher sie dem Zentrum kam. So wie sie die Kerben der Leiter ins Geäst der Eibe emporgestiegen war, so begann Brunhild nun den Weltenbaum zu ersteigen.

Windböen erfaßten ihr Haar, peitschten es in langen

Strähnen. In dem Eibenhain schwoll der Wind an, raunte in den Bäumen. Brunhild ertastete sich ihren Weg nach oben; ein herabhängendes Seil streifte ihre Hand, und sie zog sich in eine Astgabel hoch. Dort gab es mehr Seile, wie in der Eibe. Eines nach dem anderen legte sie sich um, bis sie sicheren Halt gefunden hatte. Der Baum schwankte, leise seufzend und im Einklang mit der Musik des Windes.

»Ich bin hier«, sagte sie in die Dunkelheit. »Ist es das, was du von mir wolltest?« Sie wartete; dann fragte sie sich, ob sie wirklich eine Antwort erwartet hatte. Vielleicht war es genug, einfach hier zu sein, in der windigen Dunkelheit, gestützt von dem Baum.

Zum erstenmal war sie imstande, die Festigkeit und Stärke des Eibenbaumes zu schätzen, der ihren Körper hielt, und des größeren Baumes, an den ihr Geist gebunden war. Das Holz, das unnachgiebig und kalt erschienen war, hatte sich unmerklich erwärmt, hatte seine harten Konturen den ihren angepaßt, um sie zu halten. Seufzend ließ Brunhild die letzte Spannung aus sich weichen.

Es schien ihr dann, daß sie das Leben in dem großen Baum durch seinen Stamm pulsieren spürte: Kraft, die von dem Licht herabstieg, Feuchtigkeit, die aus den Tiefen hinaufzog. Denn sie war ein Teil davon geworden; die Macht im Baum floß auch durch sie, ihr Rückgrat hinauf und hinab. Ihr kam der Gedanke, daß sie die Frucht sei, die der Baum trug ... und dann plötzlich war es ihre eigene Mutter, die sie hielt, und der Wind, der sich in den Zweigen regte, murmelte ihren Namen.

Der Verstand sagte ihr, daß sie sich unmöglich daran erinnern konnte. Ihre Mutter war gestorben, bevor sie ein Jahr alt gewesen war, Doch dies war nicht Erinnerung. Ein Kummer, den sie verdrängt hatte, bevor sie die Worte besaß, ihn zu benennen, stieg in ihr auf in einem langen Seufzer.

»*Warum hast du mich verlassen? Warum hast du mich allein gelassen?*« rief ihr Geist.

»*Sei still, mein Kind*«, kam die Antwort. »*Ich bin hier. Ich habe auf dich gewartet ...*«

Zeit verging. Als Brunhild sich ihrer selbst wieder bewußt wurde, trocknete ein kalter Wind ihre Tränen. Ihre Kehle schmerzte, und die Äste der Eibe ächzten im Wind, wie ein Echo ihres Stöhnens. Oder vielleicht kam der Laut von dem Weltenbaum. Sie konnte beide nicht mehr unterscheiden, und als ein Lichtschein zwischen den Bäumen vor ihr auftauchte, wußte sie nicht, ob er zur äußeren Welt gehörte oder zur inneren.

Das Licht tanzte zwischen den Baumstämmen. Langsam wuchs es zu einer Fackel, die von einer verhüllten Gestalt getragen wurde. Am Rande der Lichtung blieb sie stehen.

»Runen wirst du finden; wohl wirst du sie lesen«, sprach eine Stimme, die sie kennen sollte. »Von wundersamem Gewicht, von mächtigem Zauber, vom weisesten Gott gegeben. Sieh sie, nimm sie, mach sie dir zu eigen!«

Die Gestalt trat vor und schwang die Fackel hoch und dann wieder nach oben in zwei seitlichen Strichen. »*Feeeee ... uuu ...*« Der Name widerhallte durch alle Welten.

Brunhild kniff die Augen zusammen. Sie sah mit den Augen ihres Körpers, doch die Gestalt schien auf der anderen Seite einer großen Kluft zu stehen. Nur das feurige Bild der Rune existierte in derselben Dimension wie sie, glühend in der Dunkelheit, selbst nachdem die verhüllte Gestalt sich abgewandt hatte.

Fehu ... Die erste der Runen war fast das erste überhaupt gewesen, was man sie gelehrt hatte. In einem Runenwurf konnte sie Reichtum oder Fruchtbarkeit für den

Frager voraussagen. Doch was *bedeutete* sie? Die Frage machte Brunhild schwindeln. Sie hing im Weltenbaum, und die Rune flackerte höhnisch. *Sieh sie ... nimm sie ... mach sie dir zu eigen ...* Sie erinnerte sich an die Worte der Weisfrau. Aber wie?

Sie wußte, was die Rune für andere bezeichnete, aber was bedeutete sie ihr? Nicht Fruchtbarkeit des Körpers. Wenn sie eine Walkyrja wurde, würde sie nie ein Kind gebären. Auch nach Reichtum verlangte es sie nicht; die Stämme würden sie mit dem Nötigen versorgen. Es mußte ein tieferer Sinn darin liegen.

Fehu war die Rune der Wanen, der Götter des Landes. Fro und Froja, Herr und Herrin, waren ihre Meister. Froja war Herrin der ältesten Magie, doch dies war nicht das Gesicht, das sie denen zeigte, die diese Rune ritzten. Brunhild blinzelte, denn die Linien aus Licht verschwammen vor ihren Augen, und an ihrer Stelle erschien das Gesicht einer Frau.

»Wer seid Ihr?«

»Erkennst du mich nicht? Schau dich um, Kind zweier Länder, in keinem verwurzelt, und sieh ...«

Das Bild verschwamm erneut, und Brunhild sah den Eibenhain, doch nun war jeder Zweig von Licht umgeben. Ihr Blickfeld weitete sich, bis zu den Höhen des Taunus, die schlafend unter den Sternen lagen, und weiter und weiter. Nun sah sie die glänzenden Windungen des Rheins, Hügel und Täler, Wald und Flur und die winzigen Lichter, welche die Häuser der Menschen bezeichneten.

»All diesen mußt du dienen, doch keinem dienstbar sein. Du hast dein Leben dem Hohen geweiht, doch um diesen Eid zu erfüllen, mußt du erst mir dienen ...« Das Bild verwandelte sich wieder in das Gesicht einer Frau, doch nun war das Gesicht weit älter, die Augen tief wie Waldseen, die Züge durchfurcht und runzlig wie das Antlitz des Landes.

»*Erda* ...«, rief sie, und alsgleich ward ihr Antwort.

»*Das ist einer meiner Namen.*«

Einen Augenblick lang sah sie die Form der Rune durch das Gesicht der Göttin scheinen, dann stürzte das Leuchten auf sie ein. Brunhild schrie auf, als das Feuer sie traf, dann fiel sie hinab in die Dunkelheit.

Sie wußte nicht, wieviel Zeit vergangen war, als sie wieder zu Bewußtsein kam. Sie hing immer noch im Baum, und in der Ferne sah sie das Flackern einer Fackel näher kommen.

»*Uuur ... uuuz ...*« Die zweite Rune flammte in der Luft, und wieder mühte sich Brunhild zu begreifen.

Thurisaz kam als nächste – die Rune der Urkräfte der Welt und der Macht, die sie beherrscht – und mit ihr die Vision. Brunhild wartete, mit einer Spannung, die an Schmerz grenzte, als die vierte Rune in die Luft geschrieben wurde.

»*Aaan ... suuuz ...*«

Ansuz bezeichnete einen Gott ... *den* Gott ...

Die Rune hing in der Luft. Brunhild stieß in einem langen Seufzer den Atem aus.

»*Allvater, wo bist du?*« Die Wirkung der anderen Runen war überwältigend gewesen. Wo war die eine Macht, die sie bereits kannte? Wo war der Gott, der bereits den Finger auf ihre Seele gelegt hatte?

»*Wo ich immer gewesen bin ...*«

Die Antwort kam von irgendwo tief aus ihrem Innern. Brunhild zitterte, denn plötzlich nahm sie alles mit einer ganz neuen Klarheit wahr – die klamme Nachtluft, ihre Fesseln, die harte Oberfläche des Baumes. Sie ließ ihren Kopf nach vorn sinken, und der Druck der Schlinge um ihren Hals sandte ihren Geist in einer schwindelnden Spirale einwärts in ihr eigenes dunkles Ich.

»*Nein ...*«, kam die Stimme aus dem Innern. »*Nicht auf die Art.*«

Doch als sie ihre Augen wieder öffnete, konnte sie nicht sagen, ob sie durch seine Sinne wahrnahm oder durch ihre eigenen.

»*Was meinst du? Bist du in meinem Kopf?*«

»*Immer*«, kam die Antwort, »*wie ich immer auf dem Baume bin und auf meinem hohen Sitz und wachend am Brunnen. Du wirst die Runen nur einmal empfangen, aber ich nehme sie ständig auf, und fortwährend lasse ich sie los in die Welt.*«

Die Runen, die Brunhild bereits gesehen hatte, flammten vor ihren Augen auf, und mit ihnen andere, die noch kommen sollten. Sie drehten sich in einem endlosen Kreis, der das Kreisen der Sterne am Himmel war oder der Tanz der Hexen zu den Festen der Jahreszeiten. In diesem Rhythmus waren alle Dinge enthalten, wenn nur ihr Geist groß genug gewesen wäre, sie alle zu begreifen, doch sobald sie ein Bild erfaßt hatte, wirbelte es wieder fort.

»*Halt! Ich verstehe nicht!*«

Augenblicklich hörte die Bewegung auf, und es leuchtete nur noch eine Rune, *Ansuz*, in der Dunkelheit.

»*Es macht nichts. Du wirst es verstehen, wenn du es brauchst.*«

Langsam verblaßte das Runenzeichen, und dann sah sie das Fackellicht wiederkehren. Doch sie konnte immer noch jene andere Gegenwart in sich spüren, die geduldig auf die nächste Rune wartete. Ihr wurde klar, daß er von Anfang an bei ihr gewesen war. Nicht nur diese Rune, sondern alle zusammen waren die Worte, in denen er zu ihr und zur Welt sprach.

Raidho ... Kaunaz ... Gebo ... Wunjo ... Wodans Freude floß durch sie, und Brunhild erkannte mit einer vagen

Verwunderung, daß die ersten acht Runen vollendet waren. Sie hatte viele Stunden auf den Geisterpfaden verbracht, doch nie mit dieser doppelten Wahrnehmung von Außen- und Innenwelt, niemals mit solcher Konzentration, niemals so lang.

Hagalaz. Der Hagel peitschte sie, doch sie empfand ihn als Unbill, die hilfreich war. Sie merkte die kleinen Bewegungen nicht einmal mehr, mit denen ihr Körper die Muskelstarre bekämpfte.

Naudhiz ... Die Spindel des Schicksals wirbelte in Brunhilds Sicht. Sie versuchte, sie ruhig zu halten, so daß sie sehen konnte, woher der Faden gekommen war. Bilder huschten vor ihrem Auge vorbei: Hunnenreiter, die über eine staubige Ebene sprengten; Gudrun, über den heiligen Brunnen gebeugt. Sie sah Hulds Gesicht im Feuerschein, das Gesicht von Ragnaris, als er starb. Alles, was sie zu diesem Augenblick hingeführt hatte, wirbelte durch ihren Geist.

»*Das bin ich gewesen ...*«, sprach sie zu der Gegenwart des Gottes in ihr, »*doch was werde ich sein?*«

»*Es ist Frija, die das Schicksal aller kennt. Ich frage* sie *um Rat*«, kam die Antwort mit einem Anflug von Gelächter. »*Ich spinne deinen Schicksalsfaden nicht, mein Kind. Folge dem Faden selbst, und sieh, wohin er dich führt.*«

Einen Augenblick lang bewegte sich nichts. Dann schien sie den Faden zu sehen, wie er sich von dem anderen Ende der Spindel löste, hinausgeschleudert in eine sternenglänzende Dunkelheit, die sich als ein Webstuhl erwies, welcher den ganzen Himmel umspannte und dessen Kettfäden aus Feuer und Eis gesponnen waren. Ihr Lebensfaden wurde mit vielen anderen, deren Ursprung sie nicht sehen konnte, in das Gewebe hineingezogen. Die Fäden schienen sich selbst in das Gewebe einzubringen, doch eine größere Macht bewegte die

Litze hin und her, um sie zu verknüpfen. Ihre Sicht wurde schärfer, und jetzt konnte sie die riesige Gestalt der mächtigen Weberin sehen, die am Webstuhl wirkte.

Die Nornen spinnen unsere Fäden, dachte sie, *doch wir weben uns selbst in das Gewebe, und die Mächte, die vom Anfang der Welt an waren, weben alles in ein einziges Ganzes.*

Und ihr Körper erinnerte sich an die Tage, die sie selbst am Webstuhl verbracht hatte, um ihr Gewand herzustellen, und wiegte sich zur Melodie ihres eigenen Webeliedes. Doch neue Worte widerhallten in ihren Ohren.

Ich webe das Schicksal der Welt –
Zwischen Himmel und Erde gestellt –,
Ich sing den Sang und webe lang
Den Faden, der mich erhält.

Sie folgte dem Glimmen ihres eigenen Fadens durch das Webwerk, fragte sich, was mit den anderen war, mit denen er sich verflocht. Einen Augenblick lang wußte sie, daß es ihre eigene Notwendigkeit war, die sie zwang, und wenn sie diese nur verstehen könnte, dann könnte sie fürwahr ihr eigenes Schicksal nach ihrem Willen weben.

Dann verblaßten Webstuhl, Faden und Lied, und sie bereitete sich vor, die nächste der Runen zu empfangen.

Jera, die Rune des Jahreskreises, der Ernte des Sommers, Belohnung für alle Mühen.

Isa, die Eisrune. Kälte, Stille, Reglosigkeit.

Eihwaz, die Eibe, die dreizehnte Rune ...

Dies war die Zeit der größten Dunkelheit. Sie hatten nun den Mittelpunkt überschritten. Stumm benannte Brunhild die Rune und wurde sich erneut des Eibenbaums bewußt. Seine Stärke war unverändert, doch ihr eigener Körper war nun in die Krümmung seines Stammes geschmiegt, als sei er dort gewachsen. Sie wartete auf Visionen, doch da war nur der Baum – der Eine Baum, der gleichzeitig in allen Welten existierte.

Vielleicht war das die Vision, dachte sie plötzlich. *Eihwaz* war eine Rune der Vermittlung; sie verband die Unterwelt, in die ihre Wurzeln hinabreichten, mit dem Himmel. Sie sandte ihren Geist abwärts und hörte den tiefen, süßen Sang der träumenden Erde. Aufwärts wandte sie sich, und wieder erklang die Stimme Wodans wispernd in den Zweigen.

Der Baum verband sie, und sie war Teil des Baumes.

Einen Augenblick lang verstand Brunhild sich selbst und die Runen und alles, was sie in ihren Gesichten erschaut hatte, als Teil eines fortwährenden Zwiegesprächs zwischen dem Gott droben und der Göttin drunten.

Perthro ... Elhaz ... Sowilo.

Tiwaz ... Berkano ... Eihwaz ... Mannaz ...

Rune um Rune zogen die hellen Bilder durch die Nacht.

... Laguz ... Ingwaz ...

In der stillen Stunde vor der Morgendämmerung kam ein grauer Nebel durch die Bäume gekrochen. Die Fackel der Weisfrau war umgeben von einem Lichthof aus schimmernden Tröpfchen, als sie *Dagaz*, die Tagrune, die Rune des Lichts, des Erwachens, der Erleuchtung, in die klamme Luft schrieb. Brunhild blinzelte, unsicher, ob der Nebel aus der morgenfeuchten Erde oder dem Fall der Donnerflut entstammte, und fragte sich, ob die undeutlichen Formen, die allmählich hervortraten, Wurzeln des Weltenbaums waren. Ein Teil von ihr wußte, daß ihr Körper müde war, aber in ihrem Zustand zwischen Traum und Wachen spürte sie es kaum.

Ein letztes Mal kam die Fackel durch die Dämmerung getanzt. Brunhild erkannte die Bäume des Eibenhains; mit dem Nebel kam auch sie langsam wieder in die Welt des Tages zurück.

»Oo ... dha ... la.« Die gesungenen Silben hingen in der Luft.

Heim, dachte Brunhild und erinnerte sich, wie sie sich Gedanken über die Bedeutung dieses Wortes gemacht hatte, als sie am Webstuhl saß. *Mein Heim ist der Baum.*

Und der Baum war daheim in Mittelerde, und sie und Huld waren ein Teil davon und die Burgunden, die Hunnen und selbst die Römer. Einmal hatte sie eine Halle gesehen, bei der man einen lebenden Baum als Stützpfosten verwendet hatte. Dieser Baum war der Pfeiler der Welt, und alle, die unter seinen Zweigen Schutz fanden, waren eine Familie.

»*Verstehst du nun?*« kam die Stimme von innen, und ein verglimmendes Bild zeigte ihr den Gott auf seinem hohen Sitz, doch die Pfosten seines Sitzes waren die Zweige Yggdrasils, und die Welt war seine Halle. Solang sie sich dessen erinnerte, würde sie niemals vergessen sein von diesem Vater, niemals dieses Heim und diese Familie verlieren.

Mit einem Seufzer ließ sich Brunhild gegen ihre Bande sinken, und die Umrisse der Anderswelt gingen endgültig in die des Waldes über. Sie verspürte kein Bedürfnis, sich zu bewegen, doch zwei Gestalten kamen durch die Nebelschleier herbei, die den Baum umgaben. Das Gefühl der Gegenwart, die sie überschattet hatte, begann zu schwinden.

»*Denke daran*«, sagte die Stimme in ihr, »*und trage diese Weisheit hinaus in die Welt* ...«

Schon begannen die Einzelheiten ihrer Visionen zu verblassen, bis ihr nur noch Bruchstücke verblieben wie die Kohlen des Feuers der letzten Nacht. Plötzlich überwältigte sie die Müdigkeit ihres Körpers. Brunhild blinzelte, als Randgrid die Balkenleiter gegen den Baum lehnte und hinaufgestiegen kam, ein Trinkhorn in der Hand. Dampf stieg davon auf gleich dem Nebel in den Bäumen.

Was war wirklich geschehen? Würde sie sich überhaupt daran erinnern, wenn es not tat? Sie hatte den Verdacht, daß ihr ganzes Leben nicht lang genug sein mochte, all das, was sie gelernt hatte, wieder in ihr Bewußtsein zu rufen. Sie wußte nur, daß sie jetzt sicher war, und alle Dinge waren in ihrer Welt ins Gleichgewicht gekommen.

Dann wurde der bronzegefaßte Rand an ihre Lippen gesetzt. Instinktiv schluckte sie, und als das heiße, gewürzte Äl durch ihre Kehle rann, floß das Bewußtsein zurück in ihren Körper, und die Zeit begann erneut.

Einmal mehr hatte der Sonnenuntergang begonnen den Himmel zu entflammen, und Huld stand bei den anderen Walkyriun, behangen mit Mantel und Kopfputz und Perlen. Doch nun war die offene Weite, die den Hügel des Hohen krönte, von Fackeln umringt, und reiche Düfte von gebratenem Fleisch trieben von den Feuergruben herauf.

Brunhild und die anderen standen vor ihnen, blinzelnd wie junge Eulen, als sie nach dem Tag der Erholung allmählich wieder wach wurden und die guten Gerüche einatmeten, welche die Luft schwängerten. Während sie geschlafen hatten, waren ihre weißen Gewänder gewaschen worden. Im rosigen Licht schienen sie zu glühen.

»Es ist immer eine Erleichterung, wenn alles vorbei ist«, sagte Hrodlind. »Doch jetzt ist unsere Zahl wieder voll.«

Sieben neue Priesterinnen für die Walkyriun, dachte

Huld. Alle hatten ihre Prüfung bestanden. Es war nicht immer so. Es hatte Zeiten gegeben, da Mädchen schreiend darum flehten, vom Baum erlöst zu werden, oder jene lange Nacht der Visionen enthüllte, daß sie ungeachtet der Zustimmung ihrer Vormünder und ihrer eigenen Wünsche für einen anderen Weg bestimmt waren. Doch diese sieben hatten alle bis zum Morgengrauen ausgeharrt, und wenn für einige von ihnen die Nacht auch nicht mehr gewesen war als ein langer Wachtraum, fand sie der neue Tag doch immer noch den Göttern und den Walkyriun verbunden.

Was hatte der Gott Brunhild gezeigt? Sie hatte nicht erwartet, daß der Gott, der Frojas Geliebter war, auch zu ihr kommen und daß sie in seinen Armen Erfüllung finden würde.

Sie hob ihren Blick zu den Fichtenbäumen, deren obere Zweige sich scharf gegen den flammenden Himmel abhoben. Schwarze Vogelgestalten hockten auf jenen Zweigen, warteten auf die Reste vom Festmahl, dessen Duft bereits die Luft erfüllte.

Geliebter, bist du zu Brunhild gekommen? Hast du sie getröstet?

Hrodlind neben ihr knurrte und verzog das Gesicht, als sie sich zu ihr wandte. »Ich werde zu alt für solche Dinge. Sollen doch die Jungen das nächste Mal die Runen weisen!«

Huld nickte. Die Mädchen sahen ausgeruht aus, doch sie konnte die lange Nachtwache in ihren Knochen spüren. *Es war ein langer Weg, mein Herr, und du bist gut zu mir gewesen*, dachte sie, und sie gedachte dessen, wie sie der Herrin und dem Land gedient und Königen beigelegen und sie beraten hatte. *Jetzt bin ich müde. Wird Brunhild die Aufgabe fortführen, die du mir gegeben hast, und wirst du ebenso gut zu ihr sein?*

»Warum fangen sie nicht endlich an?« flüsterte Hrodlind. »Mein alter Magen knurrt nach einem guten Braten!«

Huld lächelte. Früher hatte sie geglaubt, das Alter würde solche Gelüste dämpfen, doch auch sie war hungrig. Ihr Körper wußte, daß sie noch einen Weg oder zwei zurückzulegen hatte, und er verlangte nach Nahrung.

Randgrid trat auf sie zu. Ihr Gesicht war halb verborgen unter dem Wolfsfell, das ihre Kopfbedeckung bildete und ihre Schultern bedeckte. Diejenigen, die die Vorbereitungen beendet hatten, traten zu ihr, so daß ein Halbkreis aus blaugewandeten Gestalten den Mädchen gegenüberstand.

»Höret mich, all ihr heiligen Wesen!« Hlutgard hob die Arme zur Anrufung. »Elben und Asen und Mächte droben und drunten – hier sind Maiden, zu Eurem Dienste geweiht. Sie haben Euer Wissen empfangen; sie haben ihr Schicksal gewoben; sie haben die Prüfung des Baumes bestanden. Steht uns als Zeugen zur Seite, Ihr Mächtigen, wenn wir sie in unsere Gemeinschaft aufnehmen!«

Eines nach dem anderen wurden die Mädchen aufgerufen und benannt und von den Walkyriun umarmt. Sie wurden in neue Mäntel aus dunkelblauer Wolle gehüllt und mit dem Kopfputz ihrer Schutzgeister geschmückt. Brunhild stand hinter den anderen und blickte auf die Raben. Es schien der Weisfrau, daß es ein Zentrum der Stille in ihrem Warten gäbe, das zuvor nie dort gewesen war.

Was denkt sie? fragte sich Huld.

Bald werde ich euch Atzung geben, sagte Brunhild den Raben, oder vielleicht war es der Gott in ihr, der sprach.

Das Netz der Zweige gegen den Himmel war fast schmerzhaft schön. War dies die Weise, wie Wodan die Welt wahrnahm? Seit sie erwacht war, hatte sie einen Widerhall seiner Gegenwart in ihrem Bewußtsein verspürt. Sie fragte sich, ob es so bleiben würde.

Frojavigis empfing nun ihre Kopfbedeckung, genäht aus dem Fell eines Winterhasen. Glück strahlte von ihr aus wie die Hitze eines Herdfeuers.

Und dann war Brunhild an der Reihe. Sie trat vor. Gesichter ringsum. Sie kannte sie alle, doch sie hatte sie nie so klar gesehen. Der blaue Mantel legte sich um ihre Schultern, warm wie eine Umarmung. Huld hob den Kopfputz aus glänzend schwarzen Federn hoch, die in dem rötlichen Licht schimmerten, und als sie ihn auf Brunhilds Haupt setzte, erhoben sich die Vögel in triumphierendem Schwarm von den Bäumen.

»Rabenpriesterin ...« Huld lächelte sie an. »Wenn du unter uns weilst, welchen Namen wirst du dir erwählen?«

»Ich bin Sigdrifa, die Bringerin des Sieges«, antwortete sie ruhig. »Durch mich macht der Gott seinen Willen der Welt offenbar.«

WERGELD

*König Albs Feste
Heumond, A.D. 417*

Ragan und Sigfrid ritten hinab aus den Wäldern in ein Land goldener Herbstsonne. Der vorangegangene Winter war streng gewesen, und die Schneeschmelze im Frühjahr hatte die Aussaat verzögert, doch das Heu war bereits geschnitten, und in den Feldern, wo das Korn gesprossen war, stand der Dinkel steif auf dem Halm. Ein Land des Friedens und der Fülle; doch Ragan runzelte die Stirn, als sie weiterritten, denn er merkte wohl, daß Felder, auf denen in diesem Jahr Heu eingebracht worden war, einst Korn getragen hatten und Ländereien, die jetzt Salzsumpf waren, einst süßes Heu und wo ein Haufen von Balken und faulendem Ried den Ort bezeichnete, an dem einst ein Haus gestanden hatte.

»Haben die Stürme sie weggefegt, oder sind sie mit Hlodomar gen Westen gezogen?« fragte sich der Schmied. Ihm hatte immer mehr an dem Golde gelegen, das in der Erde verborgen lag, als an dem Reichtum, der aus dem Boden sproß, doch diese schleichende Auszehrung menschlicher Gegenwart im Land beunruhigte ihn.

Sigfrid, der zusammengesunken auf seinem Pferd saß, schien ihn nicht gehört zu haben.

»Schläfst wohl«, knurrte Ragan und trieb sein Pferd neben das seine. »Oder bist du blind? Hier waren gute

Felder und fette Kühe, als wir das letzte Mal durchritten.«

»Ich sah, wo ein Seeadler nistet. Ich sah einen Reiher einen fetten Frosch fangen ...«, sagte Sigfrid. »Wenn meine Mutter stirbt, was kümmert mich anderer Leute Schicksal?«

Ragan sah, wie das Gesicht des Jungen sich unter der glatten Haut verhärtete, und schwieg. Vermutlich hatte Sigfrid ein Recht, verbittert zu sein. Sie hätten nicht einmal gewußt, daß Hiordisa eine Fehlgeburt erlitten hatte und noch immer darniederlag, wenn es ein durchreisender Händler nicht erwähnt hätte. Wäre Ragan nicht bereit gewesen, mit ihm zu gehen, wäre Sigfrid allein losgezogen. Seine Mutter war die einzige Verwandtschaft, die der Junge kannte.

Der Schmied betrachtete die harte Linie von Sigfrids Rücken, und ein ungewohnter Stich des Mitleids ließ ihn die Stirn runzeln. Er hatte geglaubt, den Jungen so aufzuziehen, wie er aufgezogen worden war, doch er selbst hatte einen Vater und Brüder gehabt, als er jung gewesen war. Warum sollte es ihn da überraschen, daß, von Hiordisa abgesehen, der Bursche mehr um die wilden Tiere gab als um menschliche Gesellschaft?

»Glaubst du, sie wird froh sein, mich zu sehen?« fragte Sigfrid plötzlich. »Sie hat gesagt, wir sollten öfter kommen; daß fünf Winter ohne einen Besuch zu lange sei.«

»So schnell, wie du wächst, scheinen zwei Winter wie fünf«, antwortete ihm Ragan. »Sie wird sich freuen.«

Mit fünfzehn war der Junge bereits sechs Fuß hoch, und obwohl er noch nicht eines Mannes Gewicht hatte, trugen jene langen Knochen feste Muskeln. Sein Haarschopf war dunkler geworden, und ein brauner Flaum bedeckte seine Wangen. Sigfrid hatte das Alter erreicht, in dem ein Knabe mit den Kriegern reiten konnte, und es war an der Zeit, den Albingern zu zeigen, was Ragan und der Wald aus ihrem Zögling gemacht hatten.

»Du bist fast ein Mann«, fügte er bedächtig hinzu. »Zeit, dein Erbe zu fordern.«

Sigfrid zog die Zügel an, seine geraden Brauen hoben sich fragend.

»Dein Vater war ein *reicher* Held.« Ragan lächelte grimmig. »Hundingssöhne suchten seinen Schatz nach dem Kampf, konnten nur seine Halle verbrennen. Sigmund versteckte Frau und Schätze im Wald, einen Pfeilschuß vom Schlachtfeld entfernt. König Alb nahm auch das Gold, als er deine Mutter nahm.«

Sie überquerten ein Stück Sumpfland, und die Hufe ihrer Pferde klangen hohl auf dem Knüppeldamm.

»Bist du sicher?« fragte der Junge. »Ich habe nie zuvor was von einem Schatz gehört.«

»Hundingssöhne wollen das Gold fast so sehr wie dich.« Ragan stieß ein kurzes Lachen aus. »Doch Gold ist leichter zu verstecken. Ich sah es, als ich kam, dem König zu dienen. Altes Gewerk, einiges davon, und sie wollten, daß ich's schätzte. Half auch, es zu verstecken. Alb nahm einen Teil als deiner Mutter Mitgift. Der Rest wartet auf dich.«

»Ich will es nicht!« sagte Sigfrid, dessen Stimmung plötzlich umkippte. Purpurnes Heidekraut zitterte zu beiden Seiden, als der Weg sich auf einen höher gelegenen, von Kiefern gekrönten Buckel zuwand.

»Ein Mann der Stämme braucht Rüstung, Kleider, Armringe, um seinen Stand zu bezeugen. Gold für Geschenke, um Gefolgsleute zu belohnen, Verbündete zu gewinnen.«

»Die Wölfe brauchen das nicht«, antwortete der Junge mürrisch. »Was will ich mit Gefolgsleuten und Verbündeten?«

»Deinen Vater rächen ...« Ragan verzog das Gesicht. Er erinnerte sich daran, wie das Blut seines eigenen Vaters weißes Haar gerötet hatte.

Sigfrid blickte ihn neugierig an. »Aber warum? Mein Bruder hat König Lyngwis Vater getötet und Lyngwi und seine Brüder den meinen. Wir sind jetzt quitt. Warum nicht die alte Fehde beenden?«

»Schmerzt dein Arm nicht mehr, wo Heming ihn brach?« fragte Ragan. »Der Schmerz ist die Antwort. Die Sippe zahlt für eines Mannes Tat. Der Tod fordert Wergeld, in Blut oder Gold. Blut ist besser«, fügte er hinzu. »Gold gebiert nur weiteres Töten, meist.«

Zu ihren Häupten erhob sich ein harsches, wahnwitziges Gelächter. Ragan blickte auf, mit entblößten Zähnen – Fafnar hatte so gelacht, als ihr Vater gestorben war. Doch es war nur ein schwarzer Storch, der von seinem Nest im Baumwipfel aufgeschreckt worden war.

»Ich brauche keins von beidem –«, begann Sigfrid, doch Ragan schüttelte den Kopf.

»Keine Wahl. Hemings Blut brannte, als er sah, daß du lebst.«

»Ich glaube dir nicht«, sagte der Junge störrisch. »Niemand hat mich belästigt, als wir das letzte Mal heimkehrten –«

»Die ganze Albingersippe war versammelt, als Hilperich starb«, knurrte Ragan. »Selbst Hundingssöhne sind nicht so stark! Doch eines Tages finden sie dich. Du mußt gewinnen. Du hast mir was versprochen!«

Des Knaben Blick ruhte auf Ragans Gesicht. »Brauchst du immer noch einen Helden? Ich dachte, du zögst mich auf um meines Goldes willen!«

»Gold? Denk an die Adler von Rom. Wenn ich gierig wär', glaubst, ich ließe sie liegen?« Er hielt inne, als ihm klar wurde, daß Sigfrid sich über ihn lustig machte. »Einziges Gold, das ich will, ist mein Anteil am Wergeld für Ottar.«

»Und ich soll's für dich gewinnen?« Des Jungen Belustigung schwand. »Warum?«

Ragan warf ihm von der Seite einen Blick aus zusammengekniffenen Augen zu, dann seufzte er. Es gab keine Frau seines eigenen Blutes mehr, ihm ein Kind zu gebären. Als er jünger gewesen war, hatte er Frauen der neuen Rassen beigelegen, aber keine hatte seinen Samen angenommen. Wenn seine Geschichte in Erinnerung bleiben sollte, wem könnte er sie erzählen. Diesem Knaben, dem verborgenen Erben von Hreidmars?

Die Sonne stand nun hoch, und sie waren seit Morgengrauen unterwegs gewesen. Vor ihnen sah er das Blinken offenen Wassers und eine Reihe von Weiden, die Schutz versprachen. »Wir essen jetzt, und ich erzähle dir von Ottar«, sagte Ragan und lenkte sein Pferd auf die Bäume zu.

»Mein Bruder hatte ein Haus am Fluß«, begann der Schmied, als sie die Pferde getränkt und an einer Stelle angepflockt hatten, wo sie grasen konnten. Die Weiden wuchsen am Rand eines der Bäche, der sich durch die Sümpfe schlängelte und sich zu einem braunen Tümpel verbreiterte. Eine Libelle ließ sich darauf nieder, und die Oberfläche zersprang zu sich weitenden Ringen, als etwas emporschoß und sie von unten schnappte; dann glättete sich das Wasser, und alles war wieder still.

»Er fing Fische«, sagte Ragan und blickte zurück zu dem Jungen. »Wir verkauften einige, doch er aß viele; wie Otter, weil sie immer Nahrung brauchen; wie das Schmiedefeuer. Eines Tages ißt er einen Salm, ist so hungrig, daß er nichts hört. Wanderer kommen vorbei, ein Weiskundiger der Hohen und seine Leute. Sie sehen nur den großen Otter, und einer der Männer tötet ihn.«

263

Er bemühte sich, seine Stimme ruhig zu halten. Die Zeit für Zorn würde kommen, wenn die Geschichte zu Ende war.

»Im Tod verließ ihn der Zauber«, fuhr er fort. »Sie sahen, daß er ein Mensch war. Doch das Fell war gut; so werfen sie den Leichnam in den Fluß. Und sie gehen weiter, kommen am Abend an das nächste Haus, bitten um ein Nachtlager. Doch es war Hreidmars Haus, und als sie mit ihrem Jagdglück prahlen, riecht er das Blut seines Sohnes auf dem Fell.«

Sigfrid hielt inne, mit dem halb gegessenen Brot in der Hand, und wartete, bis Ragan fortfahren konnte.

»Wir hätten sie töten sollen. Fafnar wollte es. Doch sie waren gerissen, diese Diebe, die Ottars Leben stahlen; wie Wodan, ihr Diebesgott. Sie führen meinen Vater in Versuchung mit Gerede vom Schatz, und die Erdmagie in ihm wollte das Gold. Ihr Gott zeigt ihnen den heiligen Teich unter dem Wasserfall, wo der Geist Andwari die Opfergaben bewacht. Er sah aus wie ein großer Hecht, doch sie waren Zauberkundige. Sie woben ein magisches Netz, ihn zu fangen; dann raubten sie den Schatz.«

Ein Windstoß verstreute Funken von Sonnenlicht über den Teich, doch Ragans Blick war auf eine andere Art von Gold gerichtet.

»Die Diener Wodans bedecken das Otterfell mit Gold, bis zur letzten Bartspitze. Sie legen den Runenstab, der dabei war, mit auf den Haufen und den Halsreif, obwohl sie diese für ihre Magie haben wollten. Mein Vater nahm das Wergeld. Dann überkam die Goldgier meinen Bruder Fafnar. Er tötete Hreidmar und stahl den Schatz. Jetzt bewacht er ihn in Gestalt eines großen Wurms.«

Ragan zog den Stöpsel aus der Bronzeflasche, die an seiner Seite hing. Sie enthielt starken Met, und den brauchte er nun.

»Fafnar hat deinen Vater getötet, doch er ist dein Bruder ...«, sagte Sigfrid langsam. Die Bewegung der Blätter überzog sein Gesicht mit Lichtern und Schatten. »Wem gebührt das Wergeld, wenn die Blutrache der eigenen Sippe gilt?«

Ragan schüttelte den Kopf, als könnte dies den Schmerz lindern. »Sippenstreit ist unheilig, aber Fafnar muß zahlen! Du tötest ihn für mich!«

»Ein Berserker, der Gestaltwandler ist und dein Bruder?« Sigfrid zog die Augenbrauen hoch. »Ich bin groß für mein Alter, doch einem solchen Feind bin ich nicht gewachsen! Du mußt mir noch ein bißchen Zeit geben, Ziehvater.«

»Zeit?« Ragan lachte hart. »Mehr als zwanzig Winter sind bereits vergangen. Kann noch ein wenig länger warten.«

Sigfrid glitt wie ein Schatten durch das Schilf, setzte einen Fuß, wo der andere geruht hatte, und bewegte sich so, daß das Rascheln, das er verursachte, nicht mehr Rhythmus besaß als der Wind in den Halmen. So wie die Menschen weniger wurden, kam das Wild tiefer in die Niederungen hinab, um von dem satten Gras am Uferrand und auf den Werdern zu äsen. Die Albinger hatten Milch und Käse in Fülle, doch bis zur Winterschlachtung würde Fleisch rar sein, und seine Mutter brauchte rotes Fleisch, um wieder zu Kräften zu kommen.

Die Neigung der Halme sagte ihm, daß der Wind immer noch günstig stand. Ein Schilfreiher ruckte hoch, und Sigfrid erstarrte, bis der Vogel überzeugt war, daß er nur eine seltsame Art von Baum vor sich hatte.

Gute Jagd, Bruder, dachte Sigfrid, *für dich und für mich ...*

Die keilförmigen Spuren des Rotwilds führten auf einen Uferstreifen zu, wo das Gras bis zum Rand des Wassers reichte. Sigfrid erspähte Bewegung zwischen den Weiden und erstarrte wieder, wagte kaum zu atmen. Unendliche Vorsicht und unendliche Geduld waren der Weg des Jägers. Er wartete, wurde Teil des Musters von Erde und Wind und Wasser, von Leben und Tod und dem langsamen Kreislauf der Sonne.

Und sie kamen, ein junger Vierender und eine Hindin mit zwei halbwüchsigen Kitzen und dann eine weitere Hirschkuh, in diesem Jahr ohne Nachwuchs, doch fett und gesund.

Sigfrid legte einen Pfeil auf die Sehne, und dann, mit einer langsamen, kraftvollen Bewegung wie das Beugen der Weiden in der Brise, spannte er den Bogen.

Der Bogen war aus festem Eibenholz und fast so groß wie er selbst, doch Sigfrids Arme blieben reglos wie Stein, als er dem zögerlichen Gang der Hirschkuh durch das Gras folgte. Er hatte kein Geräusch gemacht, doch ihr Kopf hob sich, und die Welt hielt inne, als sie ihm in die Augen sah.

Wir sind eins, sagte jener klare Blick. *Im Tod wie im Leben sind wir Kinder der Erde. Ich gebe mich dir hin.*

Dann begann die Zeit wieder zu fließen; und in dem Augenblick ließ Sigfrid den Pfeil fliegen.

Er war so nahe, daß der Schaft den Raum zwischen ihnen durcheilt hatte, bevor die Hirschkuh den Huf zu Boden setzte. Der Pfeil traf, drang durch bis ins Herz. Rotwild sprang in anmutigen Sätzen in alle Richtungen, nur ein Tier nicht, das aufstieg und dann zusammenbrach und still lag. Die Augen des Tieres wurden bereits glasig, als der Jäger zu ihm trat.

Sigfrid kam heim mit dem erlegten Wild über den Schultern, der Spur der Arbeiter folgend. Dunkle Gestalten hoben sich gegen den Sonnenuntergang ab, schnitten das Korn und banden es zu Garben. Alb arbeitete mit seinen Leuten; die schweren Muskeln seines Rückens spannten sich unter der sonnengebräunten Haut, als er das Korn büschelweise für die Binder beiseite warf, einen weiteren Schritt tat und wieder die Sichel sausen ließ. Sigfrid hielt am Rande des Feldes inne.

Wie er dort stand, hob der König den Kopf und warf einen Blick auf die Wolken, die sich im Norden sammelten. Dann sah er Sigfrid und winkte.

»Du hattest eine gute Jagd!«

»Ja, aber meine Beute wird nicht so viele ernähren wie die Eure«, sagte der Junge.

Albs Lächeln wurde breiter, und er wandte sich wieder seinem Feld zu. Die Schnitter waren fast fertig; nur ein einziges Büschel stand noch auf dem Halm, doch statt es zu schneiden, banden die Erntearbeiter die Stengel mit einer Kette aus Kornblumen zusammen. Eines von den Mädchen lächelte Sigfrid an, dann flüsterte es ihrer Gefährtin etwas zu. Er hatte den Eindruck, daß es dasselbe Mädchen war, das ihn am Abend zuvor gestreift hatte, als er in der Halle an ihm vorbeiging. In der Nacht hatte er geträumt, er sei von Helligkeit verzehrt worden, und beim Erwachen einen feuchten Fleck in seinen Schlaffellen gefunden.

»Es sieht so aus, als hätten wir's noch vor dem Regen geschafft, und auch Mutter Erda hat ihren Anteil erhalten!« Alb reichte seine Sichel einem der Knechte und schlang seinen Kittel über die Schulter. »Die Göttin hat uns endlich Gunst erwiesen, und wir werden ein weiteres Mal durch den Winter kommen. Doch mich dünkt, daß deine Mutter glücklicher über die Hirschkuh sein wird ...«

Einen Moment lang konnte Sigfrid ihm nicht antworten. Singend begannen die Schnitter den Karrenweg hinabzugehen, der Abendmahlzeit entgegen, die sie in der Feste erwartete. Die beiden Mägde waren die letzten. Es schien Sigfrid, daß der Schwung ihrer Hüften ausgeprägter geworden war. Sie blickten oft zu ihm zurück und lachten.

Sigfrid versuchte das seltsam angenehme Ziehen in seinen Lenden zu verdrängen und wandte sich wieder dem König zu. »Vielleicht wird das Wildbret sie stärken ...«

»In den Gefilden Galliens soll es fette Tiere geben«, sagte Alb, »dort, wo so viele unseres Volkes hingezogen sind. Hlodomar hat keinen Erben und will, daß ich den Rest unseres Stammes hinüberführe, um ihm zu helfen, sein neues Land zu schützen, doch deine Mutter kann – und will – von hier nicht fort.«

»Sie wird schon wieder gesund. Wir werden sie gesund machen!« rief Sigfrid aus.

»Du bist ein guter Junge«, sagte der König und seufzte, als ob das eine Antwort wäre.

Sigfrid warf ihm einen Blick zu. Er war soeben zu der Überzeugung gekommen, daß die zweite Wahl seiner Mutter der ersten würdig gewesen war, selbst wenn Alb kein Krieger vom Range eines Sigmund sein mochte.

»Ich hätte mich«, fügte der König hinzu, »nicht von meinem Bruder überreden lassen sollen, dich fortzuschicken. Wenn ich dich an Sohnes Statt angenommen hätte, hätte deine Mutter vielleicht nicht ihr Leben aufs Spiel gesetzt, um mir einen Erben zu schenken.«

Sigfrids Schritt stockte. Er hatte das plötzliche Verlangen, den Mann niederzuschlagen, weil dieser aussprach, was er selbst zu verdrängen versucht hatte, seit seine Mutter ihm vor einer Woche das erste Mal wieder unter die Augen getreten war. Hiordisa hatte an Gewicht und Farbe verloren, und die kleinste Anstrengung machte sie müde. *Wenn sie stirbt*, schrie sein Herz, *dann hat Albs Stolz sie getötet!* Doch selbst in seinem Schmerz konnte er das Leid des Mannes spüren. Der König liebte Hiordisa, und in einem gewissen Sinne hatte Sigfrid sie bereits vor sieben Wintern verloren.

Die Tore der Feste schwangen auf. Irgend jemand sah das Tier auf Sigfrids Schultern, und plötzlich waren Alb und er von jubelnden Kriegern umgeben, und der Augenblick für Anklage oder Schuldzuweisung war vorbei.

»Es sind noch zwei Felder abzuernten, doch das Wetter scheint sich zu halten«, sagte Alb. Er lehnte sich zurück in seinen hohen Sitz und hielt sein Horn hoch, damit Arnegundis es ihm füllte. »Ich glaube, wir werden das ganze Korn einfahren können.«

Hiordisa lächelte angesichts der ungelenken Würde, mit der ihre Tochter den Älkrug neigte. Alb dankte ihr, und sie ging die Herdgrube entlang zu Sigfrid, der ungeduldig die Stirn runzelte, als sie darauf wartete, daß er den Knochen, an dem er nagte, beiseite legte und sein Horn aufnahm. Seine Lippen zuckten ein wenig, als er es ihr hinhielt, als ob er nicht ganz glauben könne, daß dieses langbeinige Geschöpf mit dem blonden Zopf die kleine Schwester war, mit der er vor zwei Wintern Wolf gespielt hatte.

Seine Mutter jedoch hatte die Entwicklung der Mädchen von Tag zu Tag verfolgt. Für Hiordisa war es Sigfrid, der einem Wunder glich. Er war groß geworden, und sie hatte ihn noch keine ungeschickte Bewegung machen sehen. Sie hatte nur einen Mann gekannt, der sich mit dieser Art von Anmut bewegte. In dem flackernden Licht der Fackeln war es leicht für das innere Auge, die Muskeln hinzuzufügen, die das Mannesalter bringen würde, und nicht Sigfrid zu sehen, sondern Sigmund, wie er ausgesehen haben mochte, ehe sie ihn kennengelernt hatte. Hiordisa seufzte und und rührte mit ihrem Hornlöffel in dem Gericht aus Wildbret und Kräutern, das Perchta für sie gekocht hatte, und fragte sich, wie sie den Eindruck erwecken konnte, daß sie mehr als einen oder zwei Bissen gegessen hätte. Sie hatte letzte Nacht von Sigmund geträumt; er hatte vor ihr gestanden mit warnend erhobener Hand, und seine Todeswunden waren blutigrot gewesen, doch das Traumgesicht war verblaßt, bevor sie ihn etwas hatte fragen können.

»Ist das Fleisch nicht gut?« Sigfrids Stimme riß sie aus ihren Gedanken. »Vielleicht kann ich dir morgen eine zarte Ente bringen oder einen jungen Schwan …«

Hiordisa blickte auf, und der Ausdruck in seinem Gesicht sagte ihr, wie sehr sie sich in seinen Augen verändert hatte. *Ist es mein eigener Tod, wovor Sigmund mich warnt*, fragte sie sich unwillkürlich. Manchmal hatte sie Angst, doch sie sagte sich, daß es keinen Grund dafür gab; denn sie verspürte keine Schmerzen, nur diese Schwäche und ein Gefühl, als ob sie selbst stillstünde, während der Rest der Welt sich weiterbewegte.

»Es ist sehr lieb von dir, aber Perchta hatte mir schon eine Schüssel mit Sauermilch und Honig gebracht, bevor du kamst«, log sie, »und ich hatte nicht viel Platz für mehr.«

Sein Blick wandte sich ab, und sie konnte sehen, wie sehr er ihr glauben wollte. *Mein armes Kind*, dachte sie, *ich habe so wenig für dich tun können.*

»Die Männer sind guter Dinge«, meinte Sigfrid munter.
Der Geräuschpegel in der Festhalle stieg, als das Äl die Runde machte. Man konnte die Befürchtungen der Männer über die Aussaat daran messen, wie erleichtert sie waren, die Ernte eingebracht zu haben. Die zusätzlichen Helfer, die Alb eingestellt hatte, tranken tüchtig am anderen Ende der Halle. Es waren Männer ohne Stamm, Überlebende zerstreuter Sippen, die beim Vordringen der Flut nach Westen hier in den Marschlanden angespült worden waren. Und sie waren eine rauhe Schar; Hiordisa war froh, daß sie in der Halle schliefen und nicht in dem kleineren Gebäude bei der Familie.

»Eberwalt hat mich immer seinen Helm polieren lassen, als ich ein kleiner Junge war.« Sigfrid deutete auf den ergrauten Krieger, der sein Horn zum Trunk den Schnittern hob. »Doch einige von den anderen sind mir fremd.«

Viele der anderen waren Hiordisa auch fremd, doch sie kannte die Männer von Albs Gefolge besser, als sie diesen hochgewachsenen Burschen mit den gelben Augen kannte, der ihr Sohn war.

»Erinnerst du dich nicht an Ruodpercht? Er hat der Sippe gedient, seit Alb in deinem Alter war. Er war bei ihm, als sie mich retteten.«

»Der Mann mit dem weißen Haar?« Sigfrid spähte durch den Feuerschein. »Ich habe ihn nicht wiedererkannt.«

»Wenn er kein schlauer Krieger wäre, hätte er nicht lange genug überlebt, um diese silbernen Haare zu bekommen!« Hiordisa unterdrückte ein Lächeln. »Herimod, der mit den Narben, leistete den Eid vor sechs Wintern. Er war hier, als man Alb zum König ausrief; aber du hast ihn unter den vielen Leuten wahrscheinlich gar nicht bemerkt.«

»Und der junge Rotschopf neben ihm?«

»Das ist Werinhar; er kam letztes Jahr aus Jütland zu uns. Er ist unbedacht, aber er kämpft gut.« Sie fuhr fort, die Krieger zu beschreiben, froh, etwas gefunden zu haben, das ihn ablenkte. Als die Männer mit dem Essen fertig waren und die Knochen den Hunden zuwarfen, hatte sich das Gespräch einer anderen Art von Ernte zugewandt.

»Erinnerst du dich an unseren Kampf gegen die Männer von Gotland?« rief Ruodpercht. »Wir haben sie vom Meer aus überfallen und sie im Schlaf überrascht. Bei der Heerfahrt haben wir eine Schiffsladung Gold mit nach Hause gebracht.«

»Drüben in den römischen Landen ist die Beute besser«, sagte Werinhar. »Gewirkte Wandbehänge und juwelenbesetztes Geschirr und Goldmünzen, die sich zu Armringen einschmelzen lassen!« Hiordisa schloß die Augen und fragte sich, wie bald sie ihr Bett aufsuchen könne, ohne ihre Familie zu beunruhigen.

»Und was ist mit Sigmunds Schatz?« grollte eine tiefe Stimme ganz in der Nähe. Hiordisa schreckte auf, blinzelte, und sah, daß Ragan sich zu ihnen gesellt hatte. Doch der Schmied hatte so leise gesprochen, daß nur sie und Alb ihn hören konnten – und Sigfrid, der dunkelrot geworden war.

»Ragan, ich habe dir gesagt –«, murmelte der Knabe, doch Alb runzelte die Stirn.

»Zweifelst du an meiner Ehre, Schmied? Ich kann sehen, daß der Junge nun bald ins waffenfähige Alter kommt. Er wird alles kriegen, worauf er ein Recht hat, keine Angst!«

Hiordisa sah, wie die Muskeln an Sigfrids langen Armen sich spannten, als sein Griff sich um das Trinkhorn krampfte. Sigmund hatte Wetten gewonnen, indem er Schwerter zerschmetterte. Welche Waffen würden stark genug sein, seinem Sohn zu dienen? Sie fröstelte, als sie vor ihrem inneren Auge der Schimmer des Mondlichts auf der letzten Klinge erglänzen sah, die in Sigmunds Hand brechen sollte.

Es ist Zeit, dachte sie dann. *Es ist das Schicksal, das Sigfrid hierhergebracht hat. Morgen werde ich ihm das geborstene Schwert seines Vaters geben.*

Sigfrid brachte Holz zur Schmiedeesse. Die Flammen loderten auf, als er die Scheite darauflegte, doch Ragan schrie ihn an, er brauche mehr. Noch ein Scheit und noch eines nährten den Brand. Schweiß rann dem Knaben über den Rücken, und die Haut seines Gesichts spannte sich unter dem Gluthauch des Feuers. Er warf einen weiteren Kloben in den feurigen Schlund. Flammenzungen zuckten hoch, doch Ragan schrie immer noch nach Brennholz. Sigfrid wich zurück, als Funken herabzuregnen begannen. Dann umwirbelte ihn ein Hauch kühler Dunkelheit; er sah schwarze Schwingen, die zwischen ihm und dem Feuer aufflatterten, und hörte des Raben Schrei ...

»Sigfrid, Sigfrid! Gefahr – wach auf!«

Sigfrid erwachte, hustend, den Hall der Worte noch in den Ohren. Doch der Rauchgeruch war echt. Er befreite sich von den Decken, rollte auf den Boden und kam in derselben fließenden Bewegung auf die Füße. Er hörte andere ringsum husten, hörte verschlafene Laute des Unwillens und des aufdämmernden Bewußtseins, daß etwas nicht in Ordnung war, als die Männer sich aus den Fesseln des Schlafes befreiten. Das Herdfeuer war kalt, doch der Rauchgeruch wurde stärker, und durch eine Spalte in der Wand drang roter Schein.

»Feuer! Es brennt ...« Seine Stimme versagte, und

andere nahmen den Ruf auf. Irgend jemand taumelte zur Tür und riß sie auf, dann ein Schrei, als der Feuerschein sich auf Stahl brach.

»Albinger, Feuer und die Hundingssöhne umzingeln euch!« erscholl ein Ruf von draußen. »Doch mit euch suchen wir keinen Streit. Schickt eure Frauen und Kinder raus, und dann die Männer, einen nach dem anderen, unbewaffnet. Wir suchen das Walsungenbalg – laßt es drin zum Braten oder übergebt es unseren Speeren!«

Sigfrid konnte Arnegundis schluchzen hören und Albtruds wütendes Heulen, als Perchta sie fortzerrte. Das helle Rechteck der Tür flackerte, als die Frauen hindurchtraten. Stimmen erhoben sich in einem Gewirr von Rede und Gegenrede, als Alb seinen Männern befahl, sich in Sicherheit zu bringen.

»Herr, es kommt mich hart an, eine gute Klinge aus der Hand zu geben«, kam Eberwalts grollende Stimme. »Doch wenn Ihr es befehlt –«

»Dann geh jetzt und nimm deine Frau mit«, kam Albs Antwort. »Der Junge und ich werden kämpfend rauskommen oder gar nicht.«

Sigfrids Haut wurde kalt, als ihm klar wurde, daß seine Mutter nicht mit den anderen Frauen gegangen war. Er hörte einen Chor des Protests von den Gefolgsleuten.

»Albald hatte recht«, murrte einer. »Der Walsung bringt allen Unglück –«

»Das Schicksal hat uns Unglück gebracht«, kam die Antwort. »Doch ich habe Alb Treue geschworen, und ich werde meinen Herrn nicht verlassen.«

Hiordisas Stimme erhob sich über die anderen. »Ich bleibe auch. Glaubt ihr, das Leben wird für mich noch Sinn haben, wenn sie meinen Gatten und mein Kind töten?«

Es ist meine Schuld, dachte Sigfrid verzweifelt. *Ich bin gekommen, um ihr zu helfen, und habe alle ins Verderben gestürzt!* Er hatte sofort erkannt, wer da draußen gesprochen hatte. Ragan hatte recht gehabt: Heming suchte immer noch Rache.

»Mutter, geh –« Endlich hatte er seine Stimme wiedergefunden. »Oder ich werde unbewaffnet zu ihnen hinausgehen. Du sollst nicht um meinetwillen sterben.«

»Kind, alle Menschen müssen einmal sterben. Das Schicksal entscheidet darüber, wann es an der Zeit ist«, sagte Alb leise, doch etwas verkrampfte sich in Sigfrids Brust, als er seines Stiefvaters Lächeln sah. »Wodan würde über mich lachen, wenn ich jemanden, der unter meinem Schutz steht, seinem Mörder auslieferte; und Hella wird mich gewiß verschlingen, wenn ich aus Angst einen meiner Sippe verstoße!«

Das Hochgefühl darüber, daß Alb ihn zu seiner Sippe zählte, verging Sigfrid, als seine Mutter wieder das Wort ergriff.

»Ich habe zu lange mit Euch gelebt, Herr, um Euch zu überleben. Ich werde nicht fortgehen, ehe Ihr frei seid.«

»Dann, in Wodans Namen, kämpfen wir«, rief der Junge, »oder sie wird verbrennen!«

Von den Männern erhob sich ein Brüllen der Zustimmung, und Alb begann zu grinsen. Sie griffen nach ihren Helmen, die schon warm vom Feuer waren, Schwerter glitten aus den Scheiden, und Alb drückte Sigfrid einen schweren Kampfspeer in die Hand. Irgend jemand tauchte eine Wolldecke in das Wasserfaß und legte sie Hiordisa um. Dann setzten sich alle in Bewegung, Eberwalt und die anderen Männer zuerst, gefolgt von Alb und Sigfrid. Der Junge blinzelte, als ihm Rauch in die Augen drang, doch er war nicht schlimmer als die Hitze der Schmiede.

»Jetzt!« rief Alb, und sie stürmten hinaus in den Ring aus feindlichem Stahl.

Sigfrid sah Ruodpercht fallen, mit einem Speer im Leib, als er ins Freie kam. Er wich der Klinge aus, die nach seinem eigenen Leib stach, wie er den Hörnern des Auerochs ausgewichen war, und stieß zu. Ein Schrei ertönte, und ein plötzliches Gewicht zerrte an seinem Speer. Sigfrid riß die Waffe los, als eine weitere dunkle Gestalt auf ihn zukam, und schwang den Speer, parierte damit einen anderen Speerschaft, stach zu und wirbelte herum, einen weiteren Feind zu suchen.

Metall prallte auf Holz, als zwei Schwertkämpfer auf Alb eindrangen, und Sigfrid sah Splitter von seinem Schild fliegen. Werinhar und Herimod kämpften Rücken an Rücken; Eberwalt mähte seine Feinde nieder wie ein Schnitter im Kornfeld. Unter den Angreifern waren auch einige der herrenlosen Männer, die zur Ernte angeheuert worden waren. Sigfrid stach auf einen von ihnen ein und riß, außer Atem, seinen Speer wieder heraus, nach dem nächsten Feind Ausschau haltend. Es waren so viele! Er hatte gefährliches Wild gejagt, doch niemals mehr als ein Tier gleichzeitig. Der Junge nahm einen tiefen Atemzug, sah einen Speer auf Albs Rücken zufliegen und schmetterte ihn beiseite.

Der Rest von Albs Mannen war in der Festhalle gewesen. Hatten die Verräter sie überrascht und gefesselt, ehe sie den Feind einließen? Hatten sie auch Ragan getötet? Das Tor der Palisade war wieder versperrt; von außerhalb waren zornige Stimmen und dumpfe Axtschläge zu hören. Sigfrid fragte sich, ob die Dorfleute das Tor noch rechtzeitig aufbrechen würden, um ihnen zu Hilfe zu kommen. Werinhar war zusammengebrochen, mit blutüberströmtem Bein, und Herinmod, breitbeinig über ihm stehend, versuchte, sie beide mit seinem Schild zu decken.

Hinter den wirbelnden Speeren sah Sigfrid Hemings dunklen Bart. Ein anderer Mann stand neben ihm, älter, doch ihm sehr ähnlich; Gold blinkte von seinem Helm. Wenn er den nur erreichen könnte! Sigfrid sprang zur Seite und duckte sich, als eine Schwertklinge auf ihn zukam, spürte den Luftzug, als sie seinen Kopf verfehlte und dann den Aufprall, als sie voll den Schaft seines Speeres traf.

Sigfrid taumelte, als das Holz unter dem Schlag splitterte. Der Schwung seiner Drehung peitschte den baumelnden Speerkopf in das Gesicht seines Angreifers; dann lösten sich die letzten Fasern, und der Junge hielt nur noch einen Stock, nicht länger als ein Übungsschwert, in der Hand.

Muskeln, die der Schmiedehammer gestählt hatte, schwangen den Knüppel mit Macht, doch ohne Schild würde er damit wenig ausrichten können. Reglose Gestalten lagen hier und da auf dem Hof; vielleicht hatte eine von ihnen eine brauchbare Waffe fallen lassen. Sigfrid wandte sich suchend um und sah einen Schauer von Funken aufwirbeln, als das riedgedeckte Dach der Halle einzufallen begann. Eine Frauengestalt erhob sich als Schattenriß gegen die Flammen.

Von der anderen Seite des Hofes drangen Männer der Albinger aus der Festhalle, Ragan in vorderster Front, der mit seinem Hammer um sich schlug und brüllte wie ein Bär. Doch die Masse ihrer Feinde befand sich zwischen ihnen. Ein Schrei entrang sich der Kehle des Knaben, und er sprang auf das brennende Gebäude zu. Der nutzlose Stock entfiel seiner Hand. Sengende Hitze schlug ihm entgegen, dann schlossen sich seine Hände um den lebenden Körper, und er zerrte seine Mutter hinaus in den Hof. Er brannte in einer Esse aus Feuer und Dunkelheit; Wut und der Wille, sie zu schützen, waren sein einziger Gedanke.

Hiordisa schrie, als Stahl aufblitzte; und Feuer durchfuhr ihn, fegte alles menschliche Bewußtsein hinweg.

Fauchend sprang er auf die Klinge zu. Es gab ein Knacken von brechenden Knochen, ein Schwert zischte von hinten auf ihn zu; er duckte sich, und heißes Blut spritzte über ihn, als es seinen Gegner traf. Er drehte sich innerhalb der Reichweite des zweiten Angreifers, und seine starken Hände schlossen sich. Irgend jemand schrie, doch der Laut, der aus seiner eigenen Kehle drang, war stärker. Seine Feinde waren flink, doch er bewegte sich mit übermenschlicher Schnelligkeit. Er schleuderte den Gegner mit gebrochenem Genick beiseite und wirbelte, halb geduckt, zu dem nächsten herum.

Und dann waren da nur noch das blendende Licht und der Geschmack von Blut und das Heulen des Wolfes in seinem Innern.

»Sigfrid! Wach auf, mein Lieber, es ist vorbei ...«

Der Wolf schauderte und versuchte, sich wieder in die Dunkelheit zu vergraben. Er kannte die Stimme, doch sie war Teil eines Alptraums. Kühle Hände strichen über seine Stirn, doch sein Geist war noch geblendet vom Feuer. Etwas Kaltes berührte seine Lippen, wusch den üblen Geschmack in seinem Mund hinweg. Instinktiv schluckte er.

»Sein Kopf ist unverletzt; was ist los mit ihm?«

»Erschöpfung.« Eine zweite Stimme, die grollend aus der Erde zu dringen schien. »Wie bei meinem Bruder nach dem Kampf. Geist braucht Zeit, heimzukehren.«

Er kannte diese Stimme auch. Sein Gehör schien besser zu sein als sonst, geradezu schmerzhaft scharf. Ein wenig weiter entfernt flüsterten Leute; er hörte, wie draußen Holz über den Boden schleifte, den fernen

Schrei eines Fischadlers, den Wind, der in den Zweigen seufzte. Sein Geruchssinn war auch schärfer. Er roch verschüttetes Bier und dachte zunächst, er müsse in der Festhalle sein, doch der Gestank von verkohltem Holz kam von draußen. Er wimmerte, gegen das Bewußtsein ankämpfend, doch als er sich rührte, spürte er ein feuchtes Tuch von seiner Stirn gleiten ... Wieso kam es ihm so seltsam vor, die Berührung von Stoff auf Haut zu spüren?

»Sigfrid, kannst du mich hören? Mach die Augen auf; wir sind jetzt alle in Sicherheit.«

Er war Sigfrid. Stöhnend tastete er um sich, und seine Finger schlossen sich um Stoff. Er hatte Hände ... also war er menschlich, warum war er so überrascht? Vorsichtig öffnete er die Augen. Sein Kopf lag in seiner Mutter Schoß. Hiordisas Gesicht war blutleer, ihr Haar versengt; er konnte den Schädel unter der Haut sehen. Doch sie lebte. Er holte tief Luft, und die Bilder des Kampfes kehrten zurück.

»Heming. Ist er fort?«

»Fort, ja – geflohen!« antwortete Ragan. »Doch Lyngwi ist tot und Eyolf und der Großteil ihrer Krieger. Du erinnerst dich, wie unsere Leute das Tor aufbrachen?«

Sigfrid schüttelte den Kopf. Jetzt, da er seine Glieder wieder spüren konnte, begann jeder Muskel in seinem Körper zu protestieren.

»Macht nichts«, sagte Ragan. »Vielleicht besser so. Ruh dich jetzt aus.«

»*Er* hat es vielleicht vergessen, aber *ich* kann's nicht«, sagte jemand mit leiser Stimme. Sicher dachten sie, er könnte sie nicht hören. »Er war ein Wolf! Ich hab' es gesehen, und ich sah, wie er zwei Männern die Kehle zerfetzte. Kein Wunder, daß die Hundinge die Flucht ergriffen! Wenn er hierbliebt, dann geh' ich auch!«

Sigfrid erinnerte sich an den fauligen Geschmack in seinem Mund, und Übelkeit stieg in ihm auf. Starke Hände hielten ihn fest, als er sich in das Stroh übergab, legten ihn dann wieder zurück. Er drehte sein Gesicht gegen den Schenkel seiner Mutter und versuchte wieder in die Bewußtlosigkeit zu versinken.

Er wußte nicht, was er getan hatte, doch hinter seinen geschlossenen Augenlidern tanzte ein Nachbild des Lichts durch sein Hirn, und Sigfrid schauderte, als er sich der Wildheit erinnerte, die ihn erfüllt hatte.

Als sie zwei Tage später durch das Tor von Hilperichs Burg ritten, hing der Brandgeruch immer noch schwer in der Luft. Sigfrid hatte zum Aufbruch gedrängt. Er hatte seine Mutter gerettet; doch er konnte es nicht verwinden, daß allein seine Anwesenheit sie in Gefahr gebracht hatte. Das ganze Volk der Burg war zusammengekommen, um ihnen Lebewohl zu sagen, hatte sie mit Lob und Vorräten überhäuft. Doch Sigfrid hörte die Erleichterung in ihren Glückwünschen. Die Mädchen, die mit ihm geflirtet hatten, hielten nun Abstand, und er hatte bemerkt, wie Männer ihren Blick abwandten, wenn er ihnen in die Augen sah. Nur Hiordisas Lächeln hatte sich nicht verändert. Doch sie war mit dem Wolfskönig vermählt gewesen. Selbst seine Schwestern zuckten zusammen, wenn er sie ansah, und das war für ihn am schwersten zu ertragen. Besser, er kehrte in seine Wälder zurück, zu den Wölfen.

»Alb hat sein Versprechen gehalten!« Ragan tätschelte den Beutel, der die kleineren Teile von Sigmunds Hort enthielt. Alb hatte versprochen, den Rest mit Waffen und Kleidung auszulösen, wenn Sigfrid dafür bereit war. »Ein fürstliches Erbe!«

Sigfrid warf einen letzten Blick zurück, als sie den Kamm erreichten, wo die Fichten wuchsen, dann trieb er sein Pferd den Hang hinab durch das Heidekraut. Lerchengezwitscher erfüllte die Luft, doch der Knabe hörte es kaum. Seine Gedanken waren nach innen gerichtet.

»Sie haben mich abgefunden«, sagte er dann. »Sie hätten mir Gold gegeben, ob ich einen Anspruch darauf gehabt hätte oder nicht. Nur, um mich loszuwerden.«

»Fafnar liebte es, wenn man ihn fürchtete«, meinte Ragan mit einem grollenden Lachen. »Menschen fürchten, was sie nicht verstehen. Besser für Berserker, Königen zu dienen.«

Berserker ... Sigfrid kostete das Wort für das Ding, das er irgendwie geworden war, auf der Zunge. Einige Könige hatten ganze Kompanien von Kriegern, Wodan geweiht, die als Wölfe oder Bären kämpften. Und dann war da Fafnar, dessen bevorzugte Gestalt der große Wurm war, den die Römer *draco*, Drache, nannten.

»Ich dachte, man müßte die Haut des Tieres tragen, um sich zu verwandeln, oder zumindest ein Stück von seinem Fell ...«

»Es hilft«, entgegnete Ragan, »doch Angst – oder Gefahr – reicht manchmal auch.«

Sigfrid erinnerte sich mit einem Frösteln an den Augenblick des Erwachens, als er geglaubt hatte, Pfoten zu haben und ein Fell anstatt Haut. Hatte er sich wirklich in einen Wolf verwandelt? Gewiß hatte er wie einer getötet, und es gab genug Leute, die geschworen hätten, gesehen zu haben, wie ein halb ausgewachsener Wolf mit gesträubtem Fell dem Feind an die Kehle ging. Wie konnte so etwas sein? Er hatte sich manchmal selbst vergessen, wenn er mit den Wölfen lief, doch getötet hatte er immer in seiner eigenen Gestalt.

War es besser, fragte er sich, als Wolf zu töten denn als

Mensch? Indem er das Leben seiner Mutter rettete, hatte er sie endgültiger verloren, als wenn sie beide im Feuer umgekommen wären. Er würde sie nie wiedersehen. Sobald er sein Bewußtsein wiedererlangt hatte, hatte Hiordisa sich endlich ins Bett bringen lassen und es seitdem nicht mehr verlassen. Doch wenn die Tage ihres Lebens gezählt waren, so hatte er sie zumindest nicht verkürzt.

Er warf einen Blick auf das Bündel hinter seinem eigenen Sattel, wo er seiner Mutter letztes Geschenk verstaut hatte. Die Schlafhalle und ihr Inhalt waren eine Masse von verkohltem Holz und Asche gewesen, als Perchta mit ihm auf die Suche gegangen war. Hiordisas Truhe war verbrannt, und der Inhalt war unter seinen Händen zu Asche zerfallen. Doch die glänzenden Metallteile hatte die Glut nicht einmal verfärbt.

»*Wodan gab Sigmund das Schwert, und Wodan brach es entzwei, als seine Zeit gekommen war ...*«, hatte Hiordisa ihm erzählt. »*Dein Vater hat mir aufgetragen, die Stücke aufzubewahren, bis du herangewachsen wärest. Schmiede es neu, Sigfrid. Es ist das Schwert eines Helden!*«

Solch ein Schwert würde ihn nie im Stich lassen, wenn es der Gott nicht zerspringen ließ, wie er es zuvor getan hatte. Vorausgesetzt, daß es sich überhaupt neu schmieden ließ. Er fragte sich, ob Ragans Blasebälge eine heißere Glut entfachen konnten als das Feuer, das die Halle in Asche gelegt hatte. Er war sich nicht einmal sicher, ob er es wollte.

Wodans Gaben waren zweischneidig. Das Wolfsblut seines Ahnen Sigi hatte ihm das Leben gerettet, doch es schien Sigfrid, daß der Preis dafür seine Menschlichkeit gewesen war.

»So gehen wir jetzt heim«, sagte Ragan frohgemut. »Hast bereits Rache für deinen Vater genommen. Wirst bald dasselbe für meinen tun ...« Er warf ihm von der Seite einen fragenden Blick zu.

»O ja, ich werde Fafnar für dich töten!« sagte Sigfrid bitter. »Ich bin jetzt selbst ein Berserker. Du schmiedest mir ein Schwert, das ihn töten kann, und ich werd' dann die Tat vollbringen. Eine Kleinigkeit ...«

DER RAT DER WALKYRIUN

*Heiliger Berg, Burgundische Lande, Taunus
Sommer, A.D. 418*

Die Flammen des großen Lagerfeuers loderten auf über dem Versammlungsplatz und senkten sich in Schatten gleich einem Geflatter von Rabenschwingen. *Ein Feld voller Menschen*, dachte Gudrun, als sie die Krieger sah, die jenes Licht dem Dunkel entriß. Sie fröstelte, obwohl ihr Gesicht von der Hitze des Feuers glühte, und fragte sich, wie viele von den Burgundenkriegern, die zu diesem Mittsommerthing gekommen waren, bald in Frojas Halle feiern würden. Sie saßen nach Herkunft gruppiert um das Feuer und um den Hochsitz des Königs auf grob gehauenen Holzbänken oder im Gras und debattierten über den Alemannenkrieg.

»Wir wissen, daß die Alemannen das Rheintal wollen, aber glauben sie wirklich, sie können ihren Anspruch durchsetzen?« fragte einer der älteren Männer, der zu den dort angesiedelten Sippen gehörte.

»Es gibt keinen Zweifel, daß sie den Versuch machen werden, wenn es das ist, was du meinst«, sagte Ostrofrid, der Gesetzessprecher. »Und daß wir gegen sie allein dastehen.«

»Aber die Römer sind unsere Verbündeten –«, begann Gundohar. Ostrofrid wandte sich zu ihm um und runzelte die Stirn.

»Nein, mein König, wir sind Bundesgenossen der Römer! Von den Legionen wird keine Hilfe kommen. Darin liegt ja der Zweck dessen, daß sie uns zu *foederati* gemacht haben: damit sie das Land nicht selber zu verteidigen brauchen!«

Durch die rauchige Luft sah Gudrun Männer ihre Schnurrbärte streichen, um ihr Grinsen zu verbergen, und Gundohar wurde wieder rot. Sie seufzte. Ihrem Bruder mangelte es nicht an Mut – manchmal dachte sie, es verlangte mehr Mut von ihm, all diesen Kriegern gegenüberzutreten, als von ihnen, sich ihren Feinden zu stellen –, aber er hatte Albträume, und jetzt hatte sie auch welche.

»Ich bezweifle nicht den Mut unserer Krieger«, sagte Gundohar scharf, und Gold blinkte von Wehrgehängen und Armringen, als die Krieger seines Gefolges, die sich um den Hochsitz geschart hatten, sich regten wie Jagdhunde, die etwas gewittert hatten. »Ein Krieger, der nur um der Ehre willen kämpft, erlangt den höchsten Ruhm im Streit gegen eine gewaltige Übermacht. Doch wir sind in das Rheintal gezogen, damit unser Volk überleben kann. Wir sind es unseren Frauen und Kindern schuldig, jeden Vorteil zu ergreifen, der sich uns bietet.«

Einigen der jüngeren Männer schien das nicht zu gefallen, und Gudrun seufzte. Gundohar hatte natürlich recht, doch die Krieger wollten einen König, der ihre Träume von Ruhm nährte. Er hätte besser daran getan, als ein Heißsporn aufzutreten, der von seinen Ratgebern zur Vernunft gebracht werden mußte.

»Ist die Übermacht wirklich so groß?« kam eine Frage von der anderen Seite der Runde. »Die Alemannen sind nur ein einzelner Stamm.«

»Wer weiß, was sie sind!« rief Heribard, einer der Ältesten, aus. »*Alle Mannen* – so nennen sie sich, Überreste Dutzender Völkerschaften, die weder König noch Blut eint. Gallier und entlaufene Sklaven und Gott weiß welches Gesindel füllen ihre Reihen auf. Wie kann man ihre Stärke schätzen, wenn sie jeden landlosen Mann aufnehmen, der einen Speer tragen kann.«

»Unsere letzte Kunde gibt ihnen zwanzig Hundertschaften«, sagte Hagano. »Und es ist die Rede davon, daß sie ihre ganzen Kräfte sammeln, um das Land entlang des Rheins zurückzuerobern.«

Es gab ein leises Raunen in der Runde, denn obwohl die Burgunden ein großes Volk waren, waren ihre Ansiedlungen doch verstreut, und es würde schwer sein, eine solche Anzahl waffenfähiger Männer zusammenzubringen.

»Diese Zahl ist gewiß?« fragte der junge Unald, ein Freund Godomars.

Hagano lächelte. »Ich vertraue dem Kundschafter wie mir selbst.«

Gudrun mußte husten. Hagano war selbst losgezogen, um die Lage auszuspähen – etwas, das sich diese stolzen Krieger nicht einmal vorstellen könnten. In prächtiger Gewandung fiel er unter den Kindern Gibichos nicht weiter auf, doch in der Kleidung eines Köhlers war er von einem Mann des Erdvolkes nicht mehr zu unterscheiden gewesen. Waren es seines unbekannten Vaters Blut oder ihrer Mutter Lehren, was Hagano ein solches Geschick für Heimlichkeiten gegeben hatten?

»Dann wird es einen guten Kampf geben!« sagte Unald glücklich, und seine Gefährten schlugen sich auf die bloßen Schenkel und lachten.

Gudrun rutschte auf der harten Bank hin und her. Wenn es nur etwas gäbe, was sie tun könnte! Doch es war zu spät, um eine Kriegerin wie Brunhild zu werden. Keiner der germanischen Stämme lebte je in dauerndem

Frieden, doch dieser totale Krieg, wie ihn die Alemannen androhten, war auch nicht ihre Art. Während der langen Wanderung der Burgunden, erst nach Süden und dann nach Westen, hatte es Kämpfe und Heerfahrten gegeben wie jene, welche die Römer überzeugt hatten, ihnen das Rheintal zu überlassen. Doch wenn sich das Volk einem zu allem entschlossenen Feind gegenübergesehen hatte, war es stets weitergezogen. Jetzt ging es nirgendwo mehr weiter, und die Alemannen, gestählt durch Generationen von Auseinandersetzungen mit den Römern, wurden von derselben Notwendigkeit getrieben.

»Können wir uns Verbündete erkaufen?« Ordwini, Dragobalds Sohn, war der jüngste der Stammesfürsten, doch bereits bekannt als ein vernünftiger Mann.

Ostrofrid verschränkte die Arme vor der Brust. »Unser Herr hat sein Gold freigebig ausgeteilt, wie es einem edlen König geziemt«, antwortete er. »Der Schatz der Burgunden ist das Land, das wir besitzen.«

»Dann laßt uns mit diesem Geschwätz aufhören und uns bereit machen, es zu verteidigen!« rief Ordwini aus. Das Feuer loderte auf, als hätte der Sturm der Begeisterung es angefacht. Die Krieger, die jüngeren insbesondere, sprangen auf und schlugen auf ihre Schilde.

»Sieg den Burgunden! Weckt den Gundwurm! Sieg den Niflungen!«

Sie wollen diesen Krieg, dachte Gudrun. *Von ihnen allen kann sich vielleicht nur mein Bruder vorstellen, was er für uns bedeuten wird.* Ihr kam der Gedanke, daß es Gundohar leichter finden würde, als Mann und als König zu überleben, wenn er weniger intelligent wäre. Er erhob sich, verharrte reglos wie eine Statue in seinem langen Gewand und dem roten Mantel, der sich in üppigen Falten um ihn legte, und wartete, bis sich der Lärm gelegt hatte und alle auf ihn blickten.

»So sei denn Krieg.« Gundohars Stimme war dünn, doch in seinen Augen brannte eine verzweifelte Entschlossenheit. »Und möge Walvater unseren Speeren Sieg verleihen.«

Die Jubelrufe verhallten zu einem Echo hinter ihnen, als die königliche Sippe sich auf den Rückweg machte. Erst als die Burgwache sie in die freundlichere Wärme der Frauengemächer eingelassen hatte, ergriff Hagano wieder das Wort.

»Von einem solltet ihr noch wissen, was ich bei den Alemannen hörte. Sie haben den Walkyriun Geschenke gesandt. Wenn sie diese als Verbündete gewinnen, werden wir nicht nur gegen Speere zu kämpfen haben, sondern auch gegen Magie.«

Die Königin, die ruhelos auf und ab gegangen war, erstarrte, und ihre Augen verengten sich. Gudrun spürte eine Kälte im Magen bei dem Gedanken, Brunhild zu den Feinden zählen zu müssen. Gundohar hielt beim Einschenken inne, und sie wußte, daß er dasselbe dachte. Gudrun legte ihm die Hand auf den Arm, als sie sich neben das Kohlenbecken setzte.

»Wie könnten wir sie auf unsere Seite ziehen?« sagte Gundohar seufzend. »Ich habe kein Gold mehr.«

»Nein«, stimmte Grimhild zu, »doch für ihre Hilfe würde ich meinen eigenen Schmuck geben.« Sie nahm ihr Umherwandeln wieder auf.

»Was, und Vater Priscus vor den Kopf stoßen?« Godo begann zu lachen.

»Vater Priscus sei verdammt!« sprach die Königin und brachte ihren zweiten Sohn mit einem Blick zum Schweigen. »Und Vater Severin auch. Ich habe mehr Vertrauen in die Kampfmagie der Walkyriun als in eines ihrer Gebete.«

»Wirst du zu ihnen gehen?« Hagano sah sie neugierig

an. Gundohars Augen brannten in seinem schmalen Gesicht. Er stürzte den Wein herunter, den er sich eingeschenkt hatte, starrte einen Augenblick auf seinen Kelch, dann füllte er ihn nach.

»Nein, nicht ich –« Grimhild verzog den Mund. »Die Weisfrauen haben mir nie getraut, und wenn ich gehe, würde das zuviel Aufsehen erregen. Auch dich würden sie nicht wohlwollend anhören. Doch das Mädchen, das unser Gast war, Bladardas Tochter, ist eine von ihrer Schwesternschaft geworden, und sie hatte immer etwas für Gudrun übrig.«

»Dann schicken wir sie«, meinte Hagano. Gudrun stand auf; ihr Herz pochte, als die anderen sich alle zu ihr wandten. »Wirst du gehen, Schwesterchen?« fragte Hagano, immer noch mit jenem aufreizenden Lächeln. »Wirst du die Walkyriun aufsuchen? Denk nur, mit einer Reise könntest du zugleich dein Volk retten und ein Schwätzchen mit einer alten Freundin halten.«

Sie funkelte ihn an; ihr war klar, daß er sie wieder mal ärgern wollte.

»Hör nicht auf das, was Hagano sagt«, meinte Gundohar, und der Weinkelch in seiner Hand zitterte. »Geh zu Brunhild«, sagte er. »Bitte sie, uns zu helfen. Bitte sie, *mir* zu helfen ...«

»Brunhild, wenn Ihr in die Schlacht zieht, reitet Ihr dann wirklich auf Wölfen und durch die Wolken?« zwitscherte Unna.

Ihre Freundin Domfrada kicherte. »Und was ist, Galemburgis, wenn das Wetter so schön ist wie heute?«

Galemburgis unterdrückte selbst ein Lächeln, der Zeiten gedenkend, als sie und Brunhild ihre Lehrerinnen so eifrig befragt hatten wie dieses Kind. Es war in der Tat schwer, an einem Tag wie diesem, wenn jede Nadel auf den Föhren im Licht der Sonne glänzte, sich Schlacht und Sturm vorzustellen. Die beiden jungen Frauen hatten die Kleinen hinaus auf den Hügel geführt, in der Hoffnung, wenigstens eine Brise abzubekommen, aber die Luft blieb warm und still.

Sie warf der anderen Walkyrja einen Blick zu und dachte daran, wie sie miteinander gestritten hatten, als sie selbst noch Kinder waren, beide so stachlig wie Ginsterblüten. Brunhild stand nun schlank und glatt wie ein geschliffener Speer und fast so unangreifbar.

»Der Sturm, den die Kriegsbraut reitet, wütet im Innern, Kleines, wenn die Walkyriun ihren Zauber wirken. Und selbst wenn der Himmel wolkenlos ist, wird der Feind ihre Gegenwart spüren«, antwortete Brunhild, und Galemburgis fröstelte, als sie sich an das Wüten jenes wilden Windes erinnerte.

»Doch wir reiten auf Pferden, nicht auf Wölfen«, fügte sie beschwichtigend hinzu. »Wir rufen die Wolfsreiter aus der Halle der Erschlagenen an, uns zu Hilfe zu eilen.« Und manchmal, dachte sie da, wie an jenem frostigen Morgen im Hunnenlande, kommen sie ungebeten. Sie wischte Schweißtropfen von ihrer Stirn und betrachtete die vier Mädchen. Unna hatte nachdenklich die Stirn gerunzelt, doch Domfradas Blick folgte einem Schmetterling, und die andern beiden schienen halb zu schlafen.

»Domfrada, sag uns, wie eine Walkyrja in den Kampf zieht«, sagte sie scharf. Das Kind errötete und strich das blonde Haar aus der Stirn, doch es antwortete mit fester Stimme:

»Die Walkyrja ist der Schild des Helden. Sie befreit den Krieger, den sie schützt, und bindet seinen Feind. Sie gibt ihm Mut, doch entmannt den Feind; sie macht Schwerter stumpf und bricht Speere.«

»Das ist gut«, sagte Brunhild. »Nanduhild, wie geschieht das?«

Einen Moment blickte das Kind wie in Panik, und Unna stieß es in die Rippe und flüsterte.

»Sie schreit ...« Die Antwort war kaum hörbar, und Galemburgis Lippen zuckten.

»Sie *kreischt* –«, sagte Brunhild, und etwas in ihrem Ton ließ das Gelächter verstummen. »Und das ist etwas, was wir euch nicht lehren können. Ihr lernt bereits, wie ihr euren Atem kontrolliert und eure Stimmlage, um Zaubersprüche zu singen. Wenn ihr eure Ausbildung beendet habt, werdet ihr imstande sein, den Kampfschrei auszustoßen, doch wann und wo dies geschehen wird, weiß allein der Gott. Sein ist der Rausch des Kampfes, den der Schrei der Walkyrja heraufbeschwört; er hallt zwischen den Welten wider.«

Sie saßen mit großen Augen da, als Brunhild tief Atem holte, offensichtlich selbst betroffen. Galemburgis sah sie an. Von den jüngeren Walkyriun erwartete man, daß sie den Schülerinnen ein Beispiel gaben. Sie selber hatte sich seit ihrer Aufnahme in die Reihen der Walkyriun mit einer harten Schale umgeben. Doch sie wußte, daß unter diesem Panzer noch immer Liebe für ihr Volk und Haß für ihre Feinde schwelte. Ihr jüngerer Bruder, den sie gehegt hatte wie ihr eigenes Kind, würde in dieser Schlacht kämpfen. Sie konnte nicht anders, als sich Sorgen zu machen.

In dem Jahr, seit sie ihre Kriegsnamen angenommen hatten, hatte Brunhilds Selbstbeherrschung etwas Unmenschliches an sich gehabt. Galemburgis sah, wie die geschwungenen Brauen sich glätteten, der Pulsschlag am Hals der Kriegerin sich legte. Als Brunhild wieder das Wort ergriff, war die Spannung, die in ihrer Stimme gelegen hatte, verschwunden.

»Das ist der Grund, warum ihr üben müßt: damit die Macht zu euch kommt, wenn die Not da ist.«

»Ich verstehe, wie wir das Heer auf unserer Seite unterstützen, aber warum werden wir die Erwählerinnen der Erschlagenen genannt?«

Brunhild schloß die Augen und Galemburgis antwortete für sie: »Wodans Walkyriun wissen, welchen Kriegern bestimmt ist, im Kampf zu fallen, und sie geleiten die Geister derer, die der Gott für seine Heerschar will, gen Walhall.«

»Aber Ihr wißt es manchmal auch vorher, nicht wahr?« fuhr das Kind gnadenlos fort. »Ich habe gehört, wenn Ihr mit dem Speer auf einen Mann zeigt, dann stirbt er.«

»Ich weiß ... ich erinnere mich ... aber nichts bewegt mich ...«, flüsterte Brunhild. War ihr bewußt, daß sie laut gesprochen hatte? Sie öffnete die Augen. »Der Gott erwählt«, sagte sie harsch. »Die Walkyrja zeigt nur an, was vorherbestimmt ist.«

Von weitem, den Hügel hinab, kam der Ruf eines Horns.

»Jetzt ab mit euch«, sagte Galemburgis rasch. »Hrodlind braucht eure Hilfe im Garten. Morgen werdet ihr die Bindesprüche lernen.«

Die Kinder waren bereits in Bewegung, sprangen den Weg hinab wie losgelassene Welpen. Galemburgis schüttelte den Kopf.

»Ich weiß nicht, woher sie die Energie nehmen. Das einzige, was ich bei diesem Wetter will, ist im Schatten zu sitzen und die Zunge heraushängen zu lassen«, sagte sie, wobei sie ihre Gefährtin neugierig ansah. Seit ihrer Einweihung war es ihnen gelungen, ihren alten Zwist zu vergessen, und Galemburgis hatte nicht vergessen, wie Brunhild sie vor dem Schwert des Alanen gerettet hatte. Was stimmte heute nicht mit ihr?

»Ich weiß nicht, woher sie die Fragen nehmen!« sagte Brunhild bitter, und Galemburgis lachte.

»Weißt du denn nicht, daß unsere Abenteuer im Hunnenland eine der Legenden von Fuchstanz geworden sind?« antwortete sie. »Die Mädchen träumen alle davon, nach Hause zu gehen und ihre Väter und ihre Brüder mit ihren Kräften zu beeindrucken.«

»Aber so war es doch gar nicht«, wandte Brunhild ein, mit einem Blick, der an Schrecken grenzte.

»Natürlich nicht, aber das werden sie selbst schon herausfinden, wenn der wirkliche Kampf beginnt. Und wir auch, was das betrifft«, meinte Galemburgis, als sie langsam den Hügel hinabzusteigen begannen. »Ich nehme nicht an, daß eine regelrechte Schlacht mit dem kleinen Scharmützel zwischen den Leuten deines Onkels und den Alanenbanditen viel gemein haben wird.« Sie schüttelte den Kopf. »Ich wünschte, die alten Frauen würden sich bald entscheiden, für wen wir kämpfen werden.«

Brunhild zuckte die Schultern, und Galemburgis starrte sie an. Kümmerte es sie wirklich nicht? Als sie Gäste bei den Burgunden gewesen waren, hatte sie den Eindruck gewonnen, daß Brunhild und die junge Schwester des Königs Geistesverwandte wären. Doch in gewisser Hinsicht, dachte Galemburgis, besaß Brunhild keine Verwandtschaft. Vielleicht war es darum einfacher für sie, dem Weg der Walkyriun zu folgen. Doch wenn solch kühle Distanz das Zeichen der vollkommenen Walkyrja war, war Galemburgis zufrieden, sich ihrer Menschlichkeit zu erinnern.

»Die Kleinen schauen zu uns auf, als wären wir Nornen; doch wenn es darum geht, das Wissen umzusetzen, das wir erworben haben, wissen wir nicht viel mehr als sie! Und Warten ist am schwersten von allem!« fuhr sie fort. »Verstehen wir, was wir tun? Was ist mit dir – ich habe gesehen, wie du mit dem Speer auf Menschen gezeigt hast, und ihre Feinde haben sie getötet. Wie hast du sie erwählt?«

»Nicht ich war es«, flüsterte Brunhild, und Galemburgis' Blick wurde schärfer, als sie erkannte, daß hinter diesen grünen Augen doch etwas wie Gefühl war. »Es war der Gott, der den Speer bewegte. Und wenn seine Vorstellung davon, wer leben und wer sterben sollte, anders ist als meine, weiß ich nicht, was ich tun werde!«

Abrupt beschleunigte sie ihren Schritt und lief rascher den Weg hinab. Galemburgis war stehengeblieben; ihr war, als hätte sie soeben den ersten Riß in der vollkommenen Oberfläche des Speers aufbrechen sehen. Vielleicht war es nur eine Verfärbung, eine natürliche Unsicherheit, die der Kampf abschleifen würde ... War dies etwas, das ihre Meisterinnen wissen sollten? Langsam setzte sie sich wieder in Bewegung, um Brunhild zu folgen; doch diese war bereits verschwunden.

Bald werde ich sie sehen ... bald ... bald ... Gudruns Kopf nickte zur Bewegung des Pferdes unter ihr, und sie fragte sich, ob die dunklen Tannenwälder, durch die ihr Weg hügelaufwärts führte, je ein Ende finden würden. Sie hatte nie eine so lange Reise an einem Stück gemacht, und alle Knochen taten ihr weh. Doch Hugomar, der ihren Geleitschutz anführte, sagte, daß sie Fuchstanz vor Mittag erreichen würden. Und dann würde sie von diesem verdammten Pferd herunterkommen und Brunhild sehen. Im Augenblick war sie sich nicht einmal sicher, wonach sie sich mehr sehnte.

Die Straße wand sich um die Flanke des Hügels und trat aus dem engen, harzduftenden Schatten der Bäume hervor. Die Sonne erreichte gerade den Zenit, als der

Boden ebener wurde, und sie sah die Ansammlung von riedgedeckten Langhäusern, wo die Wege sich trafen. Dunkel gekleidete Mädchen warfen Stöckchen durch einen rollenden Reifen und lachten bei ihrem Spiel. Eines der Pferde wieherte, und sie drehten sich um und riefen. Ältere Frauen kamen aus den Gebäuden hervor, spähten unter beschatteten Brauen zu den Ankömmlingen herüber.

Gudruns Blick ging über blonde und graue Schöpfe hinweg, auf der Suche nach dem rabenschwarzen Haar ihrer Freundin. Gewiß würde Brunhild gelaufen kommen, sobald sie die Neuigkeit gehört hatte. Sie preßte ihrem Tier die Fersen in die Weichen, um es anzutreiben.

»Sagt Brunhild«, rief sie, »daß Gudrun, Gibichos Tochter, gekommen ist, um sie zu besuchen!«

Gudrun starrte auf die junge Frau vor ihr und suchte nach Worten. Das rabendunkle Haar hatte sich nicht verändert noch das ausdrucksvolle, kantige Gesicht. Doch angesichts ihres stillen Lächelns erschien es Gudrun, als erkenne sie ihre Freundin nicht wieder.

Die Brunhild, die sie gekannt hatte, war immer in Bewegung gewesen, hatte auf alles, was vor sich ging, mit unstillbarer Neugierde reagiert. Diese Frau saß da wie ein Standbild. Sie hatte Gudrun in Fuchstanz willkommen geheißen, doch sie hatte nicht einmal gefragt, warum die Burgundenprinzessin gekommen sei.

Sie fuhr zusammen, als eine Horde von Mädchen um die Ecke des Hauses gestürmt kam. Sie hielten an, als sie Gudrun sahen. Brunhild blickte sie mit einem Stirnrunzeln an, und sie tollten kichernd davon.

»Wir jüngeren Priesterinnen sollen die Mädchen lehren«, seufzte Brunhild. »Als könnten wir besser mit den kleinen Trollen fertig werden! Ich bin froh, daß ich nie heiraten werde. Ich glaube nicht, daß ich dazu geboren bin, Kinder großzuziehen.«

Sie saßen auf einer Bank im Schatten eines der Langhäuser, doch die Luft war schwer und stand. Der Wirbel von Aufregung, der Gudruns Ankunft begleitet hatte, hatte nicht lange vorgehalten. Der Klang von Männerlachen kam schwach von weiter unten, wo die Krieger ihres Begleitschutzes ihr Lager aufschlugen. Ein Pferd wieherte, dann war es still. Ganz in der Nähe hörte sie Frauenstimmen; zwei Mädchen wickelten im Schatten eines der anderen Langhäuser Garn zu Docken, und ältere Frauen saßen schwatzend unter den Föhren.

»Bestimmt waren wir genauso schlimm«, sagte Gudrun. »Erinnerst du dich noch, welchen Ärger wir kriegten, als wir damals in Halle in den Brunnen geschaut haben?«

Brunhild nickte. »Wie könnte ich das vergessen; schließlich hat es mich hierher gebracht.«

Gudrun seufzte. Die Frau, der sie nun gegenübersaß, würde sie nie anstiften, sich an einen heiligen Ort zu schleichen. Brunhild *war* der Brunnen: dunkel, still, mit unbekannten Tiefen unter einer glatten, glänzenden Oberfläche.

»Der Gott hat manchmal seltsame Mittel, seinen Willen zuwege zu bringen«, fuhr Brunhild fort. »Aber gewiß hat er mich an jenem Tag geleitet.«

Gudrun starrte sie an. *Der Gott?* Wenn sie sich recht erinnerte, so schien ihr, daß Brunhild von Trotz und schierer Neugierde angetrieben worden war, aber wenn ihre Freundin glauben wollte, daß es Wodans Werk gewesen sei, dann wollte sie ihr lieber nicht widersprechen. Ihr kam plötzlich der Gedanke, daß der Umgang mit ihrer Mutter sie darauf vorbereitet hatte, mit Menschen umzugehen, die in einer eigenen Welt lebten. Nur hatte sie nicht erwartet, dies an Brunhild erproben zu müssen.

Warum bist du so überrascht? fragte sie sich da selbst. *Sieben Jahre lang hat sie gelernt, so eine wie Grimhild zu werden. Der einzige Unterschied ist, daß meine Mutter ihren Pfad alleine geht!*

Gudrun wischte den Schweiß von der Stirn und nahm einen weiteren Schluck von dem Gerstenwasser.

»Heiß, nicht wahr?« stimmte Brunhild zu. Gudrun warf ihr einen schiefen Blick zu, denn ihre Freundin, in lose Beinkleider und einen kurzen, ärmellosen Kittel wie den eines Knaben gekleidet, zeigte kein Anzeichen, daß sie unter der Hitze litt. »Im Winter schützen uns die umliegenden Hügel vor den Stürmen, doch in einem Sommer wie diesem wäre ein bißchen Wind sehr willkommen.« Ihre Augen blitzten plötzlich auf. »Hast du noch die Kraft, ein kleines Stück zu gehen? Da ist ein Ort, den ich dir gern zeigen würde, und dort wird es bestimmt ein Lüftchen geben –«

»Was meinst du?« Gudrun suchte immer noch nach Mut, um den Grund ihres Besuches vorzubringen. Die Anführerin der Walkyriun, Hlutgard, war abwesend und wurde erst in ein paar Tagen zurückerwartet. Bis dahin konnte sie nicht mit den Weisfrauen reden, und sie wollte nicht, daß ihre persönliche Bitte an Brunhild von den anderen Walkyriun gehört wurde.

»Den Hügel des Hohen, wo Huld mich zu lehren pflegte. Sie ist jetzt fort, zusammen mit den anderen Meisterinnen, doch es gibt keinen Grund, weshalb wir nicht dorthin gehen könnten. Ich habe es bis zum Gipfel deines heiligen Hügels geschafft – kannst du meinen erklimmen?«

Gudrun lächelte, denn das hatte fast wie die Brunhild von einst geklungen. »Solange ich nicht wieder auf den Rücken dieses Pferdes muß. Wenn ich auf meinen eigenen zwei Beinen gehen kann, folge ich dir überallhin.«

Brunhild sprang die letzten paar Schritte des Pfades hinauf und über den Rand des Hügels. Gudrun, die hinter ihr her kam, rang nach Luft. Nur ein kleines bißchen weiter noch. Sie starrte auf den muskulösen Rücken ihrer Gefährtin. Die Walkyrja hatte keine lange Reise hinter sich gebracht, und selbst bei deren Beginn war Gudrun nicht in der körperlichen Verfassung gewesen, die man von den Walkyriun erwartete. Doch sie wollte nicht klagen. Sie zwang sich, die letzten Schritte zu tun. Dann lag die Hügelkuppe unmittelbar vor ihr, und sie keuchte vor Erleichterung, als sie den ersten Luftzug eines Windes spürte, und ließ sich auf Hände und Knie fallen.

»Schau –« Erst nach einer Weile wurde ihr klar, daß Brunhild zu ihr sprach. »Von hier aus kannst du die ganze Welt sehen!«

Gudruns Kopf hatte fast aufgehört, sich zu drehen. Sie sah Helligkeit vor sich und bewegte sich darauf zu. Der Hang des Hügels fiel scharf vor ihr ab. Tief unter ihr wand sich der Main in die Ferne, bis Land und Strom in der goldenen Sommerhitze verschwammen. Sie blinzelte die Tränen zurück.

»Nicht die ganze Welt«, sagte sie leise, »aber meine Welt. Ich sehe das Burgundenland. Bald werden Speerspitzen wie die Schuppen einer Schlange auf der Ebene glitzern. Wenn der Gundwurm erwacht, wird der Fluß sich röten. Die Krieger singen von Schlachtenruhm, doch ich habe Angst. Wer diesen Krieg auch gewinnt, es wird danach nie wieder so sein wie früher.«

Es hatte eine Art Befreiung in ihrem Ausritt gelegen, fort aus dem Schatten ihrer Mutter, von den Hoffnungen und Ängsten ihrer Brüder. Doch der Anblick der Ebene erinnerte sie schmerzhaft an den Grund ihrer Reise.

»Sag es mir –« Brunhilds Stimme war leise. Sie stand mit dem Rücken gegen die Sonne, ein Schatten vor der Helligkeit des Tages.

Sie fröstelte. »Wie? Du bist so anders. Ich weiß nicht, wie ich mit dir reden soll.«

»Vielleicht kann ich es leichter machen«, sagte Brunhild. »Deine Familie hat dich geschickt, um die Hilfe der Walkyriun im Krieg gegen die Alemannen zu erbitten. Ich kann dir nicht sagen, wie sie entscheiden werden. Hlutgard und Huld sprechen zur Zeit mit den Häuptlingen. Wir werden eine Entscheidung fällen, wenn die beiden zurückkehren.« Sie setzte sich auf einen Felsblock, und Gudrun war endlich wieder imstande, dem Blick jener umschatteten Augen zu begegnen.

»Du sprichst die Wahrheit. Das ist meine Botschaft an die Walkyriun«, sagte sie langsam. »Doch mein Bruder Gundohar trug mir außerdem auf, dich persönlich um deine Hilfe zu bitten, was immer die anderen auch tun mögen.

Er versucht so sehr, ihnen ein guter Herrscher zu sein!« fuhr Gudrun hastig fort. »Die Burgunden sind ein gutes Volk, doch die Zeit ist vorbei, daß Gundohar ein Heerkönig wie sein Vater hätte sein können. Und doch sind sie noch nicht soweit, daß er sie auf römische Weise regieren könnte. Er braucht einen sicheren Raum für sein Volk, wo Vieh weiden kann und die Saat ungestört bis zur Erntezeit heranreifen kann. Er wird kämpfen, weil er muß, doch er zieht den Klang der Harfensaiten dem Schlag von Speer auf Schild vor. Kannst du das verstehen, Kriegerin?« brach es plötzlich aus ihr hervor. »Hat man dich alles verachten gelehrt außer dem Krieg?«

»Man hat mich Gehorsam gelehrt ...«, sagte Brunhild mit einem Stirnrunzeln. »Ich werde kämpfen, wie meine Schwestern es beschließen, und sie gehorchen dem Willen des Gottes. Deine und Gundohars Not rührt mich. Aber du mußt verstehen, daß ich dir keine Antwort geben kann. Du würdest dein Volk auch nicht verlassen, wenn ich dich bäte – verlange nicht von mir, die Walkyriun zu verraten.«

Aus Liebe würde ich es tun ..., dachte Gudrun. *Doch was weiß eine Erwählerin der Erschlagenen von solchen Dingen?* Einst hatte Freundschaft zwischen ihnen bestanden, doch nichts, so sah sie jetzt, was die Ausbildung der letzten sieben Jahre aufwiegen könnte.

Sie wandte ihren Blick zurück zu der schimmernden Ebene und sah sie plötzlich durch einen roten Schleier, als tränkte das Blut, daß bald dort vergossen werden sollte, bereits den Boden.

Brunhild zog ihren Kopfputz aus Rabenschwingen tiefer und überprüfte den Sitz ihres blauen Mantels. Es war schon dunkel geworden, aber die Luft war noch warm. Sie spürte, wie ihr der Schweiß unter dem weißen Gewand herunterrann, doch sie rührte sich nicht. Seit ihrer Einweihung war dies der erste Große Rat der Walkyriun. Es wäre ihr undenkbar erschienen, sich als weniger diszipliniert zu erweisen als die älteste ihrer Schwestern.

Lichtschein flammte in den Schatten auf und pflanzte sich die Reihe entlang fort, als die Fackeln angezündet wurden. Brunhild hob ihr eigenes Kienholz, und Randgrid hielt ihre Fackel daran, bis es brannte. Dann wandte sie sich, um das Feuer an Galemburgis weiterzugeben. Bevor die Flamme das Ende der Reihe erreicht hatte, hatten sich die ersten in Bewegung gesetzt, und die Lichterkette wurde zu einer feurigen Schlange, die sich durch die dunklen Bäume wand. Von der Spitze der Kolonne kam die bittere Harmonie von Frauenstimmen:

Den Weg zur Weisheit, den Weg der Welten,
Den bewachten Weg betreten wir,
Den Weg in den Morgen, den gewundenen Weg,
Den Weg aus der Nacht erbeten wir ...

Auf dem Hügel des Hohen standen ihre Sitze bereit, durchgesägte Baumstämme, zu einem Kreis angeordnet wie die Richterstühle der Götter. Als die Walkyriun ihre Plätze einnahmen, wurde es ein Feuerkreis. Flackernde Lichter tanzten auf Kopfschmuck aus Fell und Federn; nicht Göttinnen, sondern Landgeister – Wölfin und Rabe, Graugans und Fischadler, Bär und Otter und Wildkatze der Hügel. Einen Augenblick lang hing das Lichterrund über ihren Häuptern. Dann wurden die Fackeln in das aufgeschichtete Holz im Zentrum geworfen.

Als der Scheiterhaufen aufflammte, enthüllte er die Frauengestalten unter den Masken.

Den Weg des Schicksals, den Weg des Todes,
Den Schattenpfad beschreiten wir,
Den Weg der Geburt, des Wachstums Weg,
Den Weg des Lebens geleiten wir.

Als sie ein Kind gewesen war – es schien sehr lange her zu sein –, hatten die Mädchen ihre eigenen Worte zu jenem Gesang gemacht, kichernd in der Dunkelheit, nachdem die Lehrerinnen sich in ihr Langhaus zurückgezogen hatten. Doch hier in diesem erleuchteten Kreis schien er in ihren Knochen zu vibrieren.

Erst in diesem Moment merkte Brunhild, daß noch andere auf dem Hügel waren. In dem Schutz der Birken sah sie verschwommene Gesichter – Gudrun und zwei von den Männern ihres Bruders und den Gesandten, der von den Alemannen gekommen war. Auf der anderen Seite sahen die Mädchen, die noch nicht ihr Gelöbnis abgelegt hatten, schweigend mit leuchtenden Augen dem Geschehen zu. Doch sie standen außerhalb des Lichts und des Kreises der Walkyriun. Draußen ...

Den Weg der Furcht, den Weg der Macht,
Den Weg des Wunders gehen wir,
Den Weg des Mutes, des Friedens Weg,
Den Weg der Völker sehen wir ...

Die Frauen beendeten ihren Gesang. Das Lagerfeuer prasselte laut in der Stille, und irgendwo in den Wäldern drunten rief eine Eule. Randgrid erhob sich, auf ihren Speer gelehnt.

»Wer kommt zum Rat der Walkyriun?«

»Ich –«

Brunhild sah, wie Galemburgis sich aufrichtete, als Liudegar, der Sprecher der Alemannen, in den Kreis hinkte.

»Ich spreche für diejenigen, welche die alten Wege dieses Landes verteidigen. Krieg lauert an unseren Grenzen wie ein Sturm – ein Sturm aus dem Westen, denn unsere Feinde kommen mit römischen Schwertern in der Hand, obgleich sie sich zu den Stämmen zählen. Unser Rat der Häuptlinge hat mich gesandt, um ein Bündnis zu schließen. Schließt Euch uns an, Frauen des Weistums! Steht uns bei in unserem Streit! Und wir unsererseits werden den alten Glauben Hermundurs bewahren und Euch im Lande Ehre zuteil werden lassen.«

Er blickte sich im Kreis um, mit einer Mischung aus Stolz und Berechnung. Zumindest hatte er den Anstand gehabt, die Geschenke nicht zu erwähnen, die verteilt worden waren, und obgleich die Walkyriun schworen, daß solche Dinge keinen Unterschied machten, hatte Brunhild doch in allen Einzelheiten davon berichten hören.

Gudrun trat vor, und obwohl ihre Begleiter hinter ihr standen, wirkte sie sehr jung mit ihrem blonden Haar, das ihr auf den Rücken fiel, und sehr allein. Brunhild erinnerte sich, wie Gudrun sie in Halle zu schützen versucht hatte, und fühlte einen seltsamen Stich des Mitleids. Was hatte sich ihre Familie dabei gedacht, ein Kind auf eine so wichtige Mission zu schicken? Hatten sie Gudrun gesandt, weil sie hofften, sie würde Brunhild zu ihrer Fürsprecherin machen, oder weil sie bereits wußten, daß ihre Bitte hoffnungslos war, und niemanden von größerem Wert der Schmach der Ablehnung aussetzen wollten? Oder war es, weil sie bereits zu Christen geworden waren und nicht zuzugeben wagten, daß sie die Gunst der Walkyriun suchten?

Brunhild hatte all diese Mutmaßungen gehört, als sie über die Anträge berieten. Doch sie hatte davon abgesehen, Gudrun zu fragen. Es genügte, daß das Kind die Reise gewagt hatte und nun vor sie trat, ohne ihrer Furcht nachzugeben.

»Ich spreche zu Euch im Namen Gundohars, meines Bruders, des Königs der Burgunden.« Ihre Stimme zitterte nur ein wenig. »Vor langer Zeit hielten andere Stämme das Land an den Ufern des Rheins. Doch sie zogen über die Grenze, um Rom zu dienen, und es ist nun fast vierhundert Jahre her, seit Menschen unserer

Zunge in jenem Land herrschten. Nun ist mein Bruder dort König, und die Römer begnügen sich damit. Wolltet Ihr lieber die Wachttürme des Limes wiedererbaut und die Adler in der Sonne blitzen sehen? Wenn wir vertrieben werden, so mag das wohl geschehen, und darum bitten wir um Eure Gebete für unseren Kampf oder daß Ihr, wenn Ihr uns nicht helfen könnt, wenigstens Eure Stärke nicht unseren Feinden leiht!«

Sie beendete den Satz mit einem Luftholen und trat zurück. Ihre Gesichtsfarbe wechselte von Rot nach Weiß und wieder nach Rot, als sie sich der abschätzenden Blicke der Walkyriun bewußt wurde, die auf ihr ruhten.

»Meine Schwestern, ihr habt die Worte jener gehört, die unseren Beistand erbitten. In der Stille eures Herzens sucht nun den Willen der Götter«, sagte Hlutgard in das Schweigen, das folgte.

Brunhild befingerte die Lose in ihrem Beutel – einen Birkenstab für die Alemannen, Apfelbaumholz für die Burgunden und einen Schlehdornstock für die Entscheidung, keiner Partei den Vorzug zu geben. Der Apfelbaumstab hatte einen Knoten an einem Ende; Daumen und Zeigefinger schlossen sich darum, und als der Korb zu ihr kam, ließ sie ihn unter das Tuch gleiten.

Randgrid kehrte zu Hlutgard zurück, die niederkniete und den Korb umkehrte und ihn dann hochhob, so daß die Stöcke auf dem Tuch liegenblieben.

»Birke ... Apfel ... Birke ... Birke ...« Die ruhige Stimme zählte monoton, als die Stöcke in Haufen getrennt wurden. Selbst von der anderen Seite des Kreises aus konnte Brunhild sehen, daß die Haufen ungleich waren. Sie unterdrückte den Verdacht, daß auch die anderen ihre Stäbe markiert hatten. Ob es der Wille der Götter oder ihrer Schwestern war, Hlutgards Deutung würde sie alle binden.

»Das Los fällt den Alemannen zu.« Die ältere Frau hob den Kopf, und der Gesandte versuchte ein Lächeln zu unterdrücken. »Sagt Euren Häuptlingen, daß wir ihnen zu Hilfe kommen werden.«

Einige der älteren Frauen nickten. Von Galemburgis kam ein leiser, unterdrückter Laut des Triumphes, doch Gudruns verzweifelter Blick suchte Brunhild, und die Walkyrja war froh, daß ihr Kopfputz ihre Augen vor dem anderen Mädchen verbarg. *Ob sie glaubt, ich empfände nichts dabei?* fragte sie sich. *Ich könnte mit ihr weinen, doch der Ratschluß ist ergangen, und es gibt nichts, was ich tun könnte.*

Die Flammen des Feuers sprangen hoch und prasselten, und Schatten von Rabenschwingen flatterten beutegierig über das Gras.

SCHWERTZAUBER

Wald der Teutonen
Sommer, A.D. 418

»Mehr Speere für die Burgunden?«

Ragan richtete sich auf, und streckte die verkrampften Muskeln, daß sie knackten. Sigfrid stand in der Tür, umstrahlt vom goldenen Licht des Sommers. Über seiner Schulter hing der frische Balg eines Edelmarders.

»Alemannen«, knurrte Ragan und wechselte den Griff um den leichten Hammer, mit dem er den Grat einer Speerspitze bearbeitete.

»Für den Kampf, mit dem die Händler alle rechnen, sobald die Ernte eingebracht ist.« Sigfrid nickte. »Zumindest dienst du beiden Seiten gleichermaßen. Ob sich deine Speerspitzen gegenseitig unwirksam machen, wenn sie einander in der Schlacht begegnen? Oder geht das über deine Magie hinaus?«

Der Junge nahm die Pflöcke auf, mit deren Hilfe er das Fell zum Gerben aufzuspannen gedachte. Er bewegte sich mit der wachsamen Anmut, die ihm seit ihrer Rückkehr von dem Kampf in Albs Halle eigen geworden war. Nie wirkte er unbeholfen; aber andererseits war er auch, weder in der Ruhe noch in Bewegung, nie völlig entspannt.

»Ich mache sie hart und scharf. Sie töten.« Ragan zuckte die Schultern, und Stahl sang leise, als er mit dem

Hammer die Schneide entlang klopfte. »Wenn Hohe einander töten wollen, was kümmert's unsereinen?«

Sigfrid lachte. »Wie hart und scharf deine Worte sind ... wie deine Speere! Und was ist mit Schwertern? Hast du inzwischen die Kunst gemeistert, mir eine Klinge zu schmieden?«

Ragan funkelte ihn an. In einer Ecke der Schmiede lag ein Haufen zerbrochener Schwertklingen. Nachdem sie aus dem Norden zurückgekehrt waren, war der Wald vom Lärm der Schmiede erfüllt. Herbstmonde waren der Kühle des Winters und wieder der Wärme des Sommers gewichen, während Ragan ein Schwert nach dem anderen auf dem Amboß geschmiedet, es in die Glut gelegt hatte, um Festigkeit aus der Holzkohle zu ziehen, und es erneut mit dem Hammer bearbeitet hatte. Die ersten beiden hatte er gefeilt und geschliffen und poliert. Die anderen waren noch rauh, glitzernd in den Regenbogenfarben ihrer Temperung.

Ob rauh oder glatt, allen war es genauso ergangen. Jedesmal wenn Sigfrid die neueste Klinge gegen das Podest aus alter Eiche hieb, das den Amboß stützte, zersprang sie, und Ragan heulte dann vor Wut und suchte in seinem Lager nach Stücken und Barren aus Metall, die edel genug waren, um ein Schwert abzugeben, wie es seinem Helden angemessen war. Und Sigfrid lachte, nahm Bogen und Speer und verschwand wieder in den Wald.

»Ich brauche neues Eisen«, sagte Ragan widerwillig. Er durfte sich den Jungen nicht zum Feind machen. Sigfrid war im Winter gewachsen und war auch kräftiger geworden. Sigmund selbst wäre stolz darauf gewesen, was Ragan aus seinem Sohn gemacht hatte. »Wir verkaufen die Speerspitzen und gehen dann zu den Hügeln am Fluß, wo Erz gefunden wird. Einige Männer meines Volkes leben noch dort. Vielleicht finden sie etwas für mich.«

»Darüber wird es Winter werden«, bemerkte Sigfrid, der sich rastlos um die Esse bewegte. »Bis wir dann auf die Suche nach deinem Bruder gehen können, werden weitere Monde ins Land ziehen. Nicht, daß es mir etwas ausmachen würde! Ich bin nur ein Schwert in der Scheide, das darauf wartet, gegen den Feind gezogen zu werden.« Er grinste.

Metall erklang plötzlich unter Ragans Schlägen, und mit Mühe zwang der Schmied sich dazu, nicht zu hart zuzuschlagen. Sigfrid hatte in letzter Zeit häufig diese Wirkung auf ihn. Der Junge wuchs heran, und die Jugend war immer zornig. Außerdem machte Sigfrid sich Sorgen um Hiordisa.

»Ich beschwere mich ja nicht«, sagte Ragan zwischen zusammengebissenen Zähnen. »Du bist ein Held. Dein Vater war genauso – zerbrach alle Schwerter, bis auf eins. Und das« – *kling* – »hat der Gott« – *kling* – »zerbrochen.« Stahl klirrte unter seinen Schlägen und zersprang plötzlich; das Schaftstück fiel zu Boden, während sich die Spitze in einen der Deckenbalken bohrte.

»Ja, das hat mir meine Mutter auch erzählt«, meinte Sigfrid nachdenklich in das Schweigen. »Als sie mir das geborstene Schwert meines Vaters gab.«

Die Stille wuchs ins Unendliche. Ragan sah die Gestalt des Jungen in der erhitzten Luft sich wellen wie ein Trugbild.

»*Sigmunds Schwert?*« Seine eigene Stimme widerhallte in seinen Ohren wie das Grollen fernen Donners. »Wie viele Monde hab' ich über sterblichem Metall geschwitzt, und die ganze Zeit hast du Sigmunds Schwert? Du verschwendest meine Zeit und deine! *Warum?*«

Er machte einen Schritt auf Sigfrid zu; seine knorrigen Finger öffneten und schlossen sich, doch der Junge wich keinen Fingerbreit zurück.

»Kenne ich die Grenzen deiner Kunst?« Sein Blick begegnete dem Ragans und wandte sich dann wieder dem Feuer zu. »Ich hoffte, du könntest mir eine Klinge schmieden. Meines Vaters Wolfsfell hat mich schon genug gekostet. Ich will sein Schwert nicht – ich bin überrascht, daß du es willst! Oder hast du vergessen, daß es Zauberstahl ist, geschmiedet von deinem Feind.«

»Gib es her! Ich werde seine Magie enträtseln. Götter-Schwert soll mir zahlen für Wodan-Priesters Untat!«

Er wartete, während Sigfrid ihm die Bruchstücke holte; die große Trommel seines Brustkastens vibrierte zu den Schlägen seines Herzens. Zauberstahl! Er hatte in seinem Leben nur *ein* derartiges Schwert gesehen. Solch eine Klinge leuchtete wie der Blitz, und selbst der stärkste Held konnte sie nicht zerbrechen. Doch jede Waffe war anders; Lust erwachte in ihm, dieser Klinge ihre Geheimnisse zu entreißen.

Und dann hörte er Sigfrids Schritt, und als er hereinkam, verwandelte das letzte Sonnenlicht, das schräg über seine Schulter fiel, die Stahlstücke, die er trug, in gleißende Barren.

Den Speer locker in der Hand, lief Sigfrid in einem stetigen Wolfstrab den Pfad entlang. Der Tag war warm, und er trug nur eine lederne Hose, die er sich für die Jagd aufhob, fern vom Rauch des Schmiedeofens. Er hatte sich auch gewaschen, um den Gestank des Rauches und des menschlichen Schweißes abzuspülen. Nach einer Woche an der Esse war er froh, fortzukommen.

Er hatte die Blasebälge gezogen, bis die Stücke des Schwertes glühten. Doch die Hitze schien das Metall nur härter zu machen, und wenngleich Ragans Gehämmer dröhnte wie der Hufschlag von Wodans achtbeinigem

Streitroß, konnte selbst seine große Kraft die Stücke von Sigmunds Schwert nicht zwingen, sich zu vereinen.

Vielleicht bin ich doch nicht dazu bestimmt, ein Held zu werden. Sigfrids Mundwinkel verzogen sich. *Ich könnte im Wald leben, dazwischen ein wenig Schmiedewerk tun, zum Austausch für die Dinge, die der Wald nicht bereit hält. Es wäre ein gutes Leben, fern von den Menschen.* Der Gedanke war vergessen, als er eine Spur frischer Wolfsspuren sichtete, die den Weg kreuzten, und abbog, um ihnen zu folgen.

Er hatte erwartet, das Rudel bei der Rast vorzufinden, versammelt um den halb zerlegten Kadaver ihrer letzten Beute oder dösend in der Wärme der Herbstsonne. Sie waren, wo er sie erwartet hatte, doch als er unter den Buchen hervortrat, standen die meisten bereits auf den Beinen, mit gespitzten Ohren und hochgestellten Ruten. Einen Augenblick dachte er, sie hätten ihn gewittert; doch diese Wölfe waren damit aufgewachsen, ihn als ein seltsames Anhängsel des Rudels anzusehen, und sie blickten alle in die andere Richtung.

Die stärkeren Mitglieder des Rudels sammelten sich hinter ihrem Anführer. Eine Welle der Spannung lief durch gesträubtes Rückenfell. Ruten zuckten, hielten dann still. Doch die Wolfsmutter blieb hinter den anderen, um die Welpen beisammen zu halten. Gehör und Geruchssinn der Tiere waren schärfer als Sigfrids, doch von dort, wo er stand, konnte er weiter sehen. Er spähte den Hang hinab – die Haselbuschzweige bewegten sich. Dann sah er einen Schwanz mit schwarzer Spitze. Ein fremder Wolf auf dem Territoriuum des Pfeilerpacks! Stirnrunzelnd kauerte er sich nieder, um zu sehen, was sie tun würden.

Einen Augenblick später spitzte der Kopf des Fremden durch die Blätter, die Ohren angelegt, die geschlossenen Lefzen zu einem unterwürfigen Grinsen hochgezogen. Leise winselnd trat er vor, während die Spannung bei den wartenden Wölfen wuchs. Die Wölfe forderten einander ständig heraus; der gegenwärtige Leitwolf hatte seine Stellung erst im letzten Winter erlangt, als sein Vater im Kampf mit einem Elch verletzt worden war. Der alte Wolf war immer noch bei ihnen, aber er half jetzt, die Welpen zu bewachen. Würde es diesem Fremden gelingen, sich auch einen Platz zu sichern?

Plötzlich stolzierten die Wölfe des Rudels auf steifen Beinen um den Ankömmling herum; ihr Fell sträubte sich, als sie ihn von vorn und hinten beschnüffelten. Sigfrid sah ein paar Ruten wedeln. Was geschah dort? Wie schon oft wunderte er sich über jene geheimnisvolle Übereinkunft, die solche Dinge entschied. Es war nicht die Stärke allein, die den Unterschied ausmachte. Er hatte schon gesehen, wie kleinere Tiere sich gegen größere durchsetzten oder wie ein einzelner Wolf ein ganzes Rudel einschüchterte. Es war irgendeine unsichtbare Eigenschaft des Geistes, die einen Wolfshelden kennzeichnete.

Das leise Knurren in der Kehle des Leitwolfs schwoll an zu einem Fauchen. Der Fremde ging zu Boden, rollte sich auf den Rücken mit dargebotener Kehle, als Zeichen der Unterwerfung. Es reichte nicht aus. Die Spannung, die das Rudel in Bann gehalten hatte, zerriß plötzlich. Bepelzte Rücken bewegten sich, das Knurren wurde zu einem Grollen wie bei einem hereinbrechenden Sturm. Winseln wurde zu einem dünnen Kläffen des Schmerzes. Sigfrid war atemlos aufgesprungen. Er sah etwas Rotes – sie schnappten nach dem Fremdling –, und im nächsten Augenblick versuchte der Einzelgänger, aus dem Kreis auszubrechen.

Einen Augenblick lang wogte der Kampf; von allen

Seiten drangen die Wölfe auf den Außenseiter ein. Als der fremde Wolf sich endlich aus dem Gewirr freigekämpft hatte, waren seine Flanken rot von frischem Blut. Den Schwanz zwischen die Beine geklemmt, huschte der Eindringling auf die Haselbüsche zu und verschwand.

Ein Wolf schnüffelte an den Blutspritzern, welche die Blätter befleckten. Die anderen starrten immer noch ihrem Opfer nach. Es dauerte lange, bis die Anspannung sie allmählich verließ, und noch als die anderen schon wieder an ihrer Beute herumzerrten oder sich nach Flöhen kratzten, blieb der Leitwolf noch wachsam.

In Albs Halle war ich der Fremdling ..., dachte Sigfrid, als er sich heimwärts wandte. *Wenn ich nicht fortgegangen wäre, hätten sie mich eines Tages zerfleischt?* Er beschleunigte seinen Schritt, als er sich zurück auf den Weg zur Schmiede machte.

Sigfrid konnte den Klang von Ragans Hammer hören, als er den Hügel hinunter kam. Mehr Speerspitzen, dem Laut nach zu schließen. Das magische Metall des Schwertes hatte einen helleren Ton.

Ragan knurrte, als er eintrat. Das Wasser platschte in den Trog, und Sigfrid richtete sich auf. Der Schmied war fleißig gewesen. Zwei weitere Rohlinge für Speerspitzen lagen neben dem Amboß, und ein dritter nahm mit jedem Schlag Gestalt an.

»Soll ich helfen, sie zu schleifen?« fragte der Junge.

»Jetzt will er helfen«, knurrte der Schmied, als der Hammer wieder niedersauste. »Keine Tiere mehr im Wald? Nichts Besseres zu tun?«

»Du hast gesagt, die Alemannen würden Anfang des Erntemondes ihre Speerspitzen holen kommen. Da ist nicht mehr viel Zeit.«

»Meinst, weil ich dein Trollschwert nicht schmieden kann, hätt' ich all mein Geschick verloren?« Ragan hob die Speerspitze mit der Zange und funkelte Sigfrid über die Schneide der Waffe an. Der Junge spürte, wie seine Nackenhaare sich sträubten. Er zwang sich zur Ruhe.

»Ich meine«, sagte Sigfrid ruhig, »daß du nur zwei Arme hast.«

»Wenn ich am Schwert arbeite, bist du ab in den Wald, doch jetzt willst du helfen. Ich glaube, du willst nicht, daß ich die Klinge schmiede.« Die buschigen Brauen zogen sich zusammen. »Willst Eidbrecher sein. Hat Sigmunds Sohn Angst?«

»Ich hab' geschworen, Fafnar zu töten, wenn du mir ein Schwert machst«, schnappte Sigfrid. Er konnte spüren, wie das Feuer in ihm aufwallte, und plötzlich verstand er die Wölfe. »Was schert es mich, ob dein Bruder lebt oder tot ist, alter Mann; doch bevor du mich einen Feigling nennst, erfüll deine Seite des Abkommens!« Er richtete sich zu seiner neu gewonnenen Größe auf und blickte auf den Schmied herab. »Wenn du kannst!«

Das Grollen in Ragans Kehle wurde zu einem Brüllen. Der Junge sah seinen Arm verschwimmen, und ein Raubtierreflex ließ ihn zur Seite wirbeln, als die Speerspitze an seinem Kopf vorbeizischte und sich in die Wand bohrte. Er lachte, und Ragan torkelte auf ihn zu.

»Ich bin kein Schmiedeknecht, den du verprügeln kannst, Alter! Du kannst mich nicht mal fangen!« Er tanzte beiseite.

»Ich bringe dich um!« rief der Schmied und griff nach dem Hammer.

»Und wer wird dir dann frisches Fleisch bringen oder den Blasebalg bedienen?« antwortete der Junge.

Sigfrid konnte Ragans Wut spüren wie den Zorn eines braunen Bären, dessen Schlaf er einst gestört hatte. Doch die letzten zwei Winter hatte das Fell jenes Bären die Schlafstelle des Jungen warmgehalten. Die Gestalt des Schmiedes schien zu verschwimmen, und Sigfrids Lachen verstummte. Mit Zorn konnte er fertig werden, doch was er nun spürte, war Schmerz.

Er ist ein verwundeter Bär, dachte er, während er beobachtete, wie das Schmiedefeuer rote Funken in den Augen des Schmieds aufglühen ließ. *Er blutet, wo keiner es sehen kann. Einer von uns wird verletzt werden, wenn dies weitergeht.* Besser, ich mache mich davon, dachte er, bis der Alte sich beruhigt hat.

Er bewegte sich auf die offene Tür zu und hielt inne, als plötzlich ein Schatten über die Schwelle fiel.

»Wenn ihr jemanden braucht, die Bälge zu bedienen«, kam eine rauhe Stimme von draußen, »gebt mir zu essen und einen Platz zum Schlafen, und ich werde euch helfen.«

Ragan blickte um sich, verwirrt blinzelnd. Sigfrid spähte durch die Tür. Ein alter Mann stand dort, auf einen Speer gestützt.

»Wer bist du?« knurrte Ragan. Sigfrid seufzte vor Erleichterung, als er sah, wie der Zorn des Schmiedes verebbte.

»Helmbari nennt man mich«, kam die Antwort, »ein Krieger, zu lahm für den Kampf. Doch es liegt noch Kraft in diesen Armen –« Er richtete sich auf, und Sigfrid sah, daß er nicht so alt war, wie es geschienen hatte, nur lädiert wie ein alter Helm, mit einer Narbe, die ein Auge halb schloß und sich bis in seinen langen Bart hinabzog. »Und Verstand in diesem alten Kopf«, fuhr er fort. »Ich könnte Euch von Nutzen sein.«

»Komm rein, wo ich dich sehe!« Ragan wandte seinen unheilvollen Blick von Sigfrid dem Ankömmling zu, als der alte Krieger über die Schwelle humpelte, wobei er seinen Speer als Stab benützte. Sein Mantel war zerrissen und wurde nur von einem Dorn zusammengehalten, doch an seiner Seite hing ein Schwert.

»Ich werde die Schleifarbeiten machen können, während er den Blasebalg bedient ...«, sagte Sigfrid ruhig. Das Wolfsrudel hatte keinen Bedarf mehr für ein weiteres Mitglied gehabt, doch Ragan und er brauchten Hilfe, und sei es nur, damit sie einander nicht an die Kehle fuhren.

Ragans Schultern sanken plötzlich herab. »So ist es. Eine Zeitlang kannst du bleiben, mir helfen, dem Jungen helfen, bis das Werk getan ist.«

»Bis das Werk getan ist –«, wiederholte Helmbari und lehnte seinen Speer gegen die Wand. Doch plötzlich war sich Sigfrid nicht sicher, ob ihm das Lächeln des alten Kämpen gefiel.

Ragan hockte auf der bloßen Erde hinter der Schmiede und starrte auf das Schwert. Im Morgenlicht blinkten die Stücke ihn an, kaum angekratzt von den Schlägen, mit denen er sie traktiert hatte, und immer noch glänzend. *Göttermetall ...* Er fuhr mit einem schwieligen Finger den glatten Stahl entlang, als ob die Berührung ihm das Geheimnis aufdecken könnte. Er hatte damit gerechnet, daß das Schwert ihm Widerstand entgegensetzen würde, doch er war ein Meister der Erdmagie. Alles, was aus den Tiefen der Erde kam – Stein und Erz und das Metall, das es enthielt –, sprach zu ihm. Daß dieses Ding, das die Priester seines Feindes gemacht hatten, ihm so trotzen konnte, stellte all das in Frage, was er war.

Die Sache ging inzwischen weit über sein Begehr hinaus, eine Waffe zu schmieden, die Sigfrid gegen Fafnar einsetzen konnte. Er mußte das Schwert verstehen. Er legte eine Hand auf die Erde und die andere auf die Stücke der Klinge, und dann, mit geschlossenen Augen und mit anderen als den gewöhnlichen Sinnen, suchte er nach dem Puls der Erde. Allmählich verlangsamte sich sein Herzschlag, um sich jenem steten Rhythmus anzugleichen, doch es gab nur die leiseste Resonanz in dem Stahl.

Wo bist du? Was bist du? Warum entziehst du dich mir?

»Der Junge sagt, der Vorrat an Holzkohle gehe zur Neige«, ertönte eine Stimme hinter ihm. »Wollt Ihr ihn zu den Köhlern in den Hügeln schicken?«

Verwirrt blickte Ragan auf und sah eine leuchtende Gestalt, die sich über ihn beugte. Dann kniff er die Augen zusammen und erkannte, daß es nur Helmbari war. Rasch schlug er die lederne Umhüllung über die Bruchstücke, um sie vor dem Blick des Mannes zu verbergen.

»Glaubt Ihr, ich wollte es Euch wegnehmen? Ich hab' meine Waffen lieber im Ganzen, selbst wenn sie nur aus gewöhnlichem Stahl sind. Doch das ist ein schönes Stück. Es erinnert mich an König Sigmunds Schwert, das ich vor langer Zeit sah.«

Der Schmied steckte die Zipfel des Leders fest und kämpfte mit der Verschnürung.

»Wenn die Speerspitzen fertig sind, werdet Ihr Euch dann daran machen?« fragte der Fremde arglos. »Das wäre ein wunderbares Werk.«

»Hast keine Arbeit zu tun?« Ragan kam auf die Füße. »Wir füttern dich nicht durch, damit du hier rumstehst –«

»Solch ein Zorn und für so eine Kleinigkeit! Wenn Ihr so lange lebt wie ich, werdet Ihr lernen, Eure Kraft für wichtigere Dinge aufzusparen ...« Er schüttelte den Kopf vor Verwunderung. »Doch wir brauchen die Holzkohle –« Sein Blick, mit dem er den Schmied ansah, war plötzlich unsicher.

»Die Trolle sollen die Holzkohle holen und dich auch!« rief Ragan aus und stapfte fort.

»Wie ist das, in einer Schlacht?« fragte Sigfrid, als er die grob gezimmerte Truhe öffnete, um die nächste Reihe fertiger Speerspitzen auf die Schicht von trockenem Gras zu legen.

Helmbari knurrte. »Blut, Staub, man ist so müde, daß man gar nicht weiß, was einen noch aufrecht hält – und der Augenblick des Triumphes, wenn du den Schmerz überwindest und zum Gott wirst!«

Oder zum Tier ..., dachte Sigfrid, sich erinnernd. Doch der Wolf hatte seinen Geist überwältigt, weil er nicht das Geschick gehabt hatte, den Kampf als ein Mann zu bestehen. *Ich werde es nicht wieder geschehen lassen.*

»Warum? Willst du ein Krieger werden? Schmiedewerk wird besser entlohnt!« Er reichte dem Knaben zwei weitere Speerspitzen.

»Seit du hierher kamst, hast du davon geredet, wie die Stämme sich ihren Weg durch das Land haben erkämpfen müssen. In solchen Zeiten sollte selbst einer, der Waffen nur fertigt, wissen, wie man sie gebraucht. Ich kann Tiere mit meinem Bogen oder Speer töten, aber ich verstehe nichts von den Waffen, die Menschen gegen Menschen verwenden.« Es mochte sein, daß Ragan jene zerborstene Klinge nicht mehr zusammenfügen würde, aber wenn doch ... Während der vergangenen Monde war Sigfrid der Gedanke gekommen, daß selbst ein geborener Held mehr wissen sollte, als welches Ende vom Schwert man anpackt.

Der Alte bedachte ihn mit einem scharfen Blick. »Schild ... und Schwert? Du glaubst, ich könnte dir was beibringen?«

»Ich glaube, du hast das Schwert, das du da trägst, nicht nur zum Bäumefällen gebraucht!« gab Sigfrid zurück und sah auf Helmbaris vernarbtem Gesicht den Anflug jenes unheimlichen Lächelns.

In den Tagen, die folgten, fragte sich Sigfrid manchmal, ob er verrückt gewesen sei, Helmbari zu bitten, ihn den Umgang mit Waffen zu lehren. Nachdem der alte Krieger sich erst einmal hatte überreden lassen, erwies er sich als ein genauso unerbittlicher Lehrmeister wie Ragan, um so mehr, als er die Ausbildung von mehreren Jahren in eine so kurze Zeit zu fassen versuchte. Es half, daß die Jahre im Wald die Reflexe des Jungen geschärft hatten, und er besaß Ausdauer von seinen Hetzjagden mit den Wölfen. Die Arbeit in der Schmiede hatte ihm Muskeln verschafft, wie sie wenige junge Männer in seinem Alter aufweisen konnten. Die Kraft war bereits da, doch er hatte noch viel zu lernen.

Die erste Lektion bestand darin, breitbeinig und mit ausgewogenem Körper stehen zu lernen, die rechte Schulter zurück, die linke nach vorne, und sich dabei mit einem Schildbuckel zu verteidigen, während Helmbari mit einem Stück Holz auf ihn eindrosch. Als die ersten Blutergüsse zu heilen begannen und er imstande war, die meisten Schläge zu parieren, machte sein Lehrer ihm einen Schild aus Lindenholz. Er bedeckte mehr von ihm, doch er war unhandlich. Sigfrid handelte sich weitere blaue Flecken ein, während er lernte, damit umzugehen, und dann ließ ihn Helmbari wieder mit dem Schildknauf allein üben.

»Wenn du in die Schlacht ziehst, glänzen alle Schilde hell in der Sonne. Doch bald genug sind sie in Stücke zerhauen, und der Knauf ist alles, was dir bleibt. Lern mit einem ganzen Schild zu kämpfen, mit einem Teil davon oder mit gar nichts.«

Er gab dem Jungen eine Axt und ließ ihn Feuerholz damit schlagen, mit Schwerthieben: Vorhand, Rückhand, seitlich und von unten nach oben.

»Ein Mann zielt mit dem Speer von oben nach unten,

doch ein Schwert trifft aus jedem Winkel. Der Schwung ist anders, doch die Bewegung ist dieselbe. Siehst du den Zweig da – das ist ein Speer, der kommt auf dich zu –«, sagte Helmbari plötzlich, als sie durch die Wälder gingen, und Sigfrid, ohne zu denken, brachte die Axt hoch, wobei er seinem Vorhandschwung mit jener seltsamen Drehung der Hüfte, die der Krieger ihn gelehrt hatte, Kraft verlieh. Er fühlte kaum den Schock, als die Klinge den Ast traf; der Schwung brachte die Waffe zurück, und sie war bereits wieder in Ausgangsstellung, als der abgeschlagene Ast zu Boden fiel.

Sigfrid lachte. »Das nächste Mal, Alter, bist du dran!«

Helmbari knurrte nur, doch am nächsten Tag beim Training reichte er Sigfrid den Eichenholzknüppel mit einem darangebundenen Stück Eisen als Parierstange und stellte sich ihm mit dem Schildknauf in der Hand gegenüber.

»So, Bezwinger von Birkenästen, sieh zu, ob du mich jetzt treffen kannst!«

Für einen so alten Mann war Helmbari schnell. Er schien sich überhaupt nicht anzustrengen, doch seine kleinen Bewegungen schafften es immer wieder, die Schildbosse vor Sigfrids hölzernes Schwert zu bringen. Der Junge war atemlos und schweißüberströmt, bevor er es schließlich schaffte, seinen Lehrer am Arm zu erwischen.

Helmbari kniff das Auge zusammen, dann grinste er. »Vielleicht lernst du doch noch was, Kleiner, wenn du dich dranhältst.« Und Sigfrid spürte, wie ihm heiß wurde vor plötzlicher Freude.

Zwei Tage später übten sie beide mit Holzschwert und Schild, und die Bewegungsfolgen, die der Krieger ihm eingedrillt hatte, begannen zu einem fließenden Muster zu werden, in dem Angriff und Abwehr eins wurden.

Sigfrid war jetzt gut genug, um zu spüren, daß mit einer richtigen Klinge die Unbeholfenheit, mit der das Holz durch die Luft zischte, zu dem scharfen Pfeifen eines Raubvogels werden würde. Er begann von solch einem Schwert zu träumen.

»Siehst du's jetzt?« sagte Helmbari und ließ seine Waffe sinken. Diesmal schwitzte auch er. »Du kannst deine Bewegungen nicht planen, oder dein Kopf wird rollen, bevor du zu Ende gedacht hast. Du mußt lernen, deinen Vorteil zu nutzen, ohne darüber nachzudenken, so, wie deine Füße festen Boden finden, wenn du rennst. Ein Mann muß seinen Schild bewegen, wenn er zuschlägt, und dann kannst du ihm die Schulter zerschneiden oder eindellen, wenn er Kettenpanzer oder römische Rüstung trägt. Und vergiß nicht, dein Schwert hat auch eine scharfe Spitze!«

Sigfrid nickte. »Und was ist, wenn das Schwert bricht?«

Helmbari hatte sich zu einer sitzenden Position gegen die Birke sinken lassen, die im Hof stand, und der Junge hockte sich zu ihm nieder. Der alte Mann sah ihn scharf an, und es schien Sigfrid, daß sich etwas in seinem Gesichtsausdruck veränderte, wenngleich er nicht hätte sagen können, was.

»Wie die Klinge, die der Erdmann neu zu schmieden versucht?« fragte er trocken. »Du duckst dich, oder du benutzt deinen Schild. Oder du stirbst. Wie Sigmund.« Er seufzte. »Ragan hat in einem recht: Wenn dieses Schwert neu geschmiedet ist, wird es in deiner Hand nicht bersten.«

Sigfrid starrte ihn an. Ragan mußte mit ihm gesprochen haben, und das erstaunte ihn noch mehr als Helmbaris Worte.

»Es sei denn, ein Gott zerbricht es!« Die Worte brachen

aus ihm heraus, jetzt, da er das Geheimnis nicht mehr zu wahren brauchte. »Sigmund war Wodans erwählter Held – warum ließ der Gott ihn sterben?«

Es gab ein langes Schweigen. Helmbaris vernarbtes Auge schloß sich ganz.

»Sigmund lebte lange – sehr lange für einen Helden. Betrauere ihn nicht«, sagte er, doch Trauer lag dabei in seiner Stimme. »Er hat viel durchlebt und dem Gotte Weisheit erworben. Wie er sich's ersehnte, weilt er nun bei den Einheriern und harrt Ragnarök entgegen, der großen Schlacht am Ende aller Dinge. Er war ein Mann seiner Zeit, doch diese Zeit ist vorbei. Die Welt braucht nun neue Helden.«

»Die Welt – oder Wodan?« fragte Sigfrid bitter.

»Willst du kein Held sein?« Der Spott war in die Stimme zurückgekehrt. »Ewigen Ruhm erwerben, große Taten vollbringen?«

»Habe ich eine Wahl? Das ist's, was Ragan von mir will.«

»Es gibt immer eine Wahl ...« Etwas in den tiefen Tönen ließ Sigfrid erschauern. »Doch die meisten Menschen lassen sich vom Zufall leiten. Der Held trifft seine Wahl, weil er weiß, was er tun muß. Er folgt seinem Schicksal, statt dagegen zu kämpfen, und das macht ihn stark.«

»Ich muß kein Held sein, nur ein Mensch –« *Und kein Tier.* Sigfrid betrachtete den Schimmer der Härchen auf seinem Handrücken.

»Die Menschen fürchten den Gestaltwandler, doch sie bewundern den Helden«, sagte Helmbari, als hätte der Knabe seinen Satz laut zu Ende gesprochen. »Sigmund der Wolfskönig erwarb sich Ruhm mit seinem Schwert.«

»Das Schwert ist in Stücken«, sagte Sigfrid knapp.

»Zur Zeit, gewiß ... Wenn du ausgeruht bist, Junge,

dann hilf mir aufzustehen« – die Stimme des Alten wurde plötzlich heller –, »und laß uns noch mal diesen Schulterhieb üben.«

Ragan stand über den Amboß gebeugt und ließ den weißen Flußsand durch seine Finger auf das glühende Metall rinnen und beobachtete, wie die feinen Körner aufzischten und verschmolzen. Die Speerspitzen waren fertig und bezahlt, ebenso wie der emaillierte Spangenhelm für den Burgundenkönig, und jetzt, wo die Dunkelheit ihre Schwingen über den Wald breitete, war er wieder frei, die Herausforderung des Schwertes anzunehmen.

Diesmal vielleicht ... Seine Hand zitterte; er zwang sich zur Ruhe. *So ... so ...* Schnell griff er die Zange, hob die andere Hälfte des Schwertes aus der Glut und legte sie auf ihr Gegenstück, schloß die Zwinge, um die Stücke zusammenzuhalten, und packte seinen Hammer.

Jetzt! schrie der Stahl, als der Hammer niedersauste, *und jetzt!*

Er wuchtete den Hammer hoch, und im Augenblick des Atemanhaltens, bevor er ihn wieder fallen ließ, hörte er etwas, das ihm jegliche Kraft aus den Armen sog. Es war so ein leiser Laut, nicht mehr als das Knacken eines brechenden Zweiges unter dem Fuß eines Jägers. Doch kein Zweig brach je mit einem so süßen Klang. Er ließ den Hammer sinken und beugte sich über die Klinge, blies den Sand weg – und sah einen haarfeinen Riß über den Stahl laufen.

Ragan schüttelte den Kopf und trat vom Amboß zurück, versuchte zu glauben, was er sah. Ehe dieser Stahl verschmolz, zersprang er; so brüchig war er geworden, daß ein kleines Kind ihn hätte zerschlagen können.

Der Zorn, der ihm die Kehle zugeschnürt hatte, brach sich Bahn. Er hob den Hammer hoch.

»Dann brich, brich, du verhexte Klinge!« Der Hammer traf den Amboß, und ein Stück des Stahls sprang mit einem Heulen fast menschlichen Schmerzes davon. »Ich zerschmettere dich, ich zertrümmere dich. Ich bin dein Meister oder keiner!« Mehr Stücke flogen zur Seite, als der Hammer wieder hinabsauste.

»Hast du's mit Tempern versucht?« kam eine Stimme von hinten.

»Ich hab' alles versucht! Alles, was das Erdvolk kennt!« schrie Ragan und fuhr herum. »Gottverfluchter Stahl!« Helmbari duckte sich, als der Hammer vorüberzischte, wo sein Kopf gewesen war.

»Gottgeschmiedeter, will mir scheinen«, sagte der alte Mann. »Vielleicht solltest du die Asen fragen, was zu tun ist –«

»Ich – werde – niemals – Hilfe – erbetteln – von – Wodans – Geschlecht!« Die Worte bahnten sich ihren Weg zwischen zusammengebissenen Zähnen hervor. Ragan klang der Kopf. Im nächsten Augenblick würde er zerspringen, wie das Schwert. Die Zange entfiel seiner Hand. Wie aus großer Entfernung hörte er den anderen sagen:

»Dann wird Wodans Geschlecht dein Verderben sein …«

Doch der Schmied taumelte bereits hinaus in die Finsternis, die jenseits der Tür lag.

»Was ist geschehen?« fragte Sigfrid. Er spähte in das Halbdunkel der Schmiede und sah Helmbari, wie dieser sich schwerfällig bückte, um etwas Glänzendes vom Boden aufzuheben. »Ist Ragan verletzt?«

»Nur in seinem Stolz«, sagte der alte Krieger. »Er kann das Schwert nicht zusammenfügen.«

Sigfrids Kehle schnürte sich zusammen, als ihm klar wurde, worum es sich bei jenen hellen Teilchen handelte. Er fachte die Glut in der Esse zu einem Feuer an und begann nach den anderen zu suchen. Es waren neun Stücke.

»Dann, fürchte ich, wird der Speer meine Waffe bleiben, trotz deiner Bemühungen«, sagte er. Von seinem Traum Abschied zu nehmen erfüllte ihn mit mehr Schmerz, als er geglaubt hatte. Jene Mädchen, die ihm in Albs Halle ausgewichen waren, hätten ihm vielleicht wieder zugelächelt, wenn er als Held mit einem Schwert gekommen wäre. Er träumte manchmal von ihnen und erwachte mit einem Verlangen, für das er keinen Namen wußte.

»Selbst als ich noch nicht mit einem Schwert umgehen konnte, habe ich alle Klingen zerbrochen, die er geschmiedet hat.« Er wies auf den Haufen von Metallsplittern an der Wand.

Helmbari lachte trocken. »Wenn das Schwert dein ist, Wolfskind, dann muß es von dir neu geschmiedet werden.«

Sigfrid starrte ihn an. »Hreidmars Sohn ist der größte Schmied auf Erden«, sagte er, die Worte mit Bedacht wählend. »Welunds Erbe. Eisen spricht zu ihm. Vieles hat er mich gelehrt, doch die Erdmagie liegt im Blut, sie ist angeboren. Zumindest weiß ich genug, um mich nicht an einem Werk zu versuchen, das über seine Kraft hinausging.«

»Die Kraft der Erde hat Ragan, das ist wahr, doch dieser Stahl kam vom Himmel ...« Der alte Krieger hatte sich nicht bewegt, doch in den Schatten wirkte seine Gestalt größer.

»Dann muß jemand ihn schmieden, der die Kraft des Himmels besitzt.« Er versuchte, seine Stimme so fest wie möglich klingen zu lassen.

»Wodans Geschlecht ist diese Kraft eigen«, sprach die ruhige Stimme. »Sohn von Sigi Wolfskopf nenne ich dich, der Reri zeugte, den Vater von Wolse, der Sigmunds Vater ward. Aus Wodans Geschlecht bist du entsprungen!«

Sigfrid spürte, wie die Härchen in seinem Nacken sich sträubten, wie damals bei den Wölfen, als der Fremde aufgetaucht war. Der alte Mann, mit dem er einen Mond lang gegessen und gearbeitet und gekämpft hatte, war niemand, den er fürchten mußte; doch plötzlich war er sich nicht völlig sicher, wer dort im Dunkel stand.

»Wer bist du?« Seine Stimme war kaum mehr als ein Flüstern.

»Helmträger heißt man mich. Ich sagte es dir.«

»Und andere Namen?«

Das Lachen, das aus der Dunkelheit kam, war wie das Rascheln der ersten trockenen Blätter in einem Wind, der den Sturm ankündigt.

»Lege die Stücke in die Esse, Sigmunds Kind, und ich werde die Bälge ziehen, bis das Werk vollbracht ist.«

Sigfrid spürte sein gewöhnliches Ich entgleiten, wie es geschah, wenn er das Wolfsfell überstreifte, und doch hatte sich sein Körper nie so stark gefühlt, sein Kopf nie so klar. Mit einer traumhaften Sicherheit schaufelte er mehr Holzkohle in die Esse, aus dem Korb, wo sie die härtesten Stücke aufbewahrten, Esche und Eiche. Sorgsam legte er das erste glänzende Metallfragment in sein dunkles Bett.

»Dann zieh, wer immer du sein magst –« Ein Lachen stieg in ihm auf, als die Lederseiten der Bälge in Antwort zu ächzen begannen.

Rauch wirbelte in Schwaden auf das Abzugloch zu,

als der Luftstoß die glühenden Kohlen zum Brand entfachte. In einem Augenblick fingen die neuen Stücke Feuer. Sigfrid hustete, als der Rauch dichter wurde, versuchte etwas zu erkennen. Der kalte Stahl begann heller zu werden; zuerst war es nur ein Glimmen von Farbe, das unter der silbernen Oberfläche aufblühte wie die erste Röte auf der Wange eines Mädchens, dann ein rosigeres Glühen. Mit der Zange schichtete er die Kohlen so, daß sie das Metallstück gleichmäßig erhitzen würden.

Die Spannung stieg, als er sah, wie die Farben sich änderten; er wartete auf irgendeine Verwandlung, wenn er auch nicht wußte, wie sie aussehen sollte. Jetzt glühte der Stahl wie die Kohle ringsum. Doch das Feuer konnte noch heißer werden. Er hörte die Blasebälge seufzen und wandte sich um, um seinen Helfer anzuspornen, doch Helmbari ließ das Seil fahren.

»Warte«, sagte er leise, »laß es abkühlen.« Er starrte auf die Esse, und Sigfrid beobachtete die Veränderungen in seinem Gesicht, wie er die Helle im Stahl hatte aufblühen sehen. Dann plötzlich griff Helmbari nach den Bälgen.

Wieder glühte der Stahl auf, doch nicht ganz so hell wie zuvor. Nach wenigen Augenblicken ließ Helmbari den Blasebalg ruhen und sah Sigfrid unter gefurchten Brauen an, als das Metall abzukühlen begann. Der Feuerschein vergoldete die rechte Seite seines Gesichts wie eine Maske, doch die linke blieb im Schatten. Sigfrid zwang sich, den Blick abzuwenden, sah den heißen Stahl zu einem tiefen Kirschrot dunkeln.

»Versuch es jetzt!« kam der Befehl.

Sigfrids Herz pochte in seiner Brust. Mit der Zange hob er das glühende Stahlstück auf den Amboß und nahm sich einen Hammer von mittlerem Gewicht. Wie oft hatte er das schon getan, sagte er sich; doch diesmal war es anders.

Die Muskeln erinnerten sich an ihr altes Geschick, obwohl sein Geist auf anderen Pfaden wandelte. Der Hammer klang, doch der Stahl zersprang nicht. Sigfrid starrte darauf und schlug wieder zu. Funken sprühten, doch das Metall hatte eine Delle bekommen. Keuchend vor Erregung, begann er auf das Bruchstück einzuhämmern, von links nach rechts und wieder zurück, formte es zu einem langen, schmalen Stab.

Als der Splitter sich zu verjüngen begann, sah er, daß sein Gefährte das nächste Stahlstück in die Glut gelegt hatte. Sigfrid holte tief Atem und begann sein ganzes Herz in den Hammer zu legen, wobei er in seinem Geist schon den Augenblick sah, da neun Stäbe aus Himmelsstahl bereit liegen würden, um zu einer einzigen Klinge zusammengeschmiedet zu werden.

Es wurde Morgen, ehe sie mit dem Tempern fertig waren. Sigfrid sank gegen einen der Steine der Schmiede, um sich auszuruhen, und im nächsten Augenblick hatte der Schlaf ihn übermannt. Die Sonne stand schon hoch, als er erwachte. Alle Glieder taten ihm weh infolge der nächtlichen Arbeit und der verkrümmten Stellung, in der er geschlafen hatte. Einen Moment lang wußte er nicht, wie er dorthin gekommen war, dann begann die Erinnerung zurückzukehren. Er sprang auf, und Schmerz durchzuckte ihn; gewiß war es kein Traum gewesen. Doch dort auf dem steinernen Rand der Esse lagen die neun glänzenden Stäbe.

Jetzt könnte Ragan sie schmieden, dachte er und blickte sich um. Doch von dem Schmied war nichts zu hören. Nur das Singen von Vögeln in den Eichen und ein tonloses Pfeifen, das er als Helmbaris erkannte. Bestimmt, dachte er, war dieser Teil doch ein Traum! Dann stand der alte Mann in der Tür, von Licht umstrahlt. Sigfrid trat unwillkürlich einen Schritt zurück, doch dann drang der Duft von Eßbarem in seine Nase. Der alte Mann hatte Brot, getrocknetes Fleisch und Käse auf einem Holzteller gebracht und zwei hölzerne Becher mit Äl.

»Ich dachte, du hättest vielleicht Hunger.« Er grinste, als der Junge das Essen hinunterschlang.

Bei Tageslicht sah er nicht so geheimnisvoll aus, und seine Stimme war die des alten Kriegers. Doch Sigfrid sah immer noch einen Kranz von Helligkeit um ihn herum, wie auch um die Stahlstangen. Der Mangel an Schlaf mußte wohl sein Sehvermögen beeinträchtigt haben.

»Wirst du das Schwert schmieden?« kam die Frage, als er fertig mit Essen war.

»Ich sollte auf Ragan warten ...«

Helmbari schnaubte. »Er ist der bessere Schmied, vielleicht, doch von allen lebenden Menschen kennst nur du das Geheimnis dieses Stahls!« Er beäugte die Blasebälge wie einen altbekannten Feind. »Bist du zu schwach, das Werk zu vollenden?«

Sigfrid schluckte. Die Stimme des Alten hatte sich verändert, und Sigfrid wußte, daß die Kraft, die am Tag zuvor zugegen gewesen war, ihn jetzt wieder erfüllte.

Wodan ..., dachte er dann. *Will er auch, daß ich ein Held werde?* Es würde erklären, warum der Gott ihm half, die Klinge zu erneuern, die er selbst zerbrochen hatte. Doch der Gedanke war nicht gerade beruhigend.

Aber das Sonnenlicht, das durch den Eingang fiel, weckte Hoffnungsfunken. *Gewiß wäre es etwas Großartiges, dieses Metall zu einem Schwert zu schmieden*, sagte sich der Junge dann. *Wenn ich das vollbringe, werde ich mir meines Vaters Erbe verdient haben. Er war ein König unter den Menschen. Vielleicht kann auch ich mir dort einen Platz schaffen.*

»Wenn du die Blasebälge bedienen kannst, Alter, dann sollte ich wohl genügend Kraft haben, den Hammer zu schwingen«, sagte er herausfordernd, doch die einzige Antwort, die er bekam, war der Schatten eines Lächelns.

Er band die gesäuberten Stäbe mit Draht zu Bündeln von jeweils drei und legte das offene Ende des ersten Bündels in die Kohlen. *Neun für die neun Welten und drei für die Nornen*, dachte er, als die Bälge zu blasen begannen. *Doch der Faden, den ich spinne, ist Stahl ...* Als das Ende von einem gleichmäßigen Dunkelrot war, streute er das Flußmittel darüber und legte alles erneut in die Esse.

Alsbald begannen die Stäbe zu singen und Funken zu sprühen. Sigfrid packte sie mit der Zange und begann sie zu klopfen und zu drehen. Abschnitt um Abschnitt wiederholte er den Prozeß, bis er etwas wie ein Stück Tau dort liegen hatte, doch dieses Seil glänzte silbern. Er nahm das zweite Bündel auf.

»Eines für das, was war; eines für das, was wird; eines für das, was das Schicksal beschließen mag ...«, sagte Helmbari leise, als das dritte fertig war. »Wohl getan.« Irgendwie war der Tag vergangen. Die untergehende Sonne entzündete die Schmiedefeuer des Himmels.

Sigfrid hörte, ohne wirklich zu verstehen. Der Traum hielt ihn wieder im Bann. Er hatte vergessen, wer ihm zur Seite stand, er kannte nur den nächsten Schritt, den nächsten Schlag, die nächste Drehung des Stahls. Ragan hatte ihn mehr von seiner Kunst gelehrt, als er wußte. Ohne zu antworten, band er alle drei Stangen zusammen und schob sie in die Esse. Er erhitzte und klopfte sie, als könne er durch schieres Wollen die drei getrennten Stränge zwingen, eins zu werden, und Funken summten umher wie zornige Bienen.

Metall sang und verformte sich. Unter seinen Schlägen wurden die gebundenen Stäbe zu einem langen Barren aus Stahl. Darauf griff er zu kleineren Hämmern, achtete darauf, gleichmäßig und nicht zu hart zuzuschlagen, um das Metall der Form näher zu bringen, die in seiner Seele schimmerte.

Bevor er sie zerbrochen hatte, hatte Sigfrid ein Gefühl für das Gewicht und die Balance von Ragans Klingen bekommen. Die Übungskämpfe mit hölzernen Schwertern mit Helmbari hatten ihm gezeigt, was er brauchte: ein Schwert so lang wie eine römische *spatha*, doch schwerer, mit spitz zulaufendem Ende, das Heft gerade lang genug für seine Hand. Und es nahm Gestalt an – jetzt konnte er es sehen ... Ein Lied stieg in ihm auf, und der Hammer schlug den Takt dazu:

Glut, Glut, Glut –
Im Blut, Blut, Blut –
   Das Schwert wird geschmiedet durch Feuer und Kraft,
   Durch Wollen und Walten und Leidenschaft!

Er ging mit dem Treibhammer an dem Grat entlang und merkte, wie sich seine Struktur verfestigte. In der Stärke der Klinge spürte sein Schlag die komplexen Muster auf und folgte den wechselnden Spannungen, gleich dem Spiel und Widerspiel der Muskeln unter seiner Haut.

Klang, Klang, Klang –
Im Sang, Sang, Sang –
   Das Schwert wird geformt durch Zauber und Lied,
   Durch Atem und Macht aus jeglichem Glied!

Er zog die Feile über die gekräuselte Oberfläche, um die Unregelmäßigkeiten auszugleichen. Später würde er die Klinge polieren, doch dies würde die Formgebung soweit vollenden und ihr genug Schärfe geben, daß es den Schwung nicht verlangsamte.

Glanz, Glanz, Glanz –
Im Tanz, Tanz, Tanz –
Das Schwert wird geschärft durch Schmerz und Pein,
Durch Leid geht zu neuem Leben es ein!

Ein letztes Mal ließ Sigfrid den Stahl erklingen und hörte, wie er sang, gleich dem Lied der Wölfe über den Hügeln. Er blickte auf und begegnete dem Blick von Helmbaris heilem Auge jenseits des Feuers. Jetzt, da das Wunder, das er geschaffen hatte, schimmernd vor ihm lag, konnte er jenem scharfen Blick ohne Furcht entgegentreten.

»Jetzt« – hatte der andere laut gesprochen? – »*mußt du es tempern ...*«

Behutsam säuberte Sigfrid die Klinge und hielt den glänzenden Stahl über die Glut. Ein letztes Mal betätigte Helmbari den Blasebalg. Diesmal brachten sie das Schwert zu einem bräunlichen Schein. Sigfrid nahm es aus dem Feuer und wandte sich dem Abschrecktrog zu, doch der Alte hielt eine Hand hoch.

»Dies ist Himmelsstahl. Allein die Luft wird ihn härten ...« Er stieß die Tür der Schmiede auf, und ein Windstoß fuhr herein. Sigfrid schwang die Klinge hoch und spürte, wie sie in seiner Hand zum Leben erwachte.

Irgendwie mußte es wieder Mitternacht geworden sein. Als der seltsame Wind vorüber war, herrschte vollkommene Stille. Sigfrid hörte den Laut seines eigenen Atems und ein gelegentliches Knacken, wo noch Holzkohle glühte. Doch die Asche am Rand der Esse war grau. Zitternd berührte der Knabe die Klinge.

Es lag immer noch eine leichte Wärme in dem Metall,

als ob ein lebender Geist darinnen wohnte. Doch er konnte es gut genug halten, um die goldgetriebene Parierstange anzubringen sowie den Knauf, der das Schwert zu Sigmunds Zeiten geziert hatte, und die elfenbeinernen Leisten um den Heftzapfen zu binden.

»Mein Wolfssohn ... du hast sehr wohl getan ...«

Sigfrid lächelte; sein Blick strich immer noch über die Klinge. Vor ihm erhob sich der dunkle Stein des Ambosses. Wie beseelt sang das Schwert empor. Seine Hand wußte nun, wie sie es zu greifen, sein Arm, wie er es zu schwingen hatte, und mit der ganzen Kraft seines Körpers zuckte es herab.

Er spürte den Schock des Aufpralls durch sein ganzes Rückgrat. Es gab einen Schlag, als hätten die Tore der Unterwelt sich alle mit einem Male geschlossen, doch das volle Gewicht der Klinge hing immer noch an seinem Arm. Er blickte nach unten. Es war der Amboßstein, der geborsten war mitsamt dem eichenen Block darunter, nicht das Schwert.

Er starrte immer noch darauf, als er einen Laut vom Eingang hörte.

»Helmbari –«, begann er, doch die Worte erstarben. Wo war der alte Mann geblieben? Die Gestalt, die er sah, war zu kurz für den Kämpen, die Schultern zu breit.

»Ein Held«, sagte Ragan heiser, »mit eines Helden Schwert ...« Er trat taumelnd vor, und in dem matten Licht sah Sigfrid, daß sein Gesicht von Erschöpfung gezeichnet war. Als der Schmied die Hand ausstreckte, um den glänzenden Stahl zu berühren, kämpften Neid und Triumph in seinen dunklen Augen.

»Sein Name ist Gram –« Sigfrid flüsterte das Wort, das aus der Musik von Hammer und Stahl zu ihm gekommen war. Es war der Name für eines Gottes Verderben – oder für einen Gott.

»Ich nenne es Fafnarstöter«, sagte Ragan.

Und Sigfrid erkannte, daß er irgendwann in jenem Tag und jener Nacht der Prüfung seine Wahl getroffen und seinen Fuß auf den Weg des Helden gesetzt hatte.

ᚠ

DAS ANTLITZ DES SCHRECKENS

Mainebene
Erntemond, zunehmender Mond, A.D. 418

Als die erste schmale Sichel des Erntemondes über den Himmel zog, begannen die Burgunden ihre Speere zu schärfen. Stoppelfelder und abgeweidete Auen boten ein geeignetes Gelände für Heerzüge. In den nördlichen Hügeln scharten sich die Alemannen um die Standarten ihrer Häuptlinge, und im Süden wurden Krieger von beiden Seiten des Rheins zu der Heerschau am Fuße des Heiligen Bergs einberufen.

Bei Tag tönten die Ufer des Neckars vom Klang der Hämmer, als Schilde bereift und Speerspitzen auf starke Schäfte aus Esche und Eiche gepfropft wurden. Klingen wurden geschliffen, neue Nieten in alte Spangenhelme gesetzt. Für diejenigen, die genug Gold besaßen, gab es Teile von römischer Rüstung zu kaufen oder Hemden mit sich überlappenden Hornschuppen aus Pferdehufen und manchmal Stücke von Lamellenpanzern. Bei Nacht gaben die Heerführer Fässer mit Bier aus, und die Dunkelheit wurde erfüllt mit Geprahle und Gesang. Mehr als einmal fragte sich Gudrun, wenn sie sich auf ihrem schmalen Bett in der Burg hin und her warf, ob der Kampf bereits im Gange war. Doch als dann endlich das Aufgebot vollzählig war und das Heer der Burgunden gen Norden marschierte, hinterließen sie Grabesstille.

Vier Tage später kam ein erschöpfter Reiter auf einem schaumbedeckten Pferd durch das Tor gesprengt. Die Alemannen waren gesichtet worden, und die Burgunden machten sich zum Kampf bereit. Am nächsten oder vielleicht am übernächsten Tag würde die Schlacht beginnen.

»Die erste Waffe der Walkyriun ist Schrecken.« Randgrid blickte auf die Frauen, die mit ihr von Fuchstanz gekommen waren. »Heute nacht, noch bevor der erste Schwertstreich fällt, müssen wir dem Feind böse Träume senden.«

»Dafür brauchen die Burgunden unsere Hilfe nicht«, kam ein leises Flüstern, »wenn sie daran denken, was ihnen morgen bevorsteht.« Irgend jemand lachte, Galemburgis vielleicht oder Raganleob.

Von den älteren Walkyriun waren Golla und Hadugera mit ihnen gekommen und drei andere von jenen, die mit Brunhild geweiht worden waren. *Neun zu neun Walkyriun reiten ...* Sie dachte an das alte Lied.

Brunhild wandte sich nicht um; dies war der Augenblick, auf den ihre Ausbildung sie hatte vorbereiten sollen. Ihm mußte mit Bedacht und Gleichmut begegnet werden, als wäre sie wirklich eine der Erwählerinnen, die in Wodans Halle dienten.

Sie hatten ihr Lager auf einer kleinen Anhöhe unter einer Gruppe von Linden aufgeschlagen. Das Heer der Alemannen lagerte auf dem Hang unter ihnen, jede Sippe und jeder Distrikt um sein eigenes Lagerfeuer. Früher am Abend hatten sie gesungen und gelärmt, doch nun wurde es allmählich stiller. Gelegentlich konnte sie einen Lautfetzen von den Burgunden hören, die sich auf dem höher gelegenen Gelände jenseits des Marschlandes ausgebreitet hatten. Die Luft war drückend und still. Der Morgen würde mehr als eine Art von Sturm bringen.

»Ihr wißt, was ihr zu tun habt, ja? Dann wünsche ich euch gutes Gelingen!« Randgrid schrieb ein Runenzeichen in die Luft, welches die Pferderune und die des Reitens verband. Die Flammen loderten auf, dann fielen die brennenden Scheite in einen Haufen Glut zusammen.

Die Priesterin ließ sich selbst an einem Baum nieder, packte die flache Trommel an ihrem Griff, den Schlegel mit der anderen Hand. Eine nach der anderen schlangen die Walkyriun ihre Mäntel um sich und ließen sich um das ersterbende Feuer nieder. Bald hätte ein Beobachter glauben können, sie schliefen; doch als die Trommel zu schlagen begann, hoben und senkten sich die Mäntel mit den regelmäßigen Atemzügen der Versenkung.

»Wohlan, meine Töchter, laßt uns auf die Reise gehen! Laßt uns den Wind reiten!« Die Trommel trug den Rhythmus ihrer Worte. »Der schöne Leib, den Lodhur gab, schlafe im Schutz von Erdas Schoß! Der Götter Gunst gewähre Heil, bis heimwärts uns der Weg gewiesen!«

Brunhild ließ den Atem tief in sich einströmen und langsam wieder entweichen, atmete ein und aus, daß ihre verkrampften Glieder sich entspannten und ihr Atmen das einzige war, was ihr bewußt war. »Ich bin Sigdrifa…«, flüsterte sie, und als sie diesen Namen sprach, spürte sie, wie die Kraft in ihr aufstieg.

»Führt euch vor Augen die Fluggewande, die Macht des Geistes mache euch frei! Hebt euch empor, den Himmel zu suchen, seht mit dem Sinn, den keiner erschaut!«

Es war wie ein Mantel aus Wärme, der sie umhüllte. Etwas in ihr gab nach, das nicht körperlich war, und sie empfand sich selbst als eine amorphe glühende Gestalt, die auf dem Boden ausgestreckt war. Wie immer gab es einen Augenblick der Überraschung, als ihr Geist sich befreite. Verwirrt fand sie sich außerhalb ihres Körpers wieder. Dann trieb die ihr anerzogene Disziplin sie nach oben. Sie blickte sich um, sah die verschwommenen Umrisse eingehüllter Leiber am Boden, das düstere Flackern der Glut. Weit lebendiger waren die leuchtenden Gestalten, die darüber schwebten.

»Hexen der Nacht, zur Heerfahrt ruf' ich! Hebt auf den Helm, schwingt hoch den Speer! Dem wilden Warg, mit Nattern gezäumt, ihm geziemt es, Geister zu tragen!«

Bei diesen Worten spürte Brunhild, wie ihre Gestalt sich veränderte. Sie war hager, mißgestalt, mit hängenden Brüsten und verfilztem Haar. Doch sie war stark, und der Speer, den sie der Dunkelheit entriß, um ihn als Waffe zu schwingen, schimmerte unheilvoll. Rings um sie begann die Düsternis sich zu rühren. Neben den Hexen erschienen zottige Wolfsgestalten; doch keine Wölfe der Wälder hatten solch leuchtende Fänge oder glühende Augen. Sie pfiff, und eine eisige Nase drängte sich gegen ihre Hand.

Mit einem Schrei schwang sie ein Bein über den knochigen Rücken, und dann waren sie in Bewegung, sie alle, angeführt von einer Gestalt aus einem Albtraum, in deren Gesicht Randgrids Augen glühten. Wie trockenes Blattwerk in einem plötzlichen Windstoß wurden die Walküren emporgewirbelt. Mähnen flatterten, zerfaserten wie Nebelschweife, die der eisige Wind mit sich riß. Luftströmungen, aufgestört vom Sog ihres Fluges, fielen in peitschenden Hagelschauern zur Erde zurück. Wirbel gerannen zu Wolken, löschten die Sterne aus.

»*Ich bin die Mutter der Schlacht, mein Mund ist blutig!*« rief Randgrid.

»*In meinen Händen halte ich die Schlangen des Streites!*« Eine andere schwang ihre Speere.

»*Ich bin die Schwinge des Raben; ich bin die Wolfsreiterin; ich bin die Erwählerin, die das Schicksal wendet*«, schallte die Stimme einer Dritten.

»*Wer das Schlachtgewühl fürchtet, den feßle ich. Sein Schwert mache ich stumpf, seine Speere zerbrech' ich, seine Gedärme nehm' ich für der Nornen Gewebe*«, rief Golla.

»*Ich bin das Weib, das den Krieger willkommen heißt; ich preise den Helden in der Stunde des Sieges; wem die Niederlage bestimmt ist, biete ich Tod als Mitgift, denn ich bin allzeit getreu.*« Harsches Gelächter hallte über den Himmel.

»*Meine Liebe bringt Wahnsinn, meine Lust ist Verzückung. Ich braue den Met des Kampfes, der den Tapferen trunken macht ...*« Sie brausten mit dem Wind über die Ebene, und die burgundischen Lagerfeuer drunten blinkten wie erschrockene Augen.

»*Ich bin der Schwan, der zwischen den Speeren singt*«, schrie Brunhild, »*ich bin die erwählte Jungfrau; ich bin der Sieg. Meine Schenkel sind blutig; ich bin die Kriegsbraut!*«

Ihr Schrei wurde zu einem Kreischen. Sie alle kreischten, wie Raben, wie Wölfe, wie Männer im Todeskampf. Der Wind fuhr hinunter, und sie fegten über das Lager der Burgunden, heulend im Sturm. Feuer flammten, und Zelte wurden losgerissen; Pferde schrien vor Furcht.

Wo die Unholden vorüberzogen, schreckten Männer aus dem Schlaf auf und fluchten, doch es gab keine Meister der Magie unter ihnen, um die Nachtmahre in die Flucht zu schlagen. Und dann waren sie fort, in einem letzten Windstoß und einer Erinnerung irren Lachens. Die Burgunden banden ihre Zelte wieder fest, beruhigten ihre Pferde und fachten ihre Feuer wieder an. Doch als sie sich wieder zum Schlafen niederlegten, wurden ihre Träume heimgesucht von verzerrten Gesichtern und geisterhaften Händen, die sie gepackt hielten in der Parodie einer liebenden Umarmung.

Aus der Erde, die das nächtliche Unwetter durchtränkt hatte, erhob sich am Morgen ein klammer Nebel. Menschen sahen einander nur als geisterhafte Silhouetten; Standarten waren verzerrte Schatten, die sich in Luft auflösten. Die Häuptlinge der Alemannen lachten und dankten den Walkyriun, daß sie ihre Feinde verwirrten, doch es war kein Zauber der Weisfrauen.

»Sie sollten den Nebel nutzen, um gegen den Feind zu ziehen, nicht hier herumsitzen und großtun«, sagte Randgrid schroff. »Wir sind hier, um Helden Beistand zu leisten, nicht um eine Herde von Narren zu hüten.«

Doch als die Sonne begonnen hatte, den Frühdunst aufzulösen, hatten die beiden Heere Aufstellung genommen, und Nebelschwaden pulsierten zu dem dröhnenden Schlag von Speerschäften auf Schilden. Brunhild fröstelte und trieb ihre Stute an, hinter den anderen herzutraben. Sie fühlte sich, als ob ihr Körper ebenso wie ihr Geist letzte Nacht durch die Lüfte gejagt wäre, und sie konnte nur hoffen, daß ihre Feinde eine schlimmere Nacht gehabt hatten als sie.

Sie ritt mit zwei Speeren und einem kurzen Schwert bewaffnet, doch ihre einzige Rüstung waren ihr blauer Mantel und Rabenkopfputz über einer kurzen Tunika und Beinkleidern von derselben dunklen Farbe. Ihren Gürtel zierten silberne Beschläge, und Ornamente aus versilberter Bronze klingelten am Brustband ihres Pferdes. Statt auf einem Satteltuch saß sie auf dem Fell eines grauen Wolfes, den sie im Winter zuvor erlegt hatte.

Brunhild hielt ihr Pferd bei den anderen an. Im selben Augenblick brach die Sonne durch den Nebel, und plötzlich flammte die Luft vor Helligkeit, als Speerspitzen und Schildbuckel, Nieten und Helme und Beschläge alle das Licht einfingen. Geblendet kniff Brunhild die Augen zusammen. Als sie wieder sehen konnte, erkannte sie, daß der Feind vor ihnen stand. Die Stimmen der Krieger hallten hohl, als sie Schutzzauber in ihre Schilde sangen.

Die Burgunden waren jetzt nahe genug, daß Brunhild die roten Mohnblüten ausmachen konnte, die sie als ihr Schlachtzeichen gewählt hatten, und die verzerrten Tiergestalten, die auf ihre Schilde gemalt waren. Wie die Alemannen hatten auch sie sich unter ihren Feldzeichen zu einem breiten Halbmond formiert, dessen Wölbung auf den Feind wies. Kettenhemden und goldene Armreife machten die Anführer kenntlich, die mit ihrem Gefolge in zweiter Reihe standen. Die Sonne glänzte auf nackten Oberkörpern, doch hinter den gemeinen Kriegern sah sie Reiter mit vergoldeten Spangenhelmen, angetan mit Mänteln von dunklem Rot, und eine blutrote Standarte, auf der eine goldgewirkte Schlangengestalt sich träge in der abflauenden Brise wellte.

»Der Gundwurm«, sagte Golla leise. »Sie haben ihn in all ihren Schlachten getragen, oft blutbefleckt, doch immer erneuert. Nun, wir haben Magie, selbst den Wurm des Schicksals zu schlagen.«

Brunhild nickte. Sie wußte, daß der wichtigste Teil einer Schlacht oft dieser Moment war, bevor der eigentliche Kampf begann. Jetzt war der Augenblick, da die Männer einander maßen und Wille gegen Wille stritt. Die Burgunden schienen das größere Heer zu haben, doch war der Mut ihrer Männer so unerschütterlich wie der ihres Feindes?

»Kommt«, sagte Golla, und die Schlachtreihe tat sich auf, um die Walkyriun hindurchreiten zu lassen. Sie zügelten ihre Pferde kaum mehr als eine Speerwurfweite vom Feind entfernt.

»Lauscht, Burgunden, diesem Schlachtsegen – hört,

ihr Helden, der Walkyriun Lied!« Neun Stimmen erhoben sich zu einer einzigen Note, die mit beklemmenden Obertönen vibrierte:

Das Schwert, das ihr schwingt, soll nimmer schneiden,
  Nur singen und schlagen das eigne Gebein!
Der Speer, den ihr werft, schade keinen Feinden,
  Er möge im Fluge zersplittert sein!
Der Schild, der euch schützt, sei in Stücke geschunden,
  So groß eure Not in der Schlacht auch sei!
Glieder, im Kampf mit dem Feinde gebunden,
  Der Kraft beraubt, werden schwer wie Blei!
Geschwächt müßt ihr warten, wider Willen,
  Auf den Wicht, der euer Verderben gewollt.
Dieses Werk werden Wodans Töchter erfüllen,
  Dies ist das Geschick, das ihr kennen sollt.

Die Stimmen der Sängerinnen hoben sich zu einem Kreischen, und die Männer erinnerten sich an die Hexen, von denen sie geträumt hatten.

Höher und höher wurde der Ton getragen, immer dünner werdend, bis jede Frau die Grenze ihrer Stimme erreicht hatte, und verlor sich in einem Wispern, so als pflanze sich der Schrei jenseits des menschlichen Gehörs fort und fort. Bevor die Hörer sich sammeln konnten, riß Randgrid ihr Pferd herum, und mit wehenden Mänteln sprengten die Walkyriun zurück zu ihrem Aussichtspunkt jenseits der alemannischen Schlachtlinie.

Ein Zittern durchlief die Menschenmasse. »*Tam ... tam*«, dröhnten die Schilde unter den Schlägen. Einzelne Alemannenkrieger traten vor, schwenkten ihre Speere. Die blauen Kornblumen unter ihren Mantelschließen zitterten mit jedem Schlag.

»Welche Hunde in Kriegsrüstung kommen mit Waffen? Welche Knechte glauben, etwas gegen unser Heer ausrichten zu können?«

»Am Abend, wenn Krähen eure Kadaver fressen, dann sagt ihnen, daß ihr von Liudegasts Stamm niedergestreckt wurdet, von Saxwalos und Landbalds und Nandos Söhnen. Alle Männer von Marsch und Berg, in Not vereint, trotzen euch hier!« erwiderte der Sprecher der Alemannen.

Unter dem Schildgetöse und Geschrei schwoll ein anderer Laut an, wie das tiefe Grollen aus der Kehle eines Hundes, ehe er angreift, oder das zornige Summen, das von einem umgestürzten Bienenstock kommt.

»Auf die Männer der Nebel wirkt ihr wie Maiden – Mägde, die am Strom schmutzige Hemden waschen! Willkommen – wir werden Weiber aus euch machen! Den Burgherren werdet ihr Bastarde gebären!« Eine Gruppe von Männern trat aus dem burgundischen Heer hervor.

»Das Burgvolk wird niemanden zeugen, denn es wurde kastriert von den römischen Pfaffen!« gab der Alemanne zur Antwort. Trotzrufe erschallten um ihn her.

»Dämonen! Brut Satans!« kam ein Schrei von den Burgunden, den Rhythmus brechend. »Euer Teufel Wodan läßt euch im Stich!«

»*Tam, tam, tam, tam* ...« Speerschäfte schlugen gegen Schilde, und der Boden zitterte unter dem Stampfen der Füße. Brunhild spürte, wie sich das Haar in ihrem Nacken sträubte. Dies war weit schlimmer, als darauf zu warten, die alanischen Gesetzlosen anzugreifen. Die Emotionen so vieler Hunderter, gebündelt durch die Herausforderungen, brandeten gegen ihren Geist wie der Lärm an ihre Ohren.

»Warum füllt ihr unsere Ohren mit leeren Beleidigungen? Nichts als Atzung der Adler seid ihr, Fraß für die Pferde der Hexen!«

Einer der Alemannenhäuptlinge sprang vor, und als wäre er der einzelne Stein gewesen, der die ganze Lawine ins Rollen versetzt, begann der Keil der Männer hinter ihm sich zu bewegen. Ein Zittern durchlief das burgundische Heer; der Gundwurm entfaltete sich in einem plötzlichen Windstoß. Hörner ertönten, und die Masse setzte sich in Bewegung. Die Pferde der Walkyriun schnaubten und stampften, und Brunhild zügelte ihre Stute.

Jetzt kamen die Männer näher. Die Luft sirrte, als die Anführer ihre Äxte warfen. Krieger fielen, doch sie waren wie der Schaum, der von einem reißenden Fluß aufspritzt. Nichts hätte diese Flut jetzt noch aufhalten können. Die beiden Heere trafen sich, und die Welt schrie.

Ein Alemannenkrieger stieß mit seinem letzten Speer nach einem Burgunden; die scharfe Spitze durchdrang das lederne Wams des Mannes und bohrte sich in seinen Bauch. Der Sterbende schrie und griff nach dem Schaft, doch der andere lachte. Irgend jemand hinter ihm stieß einen Schrei aus; er riß den Speer frei und stieß zu, doch sein Gegner fing die Spitze im Holz seines Schildes ab. Der Alemanne versuchte, ihn freizuzerren, und ächzend begannen die Lindenholzbretter nachzugeben, doch der Burgunde ließ seine Axt niedersausen, und es war der Speer, der zersplitterte. Die Axt beschnitt große Kreise in der Luft, als der Burgunde auf seinen Feind losging. Der Alemanne versuchte ihn mit dem zerbrochenen Speerschaft abzuwehren, doch ein einziger Axthieb durchtrennte den Stab und den Hals des Speerkämpfers. Sein Kopf sprang von den Schultern, die Lippen noch zu einem Schrei geöffnet, aber der Burgunde wankte bereits unter den Hieben eines anderen.

Die Walkyriun ritten durch das Schlachtgetümmel, wo es am dichtesten war. Ihre dunklen Mäntel wallten wie die Schwingen von gefräßigen Raben. Wo sie mit ihren Speeren hinzeigten, verließ Männer die Kraft; wo sie ihren Schrei erhoben, fielen burgundische Krieger. Eine fliegende Axt traf Raganleob an der Schulter, und sie trugen sie vom Feld; doch als die Männer die Kampfmaiden sahen, machten sie vor ihnen Platz.

König Gundohar marschierte in das Schlachtgetümmel mit seinem Gefolge, angetrieben ebenso von dem Druck der Männer hinter ihm als von eigenem Kampfeseifer, soweit er ihn aufbrachte. Auf dem Kopf trug er den schweren Helm mit dem Eberkamm, den der Schmied aus dem Norden für ihn gemacht hatte, und der Königsspeer blinkte in seiner Hand. Der Boden war sumpfig, schien ihn bei jedem Schritt nur widerwillig freizugeben. Gundohar erschien es, als sei die Erde selbst sein Feind.

Über ihm knallte und wehte der Gundwurm an seiner Stange, wo der Standartenträger ihm folgte. Zu seiner Rechten schritt Godomar, mit einem Lachen. Zu seiner Linken mähte Hagano mit grimmiger Entschlossenheit die Feinde nieder. Zwischen ihnen eingeklemmt, stach der junge König mit der Entschlossenheit der Verzweiflung nach allem, was ihm in die Quere kam. Ein Mensch-Tier, halb bekleidet mit einem Wolfspelz und blutig vom Hals bis zum Knie, stand plötzlich vor ihm. Er stieß danach, sah das Aufblitzen von Haganos Schwert und keuchte auf, als rotes Blut über seinen jungfräulichen Schild spritzte. Hinter ihm brüllten seine Mannen. Fünfzig starke Krieger hatten ihr Leben geweiht, ihn zu beschützen. Doch Gundohar kümmerte es nicht, ob er lebte oder starb, solange seine Krieger nicht merkten, daß er Angst hatte.

Galemburgis zog die Zügel an und blickte sich um. Die Schlacht hatte sich in kleine Gruppen kämpfender Krieger aufgelöst, und irgendwie hatte sie die anderen Walkyriun verloren. Nahebei hielten sich drei Mann mit dem Kornblumenzeichen der Alemannen wacker gegen eine größere Zahl von Burgunden. Schilde dröhnten und Speere brachen, als sie die Angriffe ihrer Feinde abwehrten. Lächelnd ritt sie darauf zu.

»Alemannen, waltet mit den Wundstäben! Sättigt mein Roß mit der Rabenatzung!« rief sie, und ihre Stammesgenossen wehrten sich mit neuer Kraft gegen ihre Feinde.

Ein Burgunde fiel. Die anderen wichen zurück, als sie die Reiterin sahen. Immer noch lächelnd, schwenkte sie den Speer langsam in ihre Richtung.

»Malefica! Retro me!« rief ein Mann und wedelte mit dem Speer, als wolle er sie mit einer Geberune bezeichnen, was ihr etwas seltsam vorkam bei einem Fluch. »Hebe dich hinweg, Dämonin, im Namen Gottes, zurück zu Satanas! Mögen dich all deine Teufel hinwegtragen!«

Der Speer setzte seine Bewegung fort, als der Mann mit vorgestreckter Waffe auf sie zu stürmte. Doch ihre Lanze war länger. Der Prellschlag riß sie fast vom Pferd. Sie faßte den Schaft mit einer Hand und klammerte sich mit der anderen an die Mähne des Tieres. Einen langen Augenblick starrte der Mann zu ihr hoch, auf ihren Speer gepfählt. Blut sprühte von Lippen, welche immer noch Flüche murmelten. Dann warf das Pferd den Kopf hoch, schnaubte und begann zurückzuweichen, und Galemburgis erholte sich von ihrer Überraschung und riß den Speer los.

»Ich erwähle dich nicht! Geh zu deinem Christ oder zu Satanas, wie es dir gefällt!« spie sie aus und wischte das

Blut von ihrer Speerspitze. Jetzt standen den Alemannen nur noch drei Burgunden gegenüber. Galemburgis preßte ihrem Pferd die Fersen in die Weichen und galoppierte davon, um eine würdigere Beute zu finden.

Der Wagen der Sonne rollte gen Westen. Während am Morgen Nebel die Heere eingehüllt hatte, so war es nun Staub, der in stickigen Schwaden aufwallte. Gegen Mittag hatte sich die Schlacht eine Meile nach Süden verlagert. Viele waren bereits gefallen. Die Aasvögel kreisten niedriger, bereit, sich an noch warmen Leichen zu laben, während der Kampf weitertobte. Der Vorrat an Wurfäxten war lang schon erschöpft. Jetzt warfen die Überlebenden Steine auf ihre Feinde und schleuderten zerbrochene Speere. Doch die meisten der Kämpfe wurden im Handgemenge mit Schwert oder Keule oder Langaxt ausgetragen. Sie hackten und hämmerten, schwitzend und die staubige Luft in verzweifelten, keuchenden Atemzügen einsaugend.

Brunhild schwankte im Sattel, als ihr Pferd auf einer Anhöhe verhielt. Ihr war heiß und kalt zugleich, schaudernd ob der Todespein, die sie durchfuhr, als ein weiterer Mann sein Leben auf der Spitze eines feindlichen Speeres hinausschrie. Wo waren die Fertigkeiten, die sie gelernt hatte, um diese Flut von Gefühlen von sich fernzuhalten? Es war schlimmer als der Angriff gegen die Alanen, als der Kampf nach einer Stunde vorbei gewesen war. Ihre Lehrmeisterinnen hatten sie nie darauf vorbereitet, wieviel Energie die Gefühle so vieler Menschen freisetzen konnten.

In der Ferne erspähte sie Galemburgis, die ihren Speer

schwenkte, als sie auf eine weitere Gruppe von Kämpfenden zuritt. Jede Linie ihres Körpers zeugte von ihrer Erregung. Undeutlich erinnerte sich Brunhild, daß sie auch eine solche Erregung gepackt hatte, damals, als sie in jenen anderen Kampf geritten war.

Es ist, weil ich mich dem Gott ohne Vorbehalte hingegeben hatte, erkannte sie plötzlich. Und seine Macht hat mich getragen. Das war der Unterschied. Sie hatte den Walvater nicht angerufen. Sie hatte Verse angestimmt und Flüche, um die Alemannen anzufeuern, doch bislang hatte sie sich geweigert, mit ihrem Speer auf einen Feind zu weisen.

Ein Jahr zuvor hatte sie am Baum der Prüfungen gehangen und gewußt, daß der Gott in ihr wartete. Doch er sprach auch aus dem Baum und dem Brunnen und, wie sie jetzt wußte, dem Lärm des Schachtfeldes. *»Vertraust du mir nicht?«* Selbst nur an ihn zu denken öffnete die Verbindung. *»Denk an deine Versprechen!«* Die Luft verdunkelte sich. Ihre Ohren klangen, als der Druck wuchs. Sie erinnerte sich an all ihre Eide, dem Gott und den Walkyriun gegenüber. Das war der Grund für ihre Furcht.

»Erwählerin, nun ist der Augenblick der Entscheidung gekommen. Wem willst du dienen, den Menschen oder den Göttern?« Die Stimme war zu groß für die Enge ihres Schädels. Sie packte ihren Speer, doch sie konnte ihn nicht mehr fühlen. Sie spürte, wie das Bewußtsein ihr entglitt, und wußte nie, ob sie in einem Augenblick der Schwäche nachgegeben hatte oder der letzten Klarheit.

Als Sigdrifa öffnete sie die Augen. Gestalten bewegten sich in den wirbelnden Staubwolken – Geister, die immer noch kämpften, auch wenn ihre Leiber gefallen waren; die auf Wölfen reitenden Unholde, deren Gestalt sie die Nacht zuvor angenommen hatte, durcheilten die Lüfte. Das Lebenslicht der Kämpfer pulsierte mit dem Rot der

Kampfeswut oder dem Grau der Verzweiflung, doch wo das bleiche Totenlicht spielte, folgten Wodans eigene Walkyriun, und wenn ihre Speere wiesen, fielen Burgunden wie Alemannen.

»Herr, du bist bereits gesättigt! Was willst du noch von mir?« flüsterte sie. Durch den Schlachtenlärm kam ein bitteres Lachen.

»Ich bin Ygg, und mein Angesicht ist Schrecken. Ich bin der Unheilstifter, der Zwietracht zwischen den Völkern sät. Ich bin auf niemandes Seite. Walvater, Siegvater, Heervater, der Herr der Speere, der die Heere zerstreut. Krieger nennen mich Schlachtenfroh. Bei all diesen Namen haben diese Männer mich angerufen. Und dies ist die Maske, die zu schauen sie erwählt haben!«

Die Worte zitterten in der Luft wie Donner. Ein eisiger Wind peitschte Brunhilds Mantel, und sie wandte sich um und *sah.*

Durch den Staub des Schlachtfeldes hetzten zwei hagere Wölfe. Hinter ihnen ritten Krieger, der wolfsäugige Sigmund und Helgi und Hunding, den er erschlagen hatte. An ihrer Spitze sprengte ein großes Roß, seine acht Beine ein Schattenwirbel. Sie sah den Schimmer grauen Fells und das Gebein darunter. Augen von Feuer funkelten aus einem weißen Schädel.

Doch schrecklicher als das Roß war sein Reiter. Der Herr der Erschlagenen ritt gekleidet in Schatten. Über dem dunklen Gewand sah sie das Glitzern von schwarzem Panzergeflecht. Die geschwärzten Platten seines Spangenhelms waren mit Reliefs von kämpfenden Kriegern besetzt, und der Gesichtsschutz war eine Maske des Schreckens. Als er vorüberzog, wurde der Hengst langsamer. Das Haupt des Gottes wandte sich, und Brunhild erbebte. In einer Augenhöhle war nichts als Finsternis, und in der anderen schien ein einzelnes Licht.

»Geh, meine Tochter ...« Stille senkte sich über sie herab, als die Worte in ihre Seele eindrangen. *»Gib den Kriegern, wonach sie sich sehnen ...«*

Am Rande des Haselbuschgestrüpps stand ein verwitterter Stein, aufgestellt um irgendeinen lang vergessenen Nexus der Macht zu bezeichnen, lange bevor Teutonen oder Römer je das Land betreten hatten. Ein Dutzend Leichen waren ringsum aufgehäuft wie Treibholz, nachdem die Flut stromab getrieben ist. Rostrote burgundische Mäntel lagen vereint mit Fellen, wie die Alemannen sie trugen; Mohn und Kornblumen welkten zusammen auf dem blutgetränkten Boden. Auf den Toten waren bereits die Aasvögel am Werk. Ungelenk hüpften ein paar von ihnen auf, als sich in dem Haufen plötzlich etwas bewegte.

Der Haufen regte sich wieder. Darunter war etwas. Die Vögel flatterten protestierend in das Geäst einer nahe gelegenen Weide, als eine Gestalt, ebenso blutbedeckt wie die Leichen ringsum, sich freikämpfte.

Seine Zähne klapperten. Er zerrte die Fibel von seinem stinkenden Mantel und ließ ihn fallen. Sein Helm war bereits fort wie einer seiner Armringe. Er hatte sein schönes goldgeziertes Schwert verloren. Niemand hätte ihn jetzt noch für einen König gehalten. Aber er war am Leben.

Als er sich aufrichtete, mit zuckenden Fingern, als wäre er nicht ganz sicher, ob sie zu ihm gehörten, erfüllte ihn diese Tatsache mit einem dumpfen Staunen. Er war sich so sicher gewesen, daß er sterben würde. Er konnte noch den Lärm der Schlacht hören, doch nichts bewegte sich außer den Vögeln, die zu ihrem Mahl zurückkehrten.

Sie würden nach ihm Ausschau halten – sie würden *alle* nach ihm suchen. Er fragte sich, ob er größere Angst hatte, vom Feind gefunden zu werden als von seinen eigenen Leuten. Der Gestank von Blut und Gedärmen stieg ihm in die Kehle, doch er hatte bereits alles von sich gegeben, was sein Magen enthalten hatte. Vielleicht konnten Männer ohne Vorstellungskraft dies ertragen, doch hatten die Barden, die immer so freudig von Schlachten sangen, je eine erlebt?

Kein Töten mehr ... Er rieb sich die Hände am Saum seiner Tunika. *Schluß damit!*

Wohin konnte er fliehen? Blinzelnd begann er sich umzusehen, und dann, wie aus den Schatten entsprungen, sah er die Walkyrja. Sie saß still wie ein geschnitztes Bild und starrte ihn an. Die Beine der braunen Stute waren blutig, doch die Frau, die auf ihr saß, war ganz Dunkelheit. Rabenschwingen umrahmten ein feingeschnittenes Gesicht, doch die umschatteten Augen, die seinen begegneten, waren kalt. Er hatte dieses Gesicht in seinen Träumen gesehen.

»Brunhild ...« Das Wort war ein Flüstern, ein Gebet.

»Nein. Ich bin Sigdrifa. Bringerin des Sieges. Für die Alemannen.«

Die Luft war warm, schwül, doch er zitterte wie Espenlaub.

»Bist du gekommen, um mich zu holen?«

»Bist du ein Held? Bist du bereit, in Wodans Halle einzugehen?« Auch ihre Stimme war kalt.

Das bellende Gelächter, das sich seiner Kehle entrang, überraschte ihn. Bereit? Wer hätte ihn vorbereiten können, auf das hier?

»Ich weiß nicht, was ich bin«, sagte er wahrheitsgemäß. »Man nennt mich König.« Zu spät kam ihm der Gedanke, daß er das nicht hätte sagen sollen. Er kannte sich selbst kaum wieder, vielleicht hätte sie ihn auch nicht erkannt. Doch die Walkyrja zeigte keine Überraschung.

»Was begehrst du – Leben oder Ruhm?« fragte sie geduldig. Ihr Speer bewegte sich, als sie sich umwandte, und er zuckte zusammen.

»Ich will leben ...«, flüsterte er. O Götter, die Sonne zu sehen, die Erde zu fühlen, weiter die süße Luft zu atmen!

»Dies ist das Feld des Todes. Gundohar, Sohn Gibichos, warum bist du hier?«

Gundohar ... Ich bin Gundohar ... Er starrte sie an, als eine Flut von Erinnerungen seine Instinkte überschwemmte. Sein Vater hatte als ein Häuptling unter vielen begonnen, wenngleich die Niflunge sich von den Schreinkönigen in dem alten Heimland an den nebligen Gestaden des Nordmeeres herleiteten. Doch die beste Hoffnung für ein wachsendes Volk lag westwärts, und die Römer verhandelten am liebsten mit Herrschern.

»Nicht um des Ruhmes willen, sondern ob der Not meines Volkes«, sagte er bitter. Es war der Grund, weshalb er trotz seiner Furcht diesem Krieg zugestimmt hatte.

»Ich bin die Erwählerin der Erschlagenen«, sagte sie dann, und die Speerspitze beschrieb einen langsamen Kreis in der Luft. »Hast du Angst?«

»Sicher habe ich Angst!« Fasziniert folgte sein Blick dem Speer. Sein Bruder Godo hätte ihr getrotzt, aber zu welchen Katastrophen würde er die Burgunden führen, wenn er König wäre? »Aber ich muß überleben, für mein Volk und mein Land!«

»Dann lebe –« Der Speer hob sich. »Wodan will dich nicht, doch dort kommen Feinde, die dich töten werden, wenn sie können!«

Blinzelnd spähte er an ihr vorbei und sah ein halbes

Dutzend Alemannen, die in seine Richtung gelaufen kamen. Hinter ihnen glaubte er burgundische Krieger zu erkennen, doch er war sich nicht sicher. Gewißheit war in den Augen der Männer, die hechelnd wie Hunde herbeieilten, als sie ihn dort stehen sahen.

Erleichterung und Verzweiflung kämpften in seinem Gehirn, doch Brunhild beobachtete ihn weiter. Der Boden hier war mit zerbrochenen Waffen übersät und einem unbeschädigten Speer. Ohne bewußte Entscheidung begann er Speerspitzen und Messer und Stücke von Schwertern aufzusammeln. Auf den Speer gestützt, humpelte er hinüber zu dem Menhir. Ihn schwindelte, doch was er zu tun hatte, war plötzlich ganz klar. Als die Alemannen näher kamen, lehnte er sich mit dem Rücken gegen den Stein und hob sein erstes Wurfgeschoß, um es gegen den Feind zu schleudern.

Brunhild lenkte ihre Stute fort; sie wollte nicht zusehen, wie Gundohar starb. Sie fragte sich, wie lange die Alemannen brauchen würden, um ihn zu töten. Sie erinnerte sich an den Augenblick, als der Ausdruck eines in die Enge getriebenen Tieres aus seinen Augen verschwunden war und sie in ihm, wenn nicht einen König, so doch einen Mann gesehen hatte. Ihre Pflicht war, ihn zu erwählen, doch das Todeslicht umflackerte ihn nicht. Was immer jetzt geschah, er war nicht für Wodans Halle bestimmt.

Gundohar warf eine Speerspitze, ungeschickt wie ein Knabe, doch einer der Alemannen schrie auf und ging zu Boden. Einen Augenblick lang starrte er ungläubig, und dann packte er lachend einen zweiten.

»Ich bin der Waffenspender! Kommt und holt sie euch! Ich bin der Ringgeber, kommt her für eure Belohnung!«

Die Alemannen zögerten, denn in jenem Lachen hatte eine Spur von Wahnsinn gelegen.

Die Kampfeswut überkommt ihn, dachte Brunhild voll Staunen und zügelte ihr Pferd erneut. Hinter den Alemannen konnte sie eine andere Walkyrja sehen, doch ihre Aufmerksamkeit galt allein Gundohar. Der junge König warf Waffen, wie ein Junge Kieseln schleudert, um Vögel zu verscheuchen, wehrte sich mit allem, was in Reichweite lag, nachdem sein erster Vorrat verbraucht war. Dann waren sie bei ihm.

»Kommt, füttert den Gundwurm, Alemannenknechte!« schrie Gundohar. Er schlug mit dem Speer um sich; ein glücklicher Streich traf einen Mann im Gesicht, daß dieser schreiend zur Seite taumelte. Ein Mädchen, das neu zur Ausbildung zu den Walkyriun gekommen wäre, hätte sich anmutiger bewegt, doch erstaunlicherweise zeigten Gundohars ungeschickte Hiebe Wirkung. Jetzt näherten seine Feinde sich ihm vorsichtiger. Er merkte es, und erneut erschallte sein irres Gelächter.

»Die Walkyrja bringt mir Sieg!« schrie er.

Andere Rufe antworteten ihm. Die Burgunden hatten seinen Schlachtruf gehört, und kämpften sich auf ihn zu. Gundohar knurrte und stieß seinen Speer in den Bauch eines Mannes. Ein Schwert zuckte auf seinen Kopf zu; er wich aus, und es klirrte gegen den Felsen und zerbarst. Und dann waren seine Männer bei ihm.

»Gundohar! Gundohar! Der Gundwurm erwacht!« riefen sie. In wenigen Augenblicken waren alle Alemannen am Boden. Andere von ihnen, die das Weite suchten, setzten ihre Landsleute zu einer panikartigen Flucht über das Schlachtfeld in Bewegung. Die andere Walkyrja, die das Geschehen beobachtet hatte, wandte ihr Pferd und ritt von dannen.

Der Wind vom Fluß war aufgefrischt. Als die Anderswelt vor ihren Augen verblaßte, konnte Brunhild wieder die Gruppen von Kriegern erkennen, die über die Ebene verstreut in Kämpfe verwickelt waren. Mehr und mehr verlagerte sich die Schlacht nach Norden. Zu ihrem Staunen stellte sie fest, daß die Alemannen zurückgedrängt wurden.

Irgend jemand brachte ein reiterloses Pferd, und Gundohar wurde in den Sattel gehoben. Jubelnd zogen die Burgunden weiter, um sich in den nächsten Kampf zu stürzen. Einen Moment wandte Gundohar sich im Sattel um und blickte zu ihr zurück. Er hob den Speer und winkte ihr zu; seine Augen glänzten immer noch hell vor Kampfeslust.

Danke mir nicht, dachte sie bitter. *Es war dein Schicksal, das dich am Leben ließ, nicht ich.*

Es war Zeit, daß sie sich fortmachte. Es wäre besser gewesen, sie wäre nie an diesen Ort gekommen. Stirnrunzelnd preßte Brunhild ihrer Stute die Fersen in die schweißfeuchten Flanken und lenkte sie nordwärts, auf die Reste jenes Heeres zu, für das zu kämpfen sie geschworen hatte.

Die sterbende Sonne färbte die Staubwolken in demselben Blutrot wie die burgundischen Banner. Den Zügen derer, die auf dem Schlachtfeld verblieben waren, verlieh sie einen täuschenden Schimmer von Leben. Doch die einzige Bewegung weit und breit war das Flattern der Raben und der anderen Aasvögel, die sich an der Atzung labten, welche ihnen die Nornen zuerkannt hatten, als das Blut der Erschlagenen die Erde tränkte. Als die Sonne sank, tauchten hier und da auch wieder Lebende auf, um gefallene Herren und tote Freunde fortzutragen und sie dem Feuer zu übergeben.

Die braune Stute suchte sich ihren Weg zwischen alemannischen Leichen. Brunhild wandte den Blick ab. Sie fühlte sich elend und alt. *Ich hätte mich »Bringerin des Todes« nennen sollen statt »Bringerin des Sieges«*, dachte sie wie betäubt. Heute nacht würden die Verlierer dieser Schlacht mit den Einheriern zu Tische sitzen. Da wurde ihr klar, daß der einzige Sieg, den Wodan verbürgte, sein eigener war. Welche Seite auch gewann, er brachte die Ernte der Helden ein; sein Werk war heute wohl getan. Doch als die Walkyrja ihr Pferd zu der Anhöhe hin lenkte, wo ihre Schwestern warteten, war ihr noch etwas klar. Die Helle, die sie im Auge des Gottes gesehen hatte, waren Tränen gewesen.

Vom Lagerplatz kam der Geruch siedender Grütze. Brunhild sah Frauen um das Feuer geschart und über eine Gestalt gebeugt, die am Boden lag. Als sie näher kam, wieherte ein angepflocktes Pferd. Jemand blickte auf, und dann starrten sie alle. Die Stute zögerte, und sie trieb sie zum Weitergehen an.

»Brunhild!«

Sie kannte die Stimme. Galemburgis kam mit vorgehaltenem Speer auf sie zugeeilt.

»Es ist Brunhild! Ergreift sie! Sie hat uns alle verraten!«

DIE GESTALT DER ANGST

Land der Hermunduren, Wurmfels
Erntemond, Vollmond, A.D. 418

Sigfrids Pferd spitzte die Ohren, und er richtete sich auf und lauschte. War es ein Rotwild? Er hatte bereits Spuren auf dem Pfad gesehen. Dann hörte er Klirren von Metall und Männerlachen – es war somit ein anderes Tier, weit weniger nützlich und gefährlicher. Das Land, das hier allmählich aus der offenen nördlichen Tiefebene zu den Mittelgebirgen anstieg, war mit Mischwald bestanden, und ein grüner Schirm von Baumwerk verdeckte den Blick auf den Weg hinter der nächsten Biegung. Sigfrid zügelte sein Pferd, um Ragan aufschließen zu lassen, der hinter ihm zurückgeblieben war.

Der Schmied schien nichts gehört zu haben. Er saß geduckt im Sattel; seine Augen starrten ausdruckslos unter gefurchten Brauen ins Leere. Machte er sich jetzt, da sie auf dem Weg waren, etwa Gedanken darüber, ob er den Tod seines Bruders wirklich wollte?

»Männer voraus«, sagte Sigfrid, als der Schmied ihn erreicht hatte. Seit dem Morgen waren sie des öfteren auf Krieger gestoßen, Überlebende des geschlagenen Alemannenheeres aus der großen Schlacht im Süden, wo die Burgunden sie besiegt hatten. Sie kamen zu zweit oder dritt oder in größeren Gruppen unter der Führung von Häuptlingen.

Im großen und ganzen hatte Sigfrid lieber mit letzteren zu tun, bei denen immer noch eine gewisse Ordnung herrschte. Eine Rotte von Kriegern hätte sie überwältigen können, gewiß, doch die Anführer waren klug genug, sich nicht an einem Schmied zu vergreifen, dessen Dienste sie vielleicht noch einmal brauchen könnten. Die herrenlosen Männer, verstört durch den Verlust von Herrschaft und Sippe, waren da weit gefährlicher, da sie auf alles und jeden losgingen, der ihren Pfad kreuzte.

Die beiden setzten ihre Pferde wieder in Bewegung, wenn auch langsamer als zuvor.

»Nordleute, der Kleidung nach«, sagte Ragan, als die Gruppe in Sicht kam. »Krieges Pfeil ist diesmal weit geflogen. ›Alle Mannen‹ – wohl wahr!«

Sigfrid nickte. Er zählte ein halbes Dutzend, besser bewaffnet als gewöhnlich, mit Schwertern ebenso wie mit Speeren. Ein Mann hatte einen Helm, mehrere andere trugen Teile von Rüstungen. Und sie marschierten in guter Ordnung. Sie mochten die Schlacht verloren haben, aber nicht ihre Disziplin.

»Haben mehr Kämpfe bestanden als nur den einen«, sagte Ragan. »Aber keine Gefolgsleute. Reisige.« Er richtete sich plötzlich auf, und beschattete die Hand mit den Augen, als die Sonne hinter einer Wolke hervorkam, und Sigfrids Hand fuhr an den Griff seines Schwertes.

Das Gewicht der Klinge an seiner Hüfte war ihm immer noch fremd. Viele Tage hatte er auf das Schleifen und Polieren verwandt. Jetzt war die Schneide so scharf, daß sie eine Wollflocke in fließendem Wasser durchtrennte, und er konnte das Spiegelbild seines eigenen Gesichts in der Klinge erkennen. Er hatte sich auch die Zeit genommen, Knauf, Heft und Parierstange festzunieten und eine Scheide aus Rindsleder zu fertigen, um die

Klinge zu schützen, verziert mit goldenen Beschlägen aus seines Vaters Hort.

Sein Schild aus Lindenholz und sein Jagdspeer waren am Sattel festgemacht. Er fragte sich, ob er sie losbinden sollte. Warum witterte Ragan Schwierigkeiten bei dieser Schar, wenn die anderen sie entweder gegrüßt oder auch nur finster angesehen hatten und weitergezogen waren? Jetzt waren die Fremden nahe genug, um Einzelheiten zu erkennen. Er starrte durch das wäßrige Sonnenlicht auf den Anführer, und plötzlich ersetzte die Erinnerung den buschigen Bart unter dem Helm mit einem, der nicht so grau gewesen war. Die Augen indes hatten sich nicht verändert: Sie waren kalt, hell und weiteten sich jetzt vor Staunen und voller Feindschaft, als sie Sigfrids ansichtig wurden.

Heming! Angst flatterte in seinem Bauch. Er hatte seinen alten Feind bei dem Kampf in Hilperichs Halle nicht bemerkt, doch Heming mußte ihn gesehen haben und würde sicherlich Ragan wiedererkennen. Wieder war er acht Jahre alt, zappelte hilflos im Griff seines Feindes. Instinktiv verkrampften sich seine Beine, und das Pferd scheute; doch irgend etwas, das stärker war als die Panik, bewahrte ihn davor, die Gewalt über das Tier zu verlieren.

»Wohl getroffen, Sohn Sigmunds!« Heming trat vor, als seine Männer ausfächerten, um die Straße zu blockieren. »Es scheint, daß dieser Feldzug uns doch noch ein Glück beschert hat.«

Ragan entließ einen harschen Laut aus seiner Kehle, zweifellos aus Zorn darüber, daß seine ganze Mühe, einen Helden großzuziehen, nun vergebens zu sein drohte.

Hinter Heming murrten seine Männer. »Es ist das Wolfskind«, sagte einer von ihnen und machte das Zeichen gegen den bösen Blick. Sigfrids Lippen zogen sich instinktiv zurück, daß er die Zähne bleckte. *Ich bin nicht mehr das Kind, das du versucht hast zu töten*, dachte er bei sich, *und auch nicht der Knabe, der wie ein Berserker aus Albs brennender Halle gestürzt kam. Diesmal werde ich nicht als Wolf kämpfen ...*

»Hab keine Angst, Ziehvater«, sagte er leise, obwohl das Herz in seiner Brust heftig pochte. »Dies mußte eines Tages kommen. Nun werden wir sehen, ob ich genug Kraft und Geschick besitze, dein Held zu sein.« Er lenkte sein Pferd vor das Ragans.

»Da waren zu viele zwischen uns, Wolfswelpe, als ich dich im Feuerlicht bei Albs Halle sah«, sprach Heming. »Doch jetzt magst du zeigen, ob du mehr kannst als fauchen.«

Sigfrid schluckte. Damals hatte es nur die Wahl zwischen zwei Arten des Todes gegeben und keine Zeit, Angst zu empfinden. »Sigmunds Sohn frohlockt, dich zu sehen, und Sigmunds Schwert ebenfalls.« Er zog die Klinge aus der Scheide.

»Wodan zerbrach die Klinge, als dein Vater gegen uns kämpfte. Glaubst du, sie wird dir jetzt besser dienen?«

Heming lachte, doch Sigfrid hatte ihn blinzeln sehen, als die Sonne silbernes Feuer aus dem Schwert schlug. *Wodan selbst hat mir geholfen, sie neu zu schmieden*, dachte er, doch er sagte es nicht laut.

»Töter wilder Tiere, Wolfsblut, es ist ein Mann, gegen den du nun antreten mußt! Komm runter vom Pferd und kämpfe, oder wir werden dich runterzerren.«

»Macht Platz auf dem Weg und steht beiseite, damit sie wie Krieger kämpfen können«, sagte Ragan plötzlich.

Sigfrid warf ihm einen dankbaren Blick zu. Er wußte nicht genug von der Art und Weise, wie Menschen kämpften, als daß er selbst einen solchen Vorschlag hätte machen können, doch er war froh, daß er nicht das ganze Rudel gegen sich hatte. Helmbari hatte ihm ein wenig über Taktik erzählt, doch es reichte ihm, das erste Mal, da er mit dem Schwert antrat, einem einzelnen Mann gegenüberzustehen. Mit einer seltsamen Gelassenheit glitt er vom Pferderücken. Es war immer noch Zeit zu fliehen. Er erinnerte sich, wie der streunende Wolf durch den Wald geflüchtet war, eine Blutspur auf den gelben Blättern hinterlassend. Gab es jemals ein Ende der Angst, wenn man einmal dem Feind den Rücken gezeigt hatte?

Ich bin nicht jenes wimmernde Kind!

Er band den Schild los und trat in das Viereck, das Hemings Männer in den Staub der Straße gezeichnet hatten. Sie hatten an drei der Ecken Aufstellung genommen, doch Ragan hielt die vierte besetzt, und Sigfrid war dankbar, wenigstens einen Freund zu haben.

»Du bist gewachsen, Welpe«, sagte Heming, als er seinen Platz dem Jungen gegenüber einnahm. Sigfrid nickte. Als er ein Kind gewesen war, war seine einzige Verteidigung die Flucht vor dem Feind gewesen. Jetzt würde er nicht mehr davonlaufen.

Sigfrid nahm die Haltung ein, die Helmbari ihn gelehrt hatte: den rechten Fuß zurück und den Schwertarm erhoben, die linke Seite nach vorn, geschützt vom Schild. Hemings Schild war zerhauen und verkratzt, doch er hatte die Schlacht an einem Stück überstanden, also mußte er recht solide sein. Dennoch dürfte er dem Schwert, welches den Amboßstein eines Schmieds zerschlagen hatte, kaum widerstehen.

»Dann soll's also nicht auf ein simples Abschlachten hinauslaufen. Deine Mutter wäre stolz auf dich.« Überraschung mischte sich mit Beifälligkeit in Hemings Blick.

Sigfrids Augen verengten sich. Es hatte keine Nachricht von Hiordisa mehr gegeben, seit er sie verlassen hatte. Doch dieser Mann kam aus dem Norden. Er wußte vielleicht, wie es ihr erging.

Eine Bewegung, die er mehr spürte denn sah, war seine einzige Warnung. Er parierte Hemings ersten Schlag unbeholfen und hörte das Holz in seinem Schild knacken. Gut, daß Helmbari ihn gelehrt hatte, mit dem Schildbuckel allein zu kämpfen, dachte er grimmig. Wenn das so weiterging, würde Hemings Schild seinen eigenen überdauern. Während er die weiteren Hiebe abfing, deren Wucht er in seinem ganzen Arm spürte, versuchte Sigfrid so zu tun, als ob dies nur ein weiterer Übungskampf wäre; doch es war anders, wenn man wußte, daß der Gegner einen wirklich töten wollte.

»Kämpfe, verdammt noch mal!« sagte Heming plötzlich und trat einen Schritt zurück. »Glaubst du, das hier sei ein Spiel?«

Sigfrid zwang sich zu einem Lächeln, das freilich eher einem Grinsen glich. »Wie steht's daheim, Nordmann? Was hört man von meiner Sippe in Königs Albs Halle?«

Hemings Augen unter dem Stirnreif seines Helms wurden schmal. »Willst du es hören? Du wirst drum kämpfen müssen.«

Hemings Schwert krachte auf Sigfrids zerhauenen Schild herab, und der Junge parierte und wich zurück. Er begann zu verstehen, wie gut Helmbari ihn in der kurzen Zeit ausgebildet hatte; denn dies war ein erfahrener Krieger, den er hier bekämpfte, und solange sein Schild hielt, konnte Heming ihm nichts anhaben. Sigfrid begann ein bißchen leichter zu atmen.

»Dieselbe Verteidigung zu wiederholen kann deinen Feind in Sicherheit wiegen.« Der Rat des Alten widerhallte in seinem Gedächtnis. *»Doch laß dich davon selber nicht einlullen – Angst und Zuversicht sind beide eine Gefahr.«* Er hörte, wie Hemings Mann sich hinter ihm regte. Es blieb

nicht mehr viel Raum zum Manövrieren. Erwartung sprang in den Augen seines Feindes auf, und den Jungen überkam eine ungeahnte Stille.

Hemings Klinge schwang nach vorn. Sigfrid sah des Mannes Hals und Schulter freiliegen, und sein eigenes Gleichgewicht wechselte, als Gram in seiner Hand aufblitzte. Der Stahl sang, als er durch Panzerringe drang und auf Knochen stieß. Heming taumelte; das Schwert entfiel seiner Hand. Zum erstenmal rückte Sigfrid vor; Holzsplitter flogen, als er Hemings Schild zerhackte. Sein Gegner taumelte zurück, und Sigfrids flache Klinge klirrte gegen den zerdellten Schildbuckel, als Heming zu Boden ging.

»Deine Mutter –«, keuchte er, und Gram hielt in seinem Abwärtsschwung inne. Heming war auf seine linke Seite zu liegen gekommen und atmete schwer. Blut strömte aus seiner Wunde. Sigfrid beugte sich über ihn. Er hatte einen verwundeten Hirsch laufen sehen, bis der Blutverlust ihn zusammenbrechen ließ, doch er wußte nicht, wie Menschen starben.

»Näher ...«, flüsterte Heming. »Sag dir ... Hiordisa –« Er hustete und drehte sich. Sigfrid konnte seine Augen nicht sehen. Der Junge ließ sich auf ein Knie sinken und befreite sich von seinem Schild.

»Nach dem Julfest –« Heming schnappte nach Luft, und der Junge beugte sich über ihn. »Gestorben ... Alb zog nach Westen, im Frühling ...«

Sigfrid starrte auf ihn herab. Er brauchte Zeit, um zu begreifen. *Seit fast einem Jahr schon tot?*

Hemings Brust hob sich mit seinem Atem und fiel, unendlich langsam.

Ihre liebe Stimme ... ihr glänzendes Haar ...

In derselben langsamen Bewegung wandte Heming sich um.

Alles vorbei. Und der Hügel kahl und leer.

Metall blitzte in der Stille; ein Messer in Hemings Hand hob sich auf ihn zu. Doch Sigfrid hatte alle Zeit der Welt, es kommen zu sehen – so lange wie die ganzen Monde, seit Hiordisa gestorben war.

Niemand wird nun den Ruf der Wildgänse hören.

Seine Hand bewegte sich von selbst. Die kleinen Knochen drehten sich in Hemings Handgelenk, als Sigfrid es packte und langsam das Messer wieder herunterdrückte.

Ich habe keine Sippe ... Ich habe kein Heim ...

Hemings Blick hob sich von der herabsinkenden Klinge zu Sigfrid, als die Spitze über seiner Kehle zum Halten kam. »Du bist allein ...« Sein Gesicht verzog sich zu einer Fratze des Hasses.

Und dann sah Sigfrid zuerst den Haß und dann alles Denken und Fühlen aus dem Gesicht seines Feindes weichen, als der Widerstand plötzlich erlahmte und das Messer sein Ziel fand.

Ragan spürte einen Wassertropfen seine Wange hinunterlaufen und zog die ölige Wolle seines Mantels tiefer ins Gesicht. Tropfen bildeten sich an der Webkante, fielen an seiner Nase vorbei auf den Kamm des Pferdes hinab, spritzten in Schauern von den Zweigen, die sich über den Pfad breiteten, rannen stetig aus der flachen Gräue des Himmels.

Sigfrids triefnasse Gestalt bewegte sich vor ihm im Sattel auf und ab, während die Hufe seines Pferdes die quirligen Bächlein aufspritzen ließen, die sich über den Pfad zogen. Nach dem Kampf mit Heming hatte Ragan sie von der Hauptroute weggeführt und sich auf den verborgenen Pfaden zwischen den Hügeln westwärts gewandt. Und seit Hemings Blut den Boden getränkt hatte, hatte es nicht aufgehört zu regnen.

Es war gut, daß der Mann tot war. Er war eine Drohung gewesen, und der Kampf hatte Sigfrid ein wenig an Zuversicht und Erfahrung verliehen, welche ihm not taten. Ragan wollte nicht daran denken, wie er einen Augenblick lang vermeint hatte, den Leichnam seines Vaters dort liegen zu sehen.

»Hab' einen Helm gemacht für Helgi, deinen Bruder«, sagte Ragan hastig, mit erhobener Stimme, daß sie durch das Rauschen des Regens zu hören war. »Mein erstes Meisterwerk, gut wie der Helm für den Burgundenkönig. Ist aber nicht in Sigmunds Hort. Vielleicht hat Sigrun ihn Helgi ins Grab gegeben.«

Sigfrid zog die Schultern hoch. Ragan schnaubte. Brütete der Junge etwa immer noch darüber nach, daß er zum erstenmal einen Mann erschlagen hatte?

»Gute Frau. Högnis Tochter. Heißt, sie sei eine Walkyrja gewesen.« Er suchte nach mehr Worten, um das Schweigen zu füllen. Je verschlossener Sigfrid wurde, um so stärker wurde Ragans Bedürfnis, von Kriegern zu ihm zu reden und von Waffen, die er geschmiedet hatte. Und von Schätzen, die er gesehen.

»Schmiedete große Axt für Dag, ihren Bruder. Groß wie Donars –« Ragan lachte. »Högni war ein reicher König. Er trank aus Hörnern von Gold mit Figuren von Göttern und Menschen. Altes Gewerk, nicht meins – geschaffen von einem Schmied meines Volkes für die Hohen, die vor euch kamen.«

»Die Gallier?« fragte Sigfrid, als sein Pferd eine steile Stelle des Pfades hinaufkletterte.

Die Bäume hier waren alt, mit knorrigen Wurzeln, die sich um große Blöcke von flechtenbewachsenem Gestein klammerten. Vor ihnen, wenn die Wolken sich gehoben hätten, hätten sie die sieben Hügelzacken sehen können, die das Rückgrat des Erddrachen bildete, von dem der Wurmfels seinen Namen erhalten hatte. Dies waren uralte Pfade, denen nur die Jäger des Waldes folgten und gerade breit genug, um ein Pferd passieren zu lassen. Als Ragan jünger gewesen war, hatte er sie sehr gut gekannt. Sie bildeten die kürzeste Verbindung zu den westlichen Minen, doch heutzutage schienen nur wenige sie zu benutzen. Einer, der wußte, wo sie lang führten, konnte den Weg finden, doch oft war der Alte dankbar um Sigfrids Stärke gewesen, wenn es darum ging, den Weg von gefallenen Bäumen oder sperrigem Geäst freizuräumen.

»Kelten, ja; sie haben jene Hörner gemacht, als sie hier Herren waren. Es hat viele Völker gegeben, die glaubten, die Wälder gehörten ihnen.« Er lachte säuerlich. »Sie kommen in ihren Wagen, töten Krieger und nehmen sich Frauen ... bleiben eine Zeitlang und ziehen dann weiter. Mein Volk war das erste. Das erste, das in die Wälder getrieben wurde; das erste, das Erdsang lernte. Und immer noch hier!« Seine Stimme war laut, selbst in seinen eigenen Ohren. Sigfrid hatte sich den Mantel wieder übers Gesicht gezogen.

»Du hörst zu?« fragte Ragan plötzlich. Der Junge wandte sich um. Seine gelben Augen waren undurchdringlich, verbargen seine Seele. Der Schmied runzelte die Stirn. Sein Ziehsohn war ein geborener Held und – seit gestern – ein erwiesener Kämpe; doch besaß er das Herz, sich dem zu stellen, was Fafnar geworden war?

»Es wird langsam dunkel«, sagte Sigfrid. »Wir müssen sehen, daß wir Feuerholz und Wasser finden. Wir sollten bald ein Lager aufschlagen.«

»Vor uns liegt die Sieg«, antwortete Ragan. »Erst überqueren wir den Fluß. Dann sehen wir weiter.«

Feuerlicht tanzte und flackerte auf geneigten Stämmen und Ästen und den Soden, die sie daraufgeschichtet hatten. Das behelfsmäßige Schutzdach würde einem Sturm nicht standhalten. Der Wind trieb die Regenwolken von Westen herüber, doch in der Richtung schützte sie die Felswand, an die das Holzwerk lehnte. Ragan konnte das Prasseln auf den Felsen hören, als ein weiter Windstoß einen Regenschauer dagegen sandte. Das Wetter änderte sich. Er sog die Luft tief ein. Es schien ihm, daß nach der langen Reise seine vom Rauch der Schmiede getrübten Sinne ihre alte Schärfe wiederzuerlangen begannen.

Oder war es vielleicht, weil er jetzt auf heimischem Grund war, in einem Land, dessen Gebeine er kannte, weil sie seine eigenen waren?

»Kelten, sie hatten viele Schätze«, füllte er das Schweigen. »Sie brauchten viel ... zum Opfern.«

Sigfrid, der gerade das letzte Stück Fell von dem erlegten Hasen abzog, blickte fragend auf.

Ragan schniefte. »Sie warfen es ins Wasser«, erklärte er. »Wasser ist das Blut des Landes. Landgeister leben in heiligen Quellen. Menschen werfen Dinge hinein, die sie in der Schlacht erbeuten, um Göttern für den Sieg zu danken.«

»König Albs Volk tut das auch, glaube ich«, sagte der Junge und runzelte die Stirn. Ragan sah ihn an. Nicht ›mein Volk‹. Interessant. Hemings Worte mußten ihn getroffen haben. »Wir brachten Dankopfer im Moor dar, als ich klein war.«

Ragan erinnerte sich an den eisblauen Schimmer des weiten nördlichen Himmels über den Wasserflächen des Moorlandes, und dann plötzlich sah er statt dessen Sonnenlicht, das durch Blätter filterte, um auf fließendem Wasser zu glitzern, dem kristallklaren Fall eines Waldbaches in die Verschwiegenheit eines dunklen Teiches.

»Andwaris Schatz kam aus dem Wasser ...« Ihm war nicht bewußt, daß er laut gesprochen hatte, bis er Sigfrids Blick auf sich ruhen sah. »Jedes neue Volk brachte dort Opfergaben, wenn sie die Wege des Landes lernten. Blattförmige Bronzeklingen«, sagte er langsam, »immer noch gut, wenn man den Grünspan abreibt, und goldene Halsgeschmeide in Gestalt des Mondes. Ein silberner Kessel mit Bildern von Göttern, Gewerk von Schmieden aus dem Süden, lange her. Gedrehte keltische Halsringe und Armreifen aus Gold. Macht lag in jenen Dingen. Wodans Priester wußten es. Sie wirkten Zauber über den Hort, dachten, sie könnten ihn behalten, könnten Magie der Kelten und anderer Völker ihrer eigenen hinzufügen ...« Ragan blinzelte, seine Sicht pulsierte von dem Leuchten des Schatzes, den sie auf Ottars Fell gehäuft hatten.

»Was für Zauber?«

Ragan merkte, daß er zu lange geschwiegen hatte. Er zuckte die Achseln.

»Runenzauber. Asenmagie. Sie schnitten Runen in einen Halsreif, erinnere ich mich, und einen goldenen Stab, wie ein kleiner Speer. Und seit zwanzig Wintern schläft nun Fafnar auf dem Schatz und zehrt von seiner Macht.«

»Willst du nur Fafnars Tod oder auch den Hort?« fragte Sigfrid gleichmütig.

Ragan blickte mit plötzlichem Argwohn zu ihm hoch. Der Junge hatte sich nie gierig gezeigt, doch die Goldlust konnte in jedem Menschen erwachen. Fafnar hatte immer kalten Stahl mehr geliebt als helles Gold – bis er Andwaris Hort gesehen hatte.

»'s ist meines Bruders Wergeld«, knurrte er. »Preis für meines Vaters Blut. Würdest du auf Sigmunds Hort verzichten?«

Sigfrid zuckte die Schultern. »Die Beschläge für die Schwertscheide sind hübsch, aber erst du hast mich dazu gebracht, Anspruch darauf zu erheben. Welchen Nutzen bringt mir das Gold? Ich fragte nur zur Vorsicht. Fafnar wird niemandem mehr sagen, wo sein Hort zu finden ist, wenn sein Leib erst mit kaltem Stahl gefüllt ist.«

Erneut sah Ragan ihn scharf an. Er hatte diese Stimmungen schon früher gesehen, wenn der Junge eine brutale Maske aufsetzte, um seine eigene Pein zu verdecken, und alle Welt verhöhnt hatte und sich selbst am meisten. Er durfte sich jetzt nicht zu Zorn hinreißen lassen, wo sie dem Ziel, für das er den Jungen die ganzen Jahre hin aufgezogen hatte, so nahe waren. Wenn Fafnar tot war, dann würde er endlich frei sein.

»Unsereins kann es finden«, flüsterte er. »Zauber in jenen Dingen singt zu mir aus der Erde.«

»Willst du das Gold oder den Zauber?« Jetzt lag simple Neugierde in Sigfrids Stimme. »Du sagtest mir, dein Erbe von deinem Vater sei die Schmiedekunst gewesen. Was sollen dir solche Schätze nützen? Besser gib sie der Göttin im heiligen Teich zurück.«

»Ich bin vom Erdblut. Alle Kräfte müssen sich in mir vereinen.« Ragan starrte in das Feuer.

»Vielleicht, aber sagtest du nicht einmal, daß Gold Blut zeugt? Dieser Hort hat deiner Sippe nur Unheil gebracht. Kann irgend etwas Gutes daraus kommen, wenn man Gold besitzt, das den Göttern geweiht war?«

»Nicht meinen Göttern!« zischte Ragan. Er schreckte auf, als ein Zweig im Feuer brach und die Glut aufsprühte wie Funken aus Gold.

»Allen Göttern gebührt Achtung«, sagte Sigfrid mit einer Strenge, die seltsam wirkte bei Worten aus einem Munde, den gerade der erste Bartflaum säumte. »Und wenn du nicht an sie glaubst, warum willst du dann ihre Macht?«

»Erdmagie ist in Gold und Silber und Bronze.« Ragan berührte den kalten Boden. »Menschen vieler Stämme schufen daraus Kleinode, gaben ihm die Macht ihrer Götter. Doch sie warfen es in Andwaris Teich. Auch Opfergaben an meine Götter. Dann nahmen es Wodans Priester und fügten ihre Runen hinzu.«

»Und wenn du es nimmst, was wird aus dir werden? Besser bleib bei deiner eigenen Kunst«, sagte Sigfrid. Er nahm den Hasen von dem Spieß, an dem er ihn gebraten hatte, und riß sich einen Streifen von dem dampfenden Fleisch ab. »Was mich betrifft«, sagte er kauend, »ich will kein einziges Stück von dem Gold. Ich bin ganz zufrieden mit dem Weg, auf dem ich bin.« Er schlug mit der Hand gegen das Heft seines Schwertes.

Ragan kniff die Augen zusammen. Vielleicht glaubte der Junge seine Worte sogar. Doch von beiden Seiten seiner Sippe her war die Kraft des Gestaltwandlers stark in ihm, und das Schwert selbst war Beweis dafür, daß er Ragans Kunst gemeistert hatte. Wer konnte sagen, welche Lust nicht in seinem Blut erwachen mochte, sobald er Fafnars Hort in Händen hielt. Zum erstenmal ertappte er sich bei dem Wunsch, Fafnar möge den Jungen verwunden, bevor Sigfrid ihn niederstreckte.

»Morgen werden wir sehen, ob es der rechte Weg ist —«

»Dann sind wir bald da?« Sigfrid richtete sich auf und blickte sich um, als erwarte er, Fafnar aus dem Unterholz gleiten zu sehen. Ragan lachte harsch.

»Dieser Ort ist der Fuß von Fafnars Berg. Dort oben« – er wies zu den Hängen oberhalb der Felsgruppe, in der sie Schutz gesucht hatten – »ist der Wurmfels. Oberhalb der Quelle ist sein Lager.«

Sigfrid blickte auf, als könnten seine scharfen Augen

die von Regen und Wind gepeitschte Dunkelheit durchdringen, aber Ragans Blick kehrte zu dem Gold zurück, das in dem Feuer brannte.

Sigfrid träumte, daß der Regen zu einem Sturzbach geworden war, der ihn hinwegtrug. Er kämpfte dagegen an, doch die Strömung war zu stark. Dunkelheit wirbelte um ihn her und saugte ihn nach unten. In der Strömung glänzte ein grünes, glimmerndes Licht auf seltsamen Formen, die halb im Kies des Flußbettes verborgen lagen.

Andwaris Hort ... Irgendein Winkel seines Geistes, der noch frei war, brachte die Worte ins Bewußtsein. *Ich habe zu lange Ragans Geschichten zugehört.*

Doch die Stärke seiner Vision zog ihn tiefer in den Traum hinein. Er trieb auf das nächste der Objekte zu, eine längliche Form, die ein Schwert gewesen sein konnte. Als er näher kam, schien deren Gestalt sich zu wellen, sich aufzubäumen und wurde zu einer Schlange. Hastig zog er sich zurück. Das nächste Ding war größer und rund, vielleicht ein Kessel. Er versuchte, etwas zu erkennen, und wich zurück, als die runde Öffnung sich auftat und zu einem klaffenden Schlund wurde.

Ein vergoldeter Helm beherbergte einen Schädel mit unheilvoll glühenden Augen. Dolche verwandelten sich in Zähne, die nach seinen Händen stachen; Becher verzerrten sich zu Fratzen; goldene Münzen wurden zu einem Schwarm von schnappenden Fischen, die ihn umschwirrten und verschwanden. Und doch wußte er, daß hinter all dem etwas lag, das er brauchte. Wenn er es finden konnte, würde er all die Verwandlungen meistern.

Und es schien ihm, als spräche eine Stimme durch die Stille des Wassers. *Wer die Welt verstehen will, muß des Stabs und des Ringes Meister sein ...* Er sah einen Lederbeutel und bückte sich, um ihn zu öffnen, doch als er ihn berührte, wölbte sich das Ding nach außen und umschlang ihn mit wabernden Falten. Er schlug kämpfend um sich... und erwachte, immer noch mit dem ringend, was ihn gefangen hielt. Sein Herzschlag verlangsamte sich wieder, als er erkannte, daß es nur der Mantel war, in den er sich zum Schlafen eingewickelt hatte. Er befreite sich aus den Verschlingungen des groben Wolltuchs. Von der anderen Seite des Feuers konnte er Ragan schnaufen und wimmern hören, der mit seinen eigenen Albträumen kämpfte, doch von außerhalb war kein Laut zu hören außer dem Tropfen des Regens.

Schlafe, sagte er sich selbst. *Es war nur ein Traum.* Doch er lag schlaflos, bis das bleiche Gold des Tages durch die aufbrechenden Wolken drang.

»Ich weise dir den Weg, dann geh' ich zurück«, sagte Ragan und zeigte auf eine Lücke in den Bäumen, wo das Licht wie ein Schauer von Gold hereinströmte. »Fafnar würde mich spüren. Ein Lebtag wartet er. All seine Geister warten, mich zu töten, wenn ich komme.« Er schauderte und blickte sich rasch um. Sie waren da; er konnte sie fühlen. Ungern erinnerte er sich daran, was das letzte Mal geschehen war, als er jene Wächter geweckt hatte. Er hielt inne, wo er war, und starrte den Hügel hinauf.

»Wie werde ich ihn dann finden?« fragte Sigfrid. Klang seine Stimme zu gefaßt? Ragan sah ihn scharf an. Unter den Augen des Jungen lagen Schatten, als hätte er nicht gut geschlafen.

»Er wirft ein Netz aus Angst aus, wie einen unsichtbaren Kreis um sein Lager«, sagte der Schmied und grub seinen Stab in den nassen Boden, als er weiterkletterte. »Vielleicht hat es uns letzte Nacht berührt, in Träumen.

Du weißt, wenn du ihm nahe kommst, und er weiß es auch. Ich glaub', der einzige Weg ist, in der Rinne unter dem Quell, wo er trinkt, durchzuschlüpfen.«

Sigfrid knurrte. An seiner Seite hingen sein Auerochshorn und sein Schwert. Er hatte seinen Mantel zurückgelassen, doch Ragan runzelte die Stirn, als er das Wolfsfell sah, das der Junge über die Schulter geworfen hatte.

»Laß das hier!« Er zeigte darauf. »Willst du Fafnar zum Berserkerkampf fordern? Er war ein Meister jener Art von Kampf, bevor du geboren wurdest. Du gewinnst diesmal nicht mit Zähnen, sondern mit dem Schwert.« Eine weitere Erinnerung regte sich, und er drängte sie beiseite.

Sigfrid schüttelte den Kopf. »Es wird mir helfen, ihn zu verstehen.«

»Er wird dich verschlingen!« sagte Ragan. »Damit gibst du dich selbst in seine Macht.« Er konnte jetzt die Rinne sehen, und eine Kälte, die nicht vom Wasser herrührte, überzog seine Haut. Die Wächter waren nah; er konnte ihren Hunger spüren.

O mein Bruder ... mein Feind ...

»Wenn du willst, daß ich ihn töten soll, Alter«, fuhr der Junge plötzlich auf, »dann hör auf, mir angst machen zu wollen!«

»Hier entlang!« Ragan stach mit seinem Stab in die Luft. »Sieh – er hat eine Spur hinterlassen, wo er herunter kommt. Warte auf ihn, und du wirst mich nicht brauchen, um zu lernen, was Angst ist.« Er wandte sich abrupt um; erddunkle Augen trafen sich mit Sigfrids goldenem Raubtierblick, bis das unbewegte Starren des Jungen ihn zu Boden blicken ließ. »Sonnenuntergang, da kehre ich zurück.«

Im klaren Morgenlicht sah er das Kind unter dem Deckmantel der Manneskraft, Hände und Füße immer noch ein wenig zu groß, die Rundung der Wangen unter dem neuen Bart. Was tat er, daß er diesen Knaben gegen das monströse Etwas hetzte, das sein eigenes Herz vor Furcht erbeben ließ.

O mein Feind ... mein Kind ...

Sigfrid hockte sich auf dem Pfad nieder und lauschte, wie Ragan den Weg hinabpolterte und -rutschte. *Fafnar könnte ihn ohne die Hilfe von Geistern hören.* Der Gedanke huschte ihm durch den Sinn. *Ich bin sicherer ohne ihn.*

Unterhalb der Ebene des Bewußtseins waren andere Sinne geschärft, nahmen den satten Geruch der feuchten Erde in sich auf, den Klang des tropfenden Wassers, das Glitzern von Licht auf nassem Blattwerk. Irgendwo nahebei hämmerte ein Holzspecht eine neue Vorratskammer in einen Stamm; über ihm schwatzten die Meisen.

Wie gerne wäre ich ein Vogel ... Er blinzelte, als der Flügelschlag in der Helle des Himmels verschwand. Er hatte keine Ilusionen über die Freiheit von Vögeln – er hatte zu viele Auseinandersetzungen um Nistplätze gesehen –, doch der magische Augenblick, wenn eine kreischende Horde von Zugvögeln pfeilförmig in den Himmel schoß, hatte ihn immer mit Staunen erfüllt. Und Vögel sahen Dinge aus solch einer anderen Perspektive! Sigfrid verstand die Sprache der Wölfe, doch Vögel waren ihm immer noch ein Geheimnis.

Und wenn er ein Vogel gewesen wäre, hätte er sich keine Sorgen darüber zu machen brauchen, in einer Welt zu ertrinken, die immer noch dahinschmolz, obgleich der Regen vorbei war. Vorsichtig suchte er sich seinen Weg zum Rande der Quelle. Das Bächlein, das den Hang hinabtanzte, war braun von Schlamm, doch die Quelle, die sich aus einem Felsspalt in einen Teich ergoß, war klar und rein. Sigfrid beugte sich darüber, um Wasser zu schöpfen, und hielt inne, als er das Gesicht im Spiegel sah.

Es war das Gesicht eines Mannes; der sprießende Bartflaum wirkte dunkler im schattigen Wasser, seine Nase und Wangenknochen waren stark, dunkel umrandete Wolfsaugen starrten unter geschwungenen Brauen, alles umrahmt von dem sonnengebleichten Haar. Warum war er so überrascht? Vom Alter her war er ein Mann, nach der Rechnung seines Volkes; alt genug, Waffen zu tragen – oder einer Frau beizuliegen. Alt genug, seinen Feind zu töten. Doch die vertrauten Dinge in jenem Gesicht machten den Rest um so fremder.

Er richtete sich auf, blickte mit derselben Verwirrung auf die Wälder ringsum. Sie waren wie sein eigener Wald und doch anders, oder vielleicht waren sie einfach fremd geworden. Er trat über den Bach und ging auf den Pfad zu. Ragan hatte von Wächtern gesprochen, doch Sigfrid spürte nur eine einzige Präsenz, die greifbarer wurde, je näher er kam.

Er spürte, wie sich das Haar in seinem Nacken sträubte. Dies war wie die Höhle des alten Bären im heimischen Wald oder die Atmosphäre in der Schmiede, wenn Ragan in düsterer Stimmung war. Wenn es ein Geruch gewesen wäre, wäre er sauer und faulig gewesen, wie etwas, das an einem geschlossenen Ort verrottete, wo es nicht vom Regen und Wind gereinigt werden konnte. Sigfrid war nie etwas begegnet, was dem genau gleich kam, doch er würde es immer wiedererkennen.

Ich werde Fafnar töten, dachte Sigfrid, *und sei es nur, um die Welt von diesem Gestank zu befreien.*

An den Grenzen seines Gesichtsfeldes schien sich etwas zu bewegen. Er fuhr herum, mit geweiteten Augen, doch da war nichts. Die Zweige regten sich. Waren es Baumäste oder Schlangen, die sich in der Sonne wanden? Sigfrid runzelte die Stirn und erinnerte sich an seinen Traum.

Hinter ihm erwachte der Wald. Ein Dunst von goldenem Licht umhüllte die Bäume. Vögel schimpften. Gestalten bewegten sich in den Schatten. Bäume regten sich mit einem fremdartigen Leben; Geifer troff von ihren nassen Zweigen. Die Steine hatten Augen.

Sigfrid begann sich zu wünschen, daß er seinen Speer mitgenommen hätte. Das Schwert war für den Kampf gegen Menschen wie Heming; der Speer war für Eber oder Bären, Geschöpfe, von deren Zähnen oder Klauen der kluge Jäger sich tunlichst fernhielt. Doch vielleicht war es eine Beleidigung für die Tiere, sie mit dem Wesen zu vergleichen, das er hier spürte. Fafnar war ein Mensch – oder zumindest einer gewesen, in welcher Gestalt er auch hier erscheinen mochte.

Er hörte ein Krächzen und blickte auf. Ein sehr großer Rabe senkte sich mit schwerem Flügelschlag auf den Ast einer Eiche an der Quelle, wo schon ein zweiter hockte. Der starke Kontrast zwischen schwarzen Vögeln und hellem Himmel machte das Wechselspiel von Schatten und Licht vor ihm noch unheimlicher. Der erste Vogel gurrte fragend, als der zweite sich zu ihm niederließ, und erhielt ein kurzes »Kaark« zur Antwort.

»Ihr wartet wohl drauf, daß ich euch füttere?« meinte Sigfrid zu ihnen. Raben waren alte Freunde der Wölfe. Sie zehrten von den Resten, die das Rudel ihnen übrigließ, und manchmal zeigten sie den Wölfen, wo neue Beute zu finden war. »Sagt mir, wie ich dieses Ding töten kann –«

Die Raben legen die Köpfe schief; ihre schwarzen Augen glänzten. Einer von ihnen machte eine Art gluckendes Geräusch, wie eine Henne, die ihre Küken lockt, und Sigfrid lachte. Es war besser, Fafnar zu überraschen, dachte er. Wenn die Sinnestäuschungen bereits hier so ausgeprägt waren, würde er vermutlich mit dem Schwert nach Steinen schlagen und sich den Kopf an einem Baum einrennen, ehe er das Lager des Troll-Mannes erreichte.

Wie konnte er einen Feind bekämpfen, wenn er ihn nicht finden konnte? Doch selbst ein Werwurm brauchte Wasser. Vielleicht würden Fafnars Trugbilder hier weniger überwältigend wirken, hier am Rande seines Einflußbereichs. Also würde er hier irgendwo auf ihn warten. Doch dazu mußte er ein Versteck finden. Schwarze Schwingen entfalteten sich, und einer der Raben rauschte in einem langen Gleitflug zu einem Felsen oberhalb des Baches. Er tunkte seinen Schnabel in das Wasser, dann flog er zurück zu seinem Baum, doch Sigfrid hatte gesehen, daß es hinter dem Felsen genug Platz gab, daß ein Mensch sich dort verbergen konnte. Er sah den Raben mißtrauisch an.

»Ich frage mich, ob ich dir danken sollte«, murmelte er und zog an einem verfaulten Ast. Als er ihn hob, erwachte ein Salamander, dessen feuchte Haut im Sonnenlicht glänzte, zum Leben und huschte davon.

Sigfrid hatte lange genug in der Höhlung gelegen, so daß er vor Feuchtigkeit und Kälte zitterte, als er einen Stein rollen hörte und einen langsamen, schleifenden Laut. Irgend jemand kam den Pfad herunter. *Es ist ein Mann so alt und lahm, daß er seine Füße nicht heben kann*, sagte er sich. Doch das Plätschern des Wassers hatte sein Gehör betäubt. Die Laute konnten genausogut von den gewichtigen Windungen eines großen Wurms herrühren.

Vorsichtig richtete Sigfrid sich auf und spähte unter dem Buschwerk hervor, das er vor sein Versteck gezogen hatte. Schatten wanden und wellten sich vor ihm, doch in ihren täuschenden Formen glaubte er die gebückte Gestalt eines Menschen wahrzunehmen. Mit klopfendem Herzen ließ er sich zurücksinken.

Ich hatte recht. Es ist nur ein Mensch ... und ihn aus dem Hinterhalt zu erschlagen wäre eines Feiglings Tat!

Er drehte sich auf die Seite und fingerte an seinem Gürtel. Er hatte das Horn mitgebracht, um sich Mut zu machen, doch jetzt würde es seine Herausforderung kundtun. Eingezwängt in dem engen Raum holte er tief Luft und blies.

Der Klang pulsierte und widerhallte um ihn her. Der Feind würde denken, Andwari sei gekommen, seinen gestohlenen Schatz zu suchen; es war, als käme der Hornruf aus den Wassern der Quelle. Sigfrid hörte den letzten Ton verklingen und hielt lauschend den Atem an.

Einen Augenblick lang schien es, als sei die ganze Welt verstummt.

Dann vernahm er eine Antwort, als ob die Töne seines Horns ein neues Echo gefunden hätten, das den klaren Ruf verzerrte, wie die Schatten im Umkreis des Troll-Mannes das reine Licht des Tages verdunkelten.

»Wer ist es ... der mich herausfordert?«

Wenn Sigfrids Hornsignal aus dem Wasser gekommen zu sein schien, vibrierte die Entgegnung aus dem Innern der Erde.

Schnaubend riß Sigfrid das Schwert hoch; die Zweige, die ihn verdeckt hatten, stoben auseinander. Er spürte den Schock, als die Klinge etwas traf. Es gab ein Aufbrüllen, als hätte sich die Erde aufgetan. Er kam taumelnd auf die Füße und starrte um sich. Die Menschengestalt, wenn denn da eine gewesen war, war verschwunden. Was er vor sich sah, waren die dunkel glänzenden Windungen des Wurms.

Es ist nur eine Illusion, sagte er sich, doch wenn er in Wolfsgestalt durch den Wald hetzte, war er dann wirklich ein Wolf oder ein Mensch? Er wäre ein Narr, dieses Wesen nicht so zu bekämpfen, als wäre es real. Der Wurm bäumte sich auf, mit klaffendem Schlund, und Bäume knackten, als sein Gewicht herunterkam. Sigfrid sprang zur Seite, als der große blinde Kopf auf ihn zu schwang und schlug erneut zu. Wieder ertönte das erzürnte Ächzen. Glänzende Windungen entrollten sich, und plötzlich besaß das Ding stämmige Beine, die es den Pfad zurück in Richtung seines Lagers trugen. Wolfsinstinkte ließen Sigfrid ihm nachsetzen.

Als er näher kam, erschien das Wesen plötzlich größer. Er schlug zu, und die Gestalt spaltete sich auf – neun Köpfe sprossen plötzlich aus dem Hals. Wieder hielt Sigfrid inne; dies glich zu sehr seinem Traum! Die Schlangenköpfe zischten wie der Wind in kahlen Zweigen. Lag es vielleicht daran, daß er selbst noch in Menschengestalt war, daß das Wesen Macht hatte, ihn zu täuschen? Er nestelte an den Schnüren, befestigte die Pfoten des Wolfsfells über seiner Brust und zog sich den Wolfskopf über seinen eigenen.

Abrupt wurde seine Sicht deutlicher. Doch was zuvor ein Schatten des Schreckens gewesen war, war nun klar in jeder Einzelheit, geschuppt und gegliedert, mit Klauen und Fängen.

»*Jetzt bist du in meiner Welt, Wolfswelpe* –« Neun grausliche Häupter zischelten Gelächter. »*Folge mir, wenn du es wagst!*« Es brach vor ihm durch die Bäume.

Mit gesträubtem Fell trottete Sigfrid hinterdrein, wenngleich sich das Bild um ihn weiter veränderte. Nun waren die Wälder der Wald um die Schmiede. Die Gestalt vor ihm verbreiterte sich, wurde groß, massiv, mit dunklem Pelz, schlug nach ihm mit Krallenpranken. Sigfrid richtete sich auf, um sich zur Wehr zu setzen, und plötzlich hatte auch er die Gestalt eines Bären. Schlag um Schlag tauschten sie aus, brüllend, bis der schwarze Bär knurrte und sich abwandte.

Die Szene änderte sich. Sie waren in den Mooren von Sigfrids Kindheit. Ein großer Elch watete durch das Ried, beschwert mit der Pracht seines ausladenden Geweihs. Und der Verfolger, der auf ihn zutrabte, wurde auch zu einem Elchbullen, jünger und geschmeidiger, wenn auch nicht eine so mächtige Wehr auf seiner Stirn prangte. Schlamm spritzte unter breiten Hufen auf, als er angriff. Dann wandte sich der andere Bulle ihm entgegen. Die Welt wurde dunkel, als sie zusammenstießen.

»Wer wagt es, mir hierher zu folgen?« kam die Frage.

Panik verwandelte sich in Wut, als der Verfolger erkannte, daß er es selbst nicht wußte.

Die Welt wurde winterweiß. Zwei schwarze Auerochsen kämpften im Schnee. Es war Herbst, und Rothirsche röhrten, als sie gegeneinander stritten. Adler kreischten in der Luft, und Walrosse wälzten sich im Sand, während weiße Stoßzähne sich rot färbten. Am Ende wußte der Verfolger nur, daß der andere sein Feind war.

»Wer hat dich angestiftet, mich zu töten?«

Wie ließe sich jene Frage beantworten? Es war die Wut selbst, die den Angreifer antrieb, und Neid und Furcht.

Zwei Wolfsrüden fauchten, schnappten nach dem anderen mit scharfen Fängen. Auf Brust und Flanken des älteren Wolfes war Blut; Blut rann von einem Biß aus der Schulter des jüngeren. Der Alte war jetzt in der Defensive, mit gesenktem Kopf und zurückgelegten Ohren. Instinktiv hielt der Angreifer inne; sein unbeirrter gelber Blick forderte den anderen auf, seine Unterlegenheit zu bekunden.

»Wer bist du?«

Der jüngere Wolf versuchte, Sinn in die Worte zu brin-

gen. *Ich bin der Herr ... dies ist mein Land, mein Volk ...*
Doch sie standen an einem Ort des Nebels und der Schatten. Es gab keinen Wald hier, keine anderen Wölfe.

»*Wenn du nicht weißt, wer du bist, wie kannst du mich dann besiegen?*«

Winselnd trat der jüngere Wolf einen Schritt zurück. Der Alte hob seinen Kopf, doch er schwankte. Instinkt wies die Blöße, und der Angreifer schoß darauf zu. Seine Kiefer schlossen sich um schweißiges Fell.

Doch seine Zähne kratzten über einen glatten Panzer. Das Ding unter ihm wand sich, und gewaltige Schlingen schlossen sich um ihn. Ätzendes Gift brannte sich durch Wolfsfell. Der junge Wolf heulte vor Schmerz, fühlte das Fell, das ihn hielt, aufbrechen, als der Geist sich befreite, sich neu gewandete in glitzernde Schuppen. Schlange umschlang Schlange in gräßlicher Umarmung, gifttriefende Kiefer verbissen sich. Und dann verloren sich selbst jene Formen, und es gab nur noch eine Turbulenz, die schließlich verebbte, daß die kämpfenden Geister frei in der Dunkelheit trieben.

Wer bin ich? Was bin ich? Bilder von Wurm, Wolf, Elch, Bär trieben durch sein Blickfeld. All das war er gewesen, doch war das alles, was er war? Durch die Wildnis, in der der Troll-Mann ihn gefangen hatte, jagte er sein Ich.

»*Sigfrid ...*«

Das Wort war wie ein Licht am Ende eines Tunnels. Er fiel hindurch und fand sich über das Gesicht eines hageren Mannes gebeugt, ein Gesicht mit einem wilden Schopf von silbergesträhntem schwarzen Haar und Ragans dunklen Augen. Hinter ihm bildeten aufgetürmtes Gehölz und zerborstene Steine ein Lager wie das eines großen Tieres. Die Blutspur durch den Wald und die zersplitterten Bäume zeigten ihm, wie sie hierhergekommen waren. Gram steckte aufrecht in des Mannes

Leib; ein wenig Blut rann aus den Rändern der Wunde. Kratzspuren waren an seiner Stirn und seinem Hals.

»Sigfrid –« Er sagte es laut.

»Hreidmar sprach wahr. Der Sohn von Sigmund dem Wolfskönig und von Lyngheids Tochter ... hat mich gemordet.« Fafnars Worte klangen gepreßt vor unterdrücktem Schmerz, oder war es vielleicht Gelächter? »Ragans Ziehsohn. Hättest meiner sein sollen.«

»Was meinst du damit?« Sigfrid fand endlich seine Stimme wieder. Er erkannte die Namen, aber sie ergaben für ihn keinen Sinn.

»Wie ich –« Er holte vorsichtig Atmen, und Sigfrid hörte das Rasseln in der Lunge. »Meine Magie. Tötest mich, mit meinen Mitteln.«

»Nein!« Sigfrid schüttelte den Kopf. Es tat weh, und er erkannte, daß auch er verwundet worden war. Fafnar war ein Ungeheuer – ihn schauderte, als er sich zu erinnern begann, in welchen Gestalten er ihn bekämpft hatte. *Nein ... bitte, laß mich nur ein Mensch sein!*

»Du bist, was du bist«, keuchte Fafnar. »Du hast bereits gefährliches Wissen, denn du wandelst zwischen den Welten von Tier und Mensch. Andere Menschen spüren das in dir. Ob du willst oder nicht, die Kraft ist in dir.«

Sigfrid schauderte, als er sich erinnerte, wie die Wölfe die Fremdheit in dem Außenseiter gespürt und ihn vertrieben hatten.

»Ich werde sie nicht gebrauchen ...«, flüsterte er.

»Selbst eine Entscheidung dagegen ist eine Entscheidung, Sigmunds Sohn. Du willst nicht wissen, wer du bist? Du wirst dich immer von dem Willen anderer beherrschen lassen?« Sein Gesicht zuckte, und Sigfrid beugte sich wieder über ihn. Die ledrige Haut war klamm, der Puls flach und langsam. »Ragans Willen. Dem Willen der Mächtigen.«

Es war wahr. Seit dem Brand von Albs Halle hatte Sigfrid sich vom Schicksal und dem Willen anderer lenken lassen. Selbst die Schmiedung des Schwertes war nur durch die Hilfe Wodans ermöglicht worden. Er bedachte die helle Klinge mit einem unheilvollen Blick.

»Du nimmst Rache für Ragan, weil er sich fürchtet. Von wem wird er Wergeld für mich fordern?« kam das Flüstern.

Sigfrid starrte ihn an. »Ist das deine Rache, mich gegen den Mann aufzuhetzten, der mich aufgezogen hat? Sag mir, wo hast du deinen Hort verborgen!«

Es gab einen Laut, der ein Stöhnen sein mochte oder ein Auflachen.

»Verlangt es dich danach? Nicht gut für dich. Andwari hat ihn verflucht. Jetzt versteh' ich ... Wyrd, das Dwalins Töchter weben. Geh, oder das helle Gold wird dein Verderben sein ...«

»Alles, was lebt, muß einmal sterben.« Sigfrid zwang sich, stolz zu sprechen. »Und ins Dunkel hinabgehen.« Fafnars wettergegerbte Haut wurde grau.

»Starker ... Sohn Sigmunds. Stärker als ich. Hätte dich viel ... lehren können ...« Er keuchte, und helles Blut quoll neben der Klinge hervor. »Himmelsstahl brennt in meinem Bauch. Zieh das Schwert heraus.«

»Du wirst sterben.«

Fafnars Lippen verzerrten sich zu einem schrecklichen Grinsen befleckter Zähne. »Du ... auch ...« Der ergraute Kopf bewegte sich ein wenig gegen die Blätter. »Erdblut sucht Erde ...«, flüsterte er und dann, beinahe in Überraschung: »Keine ... Zeit.«

Seine Augen schlossen sich. Sigfrid beugte sich vor, um den Finger auf den Puls zu legen, da er glaubte, es wäre vorbei, doch es war noch ein Flackern des Lebens unter seiner Hand. *Stirb nicht*, dachte er. *Laß mich nicht allein!*

»Hreidmars Blut.« Fafnars Kopf fiel zur Seite. »Nimm dich in acht ...«

Der Junge beugte sich tiefer, um zu lauschen, doch es kam nichts mehr. Einer der Raben schrie, als ein Windstoß alle Blätter aufwirbelte, und Sigfrid richtete sich auf, packte Grams Heft und zog die Klinge heraus.

BLUTSBANDE

Wurmfels, Rheintal
Erntemond, abnehmender Mond, A.D. 418

Ragan preßte seine Stirn gegen die rauhe Rinde der Eiche, als könnte der Schmerz den Aufruhr in seinem Innern betäuben. Im nächsten Moment hätte er laut geschrien, und er hatte nur die Randbereiche von Fafnars Macht berührt. Würde Sigfrid dem standhalten können? Der Junge war frei von der Magie des Gestaltwandlers aufgezogen worden. Gewiß würde er von seinen eigenen Kriegerinstinkten geleitet zur Tat schreiten und ohne Furcht.

Furcht ist mein Bruder ..., dachte Ragan grimmig und wartete darauf, daß der Tumult in seinem Bauch sich legte. Selbst in den lang vergangenen Tagen seiner Kindheit war Ottar derjenige gewesen, der mit ihm gelacht, und Fafnar der, der ihm Angst eingejagt hatte. Mit dem Gedanken nahm ihn die Erinnerung gefangen, und er war ein Kind, und die Welt war wieder hell.

Er lacht, schwenkt den Stock über seinem Kopf, während der große Otter verspielt hin und her schießt und versucht, ihn zu schnappen. Und dann wirft er ihn fort, in einem hohen Bogen, übers Wasser, und die Gestalt des Otters verschwimmt, als dieser die ausgetretene Spur am Ufer hinab und in den Fluß gleitet. Einen Augenblick später durchbricht sein schlanker Kopf die Oberfläche. Er hält den Stock zwischen den Kie-

fern. Er schnellt durch das Wasser und krabbelt das Ufer wieder herauf, so daß Ragan den Stock wieder nehmen kann.

Lachend wedelt das Kind mit dem Holz und schreit auf, als ein Schatten über ihn fällt und der Stock ihm aus der Hand gerissen wird. Fafnar lacht, doch in dem Klang liegt nichts Scherzhaftes. Er blickt auf die Beute, zerbricht sie über dem Knie und stapft davon. Ragan starrt ihm nach und reibt sich die Augen, damit sein Bruder die Tränen nicht sieht.

Zitternd kam Ragan wieder zu Bewußtsein. So lange her war das gewesen, es schien der Anbeginn der Welt zu sein. Als Kind hatte er Angst vor allem und jedem gehabt, doch seinen großen Bruder, mit seiner Stärke und seinen unberechenbaren Stimmungen, hatte er am meisten gefürchtet. Selbst als sie zum Manne heranwuchsen und Ragan die Schmiedekunst lernte, war es nicht viel anders gewesen; denn Fafnar war zu einem Krieger geworden, dem geschätzten Diener von Königen. Der Gedanke an jene Tage stieß Ragan wiederum in den Strom der Erinnerung zurück.

In Hreidmars Halle brennt das Feuer. Rauch wirbelt empor durch das Rieddach; Feuerlicht flackert auf geröteten Gesichtern, auf goldenen Halsreifen und Schwertgriffen. Hreidmar sitzt auf seinem Hochsitz, König Hrolf neben ihm. Sie trinken goldenen Met aus silbergefaßten Hörnern. Fafnar rekelt sich zu ihren Füßen; er kaut an dem Heldenanteil des Bullen.

Des Königs Barde tritt vor, um die Taten seiner Krieger zu preisen. Er nennt Fafnar die Kriegs-Schlange und zählt die von ihm Erschlagenen, wenngleich Männer hinter vorgehaltener Hand murren. Und Hreidmar hebt sein Horn und erklärt Fafnar zum besten seiner Söhne. Ottar sitzt an der Tür und lächelt, da er an seinen lichtdurchfluteten Fluß denkt, doch Ragan runzelt die Stirn. Als er aufsteht, um zu gehen, zeigt ihm einer der Männer des Königs einen Dolch, dessen Heft geflickt werden muß, und bietet ihm römische Münzen an. Er schlägt den Mann nieder und rennt aus der Halle. Hinter ihm hört er Gelächter, und er weiß nicht, ob sie ihn verspotten oder den anderen.

Doch selbst das war jetzt so lange her, daß König Hrolf zur Legende geworden war. Von denen, die in Hreidmars Halle zugegen gewesen waren, wandelten nur Fafnar und er noch auf der Mittelerde. Besser, der Zeiten zu gedenken, die nicht so entlegen waren. Er hob den Kopf und schauderte. Der Kampf mußte nun im Gange sein.

Bei dem Gedanken öffnete sich Ragans Bewußtsein wie ein Tor, das einer eindringenden Armee aufgetan wird. Er spürte Fafnars Grimm und Sigfrids verzweifelten Zorn, und dann einen Schwall reiner animalischer Wut, der von jedem der beiden hätte stammen können. Er hatte zuvor Krieger gegen Fafnar ausgesandt, und sie waren gestorben. Doch niemanden wie Sigfrid. Vielleicht würden sie einander töten.

Ragans Finger gruben sich in die feuchte Erde, und er stöhnte, gequält von dem Wissen, daß der Kampf die beiden an einen Ort geführt hatte, wohin er ihnen niemals folgen würde. Selbst der Widerhall jenes Kampfes genügte, um ihn in einen Albtraum zu treiben, in dem er den Tag wiedererlebte, an dem er Fafnar zu dem Kampf herausgefordert hatte, den Sigfrid nun austrug.

Er taumelt zurück, als der große Wurm sich vor ihm erhebt. Und dann plötzlich ist es ein Schwert, mit den Zeichen seines Hammers noch auf der Klinge, das sich singend gegen ihn wendet. Er dreht sich um und flieht, und der Waldboden läßt Messer hervorsprießen, die Bäume regnen Speere.

»Meisterschmied, du fliehst vor deinen eigenen Waffen?« Fafnars spöttisches Gelächter folgt ihm. »Narr, mach, daß du wegkommst, und sei froh, daß ich heute gut gelaunt bin. Schick keine Schwerter mehr gegen mich aus; die Klinge, die mich tötet, soll dein Verderben sein!«

»Nein!« Ragans Schrei widerhallte von Fels zu Fels. »Ich werde dich bezwingen!« Er hielt inne, wartete auf den Ausbruch des Zorns, der als Antwort kommen würde. Doch nichts geschah. Er hob den Kopf, sah sich um. Es lag eine Leere in der Welt wie die Stille nach einem Donnerschlag, als ob einer seiner Sinne geschwunden wäre.

War der Kampf vorbei? Er stand auf, wobei er sich an dem Baumstamm festhielt wie ein alter Mann. Die Kraft, die seinen Geist seit dem Augenblick bedrängt hatte, als sie den Fuß auf den Berg gesetzt hatten, war nicht mehr da. Und mit einem Mal wußte er: *Fafnar ist tot.*

Kein Grund zur Eile, sagte er sich. *Es ist vorbei, Jetzt ist der Hort dein.* Er versuchte an den Glanz des Goldes zu denken, das auf ihn wartete. Doch mit jedem Schritt pochte das Wissen in seinem Hirn. *Mein Bruder liegt tot unter den Bäumen ...*

Sigfrid blickte hinab auf den Mann, der der große Kampfwurm gewesen war. Er wirkte kleiner als Ragan, verzehrt von seiner Magie. Ohne den Herzschlag, der das Blut durch die Adern pumpte, hatte die große Wunde in seinem Bauch aufgehört zu bluten.

Der Wald war sehr still; der einzige Laut war der Flügelschlag, als eine Schar von Sperlingen, im blaugrauen Kleid mit schwarzen Mützen und weißen Brüsten, in der Buche von Zweig zu Zweig hüpften.

Ihm war, als sei die ganze Welt verstummt, damit er ihre Schönheit erspüren könne. Die junge Sonne flammte durch das sterbende Gold der Buchenblätter, und die Feuchtigkeit, die der Regen der Nacht zurückgelassen hatte, glitzerte wie Silber. *Wenn die Welt solchen Reichtum birgt*, dachte der Junge, *was brauche ich da Fafnars Hort?*

Ein Zweig knackte unter einem schweren, zögernden Tritt. *Ragan* ... Selbst wenn er seinen Schritt nicht erkannt hätte, hätte Sigfrid die Welle der Erregung gespürt, die mit ihm kam, wie Fafnars, doch minder mächtig und mit mehr Schmerz durchtränkt. Er seufzte und riß ein Bündel trockenen Grases aus, um sein Schwert abzuwischen.

»Er ist also tot«, ertönte Ragans grollende Stimme in seinem Rücken. »Du kämpfst gut, Held-Kind. Kein kühnerer Krieger wandelt auf Mittelerde. Ich habe gewußt, selbst als du klein warst, daß du für diese Tat geboren warst.«

»Zumindest war ich tapfer genug für diesen Kampf.« Der Junge fröstelte, als er sich erinnerte, wie er letzten Endes sein Feind *gewesen* war. Bei dem Gedanken an den Wurm schauderte ihn erneut. Und er hatte ihn getötet. Was war aus ihm geworden? »Was mit anderen ist, weiß ich nicht.« Er drängte seine Gefühle zurück. »Die Krieger prahlten mit ihrem Mut in meines Großvaters Halle, doch jetzt frage ich mich, welcher Mann wirklich weiß, ob er tapfer ist, ehe er nicht seinem Feind gegenübertritt.«

Ragan ging um ihn herum, um auf den Leichnam herabzublicken. Die stärker werdende Sonne stand in seinem Rücken, und einen Augenblick lang sah Sigfrid nur Ragans Schatten daliegen.

»Prahlen, ja – du hast Grund dafür, jetzt, da du das Blut meines Bruders von deiner Klinge wischst.«

Sigfrid warf das blutbefleckte Grasbüschel beiseite. Er hatte nicht prahlerisch klingen wollen – hatte Ragan überhaupt zugehört?

»Ich prahle auch«, fuhr der Schmied fort. »Ich habe den Helden hergeführt, dessen Schwert den Tod gebracht hat.« Er klang nicht sehr glücklich, doch wann hatte Ragan je Freude gezeigt?

»Glaubst du, es sei eine ruhmreiche Tat gewesen?« sagte Sigfrid bitter. »Gras reinigt das Schwert, doch wie reinige ich meine Erinnerung? Heming war mein Feind, doch ich hatte keinen Grund, diesen Mann zu hassen – er hat mir nie etwas getan!«

Ragan zuckte die Schultern. »Männer töten um Ruhm – oder um Gewinn. Wo ist der Hort?«

»Wie soll ich das wissen?« schnappte Sigfrid. Er schwenkte die Klinge in Richtung der geknickten Bäume. »Wir haben gekämpft!« Er wandte sich ab, schob das Schwert wieder in die Scheide und spürte Ragans Blick zwischen den Schulterblättern. Er hatte die Wahrheit gesprochen, doch Ragan fragte sich bestimmt, was Fafnar ihm erzählt hatte. Er wünschte sich, er wäre längst woanders, fern von dem Gestaltwandler – und dem Schatz.

»Wirst du jetzt tückisch, da du ein Held bist?« murmelte der Schmied. »Macht nichts. Ragan weiß, wie man Weisheit gewinnt ... Such Holz!« sagte er laut.

»Um den Leichnam zu verbrennen?« fragte Sigfrid. »Warum schleppen wir ihn nicht zurück zu seinem Lager und überlassen ihn der Erde? Vielleicht finden wir den Schatz dort?«

»Ein kleines Feuer – ein Kochfeuer«, entgegnete Ragan. »Alles, was mein Bruder besaß, ist mein. Sein Reichtum ... seine Macht. Dies ist ein alter Weg meines Volkes. Ich esse meines Bruders Herz, dann weiß ich alles.«

Sigfrid starrte ihn an, als der Schmied an den zerlumpten Fellen zerrte, die Fafnar trug. Die Schwertwunde war ein roter Mund, der in der bleichen Haut des Erschlagenen klaffte. Ragan stach seinen Dolch in das Ende der Wunde und trieb ihn unter dem Brustkorb nach oben. Mehr Blut rann heraus, und der Schmied bückte sich, um es abzulecken.

Der Junge schauderte. Wölfe nährten sich so, rissen an

dem Fleisch ihrer Beute; warum erschien es ihm so monströs, wenn ein Mensch desgleichen tat? Wie unter einem Zwang begann er Stöcke aufzuklauben und versuchte, die Geräusche zu überhören.

Als er sich mit den Armen voller Geäst wieder umwandte, hatte Ragan unter den Rippen gewühlt und das Herz seines Bruders herausgerissen. Sein Arm war rot bis zum Ellbogen, als er es hochhielt.

Sigfrid schüttelte den Kopf, scharrte eine Stelle auf dem Boden von feuchten Blättern frei und stellte die Zweige zu einem Kegel zusammen. Harz und weiche innere Rinde gaben Zunder her, und zwei gegabelte Äste würden einen Bratspieß über dem Feuer halten. Es bedurfte mehrerer Schläge mit seinem Feuerstein, bis ein Funke in das Häufchen Moos schlug, so daß er es zu einer Flamme anblasen konnte.

Ragan lächelte schrecklich und hielt ihm die blutige Masse hin. Sigfrid nahm sie schaudernd. Sie war noch warm. *Möge das Feuer dich frei machen*, dachte der Knabe, als er den Stock hindurchstieß. *Du gehörtest einem tapferen Mann.*

Ragan ließ sich auf seine Fersen nieder, als die ersten Blutstropfen im Feuer verzischten, und starrte auf das Rot auf seiner Hand. Seine Pupillen weiteten sich bereits. Sigfrid sah ihn mißtrauisch an. Wenn es ihn schon so aufwühlte, nur von Fafnars Blut zu kosten, was würde der Genuß des ganzen Herzens erst bewirken?

Plötzlich ließ der Schmied die Hand sinken und blickte sich um.

»Müde ...«, sagte er undeutlich und leckte sich die Lippen. »Muß ruhen. Bewach du das Feuer. Dreh den Spieß, bis das Herz gar ist.«

Es würde ihm recht geschehen, wenn ich ihn einfach da liegen ließe, dachte Sigfrid, während er zusah, wie der

Schmied langsam auf dem Boden zusammensank. *Fafnars Herz kann von mir aus verkohlen.*

Einen Moment lang lag Ragan zusammengekrümmt auf der Seite, dann drehte er sich auf den Rücken, mit gespreizten Beinen und offenem Mund, die blutige Hand gekrümmt, als wolle er den Himmel um Gnade anflehen.

Und warum ist er so müde? dachte der Junge. *Ich war es doch, der den Kampf ausgefochten hat!* Doch der Gehorsam, der ihm zur Gewohnheit geworden war, ließ ihn schweigen.

Ragan schlief, doch Fafnars Blut brannte in seinem Hirn.

Wieder sah er Sigfrid mit der blutigen Klinge in der Hand über dem Gefallenen stehen. Doch im nächsten Augenlick hatte ein anderes Bild das Gesicht verdrängt; jetzt erhob sich das rote Schwert in der Schlacht. Der Junge rannte an der Spitze einer Horde heulender Krieger, und der Wahnsinn des Berserkers brannte in seinen Augen. Die Szene wechselte. Sigfrid saß beim Festmahl in der Halle mit den Kriegern; Gold blinkte an Hals und Armen. Ragan winselte, als er Ornamente erkannte, deren Schönheit er nie vergessen hatte. Sie gehörten ihm! Sie kamen aus dem Hort!

Die Feiernden riefen Sigfrids Namen, priesen ihn mit erhobenen Hörnern. Eine blonde Maid kam mit einem Krug Met herbei, und Ragan stöhnte wieder, denn sie sah aus wie eine Frau, der er vor langer Zeit beigelegen hatte. Seine Pein wuchs, und die Luft wurde dunkler. Jetzt lag Drohung in den Rufen der Männer. Er blinzelte, als das Blitzen von Speeren ihn blendete. Sigfrid bäumte sich auf mit einem Schrei, und Ragan wandte den Blick ab. Die Gestalt war Sigfrids Gestalt, doch das Gesicht war Fafnars.

Die Gestalt taumelte auf ihn zu, rot vor Blut. »*Rache!*« rief sie. »*Wer wird mich rächen? Mein Blut schreit laut wider meinen Mörder!*« Der Schrei der Wut wechselte zu einem irren Gelächter. Feuer schoß zwischen ihnen empor; in den Flammen sah Ragan den Glanz von Andwaris Gold.

Irgendwie hatte sich das Schweigen des Waldes mit dem Laut von Vogelstimmen erfüllt. Sigfrid blickte auf. Was war geschehen? Vögel flatterten auf den Ästen, wie um die gefallenen Blätter zu ersetzen, neigten das Köpfchen, um ihn anzusehen, flogen von Zweig zu Zweig. Gewiß waren all diese Vögel nicht da gewesen, als er gekämpft hatte. War es vielleicht ein vorbeiziehender Schwarm? Er zählte Buchfinken, rostrot, weiß und braun getupft, und maskierte Waldmeisen und seine alten Freunde, die Sperlinge. Nur die Raben wirkten wie schwarze Flecken in der Helle des Morgens und saßen in ungewöhnlichem Schweigen, während die anderen Vögel sangen.

»Singt mir ein Lied des Lachens, ihr kleinen Vöglein –« Er blickte zu ihnen empor. »Ich brauche Aufmunterung!«

Er stocherte im Feuer, und das brutzelnde Herz zischte. Seine Nüstern weiteten sich unwillkürlich bei dem Geruch. Seltsam, daß Menschenfleisch wie jedes andere Fleisch zu riechen schien, sobald es mit dem Feuer in Berührung gekommen war. Vielleicht sollte er es einmal wenden. Er packte das Ende des Spießes, doch als er ihn zu drehen begann, sah er, wie das Herz ins Rutschen geriet. Instinktiv griff er mit der anderen Hand danach, um es aufzuhalten, und sog scharf die Luft ein, als der heiße Saft herauszischte, wo der Spieß es durchbohrte, und seinen linken Daumen verbrühte.

Er steckte den Daumen in den Mund, um ihn zu kühlen.

Der Schlag traf ihn so abrupt, daß er nicht einmal aufschreien konnte, und dann war er über solch einfache sinnliche Bedingungen hinaus. Er war sich seiner selbst bewußt, wie er am Feuer saß und an seinem verletzten Daumen lutschte. Doch zusätzlich spürte er auch die Welt, mit durch Erfahrung verfeinerten Sinnen, wo jeder Windhauch und jeder Grashalm seine eigene Geschichte erzählte. Sigfrid blickte mit Staunen auf die Schönheit des Waldes, doch für jenes Andere in ihm war es ein Ort erfüllt von Kräften. Er schaute um sich und erkannte die Natur von allem, was er sah, und plötzlich wußte er, wo der Hort sich befand.

Und in jenem Augenblick, da sein Ich erbebte wie ein Blatt, das der nächste Wind vom Baum pflücken würde, widerhallte Fafnars Gelächter in seiner Seele.

Sigfrid schlug die Augen auf. Auf der anderen Seite des Kochfeuers stemmte sich Ragan langsam in die Höhe. Ihre Blicke trafen sich, und Fafnars Seele blickte aus beider Augen, den braunen wie den goldenen.

»Verräter!« Ragan sprang auf; seine großen Hände öffneten und schlossen sich wie bei einem Bären, der nach Beute giert. »Du stiehlst meine Macht!«

»Dort raucht deines Bruders Herz!« rief Sigfrid. »Gebraten und bereit. Wenn ich es gewollt hätte, hätte ich es verzehren können, während du schliefest.«

Ragan packte den Spieß und biß in das zischende Fleisch.

Die Zunge brannte; es brannte der Daumen; die Welt drehte sich im Kreis. Fafnars Blick spottete ihrer beider; aus des anderen Kehle hörte ein jeder Fafnars Gelächter.

»Du weißt, wo das Gold ist!«

»*Wir* wissen es ...«

»*In Fafnars Bau bleicht blankes Gold*«, sang die Meise.

»*Der gehäufte Hort, dem Helden gebührt er!*« antwortete der Sperling.

Die beiden Männer wandten sich einander zu, und Ragans Augen blitzten: »Selbst die Vögel wissen, daß du mich verrätst –«

Sigfrid blinzelte. »Ich will das Gold nicht. Ich habe es dir gesagt. Laß mich jetzt gehen, und du kannst dir einen anderen Platz suchen, um es zu verbergen.«

»Nein – nein –« Ragan zitterte. »So war es nicht gemeint. Du hast Fafnar besiegt. Du hast ein Recht, es zu sehen.« Er drehte sich um, machte zwei taumelnde Schritte auf einen langen Stein zu, der zwischen den Wurzeln einer Linde verkeilt war. »Hilf mir –« Fafnars Gier nach dem Gold brannte in ihnen beiden.

Es war viele Winter her, seit der Gestaltwandler die Kraft gehabt hatte, den Stein zu heben, um seinen Hort zu schauen.

Ragan hockte sich nieder, krallte starke Schmiedefinger um das eine Ende des Felsblocks. Sigfrid kniete sich hin und setzte seine geschmeidige Kraft an der anderen Seite ein. Keuchend zerrten und schoben sie den Stein hin und her; feuchte Erde und Wurzelwerk hielten ihn fest, doch die Not der Männer war stärker. Schließlich gab irgend etwas nach. Ihr Keuchen wurde zu einem Knurren, als sie den Stein auf das Gras wuchteten.

Aus der Spalte in der Erde, die der Fels bedeckt hatte, glomm es golden empor.

»*Es glänzt das Gold in der Erde Grab*«, sang der Sperling. »*Wie teilen Täter und Opfer es auf?*«

Ragan kniete neben der Öffnung nieder und zog einen goldenen Becher hervor. »Daran erinnere ich mich«, sagte er leise. »Ich stand neben meinem Vater, als Wodans Priester den Schatz auf Ottars Fell legten, um für den

Mord an ihm zu bezahlen. Stück um Stück, Bronze und Silber und Gold.«

Sigfrid sah zu, wie der Schmied die schönen Dinge ans Tageslicht brachte und sie auf dem Gras ausbreitete. Selbst in Sigmunds Hort hatte es nichts dergleichen gegeben. Er hielt die Luft an, als das Antlitz einer Göttin aus einem silbernen Kessel aufschien.

»Jedes Haar seiner Haut bedeckten sie, alles bis auf seine Schnurrbarthaare, und Fafnar trat schnaubend vor mit seiner Axt. Da zieht der Weiskundige etwas aus seinem Gewand.«

Ragan griff tiefer in die Höhlung, tastete umher und zog ein Bündel aus weichem Leder heraus. Er schlug die Enden zurück. Ein goldener Stab lag auf dem Leder, etwa so lang wie Sigfrids Unterarm, mit dem Kopf eines Vogels. Daneben lag ein Ring, ein Halsreif aus massivem Gold mit gekrümmten Enden. Beide waren über und über mit Runen bedeckt.

»Eben dies –« Er nickte. »Und dann war Ottars Fell ganz bedeckt. Doch der Mann meines Volkes, der bei ihnen war, lachte.

›Das Wergeld ist bezahlt‹, sagt er. ›Wir wünschen dir Freude daran. Es kommt aus dem Teich unter Andwaris Wasserfall.‹

Da blickt mein Vater sie zornig an. ›Gut für euch, daß ich das nicht wußte‹, antwortet er. ›Euer Blut wäre eine bessere Sühne als der Erdmutter Gold.‹

›Und was ist mein Anteil?‹ fragt Fafnar und befingert diesen Runenstab, als hätte er nichts gehört.

›Nichts‹, sagt mein Vater. ›Besser, ich nehme den Fluch auf mich und du bist frei …‹

›Dann nimm das!‹ Fafnar springt auf, und seine Axt bohrt sich in meines Vaters Seite. ›Und ich werde den Hort nehmen!‹ Er erhebt sich über dem Gold, alle anbrüllend, die ihm nahe kommen, bereits zum Wurm werdend in Berserkerwut.

Meine Schwester läuft weinend zu Hreidmar, und er flüstert, ob sie ihn rächen werde? ›Auch wenn der Vater gefallen‹, sagt Lyngheid, ›suchen wenige Schwestern des Bruders Blut!‹

›Dann soll's deinem Sohn oder deiner Tochter Sohn zuteil werden – Hreidmars Blut räche Hreidmars Blut –‹, und seine Augen werden leer. Doch Fafnar brüllt vor Wut und treibt uns aus der Halle.«

Ragan schüttelte sich bei der Erinnerung und blickte zu Sigfrid auf. »*Hreidmars Blut ... nimm dich in acht!*« Fafnars Worte hallten zwischen ihnen wider.

»Und jetzt hast du ihn gerächt«, sagte Sigfrid, mit verschränkten Armen gegen den Stamm der Linde gelehnt. »Und den Hort gewonnen.«

»Sein Blut«, antwortete Ragan, abrupt in die Gegenwart zurückgekehrt, »befleckte *dein* Schwert.«

»Glaubst du, die Blutschuld auf mich abwälzen zu können? Wenn es meine Tat war, dann sollte der Hort mein sein!« Er lachte, als Ragan seine massige Gestalt zwischen ihn und das Gold schob, doch ihm gefiel der irre Blick nicht, den er in den Augen des Älteren sah.

»Du hast meinen Bruder getötet ...«, sagte der Schmied langsam, mit einem Blick auf den Hügel, wo Fafnars Leichnam lag. »Du hast sein Blut vergossen.«

»*Dort sitzt Ragan, elender Sieger, Rache am Rächer zu suchen*«, sang der Buchfink.

»Sei still!« rief Ragan laut und griff sich mit den Händen an den Kopf, Sigfrid bedeckte seine Augen, da er die Pein teilte.

»*Sicherer sei es für Sigfrid, den Schmied zu erschlagen, sich den Hort selbst zu holen!*« erwiderte sein Weibchen.

»Ich will das Gold nicht!« schrie der Knabe. »Oder die

Blutschuld, die daran hängt. Du hast mich angestiftet, Ragan. Du warst der Täter – ich war nur das Schwert in deiner Hand!«

»Nicht ich ...«, flüsterte Ragan. »Nicht meine Tat. Sein Blut brennt, und wer zahlt jetzt?« Der Schmied blickte auf, und sein Blick war mit einem Male schrecklich. »Du warst vom Schicksal bestimmt, ihn zu töten.«

Sigfrid starrte ihn an, und ein Frösteln sträubte die Härchen in seinem Rücken. Was geschah hier? War dies Fafnars Rache an ihnen, oder war Ragan am Ende doch verrückt geworden?

»All meine Pläne – all meine Kunst – vergebens! Ragan ist nur der Hammer des Schicksals, der dich für die Tat formte! Jetzt begreife ich!«

Ein Schatten von Fafnars Geist wand sich zwischen ihnen, und Sigfrid schauderte. Wieder hallte in seinem Innern des Gestaltwandlers höhnisches Lachen.

»Was meinst du damit?« Wie ein Echo kam die Frage.

Ragan schwankte vor und zurück, lachend. »Du weißt nicht ... wer du bist!« Auch dies waren Fafnars Worte, oder doch beinahe. »Ich wußte es«, fuhr er fort, »doch war mir nie klar, was es bedeutet – bis jetzt!«

Sigfrid sprang vor, und Ragan kam ungelenk und schwer atmend auf die Füße. »Lyngheid war Hiordisas Mutter. Du bist Hreidmars Tochtersohn! Verflucht!«

»Fafnar hat es gewußt ...«, sagte Sigfrid leise, der es immer noch nicht ganz glauben konnte. »Darum hat er gelacht.« Sein Kopf pochte, und er wußte nicht, ob er seine eigene oder Ragans Pein verspürte.

»Das Blut brennt!« flüsterte Ragan. »Einzig mehr Blut kann es löschen.« Seine Finger schlossen sich, als wolle er eine Waffe aus der Luft greifen.

»*Da steht Ragan, schmiedet Rachepläne, den Knaben zu täuschen, der ihm vertraut. Trug wird er reden, der*

Bringer des Unheils, seinen Bruder zu rächen –«, sangen die Vögel.

Ragan blickte unter gefurchten Brauen zu Sigfrid auf, und der Junge sah, daß er weinte. »Jetzt begreifst du, warum ich dich töten muß?« fragte er.

»Nein«, antwortete Sigfrid mit bebender Stimme. »Wir werden dieses verfluchte Gold der Erde anheimgeben, und dann werden wir beide nach Hause gehen.«

»Wie Sippenbrüder?« Ein knorriger Finger stach in die Luft, auf des Knaben Herz zu. »Mit Hreidmars Blut, deiner Mutter Blut, rot an deinen Händen. Sippenmörder!« Er blickte auf seine eigene gerötete Hand, und seine Stimme überschlug sich vor Gelächter.

»Hör auf!« schrie Sigfrid ihn an. »Sag das nicht. Es ist nicht wahr!« Sein Kopf dröhnte wie ein Amboßstein.

»Doch!« hallte Ragans Stimme. Er riß den Hammer aus seinem Gürtel und schwang ihn trunken durch die Luft, daß die Vögel sich kreischend erhoben. »Sippenmörder, kannst du *mich* töten?«

Fafnars Wut durchpulste Sigfrids Geist, ein kalter Zorn tödlicher als Ragans Feuer. *Ich kann das nicht tun, er hat mich aufgezogen*, argumentierte er, doch unversehens floß sein Körper bereits durch die Folge von Bewegungen, die Helmbari ihn gelehrt hatte. Seine Hand zog das Schwert. *Ich will es nicht!*

Ragans Hammer sauste durch die Luft. Sigfrid sprang beiseite; im Sprung drehte er sich, und Grams Gewicht ließ die Klinge herumschwingen wie unter einem eigenen Willen.

»Du bist ... das Schwert ... in meiner Hand!« rief Ragan, sich dem Schlag entgegenstemmend, und dann traf die Schneide, und sein Haupt, das letzte Wort noch auf den Lippen, flog davon. Die Zeit schien stillzustehen, als der Kopf in einem Bogen zu Boden fiel und langsam über den Grund rollte, bis er neben Fafnars Leichnam zur Ruhe kam. Und es schien Sigfrid, als trügen beide Gesichter, so ähnlich in den Zügen, dasselbe höhnische Lächeln.

Als er den letzten Rest von Fafnars Blut herausgewürgt hatte, ging Sigfrid zu dem Schatz zurück. Rotes Gold, fürwahr. Er wollte es nicht. Ihn schauderte bei der Berührung des Metalls, als er die Stücke wieder in ihr irdisches Grab zurücklegte. Dort sollen sie liegen bleiben, dachte er, wo sie niemandem Unheil bringen können.

Nur der Stab und der Halsring ließen ihn zögern. Er war kein König, noch suchte er Herrschaft über andere, und so legte er den Runenstab zu den anderen Dingen. Doch das Glitzern des Lichts auf dem Ring ließ ihn an Sonnenflecken auf dem Wasser denken, an das seidige Wogen von Korn, das sich im Winde wellte. In dem Ring lag gewiß nur Schönheit. Seine Finger strichen über die glatte Oberfläche; er wickelte ihn in das Lederstück und steckte ihn in die Reisetasche an seiner Seite.

Dann zerrte er den Stein unter Aufbietung seiner ganzen jugendlichen Stärke wieder an Ort und Stelle, eine Aufgabe, die für zwei schwierig genug gewesen wäre. Als er fertig war, war es schon nach Mittag. Es schien ihm eine Ewigkeit seit dem Morgengrauen vergangen zu sein, und bevor die Sonne versinken sollte, würde ein weiteres Weltalter vergehen.

Er blickte hinab auf die Leichen der beiden Brüder. Seine Opfer. Fafnar hatte recht gehabt, ihn vor dem Blut Hreidmars zu warnen, doch die Adern, durch die es floß, waren seine eigenen.

Es ist eines Sippenbruders Recht, die Seinen zu bestatten, dachte er grimmig, *oder eines Sippenmörders Pflicht. Doch es gibt niemanden, dem ich davon berichten könnte. Die Belohnung und die Rache für diesen Tag stehen beide mir zu.*

Er trug erst Fafnar und dann Ragan zu dem Lager, das der Gestaltwandler in den Berg gegraben hatte. Er legte die Leichen zusammen und bedeckte sie mit Fafnars Schlaffellen, und dann gab er seinem Leid Raum mit einem Schrei, der die Vögel ein weiteres Mal zur wilden Flucht aufscheuchte. Er riß die Baumstämme nieder, welche die Wände der Hütte bildeten, so daß die Steine des Daches herniederpolterten und alles bedeckten.

»Lebt wohl, ihr Söhne Hreidmars«, sagte er, als das Grollen der stürzenden Felsen verstummt war. »Mögen die Geister euch zu dem Land geleiten, wo der grüne Schierling wächst! Möget ihr wieder mit eurem Vater und Ottar zu Tische sitzen! Mögen die Kinder der Erde zusammen im Schoß der Erde ruhen, durch den Tod im Frieden vereint, wie im Leben der Haß euch trennte!«

Nun war er wirklich allein. Heming hatte wahrer gesprochen, als er es selbst geahnt hatte.

Erschöpft lehnte Sigfrid sich gegen den alten Lindenbaum, dessen Wurzeln das Gold bewachten. Oben in den Zweigen zwitscherten die Vögel, als hätte die Welt nie Kampf und Tod gesehen. Er wollte sie nicht hören. Herzlose Geschöpfe – ihr Rat war Teil seines Wahnsinns gewesen. Wenn die Macht von Fafnars Blut noch in ihm war, wollte er lieber auf die Stimme der Linde lauschen.

Der Baum war alt, uralt. Bevor Fafnar dorthin gekommen war, hatte die Linde bereits dort gestanden, und sie würde weiter dort stehen, wenn er zur Legende geworden war. *Reichen deine Wurzeln hinab ins Herz der Erde, Großmutter?* fragte er sich. *Vereinen sie sich dort mit den Wurzeln des Weltenbaumes? Wenn ich nur dorthin gelangen könnte, dann könnte ich Ruhe finden.* Und es schien ihm, daß mit dem Rauschen des Windes in den Zweigen eine Antwort kam.

»Jeder Baum ist ein Teil Yggdrasils, der Nabe, um die sich die Welten breiten. Werde eins mit mir –«

Sigfrid wandte sich um, umfaßte den glatten Stamm mit beiden Armen und legte seine Wange dagegen. Er spürte, wie ihn ein Prickeln durchlief, vergleichbar dem Gefühl, wenn Wind über die Haut strich. Die Quelle dieses Kitzels lag tief in der Erde, doch der Baum zog sie an. Die Spannung in seinem Körper wuchs, als die Erdkraft durch den Stamm nach oben drängte; er stöhnte, stemmte seinen Körper dagegen und schrie laut auf, als sie durch sein Stirnhaupt brach und sich in den Zweigen des Baumes verströmte.

Als er wieder stehen konnte, wurde ihm klar, das sein Körper mehr als die angestaute Spannung entladen hatte. Der Strom der Kraft hatte auch das Schlimmste von jener Pein hinweggewaschen, die ihn umfangen hatte. Der Schmerz war noch da, aber jetzt schien ein rascher Fluß zwischen ihm und seinen Erinnerungen zu fließen.

»Hei! Sigfrid hat all seine Feinde bezwungen!« sang die Meise vom Wipfel des Lindenbaums. *»Hält nun den Hort und das Schwert, von allen Banden befreit!«*

»Harrt die Welt nun des Helden, dessen Mut hell erstrahlt«, fuhr der Buchfink fort. *»Wundersam das Weib, das wartet auf den, der die Furcht nicht kennt!«*

»Hei, Sigfrid, höre! Von des Hügels Höhe schau deinen Weg!« Der Sperling flog zu einer Esche ein Stückweit den Hügel hinauf.

Sigfrid blickte zu den Vögeln empor und lachte. »Ich muß immer noch ein bißchen verrückt sein«, sagte er, »aber zumindest stimmt euer Sang mich nun froher.«

Vor einer Stunde hatte er nur von hier weg gewollt,

doch Aussichtspunkte waren selten in diesem Land der Bäume. Selbst wenn es nur eine Laune war, so war doch etwas dran an diesen Vogelrufen. Er war schon fast auf dem Gipfel des Berges, er konnte ebensogut noch so weit emporsteigen, daß er einen Blick auf die Umgebung werfen konnte.

Der Weg zum Gipfel war schmal, aber klar zu erkennen. Fafnar war diesen Weg gegangen, in den letzten Jahren jedoch immer seltener. *Er war alt geworden*, dachte Sigfrid. *Er hatte auf mich gewartet.* Er hatte dasselbe bei den Wölfen gesehen, wenn sie einen Hirsch oder Elch stellten, der die Höhe seines Lebens überschritten hatte. Der alte Krieger würde bis zum Schluß kämpfen, aber am Ende kam der Tod als Erlösung.

Die Gebeine der Erde traten deutlicher hervor, als er höher stieg. Irgendeine alte Schlacht der Götter hatte die großen Felsen gegeneinander verschoben. Er staunte über die verschiedenen Schichten von grauem, wassergeglättetem Stein. Junge Bäume hatten in den Spalten Wurzel gefaßt und milderten die Unwirtlichkeit des Ortes. Buche und Esche, Eiche und Haselstrauch kämpften um ihren Anteil an dem dünnen Mutterboden. Hier auf dem Gipfel hatten die kalten Winde den Wechsel der Jahreszeit vorangetrieben. Grünes Gras wuchs noch zwischen den Wurzeln, doch die verbliebenen Blätter waren schon golden und bronzefarben. Vogelbeeren setzten rote Tupfer in die kahlen Zweige, und das dunkle Grün von vereinzelten Tannen trat um so deutlicher hervor, wo der Winter das andere Blattwerk hinwegfegte.

Jetzt wand sich der Pfad steil nach oben, doch die Bewegung hatte Sigfrids Muskeln gelöst, und er sprang den Weg hinauf wie ein junger Hirsch. Vor ihm trat ein

Kegel aus grauem Stein aus der Erde hervor, die ihn bedeckte. Sigfrid packte einen Felsvorsprung, zog sich hoch, und kletterte auf allen vieren die Schräge hinauf. Vor ihm krümmte sich der Fels nach unten; er richtete sich auf und stand mit einem Male auf dem Gipfel der Welt.

Dahinter fiel das Land allmählich ab, in endlosen Wellen von Wäldern, doch nach Süden zu stürzte der Fels lotrecht in die Tiefe, um sich gen Westen weniger abrupt, doch immer noch steil hinabzusenken. Und jenseits davon – Weite, Licht, ein grenzenloser Raum gesäumt von blauschimmernden Hügeln, zu denen die Sonne sich neigte. Unter ihm wand sich die mächtigste aller Schlangen, ein glitzernder Wurm mit Schuppen aus brennendem Gold.

Sigfrid war in einem Land geboren worden, wo die große Kuppel des nördlichen Himmels sich über dem Dunst des Moores erhob, welches mit dem Meer verschmolz. Er war in den Wäldern aufgewachsen; immer war seine Welt von einem nahen Horizont umschrieben, sein Blickfeld von Bäumen oder Schilf begrenzt gewesen. Zum erstenmal in seinem Leben konnte er sehen. Sein Verstand sagte ihm, daß das schimmernde Wunder unter ihm der Rhein war. Doch sein Herz wußte es besser. Alle Flüsse waren Lebewesen, doch die Größe dieses Wesens überstieg seine Vorstellungskraft. Es hatte sich dieses große Tal geschaffen, darin zu leben; es hatte das Land geformt.

Tief sog Sigfrid die klare Luft ein, und seine Sinne schwindelten, als wäre es Met. *Von des Hügels Höhe schau deinen Weg!* hatte der Vogel ihm gesagt, und von hier konnte er alles sehen.

Doch wohin sollte er gehen? Die Albinger hatten klargemacht, daß es bei ihnen keinen Platz für ihn gab, selbst als seine Mutter noch lebte. Es war anzunehmen, daß er in Vetera, bei Hlodomar, auch nicht willkommener wäre. Selbst zu der Schmiede konnte er nicht zurück.

Gen Norden verlor sich der Strom in einem Nebel, der das Land aufgelöst zu haben schien, obgleich Sigfrid wußte, daß er durch flache Felder und Sümpfe dem Meer zustrebte. Doch im Süden wand sich der Rhein zwischen runden Hügeln wie durch ein großes Tor. Was lag jenseits davon?

Etwas regte sich unter ihm im Geäst. Sigfrid blickte hinab und sah die zwei Raben dort hocken, die ihn den ganzen Morgen lang beobachtet hatten. Als sei sein Blick ein Signal gewesen, breiteten sie ihre Flügel aus und warfen sich in die klare Luft. Dreimal umkreisten sie den Gipfel, dann flogen sie langsam gen Süden.

»Ich brauche keines Wurmes Blut, um das zu begreifen«, flüsterte Sigfrid, während er ihnen nachstarrte. »Zum Flusse ruft mich das Schicksal. Dort liegt mein Weg.«

DAS GOTTESURTEIL

Hochtaunus
Erntemond, abnehmender Mond, A.D. 418

Dunkle, geduckte Frauengestalten sammelten sich um das Mädchen im Zentrum des Kreises wie gierige Raben, bevor sie mit der Atzung begannen. *Raben fressen die Toten neben dem Langstein ...*, dachte Galemburgis, die unter ihrem Kopfputz aus Falkenschwingen finster blickte. *Alemannische Tote! Doch sie werden auch die Burgunden verzehren!*

Wieder einmal waren die Richterstühle der Walkyriun auf dem Hügel des Hohen errichtet worden. Doch diesmal waren es drei weniger von ihnen als einen Mond zuvor. Randgrid war tot, Raganleob verwundet, und Brunhild saß mit gebundenen Händen und Füßen auf dem nackten Erdboden. Ein leichter Wind kam auf und raschelte in den goldenen Blättern, die noch an den Zweigen der Birken hingen. Galemburgis blickte auf die einsame Gestalt in der Mitte des Kreises und fröstelte, obwohl der Tag für die Jahreszeit noch ungewöhnlich warm gewesen war.

Wie konntest du uns verraten? schrie ihr Herz. *Wir haben dir vertraut!*

»Unsere Schwester Sigdrifa sitzt vor uns«, sagte Hlutgard formell. »Wer klagt sie an, und wessen wird sie beschuldigt?«

»Eidbruch lautet die Anklage, und ich bin es, die sie vorbringt.« Galemburgis holte tief Luft und erhob sich. »Sie hat die Eide gebrochen, welche sie uns geleistet hat, und die Alemannen verraten, die zu unterstützen wir gelobt hatten.«

»Das ist eine schwere Anklage«, sagte Hlutgard.

»Ich glaube es nicht. Sie ritt mit uns auf dem Geisterwind«, sagte Thrudrun. »Ihre Stimme hat sich mit der unseren vereint, als wir den Fluch auf die Armee der Burgunden gelegt haben.«

Galemburgis nickte. Sie hatte es auch nicht glauben wollen. Doch sie konnte nicht vergessen, was sie gesehen und gehört hatte. Das Schlachtfeld unter ihnen lag nun in Abenddunst gehüllt, doch sie erinnerte sich. Frauen klagten in den Alemannenlanden, und Kinder würden verhungern, weil die Männer, die für sie hätten sorgen sollen, nun tot waren.

»Bei all den Dingen, die wir zusammen getan haben«, die Walkyriun würden schwer zu überzeugen sein, doch Galemburgis hatte jeden möglichen Einwand in langen Stunden bedacht, »hatte Brunhild keine andere Wahl, als mitzumachen. Doch woher wollen wir wissen, ob sie uns nicht da bereits verriet; denn gewiß haben unsere Flüche wenig ausgerichtet.«

»Du bist jung in der Kunst, wenn du unsere Zauber so hoch einschätzt!« sagte Huld trocken. »Wäre unsere Magie unfehlbar, so wären gewiß die Römer nie in dieses Land gekommen. Ihr wart acht gegen eine. Nichts, was eine einzige von euch tun könnte, hätte ausgereicht, wenn die Götter einen Sieg der Alemannen gewollt hätten.«

Galemburgis starrte sie an. War die alte Frau so von ihrem Schützling besessen, daß sie die Schuld eher den Göttern zuschieben wollte?

»Wir haben die Omen gelesen«, flüsterte Golla harsch. »Die Zeichen waren günstig für die Alemannen. Wir können uns nicht geirrt haben!« Die Walmeisterin saß in sich zusamengesunken, als ob sie die Wunde empfangen hätte, die Randgrid getötet hatte. Erst jetzt verstand Galemburgis, wie groß die Liebe zwischen den beiden gewesen war. Randgrid war in Gollas Armen gestorben.

Die Alemanen trauern und wir auch, dachte Galemburgis. *Und es ist alles deine Schuld, Brunhild!*

Brunhild saß da ohne ein Wort, mit angezogenen Knien wie ein verschrecktes Kind. Sie hatte geschrien und sich gewehrt, als man sie hierhergeschleppt hatte, doch seitdem war sie verstummt. Lag Angst oder Wut in jenem Schweigen verborgen? Wieder fröstelte Galemburgis ein wenig, trotz der Wärme des Abends.

»In den zwei Wochen seit dem Kampf habe ich mit vielen der alemannischen Häuptlinge gesprochen«, sagte Hlutgard langsam. »Die Vorzeichen waren zu ihren Gunsten. Sie sagen, der Sieg sei schon greifbar nahe gewesen, als die Burgunden sich um ihren König scharten und das Blatt wendeten.«

»Ich habe viele Schlachten gesehen.« Hulds Stimme war beißend. »Und nach den ersten paar Hieben ist alles immer ein großes Durcheinander. Wenn die Alemannen glauben, den Augenblick bestimmen zu können, an dem sie zu verlieren begannen, haben sie zu vielen Liedern gelauscht! Der Barde bringt mit seinen Worten Sinn in das Chaos, doch sollten wir das nicht mit der Wirklichkeit verwechseln.«

»Doch alles, was geschieht, hat eine Ursache!« Golla hob den Kopf. »Oder die Riesen werden die Welt verschlingen!« Und wie als Echo ihrer Worte fegte der Wind über den Hügel, pflückte Beeren von den Zweigen der Ebereschen und verstreute sie über die Steine.

»Wollt ihr den Männern glauben, die gekämpft haben, oder einer alten Frau, die nicht einmal dabei war?« rief Galemburgis. »Alle wissen, daß der Burgundenkönig im Kampf unerfahren war, doch irgendwie hat er seinen Mannen Mut gemacht. Und das geschah, nachdem Brunhild ihn verschont hatte. Ich sah, wie sie zusammen redeten!«

»Aber nur aus der Ferne«, wandte Huld ein. »Wie willst du wissen, was zwischen ihnen gesprochen wurde? Vielleicht hat sie ihn verflucht ...«

»Vielleicht, doch wir wissen wohl, was der Burgundenkönig danach gesagt hat, denn es war weithin zu hören«, sagte Thrudrun widerstrebend. »Er rief, daß die Walkyrja ihm den Sieg gebracht habe.«

Im Westen entzündete die Sonne ihren eigenen Scheiterhaufen. Der Tag starb, und das Jahr starb, und die Blüte der alemannischen Krieger war auf dem Langsteinfeld verbrannt.

»Es macht keinen Unterschied, was sie gesprochen haben. Der Mann war allein und unbewaffnet. Sie hätte ihn töten können, und alles wäre vorbei gewesen. Sind wir nicht die Erwählerinnen der Erschlagenen? War unsere Aufgabe nicht klar? Brunhild hat noch nicht einmal mit dem Speer auf ihn gewiesen!« Galemburgis' Stimme versagte bei den letzten Worten. *Und dann griffen die Burgunden die Alemannen an, und mein Bruder ...*

»Du klagst sie des Ungehorsams an?« fragte Hlutgard.

»Des Verrats klage ich sie an!« rief Galemburgis. »Wir wissen, daß sie den Burgunden freundlich gesinnt ist. Als Gudrun kam, um uns um Hilfe zu bitten, hat Brunhild sie beiseite genommen, wo keiner hören konnten, was sie zu bereden hatten. Ich behaupte, die Burgunden haben sie gekauft. An jenem Tag haben sie und Gudrun einen Plan geschmiedet, das Heer der Alemannen zu verraten!«

Die anderen Frauen starrten sie in entsetztem Schweigen an. Unheil lag in diesen Worten. Die kahlen Äste klapperten im Wind wie Totenknochen.

»Brunhild, du mußt mit uns reden«, sagte Hlutgard. »Deine Schwestern wollen dich nicht ungehört aburteilen.«

Ein Zittern lief durch die Falten des blauen Mantels, doch Brunhild gab keinen Laut von sich. *Gibt sie es etwa zu?* dachte Galemburgis, voll Staunen, trotz ihres Zorns, daß der Gedanke ihr Schmerz bereitete. Schweiß lief ihr den Rücken hinab, tränkte ihr Gewand.

»Sigdrifa, du störrisches Kind, sich davor zu verstecken wird es nicht besser machen!« sagte Huld. »Wenn du deine Eide nicht gebrochen hast, dann sprich! Wenn du es getan hast, dann sage uns bitte warum!« Die Stimme der Alten klang verärgert, doch vielleicht machte die seltsame Wärme sie alle ein bißchen verrückt.

»Welche Eide?« Die Antwort kam gedämpft, wie aus der Erde. Die Angeklagte richtete sich auf und schüttelte sich die dunklen Strähnen aus dem Gesicht, und Galemburgis trat einen Schritt zurück, als habe sie eine Trollfrau dort sitzen sehen. »Ich schwor, den Göttern zu gehorchen, der Stimme meiner Seele und dem Willen der Walkyriun, doch ihr habt mir nie gesagt, was ich tun soll, wenn die drei nicht übereinstimmen. So hielt ich den Eid, den ich dem Gott geschworen habe!«

»Du lügst!« rief Galemburgis aus. »Die Götter hatten den Alemannen ihre Gunst geschenkt!«

»Ich habe das Todeslicht nicht gesehen«, sagte Brunhild dumpf. »In allen anderen Dingen war ich gehorsam, doch ich konnte keinen zur Halle der Helden senden, den Wodan dort nicht wollte! Ihr dient den Göttern; wie könnt ihr mich anklagen!«

»Wie wir das können?« fragte Hlutgard mit einem Stirnrunzeln. »Einige von uns haben den Göttern mehr Winter gedient, als du gesehen hast, Kind. Glaubst du nicht, daß wir in der ganzen Zeit nicht gelernt haben, ihren Willen zu ergründen? Und sollen wir nun den Fähigkeiten, auf die wir unser Leben lang gebaut haben, nicht mehr trauen wegen eines einzigen unerfahrenen Mädchens?«

Freude stieg in Galemburgis' Brust auf, als sie merkte, daß die Anführerin der Walkyriun zornig war.

»Solche Gaben, solche Gaben«, sagte Golla leise. »Doch selbst wenn sie nichts Böses gewollt hat, wie können wir ihr noch trauen?«

»Verteidigst du sie etwa?« sagte Galemburgis wild. »Ihretwegen mußte Randgrid sterben!« *Und mein Bruder ...*, ging der Gedanke weiter. *Mein kleiner Bruder, der wie mein eigenes Kind war.*

»Sie kann nicht eine von uns bleiben«, meinte Thrudrun bedauernd.

»Sie muß bestraft werden, oder die Stämme werden uns nicht länger trauen«, sagte Hrodlind.

»Sie muß den Blutpreis bezahlen!« rief Galemburgis. »Die Geister der Erschlagenen schreien nach Rache!« Sie sah ihres Bruders totes Gesicht, wie sie es in Albträumen gesehen hatte, das bartlose Kinn von einer burgundischen Klinge gespalten.

»Nein!« Huld stand plötzlich auf. »Dies ist keine Gerechtigkeit. Es ist eure eigene Furcht, die aus euch spricht. Wir sind die Walkyriun! Sollen wir uns von den Häuptlingen vorschreiben lassen, was wir zu tun und zu lassen haben? Sind wir unser selbst so unsicher, daß wir keine Meinungsunterschiede dulden können? So schwach, daß wir die Kraft eines einzigen Mädchens fürchten?«

»Wir können ihr nicht mehr vertrauen«, sagte Hlutgard unnachgiebig. »Sie muß ausgestoßen werden.«

»Bestraft, vielleicht«, begann Huld, »doch was soll dieses Gerede von –«

»Wir dürfen sie nicht töten«, sagte Thrudrun. »Die Hunnen mögen ihre Tochter aufgegeben haben, doch über solch eine Tat könnten selbst sie nicht hinwegsehen ...«

»Laßt sie gehen«, sagte Golla. »Wir waren falsch beraten, sie aufzunehmen.« Ihren Worten folgte ein Murmeln der Zustimmung.

»Dies ist unserer Schwesternschaft unwürdig!« rief Huld aus. »Ich warne euch: Wenn ihr Brunhild verstoßt, werdet ihr auch mich verlieren!«

»Dann geh doch!« rief Hrodlind. »Das ist alles deine Schuld, Huld. Wir haben dich deinen eigenen Weg gehen lassen, und jetzt glaubt dein Schützling, er könnte uns trotzen.«

»Ja, ich trotze euch!« Brunhild fand endlich ihre Stimme. »Ihr glaubt, meine Flüche hätten Macht? Vielleicht werde ich euch alle verfluchen!« Ihr Atem kam in einem harten Krächzen, wie dem eines Raben, und Hrodlinds Finger bewegten sich in einer Abwehrgeste. Brunhild holte Luft, und wieder kam dieser Laut.

Mit Schrecken erkannte Galemburgis, daß es ein Lachen war. »Seht ihr nicht, daß sie gefährlich ist?« rief sie. »Es reicht nicht aus, sie fortzuschicken. Sie muß ihrer Macht entkleidet werden!«

»Warum haßt ihr mich so?« schrie Brunhild. »Ich habe Wodans Willen erfüllt!«

»Ich sehe, daß du das glaubst«, sagte Golla traurig. »Doch wenn wir dir befehlen würden, seinen Willen anzunehmen, wie wir ihn hören statt wie du ihn hörst, würdest du uns gehorchen?«

Brunhild starrte die Walmeisterin an. Der Widerstreit war klar in ihren grünen Augen zu lesen, doch sie gab keine Antwort. *Sie kann nicht!* dachte Galemburgis triumphierend. *Sie ist zu stolz, um nachzugeben, und das ist ihr Verderben!*

»Mein Kind, selbst wenn du schwören würdest, uns zu gehorchen, könnten wir dir nicht glauben«, fuhr Golla fort. »Du wirst immer tun, was dein Herz dir sagt. Du mußt erkennen, warum wir dir nicht trauen können. Wir werden dich gehen lassen, doch wenn gefangene Krieger freigelassen werden, geschieht dies ohne ihre Waffen. So wirst du auch verstehen, daß wir alles zurücknehmen müssen, was wir dir gaben ...«

Galemburgis tat einen langen Blick in die Runde, um ihr pochendes Herz zum Schweigen zu bringen. Auf allen Seiten fiel das Land von der Hügelkuppe ab; auf der einen verloren sich die bewaldeten Hänge im Dunst der Ferne, auf der anderen lag die im Nebel verborgene Ebene. Was hier vollbracht wurde, würde ewig sein. Dieser Ort war das Zentrum der Welt.

Hlutgard stand auf und zerrte den blauen Mantel vom Rücken der Gefangenen. »Du sagst, du hättest Wodans Willen erfüllt. Nun, wenn du seinen Willen besser kennst als deine Meisterinnen, dann soll der Gott ihn bezeugen, wie er es vormals tat. Du bist Brunhild, nur Brunhild – Sigdrifa stirbt hier. Also stoßen wir dich aus unserer Schwesternschaft aus. Dein Blut wird von dem heiligen Stein gewaschen werden. Niemals mehr wirst du Magie wirken. Wenn Wodan dich liebt, soll er es nun beweisen!«

Sie wandte ihr den Rücken zu, und die Falten ihres dunklen Mantels kamen wieder zur Ruhe. Schnell tat Hrodlind es ihr nach, und dann, eine nach der anderen, Thrudrun und Hadugera, Swanborg und Golla und schließlich Galemburgis. Nur Huld blieb sitzen, den Mantel in Trauer übers Gesicht gezogen. Doch Galemburgis konnte den zischenden Atem derjenigen hören, die Sigdrifa gewesen war, und wie ein Echo das Seufzen des seltsamen warmen Windes um den Hügel des Hohen.

»Brunhild ...« Die Stimme war leise, aber spöttisch.

»Ich bin Sigdrifa!« Sie drehte ihr Gesicht gegen den harten Boden und krümmte sich, denn sie hatten ihr nur ein Hemd aus grobem Leinen gelassen, und die Steine waren spitz.

»Bringerin des Sieges? Nur Unheil bringst du, für dich selbst wie für andere. Möchtest du nicht lieber Brunhild sein?«

»Du warst immer bitter wie ein Gallapfel, Galemburgis«, sagte sie und zuckte zusammen, als eine Fußspitze ihr in die Rippen stieß.

»Hör auf damit, Galemburgis«, kam Gollas Stimme hinter ihr. »Oder wir werden dich auf der Stelle nach Fuchstanz zurückschicken. Dies ist eine Urteilsvollstreckung, keine kindische Rache.«

Soll ich dafür etwa dankbar sein? dachte die Gefangene. *Galemburgis zumindest kann ich hassen und verstehen, warum sie mich haßt.* Der Boden war übersät mit Splittern des von Quarzadern durchzogenen Granits, der hier an die Oberfläche trat. Sie hatte die Stätte früher einmal, von unten, im Sonnenschein liegen sehen, über den Ruinen des alten römischen Walles. Sie war als ein Ort der Macht bekannt, doch die Walkyriun benutzen sie nicht für ihre Rituale. *Bis jetzt. Doch warum hier?* fragte sie sich dumpf, und dann: *Warum ich?*

»Vater ...«, flüsterte sie in die dunkle Leere. »Sie glauben die Weisung nicht, die du mir gabst. Dich haben sie verstoßen – hilf mir, zeige deine Macht!«

Sie hörte das Klicken von Feuerstein und dann das Knistern von Brennholz und spürte einen Hauch von Hitze in ihrem Rücken. Solch eine einfache, vertraute Sache – doch sie erfüllte sie mit Angst. Alle vertrauten Dinge wandten sich nun gegen sie.

»Bringt sie her –«

Sie glaubte, die Stimme Hlutgards zu erkennen, doch die Laute kamen gedämpft. Harte Hände zerrten sie hoch, zogen sie mit sich. Und dann endlich nahm man ihr die Augenbinde ab. Sie blinzelte und wandte ihr Gesicht von dem plötzlichen Licht ab, wich zurück, als sie das konturlose Gesicht der Frau sah, die sie hielt.

Die Walkyriun waren maskiert. Sie verzog das Gesicht. Glaubten sie, sie würde sie nicht kennen? Doch vielleicht hatten sie recht – der Kampfgeist verließ sie plötzlich –, denn wenn sie ihr das antun konnten, dann kannte sie sie wirklich nicht mehr.

»Sigdrifa ist tot ...« Hlutgards Stimme dröhnte wie Bronze. »Mit ihr müssen wir alles töten, was ihre Macht enthielt –«

»Hlutgard«, rief das Mädchen, als sie die Falten dunkler blauer Wolle in den Armen der Walkyrja sah. »Wie kannst du mir das antun? Du hast mich hierhergebracht! Du selbst hast gesagt, Wodan habe mich erwählt!«

Die einzige Antwort war ein Blitzen von Metall und ein reißendes Geräusch, das ihre Seele erschaudern ließ. Sie zerrissen ihren Mantel – lange Streifen von Wolle flappten in dem roten Licht des Feuers. Und dann warfen sie, eine nach der anderen, die Stücke in die Flammen.

»Dies tun wir zum Wohle der Walkyriun.« War das etwa als Antwort gedacht? Plötzlich verstand Brunhild.

Hlutgard war wie eine Bärin, die ihre Jungen bedroht sah.

»Aber ich habe euch geliebt – ich hätte euch nie etwas getan«, flüsterte sie. Wenn sie nicht gegen sie ankämpfte, vielleicht würden sie ihr glauben und ihr vergeben, selbst jetzt noch.

»Lügnerin«, antwortete Galemburgis. »Das hast du bereits.«

Das Feuer loderte auf. Wind peitschte die Flammen zu feurigen Fingern, die nach ihrer Beute griffen. Brunhild hustete, als der Gestank der brennenden Wolle in ihre Nase drang, doch sie konnte nicht wegblicken.

Sie erinnerte sich an die Wärme des Mantels, als sie nach ihrer Weihe mit den anderen feierte. Die ganze Nacht hatten sie dagesessen und den süßen Met getrunken und in vollkommenem Einvernehmen über die Scherze der anderen gelacht. Würde sie jemals wieder irgendwo richtig dazugehören?

Eine weitere maskierte Gestalt trat vor mit dem weißen Leinengewand, an dem sie so lange gewebt hatte. Sie glaubte Hadugera zu erkennen, die ihr geholfen hatte, den Webstuhl zu bauen. Sie dachte an die Träume, die in das Weben jenes Gewandes eingeflossen waren ... ihre Träume verbrannten ... sie nahmen ihr die Erinnerungen weg.

Sie erinnerte sich, wie sie die Fäden gekettelt, sie abgemessen und mit Steinen an den Enden beschwert hatte, damit sie gerade und straff hingen. Und jeder hatte einen Namen – Mut und Ausdauer, Geschick, Verständnis ... Wo würde sie einen Rahmen finden, an dem sie ihr Leben neu würde weben können?

Und dann war der Kopfschmuck aus Rabenschwingen an der Reihe. Schwarze Federn wurden von Swanborgs geschickten Händen ausgerupft, verschmorten zu schwärzerer Asche, als sie das Feuer berührten, oder wurden von dem Wind davongewirbelt, der die Flammen aufpeitschte.

Brunhild wandte sich ihr zu: »Swanborg, du warst es, die mich die Art der Vögel gelehrt hat. Du hast gesehen, wie die Raben zu mir kamen. Wie kannst du mir das nehmen?« Doch die andere antwortete nicht.

Sie erinnerte sich, wie die Raben die Höhle umkreisten, wo sie Schutz vor dem Schneesturm gesucht hatte. Und wie dieselben Raben sie von den Tannen aus beobachtet hatten, als sie den Walkyriun ihren Eid leistete. Würden die Raben ihr jetzt noch folgen?

Die Nacht war mondlos, und der Wind wurde stärker, zerrte an dem Haar, das auf ihrer schweißfeuchten Stirn klebte. *Fliegt heim zum Himmel!* dachte sie verzweifelt, als jene Federn aus Asche emportrieben. *Seid meine Boten! Vater der Raben, wo bist du? Du hast gesagt, du würdest zu mir kommen!*

Sie erstarrte, als Thrudrun den Leinenbeutel hochhielt, in dem sie ihre Runenstäbe aufbewahrte.

»Diese Runen gaben wir unserer Schwester«, sagte sie schroff. »Jetzt werden sie ihr genommen ...« Sie zog einen Stab heraus, und Sigdrifa stöhnte, als sie die Form der Rune *Naudhiz* erkannte, ins Holz geschnitten und mir ihrem eigenen Blut gerötet. *Thrudrun, Thrudrun, du hast mich gelehrt, diese Runen zu ritzen und zu färben. Hattest du Angst, ich würde dich an Geschick übertreffen?*

Stirnrunzelnd warf Thrudrun den Stab in das Feuer. *Berkano* und *Mannaz*, *Eihwaz* und *Sowilo* und *Laguz*, eine nach der anderen folgten die übrigen. Die Eibenstäbe brannten rasch, funkensprühend und glühend und am Ende in Stäbe aus weißer Asche zerfallend. Doch Brunhild konnte kein Muster darin erkennen. Die Runen waren zerstört worden, ohne daß Zufall oder Absicht eine Botschaft hineingelegt hätte.

Sie erinnerte sich, wie sie die Runen für eine junge Frau gelesen hatte, als Huld sie einmal mit hinaus auf die Dörfer genommen hatte, wo die Bewohner sich von Äckern ernährten, die mühsam dem Wald abgetrotzt worden waren. Sie hatte Glück, einen guten Mann und Kinder darin gesehen. Das Mädchen hatte ihr frische Milch und Haferküchlein gegeben, und Huld hatte sie gelobt.

Der Gott hatte gesagt, die Runen würden bei ihr bleiben, aber würden jene seltsamen, in Holz oder Stein geritzten Zeichen für sie jetzt noch Sinn ergeben?

Sie zerbrachen ihren Stab und warfen ihn in die Flammen. Golla warf ihren Schild und Speer und ihr Schwert hinein. Das Feuer war nicht heiß genug, das Metall zu schmelzen, doch Schwert und Speerspitze verbogen und verdrehten sich, verloren Schärfe und Härte, bis sie nicht mehr zu gebrauchen waren.

Ich werde nie wieder gewappnet als Kriegerin reiten und in den Auen der Männer jene Mischung aus Bewunderung und Furcht sehen. Das ist es, was sie mir antun, dachte sie dann. *Mein Körper bleibt, doch alles was mein Ich ausmacht, werden sie zerstören. Und wenn ich nicht Sigdrifa bin, bin ich dann noch Wodans Tochter? Ist das der Grund, weshalb er nicht gekommen ist?*

Und weiter wurden die Flammen gefüttert. Hrodlind warf den Mörser und Stößel hinein, womit sie ihre Kräuter bereitet hatte, und sie sprangen im Feuer. Haßte die Kräutermeisterin sie, weil sie mehr von Huld gelernt hatte?

»Wenn der Pfeil eine Beute trifft, auf die der Jäger nicht gezielt hat, muß er zerstört werden«, sagte Golla und zerbrach Brunhilds Bogen und die Pfeile, die zu machen sie das Mädchen gelehrt hatte, und warf sie in das Feuer. Der stärker werdende Wind fachte die Flammen an.

Sie hatte die anderen Priesterinnen wie Schwestern geliebt, doch als sie mit ihrem Zerstörungswerk fortschritten, kamen ihr alle die Gründe in den Sinn, die sie haben könnten, sie zu hassen. Obgleich sie behauptet hatten, sie zu lieben, waren nun alle außer Huld ihre Feindinnen. Sie hatte geglaubt, daß ihnen auch an Huld gelegen wäre, doch sie hatten die alte Frau eingesperrt. War alles, woran sie geglaubt hatte, eine Lüge?

Die Dinge, die acht Jahre lang ihr Leben gewesen waren, brannten wie die Grabbeigaben, die man auf den Scheiterhaufen legt. Doch wäre sie tot gewesen, wäre ihr Geist nun frei. Sie brannten, und die Hoffnung verbrannte mit ihnen und der Glaube und die Liebe.

»Ich bin Sigdrifa!« flüsterte sie verzweifelt.

»Du bist niemand und nichts«, drang Galemburgis' Stimme an ihr Ohr. Brunhild sah das Glitzern der Augen hinter der Maske.

»Ihr macht mich zu einem Geist, ungeheiligt und unbestattet. Doch solche Wesen haben Macht, die Lebenden heimzusuchen. Vielleicht, Galemburgis, wirst du von mir träumen!«

Sie bekam einen Schluckauf und wurde erneut von Lachen geschüttelt. Sie spürte das Geifern des Wahnsinns, und warum sollte sie sich ihm nicht hingeben? Einst hatte sie Zauber gekannt, welche den Körper zerstören und die Seele versehren konnten. Jetzt war ihr nur noch Verzweiflung geblieben.

»Selbst ein verdammter Geist kann gebunden werden«, sagte Hrodlind. Sie wandte sich um; ein Messer blitzte in ihrer Hand.

»Tötet mich!« rief Brunhild. »Verbrennt mich! Ich werde zu Goldmad werden und aus den Flammen auferstehen!« Sie brannte bereits, ob im Fieber oder vom Feuer.

»Nichts, was so einfach wäre –«, sagte die Walkyrja. Sie packte eine Handvoll von Brunhilds verfilztem Haar und hackte mit der Klinge darauf ein.

Brunhild schrie. Das Feuer flammte unter einem plötzlichen heißen Windstoß auf. Sie wollte sich losreißen, trotz des Schmerzes, der sie durchfuhr, dann schmetterte Galemburgis' Faust gegen ihre Schläfe, die dunklen Strähnen lösten sich, und sie stürzte. Halb betäubt versuchte Brunhild, sich wegzurollen, doch die anderen hielten sie fest, während die Frau eine Handvoll nach der anderen absäbelte und in die Flammen warf.

Brunhilds Haar war dicht wie eine Rabenschwinge gewesen und lang wie ein Pferdeschweif. Es brannte mit einem Gestank, der schlimmer war als bei der Wolle; die Strähnen wanden sich wie Schlangen, als sie Feuer fingen.

»Warum?« flüsterte Brunhild, als es vorbei war. »Ihr habt mich bereits ausgestoßen. Warum diese Schande?«

Sie rollte ihren Kopf gegen die Erde. Er fühlte sich leicht an, als wolle er wegtreiben. *Bald werde ich diesen Körper verlassen*, dachte sie verschwommen, *und frei sein.*

»Nur eine freie Frau kann sich der Macht bedienen.« Die Worte kamen wie ein Echo. »Darum schneiden wir dein Haar wie das einer Magd. Deine Werkzeuge und Waffen sind zerbrochen worden. Nun muß dein Leib gebunden werden.«

Sie begann sich wieder zu wehren, als man sie hochhob. Irgend jemand hielt eine Fackel hoch, und sie sah eiserne Krampen, die in den Felsen getrieben waren. Sie stießen sie hinunter auf die harte Oberfläche. Die Fesseln an ihren Füßen gaben nach, als jemand sie durchschnitt, doch bevor sie treten konnte, schlossen sich neue Stricke um jeden Knöchel. Sie spürte, wie sie straff gezogen wurden, als man sie an die Ringe band. Dann wurden ihre Arme auseinandergezwungen und ebenfalls festgezurrt.

»Warum tötet ihr mich nicht gleich«, keuchte sie. »Warum laßt ihr mich hier für die Wölfe?«

»Du wirst nicht sterben –«, sagte Hlutgard leise. »Jeden Tag wird jemand kommen und dir zu essen geben. Doch gebunden wirst du bleiben, bis irgendein Mann dich findet. Dann wirst du ihm gehören, ihm das Bett zu wärmen und Kinder zu gebären. Und diese Knechtschaft wird dich auf ewig von deinen Kräften fernhalten.«

»Doch was, wenn keiner kommt?« fragte Hrodlind.

»Sie werden kommen«, zischte Galemburgis. »Wir werden das Wort in Umlauf bringen in den Lagern der Jäger und am Fluß, daß eine Frau dort liegt, reif zum Pflücken. Wenn er klug ist, ihr neuer Herr, wird er sie zuerst nehmen, bevor er sie losbindet!«

Sie konnte ihre Blicke spüren. Sie blinzelte, doch die Welt drehte sich um sie. In dem Schweigen wurde die Stimme des Windes lauter, der heiße Atem Muspelheims, der durch die trockenen Blätter wehte.

»Glaubst du immer noch, daß der Gott zu dir gesprochen hat?« fragte Hlutgard da. »Er hat es zugelassen, daß wir dich entkleidet und entehrt haben. Glaubst du immer noch, seinen Willen besser zu kennen als wir?«

Das ist der Grund, weshalb sie mich bestrafen, dachte sie. Ihr Kopf dröhnte immer noch von dem Schlag. *Nicht wegen der Alemannen, sondern weil ich ihre Macht in Frage gestellt habe ...* Sie hatte versucht zu gehorchen. War ihre Vision auf dem Schlachtfeld denn nur eine Täuschung gewesen? Warum hatte Wodan kein Zeichen gegeben, um ihr zu helfen, wenn seine Gebote wahr gewesen waren?

Hatte der Gott sie auch verlassen?

»Ich habe euch geliebt«, flüsterte sie. »Doch ihr habt die Liebe getötet. Ich bin das, wozu ihr mich gemacht habt ... und was ihr jetzt aus mir macht! Wenn Wodan euch nicht verfluchen will, dann hört mir zu: Möge alles, was ihr mir zugefügt habt, über euch kommen – die Schwesternschaft zerstört, eure Werkzeuge und Waffen verbrannt. Möget auch ihr als Ausgestoßene umherwandern und mögen eure Namen von der Welt vergessen sein!«

Wie heiß es war – sie mußte Fieber haben, und bald würde der Tod sie frei machen. Und wie aus einer großen Entfernung hörte sie Frauenstimmen im Wechsel und dann andere Stimmen, die Kriegsschreie ausstießen, im Wind. Sie wußte, daß sie stöhnte, aber sie versuchte erst gar nicht, damit aufzuhören. Welchen Sinn hatte jetzt noch Mut oder selbst Vernunft? Bruchstücke alter Lieder gingen ihr durch den Kopf und verloren sich in den Schatten, die sich um sie sammelten.

Wie in einem Traum sah sie, daß die Walkyriun die Hügelkuppe verließen.

Neun zu neun Walkyriun reiten ...

Sie glitt in die Dunkelheit.

Huld schreckte von ihrem Sitz an dem erloschenen Herdfeuer auf. Hatte sie die Walkyriun zurückkommen hören? Die Tür stand offen, denn die Nacht war noch warm – zu warm, dachte Huld. Der Muspelwind blies, und er brachte Wahnsinn. Durch die dunkle Öffnung sah sie als dunkleren Schatten den Mann, den sie als Wache aufgestellt hatten, doch jenseits davon bewegte sich nichts außer dem Wind in den Bäumen.

Ich war verrückt, ihnen offen zu widersprechen, dachte sie grimmig. *Ich hätte sehen müssen, daß sie Worten der Ver-*

nunft nicht zugängig waren. Wenn sie mitgespielt hätte, wäre sie jetzt zumindest frei gewesen, um Brunhild zu helfen. Sie begriff nur zu gut, was geschehen war. Sie hatte sogar befürchtet, daß diese Konfrontation eines Tages kommen würde. Doch nicht so bald!

Wir verkünden Wodans Willen, als ob unsere Runen ein Ring in der Nase eines Ochsen wären, doch wir können ebensogut hoffen, uns den Wind dienstbar zu machen. Der Gott hat seine eigenen Absichten, und man kann seine Gunst nicht erkaufen ... und Brunhild ist sein Kind ...

Sie seufzte. Wieviel würde das Ritual der heutigen Nacht von dem Kind übriglassen, das sie liebte. Die anderen waren mit schrecklicher Gründlichkeit vorgegangen, als sie Brunhilds Habseligkeiten durchsucht hatten. Sie hatten alles mitgenommen, was sich zu magischen Zwecken verwenden ließe ...

Nein, dachte Huld plötzlich, nicht alles. Sie hatten nichts von dem Pfeil gewußt, dem Brunhild damals ihre Botschaft anvertraut hatte, als sie sich in dem Schneesturm verirrt hatte. Er war später gefunden worden, und das Mädchen hatte ihn ihrer Lehrmeisterin geschenkt.

Mit einem grimmigen Lächeln ging die Walkyrja zu ihrer Lagerstatt und kramte in dem Beutel aus Otterfell, in dem sie die Werkzeuge ihrer Magie aufbewahrte, bis sie den Pfeil gefunden hatte. Seine Befiederung war zerfleddert, und die Sehne, welche die Spitze hielt, war im Begriff, sich zu lösen, doch er vibrierte von Brunhilds Schwingungen.

»Hoher«, flüsterte sie, »höre mich an!« Sie wartete, und in der engen Stille schien es ihr, als spüre sie etwas warten, zugleich zornig und ein wenig erheitert. Sie knurrte. In einem langen Leben hatte sie gelernt, wie man mit dem Gott reden mußte. »Lache mich aus, wenn du willst, doch es ist deine Schuld, daß dieses Kind leidet. Spende ihr wenigstens etwas Trost. Finde ihr ein neues Leben, da wir in unserer Dummheit und Kurzsichtigkeit ihre Welt zerstört haben. Ich kenne die Zauber des Bannkreises, den die Walkyriun gezogen haben. Höre, und ich werde dir einen Weg durch ihren Kreis bahnen, auf dem du zu ihr gelangen kannst.«

Huld hockte sich nieder, drehte den Pfeil zwischen ihren steifen Fingern und begann zu singen.

Brunhilds Geist schwankte zwischen unruhigem Schlaf und bitterem Erwachen, gebunden an ihren Körper mit einer Fessel, die stärker war als die Stricke, die sie an den Felsen banden. Der kristalline Stein unter ihr verstärkte jedes Gefühl. Selbst wenn sie in einem normalen Zustand gewesen wäre, wäre es ihr schwergefallen, zu entscheiden, was wirklich war und was nicht. Sie trieb dahin, jenseits von Raum und Zeit, und weinte dabei wie ein Kind.

Wieder einmal ritt sie durch das Lager der Alanen, und wo sie ritt, starben Menschen. Worte hallten in ihrer Erinnerung wider: »*Geh zurück in den Westen, kleine Kriegerin. Soll Wodan sein Werk an dir vollbringen.*«

»Er hat mich benutzt!« schrie sie. »Bin ich eine zerbrochene Klinge, die man beiseite wirft, wenn sie nutzlos geworden ist?« Und ganz leise, in einer Stimme die wie Hulds klang, kam eine Antwort: »*Selbst ein geborstenes Schwert kann neu geschmiedet werden ...*« Ein Bild trat vor ihr Auge, ein Bild von einem Hammer, der auf Metall schlug, und von Stücken, die im Feuer glühten, so wie ihre Besitztümer im Feuer gebrannt hatten. Doch sie konnte nur die Zerstörung sehen, nicht die Waffe, die aus jener Flamme erstehen sollte.

Wieder ein anderes Bild. Sie war ein kleines Kind. Ein riesiger Mann mit einem schwarzen Bart warf sie hoch in die Luft und fing sie mit einem dröhnenden Lachen wieder auf. »*Seht, sie weint nicht. Sie weint nie, meine Kriegsmaid!*« sagte er zu den Kriegern, die ihn umstanden. Und dann legte er sie in die Arme einer Frau, und die ging mit ihr weg. Doch als der Zelteingang sich hinter ihnen geschlossen hatte, weinte das Kind bittere Tränen.

Brunhild stöhnte auf.

»Vater, wo bist du?« rief sie, wie sie gerufen hatte, als sie an den Baum gebunden ausgeharrt hatte. Die Welt drehte sich um sie. Und wieder ward ihr Antwort zuteil: »*Wo ich immer gewesen bin ...*«

Eine Tür tat sich auf, sie spürte seine Gegenwart und lag schluchzend da, zugleich des Schmerzes in ihrem Fleisch bewußt und einer Ekstase, die sich ausbreitete, bis menschliches Bewußtsein sie nicht mehr fassen konnte. Plötzlich stand sie auf dem Felsen und blickte auf die Gestalt hinab, die an den Stein gefesselt war.

»Bin ich tot?«

»Das silberne Band hält dich noch fest –«

Scharf hob sich die Gestalt eines Mannes, der sich auf einen Speer stützte, gegen die Sterne ab. Ein weiter Mantel umwehte ihn; ein breitkrempiger Hut warf Schatten auf sein Antlitz. Brunhild zuckte zurück, faßte sich dann und trat ihm entgegen, wie sie ihm zwischen den Steinen begegnet war.

»Die Asche meines Lebens wird vom Wind verweht. Wo warst du, als sie mich verlachten? Die Menschen nennen dich Verräter, doch ich habe ihnen nie geglaubt. Verhüllter, warum hast du mich verraten?«

»Warum hast du die Walkyriun verraten?« Es war ein Wort gesprochen von der Dunkelheit, das alles erhellte.

Der Schrecken betäubte sie. »Ich tat, was du wolltest –«

»Was ich wollte, war, was sein muß ...«, kam seine Antwort. »Nur Frija kennt alle Schicksale. Ich sehe ihr zu an ihrem Webstuhl, und ich sehe Wandel, Veränderungen, Möglichkeiten. Für den Menschen am Boden ist der Blitzschlag im Walde zufällig, doch ich weiß, warum Donar seinen Hammer schleudert, und ich sehe, wo der Baum fallen wird.«

»Ich bin kein Baum!« rief sie aus. »Hättest du mich nicht beschützen können?«

»Wohl wahr.« Er nickte. »Ein Baum trifft keine Entscheidungen. Das, was Frija webt, verschlingt sich durch die Entscheidungen der Menschen mit den Kettfäden, welche die Nornen spinnen. Du hast geschworen, mir zu dienen…« Die verhüllte Gestalt wandte sich um, und Brunhild duckte sich gegen den Stein.

»Du hast gesagt, du würdest mich lieben –«

»Ich habe dir gesagt«, jetzt hörte sie den Schmerz, »zu denen, die ich liebe, bin ich am grausamsten…«

»Tod und Gefahr werde ich lachend ins Antlitz sehen, doch wie soll es deinen Zwecken dienen, wenn deine Tochter entehrt wird? Werde ich dir dienen können als Magd für irgendeinen Knecht?«

Sie sah das Blinken eines Auges unter dem Schatten des Hutes und hörte Donner, obgleich noch keine Feuchtigkeit in der Luft lag. Eine Erinnerung stieg in ihr auf, von einer Sage, die sie gehört hatte, und plötzlich sah sie, wie etwas Glorreiches sich aus dieser Zerstörung ergeben mochte.

»Wenn du mich nicht befreien kannst, dann gib mir einen Helden! Lege einen Bann um diesen Stein, daß nur ein Krieger wie Helgi ihn durchschreiten kann, und ich werde seine Walkyrja sein und mein Haupt wieder erheben können!«

Ein großes Schweigen trat ein. Der Gott wandte sich um und blickte gen Westen, und es schien ihr, daß er seufzte.

»Ein Krieger wie Helgi …« Es klang wie ein Echo.

»Tu es«, keuchte sie, »denn wenn ich von einem unwürdigen Manne genommen werde, werde ich mir selbst die Kehle durchschneiden und zur Hella gehen und nie deine Halle aufsuchen!«

»Kind« – die Stimme des Gottes war plötzlich sanft –, »glaubst du, *mir* drohen zu können? Ich erhöre nur die Gebete, die meinen Zwecken dienen. Wenn ich dir einen Helden gebe, wirst du das Werkzeug seines Schicksals sein. Ich war dir ein Vater, aber in den Armen eines Mannes wirst du mich vergessen. Erwählerin, ist es das, was du willst?«

»Ja!«

»Du bittest mich nicht um Trost oder Zufriedenheit?« sagte er mit bitterem Lachen. »Das ist gut, denn alles, was ich zu geben habe, ist Ekstase!«

Er wandte sich zu ihr, und sie erbebte, da sie zum erstenmal sein Gesicht unverhüllt sah. Sein rechtes Auge glänzte wie im Fieber, doch sein linkes verschluckte das Licht. Sie zuckte vor dem einen zurück, doch das andere war schrecklicher, denn wenn sie hineinschaute, würde sie in den dunklen Brunnen seiner Weisheit fallen und sich darin verlieren.

»Du bist das Licht in der Dunkelheit!« rief sie, während eine seltsame Hitze sich in ihr aufbaute. »Du bist das Feuer im Geist! Verbrenne mich, und deine Flamme wird mich läutern!«

Sein Gesicht glühte. »Im Feuer wirst du mich finden, meine Geliebte …« Sein Kuß brannte auf ihrer Stirn.

Sie stürzte zurück in ihren Körper, fiel in eine freundliche Dunkelheit, die sie mit starken Armen umfing. In jener kraftvollen Umarmung fand sie Frieden.

Dann spürte sie etwas Kühles, Schweres, als ob ein Mantel über sie gebreitet würde. Die Geräusche der

Umwelt traten zurück, doch es schien ihr, als höre sie ein Flüstern: »*Schlafe, mein Kind, und träume von Ruhm* ...«, und dann: »*Keiner, der meinen Speer fürchtet, soll dieses Feuer durchschreiten* ...« Wenn da noch mehr war, wurde es überdeckt durch das plötzliche Brausen des Windes.

Brunhild träumte.

Der Wind wirbelte die Überreste des Scheiterhaufens auf, und zwischen den Kohlen öffnete sich ein feuriges Auge. Wieder ein Windstoß. Aus der Asche von Brunhilds Leben sprang ein Speer aus Licht empor. Der Wind trug ihn himmelwärts in einem Funkenschauer, der sich in einem hohen Bogen über die nahen Bäume hinweg in das verdorrte Gezweig einer gefallenen Tanne senkte. Die trockenen Nadeln entzündeten sich; Helligkeit rann den Ast hinab, und plötzlich stand er in Flammen. Hitze nährte sich von Hitze; der warme Wind trieb sie den Hügel hinab. Die bronzenen Blätter einer Eiche fingen Feuer, und der ganze Baum begann mit einer stetigen Flamme zu brennen, doch die Nadelgehölze waren wie Fackeln, harzgetränkt und trocken, und sie explodierten geradezu und sprühten Funkenschauer überallhin.

Der Fieberwind gewann durch diese Hitze an Stärke. Ein Wirbel sandte einen Flammenspeer rückwärts, und ein Dornbusch auf der anderen Seite des Hügels begann zu brennen. Dann strömte der Wind hangabwärts, trieb den Rauch und das Schlimmste der Hitze fort von den Felsen auf der Kuppe und der menschlichen Gestalt, die dort gebunden lag.

Ich bin das Feuer ...

Lachend ritt Brunhild auf dem Wind den Berg hinab, einen Baum nach dem anderen entzündend, bis der ganze Hügel umgeben war von einem lohenden Ring.

Irgend jemand schrie. Huld erwachte aus ihrer Versenkung, roch Rauch und hustete.

»Aber es liegt ein ganzes Tal dazwischen. Das Feuer kann nicht bis hier kommen!« rief eine Stimme von draußen.

»Der Wald ist strohtrocken, und der Muspelwind ändert die Richtung wie verrückt«, sagte eine andere. »Wer weiß, wohin er die Flammen treiben wird. Ich glaube, wir sollten uns bereit machen zu fliehen.«

Huld schleppte sich zur Tür der Halle und spähte nach Norden; als sie das rote Glühen oberhalb des Feldbergs gewahrte, runzelte sie die Stirn. Plötzlich zog sich ein gezackter Feuerschein um die Spitze des Berges.

»Dies ist Brunhilds Werk!« Das war Hrodlinds Stimme. »Wir hätten sie knebeln sollen, bevor sie uns verfluchen konnte –«

»Nichts da!« schnappte Hlutgard. »Thrudrun und Hadugera haben das Feuer nicht richtig ausgemacht!«

Unheilwirker, dachte Huld, *ist dies der Weg, den du gewählt hast, um deine Tochter zu befreien. Umgib sie mit Feuer, doch laß sie nicht verbrennen, Herr – und uns auch nicht!* fügte sie hinzu, als weitere Rufe laut wurden, um den Rest der Frauen aufzuwecken, damit sie ihre Sachen packen sollten, um zu fliehen.

Säuerlich lächelnd wandte sie sich um und ging ins Haus zurück, um ihre Habseligkeiten zusammenzusuchen.

Als das Feuer sich durch den Taunus fraß, stieg Brunhilds Geist empor. Sie sah die Wälder zwischen sich und Fuchstanz brennen, und die Gestalten der Walkyriun, die den Weg zur Ebene hinuntereilten. Weiter zog ihr Geist, angezogen von dem dunklen Schimmer des Flusses. An seinem Ufer sah sie ein Lagerfeuer und daneben, mit einer hellen Klinge über den Knien, einen Jungen mit den Augen eines Wolfes.

ᛗ

ERWACHEN

Hochtaunus
Weinmond, A.D. 418

In der Luft lag noch immer Brandgeruch. Sigfrid kniff die Augen zusammen und spähte zum Himmel, doch dies war nicht der seltsam heiße Wind, der ihn am Tag vor dem Feuer beunruhigt hatte, und die Rauchwolke, welche an jenem Morgen die Sonne verdunkelt hatte, war zu einem grauen Schleier verblaßt. »*Die Söhne Surts reiten von Süden*«, hatte er einmal einen Barden in Albs Halle singen hören, doch wenn Muspels feurige Armee die Erde berührt hatte, war sie weitergezogen.

Die Pferde suchten sich einen Weg zwischen Klippen aus braunrotem Gestein auf der einen und den rasch fließenden graugrünen Wassern des Rheins auf der anderen Seite. Versengte Blätter und Stücke von Holzkohle knirschten unter ihren Hufen. Das Feuer hatte hauptsächlich auf den Höhen im Südosten gewütet, doch hohe Winde hatten die Funken meilenweit getragen und sie wie Stücke von einem brennenden Stern durch den Himmel geschleudert. Die ganze Nacht hindurch hatte er das rote Licht zunehmen gesehen, mit vor Unbehagen prickelnden Sinnen. Am Flußufer war er außer Gefahr gewesen. Vielleicht war es eine Nachwirkung von Fafnars Blut, weshalb er den Zorn und die Pein in jenem Wind so gespürt hatte. Er wollte nichts davon spüren. Er hatte genug eigenes Leid zu tragen.

Vor ihm weitete sich das Flußtal, und er konnte strohgedeckte Dächer durch die Bäume erkennen. Überall wo die Bäche, die vom Taunus herunterkamen, ein Stück ebenen Grundes ausgewaschen hatten, hatten sich Siedlungen gebildet. Einige von ihnen unterhielten Außenposten auf den niedrigen Inseln, wo der Fluß am seichtesten war, und erhoben einen Wegzoll auf die Boote, welche sich dort durch die trügerischen Rinnen wagten. Doch ob es nun daran lag, daß er nichts zu haben schien, was sich zu stehlen lohnte, oder an seinem Schwert, Sigfrid war bislang unbehelligt geblieben.

Eine der römischen Münzen, die er in Ragans Beutel gefunden hatte, sollte ausreichen, ihm Wegzehrung und Futter für die Pferde zu verschaffen. Es hatte nicht viel Zeit gegeben, um zu jagen, und Gras war auf dem felsigen Flußufer selten.

»Siehst du das Feuer?« sagte der Mann, an den man ihn verwiesen hatte. »Hat die ganze Nacht gebrannt. Das ganze Wild kam gelaufen. Ein großer Hirsch ist hier durchgerannt, als stünde sein Fell schon in Flammen, mitten durch die Wäsche meiner Alten!« Er schüttelte sich vor Lachen.

»Die hat vielleicht geflucht, als sie den Dreck auf den Kleidern sah«, sagte ein Mädchen, das einen Eimer Wasser vom Fluß heraufbrachte. »Aber die Sachen waren sowie schon verrußt vom Feuer. Sie hätte sie auf jeden Fall neu waschen müssen.«

»Das sollen nicht die einzigen gewesen sein, die auf der Flucht waren«, meinte eine der anderen Frauen. »Ich hörte, die Walkyriun –« Sie hielt inne, als ein großer Mann in der Tür des Langhauses erschien. Er gähnte herzhaft. Sein Oberkörper war nackt, doch er trug einen

Armreif aus vergoldeter Bronze, und auf seiner Schulter war eine alte Narbe. Sigfrid duckte sich wie ein fremder Wolf, wenn der Leitwolf erscheint.

»Hardomann, Hardoberts Sohn, heißt dich willkommen.« Der Häuptling maß Sigfrid von oben bis unten, ohne die Miene zu verziehen, als versuche er, die zerlumpten Beinkleider und Lederweste des Fremden mit dessen reich geschmückten Wehrgehänge und Schwert zu vereinbaren.

»Wulf Wurmstöter«, antwortete Sigfrid. Er war momentan nicht sehr stolz auf seinen eigenen Namen.

»Bist du auf dem Weg in die Hügel, um die Frau zu suchen?«

»*Wundersam das Weib, das wartet ...*«, sang ein Vogel in seiner Erinnerung. Sigfried blickte auf.

»Es heißt, die Walkyriun hätten die Maid dort ausgesetzt, die uns an die Burgunden verraten hat«, fuhr Hardomann nachdenklich fort, »sie gebunden auf einem Fels zurückgelassen für den ersten, der sie findet. Einige meiner Knechte haben es heute versucht, aber sie sagen, das Feuer sei noch zu stark. Doch ein Mann wie du könnte es vielleicht schaffen.«

»Es war ein großes Feuer«, sagte Sigfrid langsam. »Könnte irgend etwas darin überlebt haben?«

Der Häuptling zuckte die Schultern. »Es führt ohnehin nur eine Straße nach Süden, wenn du nicht schwimmen willst. Hinter der Flußbiegung dort reichen die Klippen bis ins Wasser hinein.«

Sigfrid nickte. Wenn das Mädchen tot war, würde er ihre Gebeine bestatten. Doch in der Eiche hinter dem Langhaus sah er zwei Raben warten, und sein Herz begann mit derselben Erwartung zu pochen, die er auf dem Gipfel des Wurmfelses verspürt hatte.

Sigfrid ritt durch ein ödes Land; er hustete, als der Morgenwind den beißenden Gestank des Feuers wiederaufleben ließ. Es war eine Welt, der man alle Farbe genommen hatte, ein Land versengter Felsen, verbrannter Büsche und schwarz verkohlter Baumstümpfe. Nichts schien sich zu bewegen außer der wirbelnden Asche, doch die Stille täuschte. Es gab noch heiße Flecken unter den verkohlten Zweigen, und manchmal entfachte eine besonders starke Bö sie zu Flammen.

Sigfrid hatte manchmal geträumt, wenn er und Ragan zu lange in der Schmiede gearbeitet hatten, daß er durch die glühenden Hügel und Täler ging, die er in den Kohlen sah. In der Nacht zuvor hatte er am Rande von Muspelheim gelagert. Jetzt ritt er hindurch, doch die Flamme, die durch diese Welt gefegt war, war ausgebrannt, so wie sein altes Leben.

Das Pferd schnaubte, und Sigfrid blickte auf. Er kniff die Augen zusammen, als er sah, daß die Baumwipfel vor ihm, welche die ersten Strahlen der Sonne einfingen, noch Blätter trugen. Hatte er den Feuergürtel bereits durchquert? Dann sah er, daß die Verwüstung sich um die Kuppe des Berges herumwand, ein See aus grauer Asche, der gegen eine Insel von grünen Bäumen und felsigem Gestein brandete. Die Wasserbeutel, die an seinem Sattel hingen, schwappten, als er das Pferd hügelaufwärts lenkte, und das Tier schüttelte nervös den Kopf, als der Wind plötzlich durch die Bäume pfiff.

Ein Granitblock ragte vor ihm auf und warf seinen Schatten über den Pfad. Das Pferd spitzte die Ohren; Sigfrid sah jemanden aus der Dunkelheit hervortreten und zog die Zügel an. Am Tag zuvor war er mehreren anderen Männern begegnet, die den Berg hinuntergekommen waren, entmutigt durch die Öde oder aus Furcht vor den Flammen. Er fragte sich, warum dieser hier wartete. Der

Wind frischte auf, und trug einen überwältigenden Brandgeruch zu Sigfrid.

»Wer ist es ... der mich herausfordert?« Die Stimme schien aus der Erde selbst zu kommen. Die Haare in Sigfrids Nacken sträubten sich. Das waren Fafnars Worte gewesen.

»Fafnars Verderber.« Die Antwort kam ohne Nachdenken. »Kehrst du aus Hellas Halle zurück, um mich anzuklagen?«

Das Pferd scheute, und Sigfrid saß ab. War dies Fafnars Geist oder jemand mit denselben Kräften? Wenn er doch nur etwas erkennen könnte!

»Geh heim, Krieger. Ein Feind zu groß für deine Stärke wartet hier.«

»Dieses Schwert hat bereits einige getötet, die so dachten«, sagte Sigfrid entschlossen, und Grams Heft glitt in seine Hand. Es schien ihm, daß der stärker werdende Wind ein Lachen als Antwort zischte.

»Ich habe einen Speer, der dieses Schwert zerschlagen kann ...«

Sigfrid stand sprachlos; das Prickeln in seiner Kopfhaut breitete sich über seinen ganzen Körper aus. Wodan hatte Sigmunds Schwert zerbrochen, doch gewiß war es der Gott gewesen, der ihn angeleitet hatte, die Klinge wieder neu zu schmieden. Hatte er ihm nur geholfen, damit Sigfrid Fafnar tötete? Verlangte auch ihn nach dem Schatz?

»Was willst du von mir?« rief der Junge. Es gab ein langes Schweigen.

»Dich warnen –« Die Stimme war jetzt leise. »Der Feind, der deiner wartet, wird dein Herz mit einer Klinge durchbohren, die schärfer ist als dein Schwert, und dich mit heißerer Glut versengen als dieses Feuer. Willst du diese Gefahr wirklich auf dich nehmen?«

»Ich will, und ich werde«, knurrte Sigfrid, dessen Zorn gegen die Mächte entflammte, die ihn zum Mörder gemacht hatten. »Ich lasse mir nicht drohen, weder von dir noch von irgend jemandem sonst! Ich werde diesen Hügel hinaufgehen, und weh dem, der sich mir in den Weg stellt!« Gram zischte aus der Scheide, und er trat vor.

Wind brandete auf, und ein Speer aus Licht stieß auf ihn zu. Instinktiv riß er das Schwert hoch. Licht sprang von seiner Klinge und flammte um ihn auf, setzte alles in Brand, das noch nicht verbrannt war. Hitze versengte seine Haut, als das Feuer himmelwärts lohte. Er versuchte, seine Augen mit dem Arm zu schützen. Wenn dies eine Illusion war, konnte es ihm nichts anhaben. Doch wenn die Flammen wirklich waren und das Mädchen dort oben noch lebte, konnten sie töten.

Sigfrid hielt den Atem an und stürzte sich in das Feuer.

Helligkeit blendete ihn, doch plötzlich war die Hitze wie weggeblasen. Er hielt inne, blinzelnd, und spürte, wie seine Wangen von einem heftigen Luftzug gekühlt wurden. Als es vorüber war, konnte Sigfrid wieder sehen. Das Feuer und was auch immer es hervorgerufen hatte war fort. Das Leuchten, das er sah, kam von den weißen Adern, die den grauen Fels über ihm durchzogen. Tannen umgaben ihn, noch unberührt von den Flammen. Flink kletterte er bergauf.

Der untere Teil des Felsens war noch in den tiefen Schatten der Bäume gehüllt. Sigfrid brauchte einen Moment, ehe er erkannte, daß der Fleck dunkleren Schattens darauf ein zerknittertes Wolltuch war. Er ertastete sich seinen Weg hinunter über den rauhen Fels. Seine Lippen wurden schmal, als er die Gestalt unter dem Tuch sah und bleiche Hände, die mit dicken Stricken an eiserne

Krampen gebunden waren, welche man in den Boden getrieben hatte. Doch Gram machte kurzen Prozeß mit solchen Fesseln. Sigfrid steckte das Schwert in die Scheide und kniete nieder, um den Mantel wegzuziehen.

Im ersten Moment dachte er, die Gerüchte seien falsch gewesen und es sei ein Knabe, der da lag. Dann bemerkte er die sanfte Kontur von Wange und Kinn und die Wölbung einer Brust unter dem groben Leinenhemd. Doch sie war mißhandelt worden. Ihre Haut, blaß wie altes Elfenbein, war mit Schmutz und Blutergüssen bedeckt, und sie war elend dünn.

Das Mädchen schien tief zu schlafen. Stirnrunzelnd beobachtete er das langsame Heben und Senken ihrer Brust, berührte ihre Stirn und fand sie heiß. Nach solch einer Strapaze war Austrocknung zu erwarten und möglicherweise Fieber. Vorsichtig steckte Sigfrid den Mantel rings um sie fest, dann eilte er zurück, den Hügel hinab, um die Pferde einzufangen und Nahrung und die Wasserbeutel herbeizuschaffen.

Alsdann entzündete er ein kleines Feuer in der Asche, wo ein altes Lagerfeuer gebrannt hatte. Das Wasser in seinem bronzenen Kessel hatte gerade zu dampfen begonnen, als er einen Seufzer hörte.

Im nächsten Moment war er bei ihr, mit einem der Wasserbeutel. Er hielt den Atem an, als er ein wenig Wasser zwischen ihre Lippen träufelte, und nach einem Augenblick sah er die Spitze einer rosa Zunge an der Feuchtigkeit lecken. Er lächelte; es erinnerte ihn an einen Fuchswelpen, den er einmal aufgezogen hatte, und er gab ihr etwas mehr zu trinken. Licht floß über den Felsen, als die Sonne höher stieg. Das Mädchen bewegte sich und wimmerte, und in diesem Augenblick hob sich die Sonne über die Bäume und erleuchtete die Hügelkuppe.

»Keine Angst ...«, flüsterte Sigfrid, als sie stöhnte. »Du bist in Sicherheit. Es ist nur die Sonne.«

Sie versuchte sich aufzusetzen. Er schob seinen Arm unter ihre schmalen Schultern und hob sie an. Sie wollte sich wehren, ihre Augenlider zuckten, und dann, mit einer Plötzlichkeit, die ihn überraschte, sah sie ihn an und lächelte strahlend.

Brunhild blinzelte, geblendet, als sie das Leuchten des Gottes, der sie in den Schlaf geküßt hatte, in dem Gesicht des Knaben widerspiegelt sah, der sie geweckt hatte. Sie hatte ihn in ihrem Ruhmestraum gesehen, und jetzt sah sie das Licht eines neuen Tages in seinen Augen glänzen. Worte, welche die Walkyriun ihr genommen zu haben glaubten, drangen von ihren Lippen.

»Heil dir, Tag!« Sie fragte sich, ob sie noch träumte. »Heil euch, Söhne des Tages! Heil, Nacht, und Töchter der Nacht. Mit seligen Augen blickt auf uns beide und gewährt uns Sieg.«

Ihr Retter runzelte die Stirn, als fürchte er, die Entbehrungen hätten ihr die Sinne verwirrt, doch sie lachte. Sie war durch den Wahnsinn hindurchgegangen, um an diesem glorreichen Tag zu erwachen!

»Heil euch, heilige Götter! Heil, Göttinnen! Heil dir, Mutter Erda, die du allen gibst ...« Sie preßte ihre Handfläche gegen den kalten Stein und spürte ein Zittern der Kraft als Antwort. »Segen und Huld erheischen wir von dir und heilende Hände in diesem Leben!«

Die Ekstase, die der Gott ihr verheißen hatte, durchpulste sie, dann fiel sie zurück, keuchend, als jedes mißbrauchte Gelenk und jeder Muskel vor Schmerz zu schreien begann.

»Leg dich wieder hin, bitte«, begann der Junge. »Nein, der Stein ist zu kalt. Ich bring' dich zum Feuer.«

Brunhild biß sich auf die Lippe, als er sie hochhob, ein wenig abgelenkt von ihren Schmerzen durch das seltsame Gefühl, getragen zu werden. Sie konnte die Bewegung der Muskeln in seinem Körper spüren, wie die geschmeidige Stärke unter dem Fell eines Pferdes. Er trug sie ohne ein Zeichen von Anstrengung. Sie wäre in sich zusamengesackt, hätte sie versucht, sich zu bewegen.

Dann sah sie den Kreis von Asche und Kohlen, wo die Walkyriun ihr Leben verbrannt hatten.

»Nicht da ... nicht da ...« Kraftlose Finger kratzten an seinem Arm, sie drehte ihr Gesicht an seine Brust, um nicht hinsehen zu müssen.

»Hast du Angst vor dem Feuer?« drang seine Stimme an ihr Ohr. »Ich werde dir ein Bett auf den gefallen Nadeln unter den Bäumen machen. Du brauchst keine Angst zu haben.« Unbeholfen tätschelte er ihre Schulter, und ihr Zittern begann sich zu legen.

Er hielt sie mit einem Arm, während er den Mantel ausbreitete; dann legte er sie hin. Brunhild drehte sich der Kopf. Im nächsten Augenblick, so schien es, war er zurück mit zwei weiteren Mänteln, um sie zuzudecken. Ein Zittern durchlief sie – seltsam, vor einem Augenblick war sie so mit Licht erfüllt gewesen. Er steckte das Tuch um sie fest, und langsam, allmählich begann die Wärme in ihren Körper zurückzukehren.

»Ich mache dir etwas Fleischbrühe«, sagte er leise. Sie versuchte zu nicken, aber die Erschöpfung forderte bereits wieder ihr Recht. Sie schluckte automatisch, als er die Schale an ihre Lippen hielt, und glitt dann wieder in die Ohnmacht zurück.

Drei Tage und drei Nächte kämpfte Sigfrid um das Leben des Mädchens, wie er einst gekämpft hatte, um sein eigenes zu verteidigen. Irgendwie hatte er das Gefühl, als könnte er, indem er diesem geschundenen Geschöpf das Leben zurückgab, etwas von dem Blut abwaschen, das seine Hände befleckte. Sie wurde abwechselnd von Kälteschauern und Fieber geschüttelt oder schlief so tief, daß es ihn erschreckte. Wenn sie fieberte, kühlte er ihre Haut mit einem feuchten Tuch, und wenn sie fröstelte, hielt er sie warm; wenn sie schlief, durchstreifte er die Wälder jenseits der Feuerschneise auf der Suche nach Heilkräutern. Weder Ragan noch er waren oft krank gewesen, doch er hatte kränkelnde Tiere gepflegt, und manchmal, wenn sie den Wald durchstreiften, hatte der Schmied ihm das eine oder andere von den Kenntnissen des Erdvolkes vermittelt.

Im Fieber redete das Mädchen. Wirre Bruchstücke aus ihren Albträumen erklärten ihm manches von dem, was sie durchlitten hatte. Er wußte nun, warum sie das erloschene Lagerfeuer fürchtete und mehr, als ihm lieb war, von der Grausamkeit, mit der selbst Frauen jene behandeln konnten, die das Gesetz des Rudels brachen. Er säuberte sie von den Spuren jener Tortur und wieder, als sie sich beschmutzte. Und eine ganze, dunkle Nacht hindurch, als ihr Lebenslicht flackerte wie eine verglimmende Glut, wiegte er sie in seinen Armen.

Als Sigfrid am vierten Morgen erwachte, hatte sie die Augen aufgeschlagen, Augen so tief und klar wie Waldteiche. Instinktiv berührte er ihre Stirn und fand sie kühl. Sie zuckte zusammen, und er zog die Hand zurück. Jetzt, da sie wieder bei Sinnen war, mochte sie es vielleicht nicht, daß er sie berührte.

»Wer bist du?« flüsterte sie. Zum erstenmal erfüllte ihn dieses Frage nicht mit Zorn.

»Ich bin Sigfrid ... Fafnarstöter«, fügte er mit einem Anflug von Bitterkeit hinzu. Zu seiner Überraschung lächelte sie.

»Ich hätte es wissen sollen. Huld hat mir von dem Knaben erzählt, den sie im Norden gesehen hat, dem mit den Wolfsaugen. Sigfrid Sigmundssohn, dem Erben der Walsunge.« Sie nickte mit einer seltsamen Befriedigung. »Und Ragan hat dich zu einem Helden aufgezogen! Huld hat bei deiner Geburt die Runen geworfen; wußtest du das?«

Sigfrid blinzelte, ein wenig verwirrt von all diesen Enthüllungen. Körperlich mochte sie zwar noch schwach sein, doch es wurde klar, daß der Kopf unter jenem Krähennest von kurzgeschnittenem Haar seinem eigenen gewachsen war. Doch vielleicht konnte er sie auch überraschen.

»Und du bist Sigdrifa –« Er grinste, als sie ihn anstarrte. »In deinem Fieber hast du den Namen geschrien«, erklärte er, »als ob man ihn dir wegnehmen wollte.«

»Das wollten sie, aber ich lasse es nicht zu.« Ihr dunkler Blick wandte sich der Asche des Feuers zu. »Ich war – *ich bin* – eine Walkyrja! Und Wodan hat mir einen Helden versprochen!«

Sigfrid wich zurück. »Und angenommen, ich will kein Held sein?« fragte er. »Mein ganzes Leben habe ich kämpfen oder fliehen müssen, weil die Menschen etwas ganz Bestimmtes in mir sehen wollten. Um frei zu werden, mußte ich töten –« Er biß sich auf die Lippe, drängte die Erinnerung zurück. »Ich werde meinen Kopf nicht zweimal in dieselbe Schlinge stecken wie ein dummer Hase!«

Ihre Augen weiteten sich, und er zwang sich, sich zu entspannen. Es hatte keinen Zweck, das Mädchen gleich wieder zu erschrecken.

»Du bist bestimmt kein Hase«, sagte sie langsam. »Du siehst mehr aus wie ein Wolf, wenn du fauchst.« Wieder hatte sie es geschafft, ihn zu überraschen. Schwach war sie und vielleicht nicht ganz klar bei Verstand, aber es würde mehr als seiner schlechten Laune bedürfen, um sie zu erschrecken.

Die Neugierde erwies sich als stärker als sein Selbstmitleid. »Wozu brauchst du denn einen Helden?«

»Du hast einiges davon gehört, als ich im Fieber lag«, sagte sie bitter. »Die Walkyriun haben versucht, alles zu zerstören, was ich bin – es wäre freundlicher gewesen, mich zu töten. Doch es gibt einen anderen Weg, als Walkyrja zu leben – Sigrunas Weg. Wenn ich mit dir reite, könnten wir Taten vollbringen, von denen die Barden singen würden bis ans Ende aller Tage!«

Ihr glänzender Blick traf den seinen, und ihn schwindelte plötzlich. Abrupt stand er auf.

»Wirst du bis zum Dunkeln allein zurechtkommen? Wir brauchen Fleisch, und ich könnte ein Reh erlegen, wenn es bei Sonnenuntergang zur Tränke kommt.«

»Natürlich.« Sie klang verärgert. »Wenn ich wieder bei Kräften bin, werde ich mit dir kommen.«

»Mit auf die Jagd?« Keine der Frauen von Hilperichs Volk hatte dergleichen getan, doch er wußte so wenig von der Welt.

»Ich wurde ausgebildet, zu jagen und zu kämpfen so gut wie jeder Mann«, sagte sie wild. »Und das werde ich auch wieder tun!«

Brunhild setzte sich auf, als Sigfrid gegangen war, trotz des Schwindelgefühls, das sie immer noch bedrängte. Sie mußte ihre Kräfte zurückgewinnen. Sie würde diesen dummen Jungen nie von dem Schicksal überzeugen können, das die Nornen so klar gewoben hatten, wenn sie wie ein neugeborenes Füllen umhertaumelte.

Warum, fragte sie sich, fürchtete sie ihn nicht? Sie war eine Frau und in seiner Gewalt. Aber vielleicht hatte in jenen langen Tagen der Krankheit ihr Körper gelernt, ihm zu vertrauen. Außerdem hatte sie nie die üppigen Rundungen entwickelt, welche die Männer liebten, wenn man den Worten der anderen Mädchen Glauben schenkte, und jetzt sah sie aus wie eine Vogelscheuche. In diesem Zustand würde sie bei ihm wohl kaum mehr Lust erwecken als ein aus dem Nest gefallenes Küken, dem er das Fliegen beibrachte.

Am Rande der Lichtung wuchs trockenes Gras. Brunhild sammelte es büschelweise, wobei sie oft innehalten mußte. Wie konnte sie Sigfrid begreiflich machen, was er tun mußte? Als sie die Grasbüschel aufschichtete, um eine Matratze für sein Lager zu machen, bedachte sie, was ihr zu Gebote stand. Gewiß besaß er die Stärke für einen Helden, und er mußte ein beachtliches Geschick mit dem Schwert haben; doch dergleichen hatte mancher Mann besessen, den sie auf dem Langsteinfeld mit dem Tode gezeichnet hatte. Welche Kraft des Geistes hatte ihm ermöglicht, Fafnar zu töten, der nach allem, was sie gehört hatte, ein Meister der Magie gewesen war? Was hatte ihn durch Wodans Feuer gebracht?

Er hatte Geduld genug bewiesen, sie durch das Fieber zu bringen, doch vielleicht war er einfach zu störrisch gewesen, um sie sterben zu lassen. Soweit sie sehen konnte, war das einzige, was Sigfrid fürchtete, der Gedanke, ein Held zu sein. Irgendein altes Leid bedrückte ihn – in seiner Stimme konnte sie es hören. Sie mußte herausbekommen, was es war.

Brunhild hatte seine Lagerstatt fertig und begann mit ihrer eigenen. Sie schwitzte von der ungewohnten

Anstrengung, doch fühlte sie sich bereits ein wenig stärker. Als Sigfrid mit einer feisten Rehkuh zurückkehrte, siedete bereits der Minztee über dem kleinen Feuer.

»Bist du sicher, daß du das halten kannst?« fragte Sigfrid, als das Mädchen das gegabelte Ende des Pfostens hochhob. Das schöne Wetter war umgeschlagen, und Wolken sammelten sich. Sie hatten ihr Lager weiter nach unten verlegt, wo es mehr Schutz vor dem Wind gab, doch Sigdrifa war noch nicht reisefähig, und sie brauchten einen Unterstand.

»Ich bin stärker, als ich aussehe.« Sie grinste ihn an. »Und zu zweit wird das hier viel schneller gehen.«

Er nickte, denn es war mühsam gewesen, den anderen Endpfosten alleine aufzurichten. Zusammen trugen sie den Stamm zu dem Loch, das Sigfrid dafür gegraben hatte, und pflanzten ihn hinein. Brunhild sah inzwischen viel besser aus. Nachdem das Fieber gebrochen war, hatte sie sich schnell wieder erholt, und in jenen mageren Armen lag eine drahtige Stärke, die er nicht vermutet hätte.

Sie half ihm auch, den Firstbalken einzusetzen, obwohl sie nicht groß genug war, ihn ganz bis oben zu hieven. Doch sie war es, welche die kleineren Stangen herbeischleppte, die als Sparren dienen sollten, und sie so aufstellte, daß Sigfrid sie mit Streifen von Rehleder festzurren konnte. Zusammen banden sie dann Zweige über die Stangen und deckten das Dach mit Blattwerk. Die Wände für die beiden Giebelseiten wurden aus lehmverschmierten Pfählen gebaut, so daß das Ganze nachher aussah wie ein römisches Zelt aus Ästen und Blättern. Es war die Art von Haus, wie Sigfrid und Ragan es sich manchmal gebaut hatten, wenn sie Holzkohle brennen gingen, gut selbst gegen Schnee.

Doch Sigfrid konnte nicht umhin, daran zu denken, wie anders die Zusammenarbeit mit dem Mädchen gewesen war. Ragan und er hatten selten gelacht beim Arbeiten. Sigdrifa schien zu wissen, was er wollte, ohne daß er es ihr sagen mußte. Mit ihr zu arbeiten war wie ein Spiel. Sie forderte ihn nicht heraus, wie ein anderer Junge es getan hätte, noch beklagte sie sich. Als die ersten Regentropfen fielen, war ihr Haus fertig. Lachend schafften sie ihre Habseligkeiten nach drinnen.

»Du siehst, ich bin doch für etwas gut«, sagte sie aus den Schatten, als Sigfrid mit dem Feuer zugange war.

»Für einiges, sollte man meinen«, antwortete er und schob einen trockenen Zweig in die winzige Flamme. »Kannst du mit Spindel und Webstuhl ebenso gut umgehen wie mit Schild und Speer?«

»Ja ...« Ihr Gesicht trat kurz aus den Schatten, als das Feuer aufflammte. »Aber das Gewand, das ich mir gewebt hatte, haben sie verbrannt.«

»Das tut mir leid –«

Sie zuckte die Schultern. »Ich habe meine Wunden, und du hast deine. Doch mir erscheinst du als der Glücklichere von uns beiden. Du hast dich immer gefragt, ob dein Weg der richtige ist, doch ich habe nie an meiner Zukunft gezweifelt, bis die Walkyriun sie mir fortnahmen. Warum hast du solche Angst, in etwas hineingedrängt zu werden, was du nicht willst?«

Sigfrids Kehle war wie zugeschnürt, doch sie waren durch den Bau der Hütte so aufeinander eingestimmt, daß es ihm die Zunge löste. »Ich habe Angst vor mir selbst«, flüsterte er. »Wenn ich zum Töten getrieben werde, bin ich schlimmer als ein wildes Tier. Selbst die Wölfe kämpfen nur zur Selbstverteidigung oder um das

Rudel zu schützen. Ich habe Ragan, der mich aufgezogen hat, getötet, obwohl ich es nicht wollte. Ich bin ein Berserker, und wenn mich meine kleinen Schwestern ansahen, hatten sie Angst vor mir.«

»Ich habe keine Angst vor dir.« Sie berührte seine Schulter.

»Hast du überhaupt vor etwas Angst?«

»Ich habe Angst davor, an Hof und Herd gebunden zu werden ... nicht imstande zu sein, meinen Weg selbst zu wählen«, sagte sie schließlich. »Das ist es, was es bedeutet, ein Held zu sein – die freie Entscheidung. Ich würde dich nie zu etwas verleiten, was du nicht willst. Die Walkyrja zeigt ihrem Helden, welche Wahl er treffen kann.«

»Ich dachte, die Erwählerinnen zeigten Männern ihr Schicksal«, meinte Sigfrid darauf.

»Die Nornen spinnen unsere Lebensfäden, doch wir weben sie in das Muster ein.« Sie rollte die losen Fäden am Saum des Kittels, den er ihr gegeben hatte, in einen einzigen Strang, ließ sie dann wieder los. »Das Schicksal ist immer ein Werden. Wenn wir es begreifen, ist Wollen und Notwendigkeit eins.«

Sigfrid wandte sich zu ihr um. »Kannst du mir helfen?«

»Ich weiß nicht.« Ihre Augen waren tief und dunkel. »Die Walkyriun haben versucht, meine Magie zu zerstören. Allein bin ich nichts. Doch wenn du mir vertraust, wird mein Weistum vielleicht wieder erwachen.«

Brunhild starrte in die klaren Wasser der Quelle unterhalb der Hügelkuppe, gefangen von dem morgendlichen Spiel von Licht und Schatten. Wenn das Gezweig über dem Teich still war, verschwand die Oberfläche, und sie konnte Fingerlinge durch die braunen Schatten flitzen sehen. Wenn der Wind es hob, flammte Sonnenlicht von dem Wasser und blendete sie. Doch manchmal gab es einen Augenblick dazwischen, da sie ein Gesicht mit scharfen Kanten und dunklen Augen sah, das ihr aus dem Teich entgegenblickte. Was davon, fragte sie sich, war die Wahrheit? Die dunklen Tiefen, die schillernde Oberfläche oder das elbische Antlitz, das dazwischen erschien?

Das Gesicht konnte nur ihr eigenes sein. Es zersprang, als sie Wasser schöpfte und es sich übers Haar strich, aber als es sich neu zusammensetzte, sah sie, daß die kurzen Strähnen immer noch abstanden wie die Federn eines Vogelkükens. Tränen ließen das Bild verschwimmen, als sie sich daran erinnerte, wie die Walkyriun ihre langen, glänzenden Locken abgeschnitten hatten. Das einzige an ihr, was wirklich schön gewesen war ... Aber das war jetzt unwesentlich. Was sie wissen mußte, war, ob mit dem Haar auch ihre Macht von ihr gegangen war.

Das Bild verschwand, als sie ihre Stellung veränderte und ihren Blick in die schimmernden Tiefen der Quelle sinken ließ. Sie rief sich ihre frühesten Übungen ins Gedächtnis zurück – jeden Atemzug zu zählen, die Spannung in ihrem Körper abzubauen, so daß der flatternde Pulsschlag in ihrer Kehle sich verlangsamte. Stille ... Schweigen ... Gestalten bewegten sich in jenen Schatten, doch sie durfte sich davon nicht ablenken lassen. Einen Augenblick lang glaubte sie die hagere Gestalt und die mächtigen Kiefer eines großen Hechts auf dem Grund der Quelle liegen zu sehen. Sie verdrängte das Bild; sie mußte leer werden, widerstandslos wie der Fluß des Wassers.

Und dann, als alle Gedanken verschwunden waren bis auf einen, erlaubte sich Brunhild, ein Bild heraufzubeschwören – niemals vergessen, seit sie es das erste Mal gesehen hatte –, das Auge in dem dunklen Brunnen.

War da ein heller Funke? Sie spürte, wie sich ihr Herzschlag beschleunigte, und kämpfte um Selbstbeherrschung, als das Licht sich ausweitete. Gesichtszüge bildeten sich ringsum: eine hervorstechende Nase, ein Schimmer von Silber in Haar und Bart. Diesmal verdeckte ein breiter Hut das rechte Auge. Es war das linke, das in ihr eigenes starrte, das Auge, das er in Mimirs Quell geopfert hatte, und da wußte sie, daß die Vision echt war.

»Vater, hilf mir«, flüsterte sie. »Du hast mir einen Helden gesandt. Gib mir die Macht, ihn zu schützen, mach, daß er an mich glaubt!«

»*Die Macht ist in der Erde und im Wasser*«, kam die Antwort.

»Sie haben mir mein Weistum um Kräuter und den Fluß des Wassers nicht weggenommen«, pflichtete sie bei, »aber was ist mit den Runen, die ihnen Kraft geben. Kann ich die noch gebrauchen?«

»*Erinnere dich ...*« Die Stimme weckte Echos in ihrer Seele. »*Erinnere dich an den Baum der Prüfung. Du selbst bist die einzige, die dieses Wissen vor dir verschließen kann.*«

Brunhild runzelte die Stirn. War die Macht der Weisfrauen über sie allein auf ihre eigene Abhängigkeit gegründet und ihr Einvernehmen, sich darin zu fügen? Das Gesicht im Wasser verzerrte sich, als sie mit dem Problem kämpfte. In ihrer Welt gab es kein größeres Unglück, als ohne Stamm oder Sippe dazustehen. Hing alle Autorität vom Einvernehmen ab, und war die Gruppe weiser als eines ihrer Glieder für sich genommen? Sie hatten alle in ihre Bestrafung eingewilligt. Machte das ihr Verhalten verzeihlich, oder machte es alles nur noch schlimmer?

Ihr Herz weinte immer noch um den Verlust der Freude, die sie gefunden hatte, wenn die Walkyriun zusammen ritten, und sie fragte sich, ob es den Versuch wert war, ohne sie weiterzumachen. Doch sie würde nicht allein sein, sagte sich Brunhild, wenn sie mit Sigfrid ritt.

»Vater«, flüsterte sie, »was soll ich tun?«

»*Wage ... wolle ... lerne ...*«

Wind kräuselte die Oberfläche des Wassers, und Sonnenlicht ergoß sich über den Strom wie ein Schauer aus Gold. Brunhild setzte sich auf, geblendet. War das die Antwort?

Als ihre Augen sich an die Helligkeit gewöhnt hatten, sah sie auf dem feuchten Grund um die Quelle Beifuß stehen. Der Gott hatte gesagt, die Kraft der Erde werde ihr helfen. Der passende Spruch kam von selbst über ihre Lippen, als sie sich vorbeugte, um die scharf riechenden, gezackten Blätter von dem steifen Halm zu pflücken.

Sigfrid hielt am Rande der Lichtung an. Seine Nasenflügel zuckten bei dem seltsamen Geruch, der ihm aus dem Topf über dem Feuer entgegenschlug. Zwei Fuchsbälge hingen über seiner Schulter. Es sah allmählich so aus, als würden sie hier noch eine Weile bleiben, und sie benötigten beide wärmere Kleidung. Er gedachte Sigdrifa einen Umhang aus warmem Pelz zu nähen.

»Abendessen?« Er hakte die Felle an einen Eichenzweig. Das Mädchen blickte zu ihm auf; ihr Gesicht war gerötet von der Hitze des Feuers.

»Du hast gesagt, daß ich dir zeigen soll, ob noch Magie in mir steckt«, erklärte sie. »Wenn du den Mut hast, werde ich es dir zeigen.«

Sigfrid hob eine Braue. Er war sich nicht bewußt, sie in irgendeiner Weise herausgefordert zu haben, wollte aber auch nicht den Eindruck erwecken, als habe er Angst.

»Solange ich das nicht trinken muß«, meinte er mit

einem Grinsen. Er konnte Gänsefett riechen und die Düfte einer Vielzahl von Kräutern.

»Es ist eine Salbe, die ich mache ... eine Schutzsalbe ...« Ihre Stimme schwankte ein wenig, und er ließ sein Lächeln verschwinden. »Die erste Pflicht einer Walkyrja gegenüber ihrem Krieger ist, ihn zu schützen. Dies ist nicht die beste Jahreszeit, um Kräuter zu sammeln, doch ich habe genug davon gefunden, um die Salbe herzustellen, und die Runen kennen keine Jahreszeiten. Den ganzen Tag habe ich damit verbracht, die Kräuter zu sammeln, sie zu weihen und sie in diesem Kessel zu simmern. Wenn du bereit bist, werde ich einen Zauber wirken, um deine Haut gegen jede Unbill zu schützen.«

Sigfrid kniff die Augen zusammen. Er würde lieber auf seinen eigenen Mut vertrauen als auf irgendwelche Hexenzauber, doch er erkannte, daß dieser Versuch, etwas für ihn zu bewirken, ihren eigenen Heilungsprozeß fördern würde. Er warf einen Blick in den Topf, wo einzelne grüne Schnipsel in dem dunkelfarbenen Fett schwammen, und verzog das Gesicht, als der scharfe Geruch ihm in die Nase drang.

»Was ist da drin?« fragte er.

»Kein Wolfskraut, wenn du das fürchtest«, schnappte sie. Dann wandte sie sich wieder dem Kessel zu und sprach in einem melodischen Sang:

Betonie und Meisterkraut
Sei Leib und Seele anvertraut;
Beifuß hilft dir, mehr zu leisten,
Beinwell heilt den Weitgereisten;
Wollkraut läßt die Bestien fliehn,
Scharbock dich in Freiheit ziehn.

Sie hielt inne, um noch etwas Holz auf das Feuer zu legen, und beobachtete das Gebräu dabei genau. Dann fuhr sie etwas leiser mit ihrem Sprechgesang fort:

Wermut wehrt dem Gift des Wurms,
Geißbart vor der Macht des Sturms;
Salbei läßt Freunde Feinde lieben,
Knoblauchs Macht beschützt vor Hieben;
Mit Waldmeister bleibst du unbesiegt –
Segge den Zauber zusammenfügt.

»Das klingt alles sehr nützlich«, sagte Sigfrid und nieste. Zumindest war nichts in der Liste, das er als giftig erkannte.

»Das sind nur die Kräuter«, fuhr sie streng fort. »Ich habe auch Blätter von den heiligen Bäumen beigefügt. Die Esche wird dich gegen Gefahr durch Wasser oder Schlangengift bewahren. Beeren von Holdas Baum kehren Abwehrzauber um; langes Leben kommt von der Linde.« Ihre Stimme schwang immer noch im Ton ihres Gesangs.

»Was ist das schwarze Zeug in der kleinen Schale?«

»Blätter vom Fingerhut. Das ist die Tinte, mit der ich die Runen der Macht zeichnen werde.«

Sie beugte sich wieder über den Kessel und wisperte etwas in den Dampf, und plötzlich begann er ihr zu glauben. Er hatte versucht, das Bewußtsein, das mit Fafnars Blut gekommen war, zu unterdrücken, doch nun kribbelte seine Haut. Er erinnerte sich an die alte Huld, die, wie Sigdrifa gesagt hatte, ihre Lehrmeisterin gewesen war. Warum sollte er nicht glauben, daß das Mädchen Zauberkräfte besaß?

»Nun gut«, sagte er milder. »Was muß ich tun?«

»Geh zur Quelle, und bade darin. Wenn du zurückkehrst, werden wir beginnen.«

Als Sigfrid zurückkam, noch fröstelnd von dem eiskalten Wasser, hatte sie das Kochfeuer angefacht und sein Schlaflager vor der Hütte aufgebaut. Runen waren ringsum in die Erde gekratzt. Die Salbe war in eine hölzerne Schale abgefüllt worden. Doch das Mädchen stand reglos, in eine Decke gehüllt, mit dem Rücken zum Feuer.

»Was ist los?« Er legte ihr die Hände auf die Schultern und spürte, wie sie vor unterdrücktem Schluchzen zitterte.

»Wie soll das gehen?« flüsterte sie. »Ohne meinen Mantel und meinen Kopfschmuck, meine Halsketten und mein weißes Gewand? Ich hätte mein Geistermesser benutzen sollen, um die Kräuter zu schneiden, und meinen Mörser und Stößel, sie zu zerreiben, nicht einen Felsen und einen glatten Stein. So hat man mir das nicht beigebracht – es tut mir leid –« Sie brach ab, als er seinen Griff um ihre Arme verstärkte.

»Soll das heißen, ich hätte mir umsonst in dem eiskalten Tümpel die Zehen abgefroren? Ich glaub's nicht –« Er schüttelte sie. »Alles, was so schlecht riecht, *muß* Magie sein. Außerdem – als du die Salbe angerührt hast, habe ich die Kraft darin gespürt.«

Sie stieß ein unsicheres Lachen aus und sah zu ihm auf. »Wirklich?«

Sigfrid nickte. Ihre Lippen verzogen sich zur Andeutung eines Lächeln, und er starrte sie an, verwirrt von dem Flügelschlag einer ungeahnten Schönheit in ihrem Gesicht.

»Dann kannst du jetzt Hemd und Hose ausziehen«, sagte sie ihm. »Oder hast du geglaubt, ich würde dich durch deine Kleider hindurch salben?«

Er nickte, doch seine Hände waren ungeschickt beim Lösen der Verschnürung, und plötzlich hätte er sich lieber Fafnar in seinem Nest gestellt als ihr. Er wußte, daß es närrisch war. Sie hatte ihm vertraut, als er sie pflegte, und sie hatte viel mehr zu fürchten als er. Was konnte sie ihm schließlich antun? Es war nur, dachte er, daß er so wenig Erfahrung darin hatte, berührt zu werden. Niemand hatte sich je wirklich um ihn gekümmert, seit seine Mutter ihn fortgeschickt hatte. Mit besonderer Sorgfalt faltete er seine Kleidung zusammen, und dann, in der Hoffnung, daß die Hitze, die er unter seiner Haut spürte, für einen Widerschein des Feuers gehalten würde, legte er sich nieder.

»Gut ...« Die unpersönliche Art, wie ihre Blicke über seinen Körper gingen, erinnerte Sigfrid daran, wie Ragan geblickt hatte, wenn er im Begriff war, sich einem besonders hartnäckigen Stück Eisen zu widmen. Alle Befürchtungen, die er gehabt hatte, daß die unfreiwilligen Reaktionen seines Körpers ihn in Verlegenheit bringen könnten, waren verflogen.

Sie kniete sich neben ihn nieder und legte ihre Hände auf die Erde. Ihre Lippen bewegten sich in einem Gebet.

»Ich beginne mit deinen Händen und Armen«, sagte sie leise. »In der Schlacht sind sie am verletzlichsten. Ruhe sanft – du brauchst jetzt nichts mehr zu tun.«

Sie hob seine rechte Hand und begann die Salbe einzumassieren. Ihre Berührung war fest und sicher. Spannungen, deren er sich gar nicht bewußt gewesen war, lösten sich aus seinen Fingern; sie lagen locker gekrümmt, als sie die erste Rune in die Mitte seiner Handfläche schrieb.

»*Fehu* gebe ich dir, auf daß alles, woran du Hand legst, gedeihe!«

Ihre kundigen Finger begannen sich ihren Weg den Arm hinauf zu suchen, und Sigfrid seufzte, spürte ihn schwerer werden, als der Druck die verborgenen Spannungen vertrieb. »*Tiwaz*« – sie malte ein Zeichen, das wie ein Pfeil aussah, auf seinen Arm –, »auf daß dein Arm mit der Kraft des Kriegsgottes zuschlagen möge!«

Nun massierte sie die Oberseite seiner Schulter und weiter zu den starken Muskelgruppen, die sich in Richtung Brust hinzogen. Er glaubte die Fackelrune zu verspüren, die sie ihm gab, doch obwohl seine Haut sich erwärmte, wo sie ihn berührt hatte, war der Rest seines Körpers völlig entspannt. Mit jedem Augenblick glitt Sigfrid tiefer in einen Zustand hinab, in dem er sich überhaupt keines Gefühls mehr bewußt war.

»*Lerne* –«, hatte der Gott ihr geboten. Als Brunhild das schützende Öl über Sigfrids Brust strich und die Rune der Stärke daraufschrieb, wurde ihr bewußt, daß sie nie zuvor solche eine Gelegenheit gehabt hatte, einen männlichen Körper in Augenschein zu nehmen. Und Sigfrid kam aus einem Geschlecht von Kriegern, und der Wald hatte ihn wohl genährt. Doch es war das Schmiedewerk, das ihm solch einen bemerkenswerten Oberkörper verschafft hatte – der rechte Arm muskelbepackt vom Schwingen des Hammers, der linke vom Ziehen des Blasebalges. Sie arbeitete sich zum Schildarm vor, zeichnete Donars Rune auf seine Schulter und auf seine linke Hand die Rune des Gebens.

Feine braune Haare wuchsen in der Mitte von Sigfrids Brust bis zum Bauch hinab. Die Haut war von ein paar weißen Narben gezeichnet, wo Schlacke vom Feuer ihn getroffen hatte, doch sie war bemerkenswert zart. Die Muskulatur darunter war hart und zeichnete sich vollkommen deutlich unter der hellen Haut ab. Über sein Herz schrieb sie die Freudenrune und über sein Sonnengeflecht die Rune des Sieges, und sie spürte, wie sein Atem tiefer und sein Fleisch wärmer wurde, als die Sonnenkraft sich von jenem strahlenden Zentrum ausbreitete.

Voll Staunen zeichnete sie die Adern nach, die jene Muskeln mit Blut versorgten. Die Haut war so glatt, der Fluß des Lebens in ihm so stark! Sie konnte das Pulsen der Kraft spüren, wenn sie ihre Hände über seinem Körper bewegte, auch ohne ihn zu berühren. Wo das Öl glänzte, schien seine Haut zu glühen. Auf seinen Bauch schrieb sie die Wasserrune, dann ging ihr Blick wieder nach oben.

Er schien tief zu schlafen. Brunhild bezeichnete seinen starken Hals mit der Rune Wodans, rieb das Öl an der Kontur seines Kiefers unterhalb des jungen Bartes entlang. Aus den weichen Linien eines Knabengesichts konnte sie die Kanten männlicher Züge erahnen. Auf seine Schläfen malte sie die Runen der Notwendigkeit und der wechselnden Jahreszeiten, die Rune der Meisterschaft auf seine Stirn, die der Verwandlung auf seine Ohren.

Von einem Augenlid zum anderen zog sie die Rune des Morgens, kreuzte ihre Linien an dem Punkt der Wahrnehmung zwischen den Brauen. Sie zuckten nicht. Gewiß lag er entweder in tiefer Versenkung oder im Schlaf. Ihre Berührung löschte Zeichen der Spannung aus, die sie dort nicht vermutet hatte, bis sie sein Gesicht zum erstenmal nicht in wachsamem Zustand sah. Seine Lippen waren ein wenig geöffnet, wunderschön geformt; sie wären weich gewesen, wenn sie sie berührt hätte. Bislang waren sie ihr immer zusammengepreßt erschienen, als halte er etwas zurück.

Er hat sich mir hingegeben wie ein Kind seiner Mutter, dachte sie, während sie mit zartem Druck das Öl in die Haut seiner Stirn einrieb. Das Zutrauen in jenen geschlossenen Augen und jenem sanften Mund erstaunte sie.

Brunhild spürte ein Brennen in den Augen und setzte sich plötzlich auf. Im nächsten Augenblick hätte sie ihre Arme um ihn gelegt und um diesen Jungen geweint, der ihre Bitterkeit mit solch klagloser Freundlichkeit erduldet hatte und dessen eigenes Leben doch so bar aller Freundlichkeit gewesen war.

Sein Körper ist vollkommen, doch im Innern ist er verletzt, dachte sie da. Und diesen Schmerz zu heilen ist meine Aufgabe.

Sie holte tief Luft, dann begann sie an seinen Füßen, strich aufwärts über seine Beine, wobei sie sich der Beschaffenheit seiner Haut und der sinnlichen Glätte des Öls an ihren Händen immer bewußter wurde. Seine Schenkel waren hart und fest. Lächelnd schrieb sie die Pferderune auf die Beine, die mit den Wölfen gerannt waren.

Brunhild hielt dann inne und starrte auf das, was sie bislang gemieden hatte. Sie war erstaunt festzustellen, daß sie zitterte. Sie hätte ihm nun sagen können, er solle sich umdrehen. Er hätte es nie gewußt – doch sie würde sich selbst ebenso verraten wie Sigfrid, wenn sie ihren Schutz nicht auf das Zentrum seiner Kraft ausdehnte.

»Dem heiligen Samen gebe ich meinen Segen«, flüsterte sie, und mit einer federleichten Berührung zeichnete sie die Rune *Ingwio* auf die zarte, faltige Haut seines Geschlechts; ein so zarter Schutz für eines Mannes Zukunft. Als sie seine Hoden berührte, sah sie das Glied, das schlaff daneben gelegen hatte, sich regen. »Und dem Bett, durch das er fließt.« Rasch schrieb sie eine umgedrehte Quellrune darauf.

In einem einzigen Augenblick erinnerte sie sich an die Weichheit der Nase eines Fohlens oder den Flaum auf einem Blatt oder die Blütenblätter einer Blume und wußte, daß Sigfrids Haut dort weicher war. Und im selben Augenblick spürte sie, wie seine Männlichkeit hart wurde und anschwoll mit Kraft.

Es war der Blitz, der Licht von Dunkelheit scheidet, das Erwachen des Gottes.

Und aus einer großen Ferne hörte sie, wie Sigfrids Atem jetzt stoßweise kam, als wäre er gerannt.

»Du kannst dich jetzt umdrehen.« Irgendwie schaffte sie es, ihre eigene Stimme ruhig zu halten. Sie merkte, daß sie kerzengerade aufgerichtet dasaß, die Fäuste in den Falten des Kittels vergraben, den er ihr gegeben hatte. Ihre Hände zuckten vor Verlangen, das Ding zu liebkosen, das sie geweckt hatte.

Bring es zu Ende, sagte sie zu sich selbst, *seine Füße, seinen Rücken – schnell, solange du noch kannst!*

Sie knetete die harten Muskeln von Sigfrids Waden in einer ungewohnten Hektik, damit die Finger nur nicht verweilten, und zeichnete auf seine Füße die Rune von Heim und Erbe. Sie bewegte sich die Hinterseiten seiner Oberschenkel hoch und spürte, wie ihr Gesicht ganz heiß wurde und ihre eigene Haut zu kribbeln begann; strich über sein Gesäß und markierte es mit der Rune des Reiters.

Die Schale mit der Schutzsalbe war fast leer. Brunhild strich es so dünn auf, wie sie konnte, und bedauerte, daß es bald zu Ende war und daß sie dann keinen Grund mehr hatte, die starken Muskeln zu ertasten, die unter ihrem Pelz von feinem braunen Haar zum Rückgrat liefen. An seinem ganzen Körper war Sigfrids Rücken vermutlich der am wenigsten verwundbare Teil, denn er würde nie vor einem Feind fliehen.

Dennoch konnte sie ihm den Rest des Runensegens geben – die Birkenrune an der Basis seines Rückgrats, die Eisrune in der Mitte und die Eibenrune an der Schädelbasis und dann, hin und her gerissen zwischen Schmerz und Erleichterung, daß alles zu Ende war, die Elchrune des Schutzes über alles.

Brunhild hob ihre Hände von Sigfrids Körper, breitete den Mantel über ihn und steckte ihn ringsum fest.

»Schlafe«, flüsterte sie. »Laß den Zauber einsinken. Ruhe und werde heil ...«

Sie hörte ihn seufzen. Der Mantel bewegte sich ein wenig, als versuche Sigfrid, sich umzudrehen. Doch dann forderte die Erschöpfung ihren Tribut, und er wurde still.

Vorsichtig erhob sich Brunhild auf die Füße, überrascht, daß sie noch stehen konnte. Die Nacht war windlos. Jenseits des Kreises der Baumwipfel starrten die Sterne mit klaren Augen auf sie herab. *Helle Schwestern*, rief ihr Geist, *verratet mich nicht! Laßt ihn nicht wissen, was ich empfinde!*

Am Morgen würde dieses überwältigende Bewußtsein verblaßt sein. Wenn sie nur die Ruhe bewahrte, würde Sigfrid gewiß alles, was ihm seltsam vorgekommen war, seiner Einbildung zuschreiben. Das Ich, das sie aus der Asche des Feuers wiedererweckt hatte, war so ein zerbrechliches Ding. Wenn sie sich gestattete, diesen Kind-Mann, der sie gerettet hatte, zu begehren, würde sie verloren sein.

Brunhild hatte angenommen, das Ritual des Schutzes müsse ohne Leidenschaft vorgenommen werden. Ihr war nie der Gedanke gekommen, wie vollständig man willens sein mußte, die Person zu kennen, die man schützte. Und was in ihrem Leben hätte ihr sagen können, daß solches Wissen unvermeidlich Verstehen mit sich bringen würde und damit zugleich Liebe? *O mein Vater*, rief ihr Herz aus, *war es das, was ich lernen sollte?*

WINTERSTURM

Hochtaunus
Nebelmond, A.D. 418

Das Wanderlied der Wildgänse kam mit dem Wind herabgetrieben. Sigfrid sah auf, und bei dem Anblick vergaß er den Pfeilschaft in seiner Hand, an dem er schnitzte. Der Himmel war von einem klaren, blassen Blau, doch am Morgen hatte Frost auf den gefallenen Blättern geglitzert. Die Gänse wußten, es war Zeit, sich ein Winterquartier zu suchen. Die Bären würden an behagliche Höhlen denken, und andere Tiere, die den Winter über im Freien blieben, legten sich ein Fettpolster zu, um durch die kalte Jahreszeit zu kommen.

»Willst du ihnen folgen?«

Sigfrid wandte sich um und sah Sigdrifa, die ihn anschaute. Dabei wurde ihm plötzlich klar, daß sie ihn den ganzen Morgen beobachtet hatte. Er zuckte die Schultern und begann wieder an seinem Stock zu schaben.

»Wohin sollte ich gehen? Auf der anderen Seite, der Winter steht vor der Tür, und es wird bald Schnee geben. Du bist jetzt wieder bei Kräften. Wir sollten langsam daran denken, dich nach Hause zu bringen.«

»Wenn ich noch ein Zuhause habe ... Ich habe nicht die Absicht, mich bei meinen Schwestern sehen zu lassen, ehe mein Haar nachgewachsen ist.« Ihre geschwungenen Brauen zogen sich zusammen, als sie ein Stück

Sehne durch ein Loch in dem Zügelriemen fädelte, den sie instand setzte; dann ging ihr Blick wieder zu seinem Gesicht.

Versuchte sie festzustellen, ob ihre Magie gewirkt hatte? Das Zeug, mit dem sie ihn eingerieben hatte, roch zumindest scharf genug, um einen Troll zu verscheuchen. Er hatte es am Morgen abgewaschen, weil er nicht jedem Tier im Wald seine Anwesenheit verkünden wollte. Doch es hatte sich gut angefühlt, als sie es aufgetragen hatte. Tatsächlich fühlte er sich besser denn je, seit er zu Fafnars Lager aufgebrochen war, ja, seit er Albs Halle verlassen hatte.

»Jedenfalls kann es nicht falsch sein, einen geschützten Ort zum Überwintern zu finden.« Er suchte sich eine der Pfeilspitzen aus Knochen aus, die er für die Jagd auf Kleinwild gefertigt hatte. Das Gefühl des Schutzes, das ihm Sigdrifas Zauber gegeben hatte, hatte ihn an seine Mutter erinnert, und unwillkürlich fragte er sich, ob er je wieder ein Heim und eine Sippe haben würde. Er verdrängte den Gedanken und begann das Endstück der Spitze in die Kerbe einzupassen, die er in das eine Ende des Schaftes geschnitten hatte.

»Du brauchst nicht meinetwegen hierzubleiben«, sagte sie dann. »Wie du gesagt hast, ich bin wieder bei Kräften, und ich bin in diesen Hügeln aufgewachsen. Ich komm' schon durch.«

»Nicht alleine«, sagte Sigfrid hart. »Nicht, ohne den Sommer über Vorräte gesammelt zu haben. Ragan und ich haben ein paar magere Zeiten durchgemacht, und wir hatten die Nahrung, welche Menschen für seine Schmiedearbeit eingetauscht hatten. Selbst die Wölfe sind klug genug, im Rudel zu laufen, wenn der Schnee zu fallen beginnt.«

Eine Woge von Farbe rötete die sonnengebräunte

Haut des Mädchens. »Aber dieses Jahr wird es einfach sein zu jagen. Die ganzen Tiere, die vor dem Feuer geflohen sind, sind hier.« Sie verknotete die Sehne und zog an dem Leder, um zu sehen, ob es hielt.

Sigfrid strich etwas von dem Leim, den er aus Tierhufen gekocht hatte, um die Spitze und den Schaft. »Brauchst du die ganze Sehne?«

»Nein. Ich bin jetzt fertig damit.« Sie stand unbeholfen auf. Es war nicht Steifheit, sondern Anspannung, stellte er fest, als sie zu ihm kam. So, als hätte sie die ganze Spannung, die sie aus seinen Muskeln massiert hatte, in sich aufgenommen.

»Danke –« Er streckte die Hand aus, um die Sehne entgegenzunehmen, und sie ließ sie in seinen Schoß fallen und riß die Hand zurück.

»Was ist los mit dir? Hast du dich letzte Nacht verkühlt, als du mich verzaubert hast?«

»Mit mir ist alles in Ordnung!« gab sie zurück und fügte hinzu: »Du hast so fest geschlafen; mich wundert, daß du überhaupt etwas gespürt hast.«

Sigfrid stand auf, plötzlich zornig.

»Was sollte ich denn dabei spüren?« Seine Hand schloß sich um ihr Handgelenk, und er zog sie zu sich heran. »Versuch's doch mal mit diesem Pfeil, wenn du wissen willst, ob deine Magie gewirkt hat!«

Einen Augenblick lang hielt er sie fest, er konnte ihre Wärme spüren, das Flattern des Pulsschlags unter der Haut. Ihr Duft drang in seine Nase, als er witternd die Luft einsog. Ihr Blick traf den seinen, verdunkelte sich, als er die Augen nicht abwandte.

»Wenn ich auf dich schießen wollte, wäre es mit einem Mistelzweig«, flüsterte Sigdrifa dann und riß sich los.

Stirnrunzelnd schaute Sigfrid ihr nach. Sie hatte gesagt, mit ihr sei alles in Ordnung, aber etwas war anders. Es war ihr Geruch ... Er versuchte sich zu erinnern, wo in seiner begrenzten Erfahrung mit Frauen er dergleichen schon einmal begegnet war.

Plötzlich wußte er es wieder. In Albs Halle hatte eine der Mägde versucht, ihn in ihr Bett zu locken; sie hatte auch so gerochen. Begehrte Sigdrifa ihn? Er verstand zu wenig von diesen Dingen, aber er wußte, wenn eine Wölfin in Hitze kam, schien sie zunächst selbst nicht zu wissen, was vor sich ging. Es waren die Rüden, die die Veränderung wittern konnten und die sie förderten, indem sie das Weibchen umwarben, bis es bereit war, einen von ihnen zu akzeptieren.

Bis jetzt hatte Sigfrid nur ans Überleben gedacht, doch dies änderte alles. Er spürte, wie sein eigener Körper sich regte, wenn er nur daran dachte. Sigdrifa bückte sich in der Tür der Hütte, um den Zügel aufzuhängen, und als der Kittel sich um ihren Leib spannte, erinnerte Sigfrid sich der Wärme der Hände auf seiner Haut und der drahtigen Stärke in ihren schlanken Gliedern. Sie kannte seinen Körper ... Er erinnerte sich daran, wie sie ihn berührt hatte. Und er kannte den ihren, wenngleich dieser Körper ihn erst jetzt mit Verlangen zu erfüllen begann.

Irgendwann während der vergangenen Monde hatte er aufgehört, ein Knabe zu sein. War es, als er Heming tötete, oder als er durch das Feuer ging? Es wäre besser, dachte Sigfrid, seine Männlichkeit zu beweisen, indem er eine Frau liebte, als dadurch, daß er noch mehr Männer tötete.

Brunhilds Atem stockte, als Sigfrid, während er um sie herumgriff, um das Pferd loszubinden, ihre Hüfte streifte. Im nächsten Augenblick waren sie wieder auseinander, doch überall, wo sie sich berührt hatten, brannte ihre Haut. Sie fuhr sich mit der Zunge über die Lippen, spürte wieder den Hunger, der sie jedesmal überfiel, wenn sie in Berührung kamen, was in letzter Zeit überraschend oft geschah, bis sie sich fragte, ob er so unbeholfen geworden war oder sie.

Sie hatte nur seinen Körper schützen wollen, aber sie fühlte sich, als hätte sie nicht nur ihren Schutz, sondern ihr Bewußtsein um ihn gebreitet. Sie fragte sich, ob sie irgendeinen Schritt vergessen hatte, der sie hätte trennen sollen, als das Ritual zu Ende war. Mit Sicherheit hatten ihre Lehrmeisterinnen diese Wirkung nicht erwähnt, als sie das Ritual beschrieben.

Ihr eigenes Pferd wieherte und zerrte am Zügel, und sie packte es an der dicken Mähne und zog sich hinauf. Die Pferde hatten das ganze Gras in der Umgebung des Lagers abgefressen, und es war leichter, sie zu anderen Weiden zu führen, als Grünfutter zu schneiden und es herzubringen. In der Richtung, wo Fuchstanz lag, war das Land immer noch verbrannt und kahl. Doch abgesehen von den Hängen, welche den Felsen, wo sie angebunden gewesen war, unmittelbar umgaben, war das Hinterland unberührt.

Sigfrid war ihr bereits ein gutes Stück voraus. Brunhild trieb ihr Pferd mit den Fersen an. Es war mehr daran gewöhnt, eine Ladung Holzkohle zu transportieren als einen Reiter, doch nachdem Ragan es geritten hatte, schien es dem Geschöpf mehr als recht zu sein, sie auf dem Rücken zu tragen. Und es war gut, wieder ein Pferd unter sich zu haben. Sie schloß ihre schlanken Beine um den runden Bauch und genoß das Gefühl, die Bewegung der Muskeln unter ihren Schenkeln zu spüren, als das Tier zu seinem Gefährten aufzuschließen versuchte – und abrupt spürte sie die Hitze wieder aufsteigen, als sie sich fragte, wie es wohl sein würde, Sigfrid dort zu spüren.

Ich will nicht zu meiner Schwester zurücklaufen wie eine getretene Hündin, dachte sie, *doch wie kann ich einen Winter mit ihm allein überstehen?*

»*Gib dich hin*«, sagte eine verführerische Stimme in ihrem Innern. »*Er wird dir nicht widerstehen.*«

Aber dieser Weg führte in den Abgrund. Die Walkyriun hatten damit gerechnet, daß der Mann, der sie fand, sie vergewaltigen und damit den Rest ihrer Selbstachtung zerstören würde. Doch sie hätte einen Mann bekämpft, der ihren Körper mißbrauchte, und in dem Kampf an Kraft gewonnen. Jetzt sah sie sich einer anderen, schrecklicheren Gefahr gegenüber. Wenn sie diesem Aufruhr der Sinne nachgab, würde sie von innen verraten werden, denn wo würde ihr Wille sein und wo ihre Weisheit, wenn alles, woran sie denken konnte, die harte Stärke von Sigfrids Armen wäre und die Glätte seiner Haut?

Von irgendwo voraus hörte sie ein Klacken und Klappern, als ob da jemand mit hölzernen Schwertern übte. Sigfrid hatte sein Pferd angehalten und lauschte so gespannt, daß sie fast seine Ohren zucken sehen konnte, um die Quelle des Geräusches zu orten.

»Hirsche«, flüsterte er, als sie ihn erreichte. »Unten auf der Lichtung. Ich habe den alten König heute morgen dort gesehen, mit seinem Gefolge.«

Er zeigte mit dem Finger, und durch die Bäume erspähte sie eine Bewegung. Einen Augenblick lang sah sie dann deutlich den edlen Kopf und das mächtige Geweih eines Siebenenders. Dann ertönte ein Röhren, und der andere Hirsch griff ihn an. Der Wald widerhallte von dem Krachen, als ihre Geweihe zusammenstießen.

»Bislang hat er all seine Herausforderer besiegt«, sagte Sigfrid, als die beiden Tiere miteinander rangen. Ihre Leiber glänzten rotbraun in der Sonne.

»Doch warum tun sie das? Haben die Weibchen überhaupt keine Wahl?«

Sigfrids Augen sahen sie durchdringend an, und Brunhild begann erneut zu zittern.

»Die Hirschkuh erwählt sich den stärksten als Vater ihrer Kitze«, sagte er ruhig. »Du vor allen Frauen solltest das verstehen, die einem Gott das Versprechen abverlangte, daß nur ein Held das Feuer durchschreiten solle.« Er nahm ihre Hand; seine Finger waren fest und warm, und diesmal hatte sie nicht den Willen, sie ihm zu entziehen.

»Bist du der Königshirsch?« Brunhilds Blick verschlang das sonnengebleichte braune Haar, versank in seinen gelben Augen.

»Ich bin ein Wolf, und du bist meine Königin.« Sigfrid beugte sich vor.

Ihre Sicht verschwamm vor der Wärme seines Atems; seine Lippen berührten die ihren ... Panikartig schlug Brunhild um sich und spürte, wie ihre Faust auf Fleisch traf; dann scheute ihr Pferd zur Seite.

»Was machst du da?« schrie sie und versuchte, ihr Pferd zu beruhigen und zugleich sich selbst. Verdammt, er lachte!

»Ich werbe um dich. Aber keine Angst, ich kann warten, bis du für mich bereit bist.«

Mit Mühe brachte Brunhild sich dazu, den Mund zu schließen. Sie war sich so sicher gewesen, daß er nichts gemerkt hatte!

»Ich kann nicht«, flüsterte sie. »Ich will nicht –«

»Warum nicht? Ich weiß, daß du mich brauchst.« Es war eine einfache Tatsachenbehauptung; nicht einmal

Herablassung lag in diesen Worten. »Warum sollte da ein Problem sein? Wenn die Wolfskönigin bereit ist, paart sie sich, und das wirst du auch.«

»*Wir sind keine Tiere!*« Ihr Schrei gellte durch den Wald, und einen Augenblick lang hörte der Kampfeslärm von der Lichtung auf.

»Nein.« Sigfrid runzelte die Stirn. »Nach dem, was ich sehen kann, gehen die Tiere diese Sache sehr viel vernünftiger an. Du denkst zuviel, das ist alles.«

Sprachlos schlug sie dem Pferd den Zügel um den Hals, daß das erschreckte Tier einen Satz nach vorn machte und lospreschte. Als Sigfrid wieder zu ihr aufgeschlossen hatte, hatte Brunhild einen Teil ihrer Selbstbeherrschung wiedergefunden.

»Also gut. Angenommen, ich will dich«, sagte sie zu ihm. »Als deine Walkyrja muß ich dich lieben. Doch eine Frau und eine Walkyrja können nicht dasselbe sein. Wenn ich an deiner Seite reite, können wir beide Taten vollbringen, von denen die Barden singen werden, doch nicht, wenn ich in deinen Armen liege.«

»Warum machst du die Sache so kompliziert? Glaubst du, du würdest deine Kampfkraft verlieren? Bei den Wölfen ist mir dergleichen nie aufgefallen!« Er wirkte aufrichtig verwirrt.

»Man hat mich gelehrt«, sagte sie langsam, »daß die Geister, die Wodan aussendet, um die Ernte des Schlachtfeldes heimzuholen, nur eine Art von Walkyriun sind. Sie können durch Frauen wirken, die in der Kampfmagie geschult sind. Doch es gibt eine andere Art. Jeder hat einen Geist, der ihn beschützt. Er erscheint als Frau oder als Lichtschimmer oder als Tier. Wenn eine menschliche Walkyrja sich an einen Helden bindet, wird ihr Geist ein Teil des seinen.«

»Ist es das, was du mit mir gemacht hast?« Bei der

plötzlichen Schärfe in seinem Ton legte sein Pferd die Ohren an.

»Das habe ich mit mir gemacht«, antwortete sie bitter. »Schau mich nicht so an. Ich dachte, ich würde dich einfach nur gegen Verwundungen schützen, und nun hast du meinen ganzen Schutz zu deinem eigenen. Sigfrid, Sigmunds Sohn, ich werde dich Geistrunen und Heilrunen und Kampfrunen lehren – alles, was ich weiß. Geist zu Geist, kann ich deine Gefahr voraussehen und deine Weisheit sein. Ist das kein größeres Geschenk als mein Körper?«

»Ist es das?« Er sah sie an, und sein Blick war wie eine körperliche Berührung. Seine Lippen wurden schmal und entspannten sich dann wieder, und sie fuhr sich mit der Zunge über ihre eigenen und versuchte, den Schmerz zwischen ihren Schenkeln nicht zu beachten.

»Wenn ich dir beiliege«, flüsterte sie, »wird alles, was ich sehen kann, das Licht in deinen Augen sein ...« Das Blut rauschte in ihren Ohren. »Bis du stirbst.«

»Der Tod kommt zu uns allen, Wolf wie Mensch. Glaubst du, ich fürchte ihn? Du bist überall um mich, Sigdrifa, doch ich kann dich nicht berühren. Laß mich das Leben in dir berühren, und ich werde alles ertragen können, was das Schicksal für mich bereit hält.«

Die Pferde waren vor der Hütte zu einem Halt gekommen. Schweigend saßen die beiden Reiter ab, pflockten die Tiere an und entfachten das Feuer. Das Verlangen stand zwischen ihnen wie eine gespannte Bogensehne. Brunhild hatte gedacht, es könnte nicht schlimmer kommen, doch jetzt trug sie die Last seines Begehrens ebenso wie die ihres eigenen.

In jener Nacht lag sie wach, und das allzu regelmäßige Atmen von der anderen Seite der Hütte sagte ihr, daß auch Sigfrid keinen richtigen Schlaf fand. Irgendwann vor dem Morgengrauen fiel sie in einen wirren Schlummer, der erfüllt war mit Bildern von Blut und Feuer. Es schien ihr, als ob sie Sigrun wäre und Helgi über den Sand auf sie zugelaufen käme. Er lachte vor Freude, als er sie in die Arme nahm, und ihre Finger vergruben sich in seinem dunklen Haar, doch als er sich zu ihr beugte, um sie zu küssen, sah sie, daß er Sigfrids Augen hatte. Sie versuchte ihn wegzustoßen, doch sein Kuß war ein Feuer, das sie selbst in Flammen setzte.

Sigfrid zog das Hirschfell, noch naß von dem Bad aus Asche und Wasser, in dem es gelegen hatte, über das rauhe Holz des Enthaarungsblocks und fluchte, als die Flüssigkeit auf seine Schuhe schwappte. Eine Handvoll Haar löste sich, und er mußte sie von dem Block kratzen, bevor er den Prozeß wiederholte. Als der Gestank der Lauge ihm in die Kehle drang, mußte er husten. Sein Kopf schmerzte bereits vom Schlafmangel, und plötzlich erschien die Aussicht, den ganzen Morgen mit einem nassen Fell kämpfen zu müssen, unerträglich. Vor dem Vorratsschuppen kratzte Sigdrifa die letzten Fleischreste von einer aufgespannten Haut.

Er streckte sich und blickte zum Himmel auf. Es war nicht nur sein Geist, der ruhelos war. Ein Dunstschleier hüllte die Sonne ein, und ein auffrischender Wind hatte begonnen, die letzten Blätter von den Bäumen zu pflücken. *Sturm zieht auf, vielleicht sogar Schnee.* Er konnte die Spannung ringsum wachsen spüren, als die Welt darauf wartete. *Wie ich drauf warte*, dachte er, *daß Sigdrifa zu mir kommt.*

Als ob sie den Gedanken gehört hätte, blickte sie auf. Für einen Augenblick trafen sich ihre Blicke, dann wandte sie sich wieder ihrer Arbeit zu und zog die

Klinge mit heftigen Streichen über die Haut, als wolle sie das Tier noch einmal töten.

In Sigfrids Augen schien sie vor Energie zu knistern, wie eine junge Stute, die über eine Wiese springt, voller unbeholfener Anmut und ungerichteter Kraft. Sigdrifas Schönheit lag in der Bewegung. Er dachte daran, wie es wäre, sich mit ihr zu bewegen, und das Verlangen, das ihn nie völlig verlassen hatte, seit er ihrer zum erstenmal bewußt geworden war, brach wieder auf. Er wünschte, er könnte das Problem lösen, indem er sie einfach packte, aber er hatte gesehen, was mit Wölfen geschah, welche die Empfänglichkeit eines Weibchens falsch einschätzten.

Sigfrids Hand rutschte aus, und die Haut fiel zu einem unförmigen Haufen auf dem Boden zusammen. Er fluchte und hörte das Mädchen lachen.

»Sei still«, sagte er, »wenn du es nicht so tragen willst, wie es ist.«

Plötzlich wußte er, daß er durchdrehen würde, wenn er den ganzen Morgen so verbringen mußte.

»Ich gehe jagen«, sagte er abrupt. Sigdrifa ließ den Schaber sinken, und ihm wurde klar, daß sie die Ablenkung genauso nötig hatte wie er selbst.

Als sie den Pfad hinuntergingen, um die Pferde zu holen, hörte er den Schrei eines Raben von irgendwoher im Norden, und Wolfsgeheul, das ihm antwortete. Sigdrifa hielt inne und lauschte.

»Der Rabe ruft seine Freunde, um ihnen zu zeigen, wo das Wild ist. Wollen wir sehen, ob ich ein Rotwild für sie finden kann.«

Zum erstenmal an diesem Tag mußte Sigfrid lachen. Sie konnte seine Weidkunst kaum erreichen, doch sie kannte diese Hügel gut. Immer noch lachend, überließ er ihr den Vortritt, was zudem den Vorteil hatte, daß der

Rand ihres Kittels sich ab und zu hob und ihm einen Blick auf ihre bloßen Schenkel freigab.

Wolf und Rabe streiften zusammen durch den Wald. Als sie endlich eine frische Fährte gefunden hatten, war es Nachmittag geworden, und die Sonne war ein blasses Glühen in dem grau werdenden Himmel. Die Spuren waren die eines großen Hirschen, doch keines Herdenkönigs, denn er war allein. Vielleicht war er in den Paarungskämpfen unterlegen, dachte Sigfrid, als er sich die keilförmigen Markierungen im Sand genauer ansah, denn er schien auf dem rechten Vorderhuf zu lahmen.

»Er wird sich bis zum Abend in das Haselbuschgestrüpp verzogen haben, um zu ruhen.« Er zeigte auf ein Gewirr von Zweigen an der Seite des Hügels. »Wir binden die Pferde besser hier an. Du scheuchst ihn auf, und ich warte in Windrichtung, wo ich freie Wurfbahn mit dem Speer habe.«

Es schien sehr still zu sein, nachdem Sigdrifa ihre Pirsch den Hang hinauf begonnen hatte. Sie bewegte sich vielleicht nicht so leise wie ein Wolf in den Wäldern, aber sie war lautloser mit dem Gebüsch verschmolzen als die meisten Menschen.

Graue Wolken ballten sich um die Hügelkuppen; ein paar kalte Tropfen trafen seine Stirn. Sigfrid ließ seinen kundigen Blick über den Hang streifen und überlegte, wo ein aufgeschrecktes Tier sich einen Weg suchen könnte. Hinter den Haselsträuchern fiel der Boden scharf ab. Der Hirsch würde den Abhang mit einem Satz überwinden, um auf dem grasbewachsenen Streifen unterhalb zu landen. Vom Hügelgrat hörte er einen Raben krächzen, und einen Augenblick lang hielt er den Ruf für echt. Er brachte sich in Stellung, den Speer bereit, so reglos wie die Bäume hinter ihm.

Plötzlich hörte er Äste schlagen. Kahle Zweige hoben sich – nein, es war ein Geweih, und jetzt konnte der Jäger die Gestalt des Tieres erkennen, die sich aus dem Gebüsch erhob. Einen Augenblick zögerte der Hirsch; samtige Ohren zuckten unruhig. Dann trug der auffrischende Wind den Menschengeruch an seine Nüstern. Der Hirsch drängte sich durch das Geäst. Sigfrids Beinmuskeln zitterten vor Anspannung.

Komm zu mir, rief er stumm. Dein Schicksal erwartet dich! Er mußte den Moment genau wählen, denn er würde nur eine Gelegenheit für einen sauberen Wurf haben, und er hatte keine Lust, einer Blutspur halb bis zum Hunnenland zu folgen, während ein Sturm aufzog.

Auf dem Hügel knackte ein Zweig.

Der Hirsch sprang, und Sigfrid warf, die ganze Kraft seines Körpers in die Bewegung des Armes gelegt. Der rotbraune Leib bäumte sich vor ihm auf; das Tier schien in der Luft zu schweben. Doch es war der Schaft des Speeres, der herumschwang, als der Hirsch vorbeihetzte, der gegen Sigfrids Kopf schlug und ihn niederstreckte.

»Sigfrid!« Ein wenig atemlos – denn als der Hirsch losgestürmt war, war sie halb rennend, halb rutschend den Hügel hinuntergeeilt – duckte sich Brunhild unter einem Zweig hinweg, richtete sich auf und sah sich um. »Sigfrid, hast du ihn getroffen?«

Der Hirsch zuckte noch, mit dem Speer in der Seite. Blutflecken auf dem bereiften Gras zeigten, wo sein Sprung geendet hatte. Dahinter sah sie Sigfrid reglos auf dem Boden liegen. Brunhild wurde schwarz vor Augen.

Irgendwie schaffte sie es den Hügel hinab, ohne zu fallen, und warf sich neben ihm nieder, packte seine Schultern, tastete mit ihren Sinnen nach dem Lebensfunken in seinem Innern.

»Mein Zauber sollte dich doch schützen!« rief sie aus.

Er war nicht tot. Wenn Sigfrids Geist entschwunden gewesen wäre, hätte sie es spüren müssen. Blutstropfen quollen auf, wo etwas seine Schläfe gestreift hatte – die linke Schläfe, auf die sie die Rune der Notwendigkeit gezeichnet hatte. Not trieb sie nun, und alle ihre Ängste wurden von dem größeren Schrecken verdrängt, daß er nicht wieder aufwachen würde. Zitternd küßte Brunhild die Wunde. Bei dem Geschmack seines Blutes füllte das Bewußtsein seines Wesens die Kluft, die zwischen ihnen bestanden hatte. Sie sank auf seinen Körper hinab, Arme und Beine um ihn geschlungen.

»Mein Blut und mein Atem für dich«, flüsterte sie. Hungrig senkte sich ihr Mund auf den seinen; ihr Geist schoß in die Leere, die ihn verschlungen hatte, und alle anderen Gedanken waren vergessen.

Dunkelheit umgab sie, dann wogte Sigfrids Geist aus der Tiefe in einer goldenen Flut empor, die sie in ihren eigenen Körper zurückschwemmte.

Sein Mund bewegte sich auf dem ihren, kostend, erkundend; oder war sie es, die von ihm zehrte? Seine Lippen glitten ihren Hals hinab, und sie rang nach Atem. Hitze strömte ihre Adern entlang, als seine Hände über ihren Körper strichen. Mit jeder Berührung schien ein neuer Sinn zu erwachen. Sie klammerte sich an ihn, als er sich von ihr löste, dann glitt seine Hand zwischen ihre Schenkel, und ihr Fleisch schmolz in flüssigem Feuer.

Keuchend wand sie sich, ihm entgegen. Ein Laut kam tief aus Sigfrids Kehle, halb Stöhnen, halb Knurren. Sein

Körper stieß hart gegen den ihren, doch Brunhild fühlte, wie Leib und Geist sich ihm auftaten, und die Leere in ihrem Zentrum wurde endlich gefüllt.

Als sie sich der Welt ringsum wieder bewußt wurden, lag der Hirsch reglos da, bereits bestäubt vom fallenden Schnee. Während sie sich geliebt hatten, war das Tier gestorben. Brunhild starrte darauf hinab; sie sah das Gleichgewicht in dem, was geschehen war, doch konnte es nicht in Worte fassen. Blut rann aus der Seite des Tieres, als Sigfrid seinen Speer herauszog, gleich dem Blut auf ihren Schenkeln.

»Liebe und Tod ...« Endlich kamen ihr die Worte. Sie legte den Finger auf die Wunde und zeichnete einen Kreis aus Blut erst auf Sigfrids Stirn und dann auf ihre eigene, ohne daß sie hätte sagen können, warum.

Sie spürte den Kuß des Schnees, doch er war nicht kalt. Galemburgis hatte geschworen, daß der Mann, der ihr die Jungfernschaft nahm, ihr die Zaubermacht nehmen würde, doch statt dessen war sie ein neues Wesen geworden, mit erweiterten Sinnen und unvorstellbaren Kräften. Wandelte sie immer noch in der Welt des Tages? Ihre und Sigfrids Blicke trafen sich, und sie sah dieselbe verwirrte Verzückung in seinen Augen.

»Ich sollte den Hirsch jetzt aufbrechen, bevor er steif wird.« Mit Mühe riß er sich zusammen. »Kannst du die Pferde herholen?«

Als sie ihr Lager erreichten, fiel der Schnee in dichten Flocken. Sie beeilten sich, die Pferde abzufertigen und den Kadaver des Hirschen in einen Baum außerhalb der Reichweite der Wölfe zu hieven. Vorsichtig wie ein Welpe, dessen Augen sich gerade erst geöffnet haben und der noch lernen muß zu sehen, zog Brunhild ihre

Schlaffelle zu einem einzigen Bett zusammen, während Sigfrid Holz zu dem Herd in der Hütte trug und das Feuer anfachte. Sie schienen keine Worte mehr zu brauchen, um sich zu verständigen, doch jedesmal, wenn sie sich berührten, war es wie eine Bestätigung, daß das, was zwischen ihnen geschehen war, kein Traum gewesen war.

Die Nacht brach herein, und das weiße Wirbeln des Schnees wurde zu einem grauen Schleier. In der Hütte sprang der Feuerschein über das geneigte Dach, als die Flamme Nahrung fand, und weißer Rauch kräuselte am Firstbalken entlang und hinaus zu den Öffnungen unter den Giebeln. Langsam begann sich die frostkalte Luft zu erwärmen. Sie hängten ihre klammen Kleider an den Dachbalken auf und schlüpften unter die Felldecken, schreckten zurück bei der ersten Berührung von Haut auf kalter Haut, kamen dann wieder zusammen und hielten sich eng umschlungen, bis ihr Zittern verebbte.

Der Drang, der sie die letzten Tage gequält hatte, war verschwunden. Nun gab es lustvolle Erwartung. Brunhild keuchte, als er die Knospe ihrer Brust berührte und sie sich unter seiner Hand verhärtete. Als die Luft wärmer wurde, stieß Sigfrid die Decke beiseite, und sie sah die Linie ihres eigenen Körpers, dessen Glätte die Kraft unter der hellen Haut verbarg. Mit einem Seufzen ließ sie sich zurücksinken, ließ die Hände, die den Hirschen getötet hatten, wandern, wohin sie wollten, und seine Entdeckung ihres Körpers war ihre eigene.

»Sigdrifa ...« Sigfrid strich das dichte schwarze Haar von ihrer Schläfe zurück. Er küßte ihre Stirn und ihre Augenlider, strich sanft den glatten Schaft ihres Halses hinab, bis die schlummernde Glut in ihr neu aufzulodern begann. Sie konnte spüren, wie sie schmolz, und griff nach ihm mit plötzlichem Hunger. Sein Fleisch erwärmte sich, als ihre Hände über seinen Körper glitten, die harten Muskeln seiner Arme und Schultern nachzeichneten und die langen Muskeln seines Rückens.

»Jetzt beginnt mein Herz zu heilen von der Tötung Fafnars«, sagte Sigfrid leise, »da sein Blut mich die Vögel verstehen läßt, die mir den Weg zu dir zeigten.«

»Und ich könnte jetzt sogar den Walkyriun vergeben«, antwortete sie. »Sie dienten dem Gott, auch wenn sie es nicht wußten. Ich glaube, er hat mich von Anfang an für dich bestimmt und umgekehrt.« Sie drehte sich auf die Seite und schob einen glatten Schenkel zwischen die seinen. Er strich mit der Hand über ihre Hüfte und zog sie an sich.

»War er es, der mich herausforderte, als ich durch das Feuer ging?« fragte Sigfrid.

»Du hast ihn gesehen? Erzähle!« Sie richtete sich auf. Sie hatte jetzt wieder die Gewalt über ihre Glieder, doch der Leib, mit dem sie ihn liebkoste, war nun der einer Göttin.

»Wenn Wodan im Körper eines Sterblichen wandeln kann, dann habe ich ihn mehrmals gesehen. Er hat mir gezeigt, wie ich mein Schwert schmieden mußte.« Während Sigfrid ihr von Helmbari erzählte, zog er die geschwungene Linie ihrer Braue nach, die Kontur ihrer Wange, küßte ihren Mundwinkel, bis sie lachte und ihn wieder fest an sich zog.

»Wenn du mich so hältst, kann ich sogar glauben, das es einen Sinn und Zweck in all dem gegeben hat, was mir widerfahren ist«, meinte er. Sein Atem ging jetzt schneller, und sie konnte spüren, wie sein Verlangen wuchs, es dem ihren gleichzutun.

»Ich dachte, sein Wille für mich sei, die größte der Walkyriun zu werden«, flüsterte Brunhild, hin und her gerissen zwischen dem Verlangen, ihn in sich zu spüren, und dem Wunsch nach Verstehen. »Doch Wodan geht immer seinen eigenen Weg. Du hast sein Schwert. Du bist sein Krieger. Meine ganze Ausbildung war nur Vorbereitung, damit ich mit dir reiten kann.«

Sigfrid bewegte sich ein wenig, und ihre Hand streifte sein Glied. Sie zuckte zurück, dann streckte sie die Hand wieder aus. Sie hatte keine Angst mehr, den Gott zu wecken. Er erstarrte, zitternd.

»Aber warum?« fragte er mit erstickter Stimme. »Wozu braucht er uns?«

»Die Welt ändert sich, und er ändert sich mit ihr. Du und ich, wir stehen jenseits aller Grenzen. Allein, bin ich nur eine ausgestoßene Walkyrja –«

»Und ich ein Sippenmörder –« Sein Atem stockte, als ihre Finger sich schlossen.

»– doch zusammen sind wir ein Ganzes. In unserem Exil liegt unsere Freiheit. Wir können überallhin gehen, und Wodan wird mit uns gehen und mit uns neue Erfahrungen erleben ...«

»Dann laß ihn das hier erleben«, sagte Sigfrid heiser. Seine Arme umfingen sie.

»Halte mich!« flüsterte sie. »Nimm mich!« Sie zerfloß; sie spürte Geist und Körper ihn umgeben, als er wieder in sie eindrang. *Welcher Gott hat diesen Zauber gewirkt?* dachte sie im Taumel. *War es Wodan, oder war es Froja, die ihn lehrte?*

Einen Augenblick lang war es genug, sicher im Kreise von Sigfrids Liebe gehalten zu werden, so völlig angenommen zu sein, nicht länger allein.

»Ich bin Sigdrifa«, hauchte sie, »und du bist mein Held. Ich werde dir Sieg bringen.« Ihre Finger gruben sich in seinen Rücken, ihre Lippen streiften seine Wange, suchten die seinen. Sie hatte geglaubt, am Ziel zu sein, doch als er sich gegen sie drückte, fand sie, daß sie sich ihm noch weiter öffnete, und wußte, daß sie noch einen Weg zu gehen hatten.

Ihr Körper bäumte sich auf, und sie griff nach Sigfrids Schultern. Dies war nicht wie das erste Mal, als seine Lust die ihre überwältigt hatte. Mit ihrer ganzen Kraft drängten sie einander entgegen, doch es war nicht genug. Geist und Körper verbanden sich, bis sie nicht mehr wußte, wo Sigdrifa endete und Sigfrid begann. Obgleich sie sich im Einklang bewegten, trieb sie mit jedem Augenblick, der verging, höher und höher.

Sie konnte es nicht ertragen, und doch ging es weiter. Wieder brandeten die Flammen des Gottes um sie auf. Wenn dies der Tod ist, ist er willkommen ..., dachte sie da. Ein tieferes Wissen in ihr antwortete: »Mein Kind, es ist nicht der Tod, sondern Ekstase«, als die Woge des Feuers sie hinwegtrug.

Die ganze Nacht hindurch wütete der Wintersturm um die Hütte im Wald, doch seine weißen Schwingen fachten das Feuer im Inneren nur an. Gegen Morgen ließ der Wind nach, und die Liebenden schliefen erschöpft in enger Umarmung. Als sie endlich erwachten, drang ein diffuses Leuchten durch die Rauchabzüge. Sigfrid löste die Verschnürung des Eingangs, und sie schauten hinaus in eine seltsame, neue Welt.

Schnee lastete schwer auf Ästen und Zweigen und hatte eine dicke weiße Decke über den Boden gebreitet, durch die nur die Spitzen des Grases noch hervorlugten. Schnee bedeckte das Dach des Vorratsschuppen und verwandelte ihn in einen winzigen Berg. Die eisige Luft kribbelte in Sigfrids Nase, und er ließ den Türvorhang wieder fallen und blinzelte in der plötzlichen Dunkelheit. Dann blies Sigdrifa auf die Glut ihres Herdfeuers, und er sah ein entsprechendes Flackern in ihren Augen.

Er streckte die Hand aus, und sie nestelte sich wieder an ihn, ein Teil seiner selbst, von dem er bis heute nie gewußt hatte, daß er ihm fehlte. Er zog die Felldecken wieder über sie und küßte die dunkle Seide ihres Haares.

»Wir müssen aufstehen«, murmelte sie an seiner Brust. Er seufzte, als eines der Pferde in der Koppel hügelabwärts wieherte. Dieser Kokon der Wärme, in dem sie lagen, war die Mitte der Welt, und er wollte ihn ebensowenig verlassen wie sie.

»Die Pferde werden hungrig sein –«

»Du auch, sollte man meinen.« Ihre Hand glitt seinen Körper hinab und sie kicherte. »Du wirst deine Kraft bald wieder brauchen.«

Sigfrid lachte und gab ihr einen Klaps auf den Po. Dann schlüpfte er unter der Decke heraus, bevor sein Entschluß wieder ins Wanken geraten konnte, und griff nach seinen Kleidern.

Doch trotz der frostigen Luft spürte er die Kälte kaum. Als er pfeifend zurückkehrte, hatte Sigdrifa bereits das Herdfeuer angefacht.

Sie erhob sich, als sie ihn kommen sah, mit der selbstbewußten Anmut eines wilden Wesens, und er fragte sich blinzelnd, ob es ein Widerschein des Schnees oder ein inneres Licht war, das ihr einen solchen Schimmer verlieh. Die Welt hatte sich verändert, und gewiß waren weder er noch sie dieselben, die sie gestern gewesen waren. Sie lächelte und goß eine dampfende Flüssigkeit in ein Trinkhorn.

»Es sollte Met sein, doch wir müssen uns mit Schafgarbe und Kamille begnügen.« Sie zeichnete eine Rune über die Öffnung des Horns und reichte es ihm. »Für Stärke und Ehre.«

Er trank und schmeckte die Kraft, die darin lag, oder vielleicht brannte die Ekstase der Nacht noch in seinen Adern. Sigdrifas Blick war ein wenig unsicher, als habe sie zu lange in die Sonne geblickt.

»Die Wege sind bereits knietief mit Schnee bedeckt«, sagte er, als er getrunken hatte. »Wenn wir den Winter in Haus und Hof hätten verbringen wollen, hätten wir gestern aufbrechen müssen.« Er sah sie fragend an.

Ihr Gesicht leuchtete wie von einem inneren Feuer.

»Ich habe nachgedacht. Wenn der Frühling kommt, will ich zu meinem Volk gehen und dort auf dich warten, während du die Waffen und Ausrüstung beschaffst, die wir brauchen. Doch bis dahin gibt es so vieles, was ich dich lehren muß. Können wir nicht hierbleiben?«

»Wir können hier leben, wenn wir gemeinsam jagen, wie Wolf und Rabe«, sagte er. »Ich werde dich die Kunst des Waldes lehren, die Ragan mich lehrte.«

Und plötzlich, wie ein Mann, der einen großen Fluß überquert hat, auf das andere Ufer zurückblickt, sah er all das vor sich ausgebreitet, was ihn an diesen Ort gebracht hatte: Leid und Schuld, Feuer und Tod. Es würde ihm nichts ausmachen, ein Held zu sein, solange er nicht allein sein mußte. Er ließ sie stehen, trat in die Hütte und brachte den Beutel heraus, der dort hing.

»Sigdrifa...« Er suchte nach den richtigen Worten. »Ich habe kein Fest für dich, keine Sippe, die Eide zu schwören oder unseren Bund zu bezeugen. Doch du sollst nicht ohne Morgengabe sein. Es ist das einzige, was ich aus Fafnars Hort an mich genommen habe.«

Gold blendete auf, als er den Halsreif aus dem Beutel nahm und ihn ihr hinhielt. Sigdrifas Augen weiteten sich, als sie die Runen darauf sah.

»Weißt du, was das ist?«

»Es ist der Ring der Göttin, und du bist die Göttin für mich«, sagte er fest.

»Ich bin deine Walkyrja«, flüsterte sie. Sigfrid öffnete den Verschluß und drehte das biegsame Gold. Als er den Reif um ihren schlanken Hals legte, spürte er, wie sie zitterte. »Bis in den Tod und darüber hinaus sollst du mein sein, so wie ich dein bin.«

»Bis in den Tod und darüber hinaus ...«, sprach er. Sigdrifas dunkle Schönheit flammte vor dem weißen Schnee. Geblendet zog er sie an sich, und als sie in seinen Armen lag, spürte er die kühle Windung des Ringes zwischen ihnen.

So standen sie reglos einen Augenblick lang, oder war es ein Weltalter? Als die Sonne über die Bäume emporstieg, erblühte Licht aus dem Gold und tanzte auf dem Schnee, und der Rabe, der sie von der Tanne aus beobachtet hatte, öffnete seine Schwingen und flog davon.

HINTERGRÜNDE UND QUELLEN

Jeder Versuch, in wenigen Worten die historischen Ursprünge der germanischen Völker zu schildern, muß notgedrungen die Zusammenhänge über Gebühr vereinfachen, und einige Punkte sind in der Wissenschaft heute noch umstritten. Kurz gesagt, scheinen indoeuropäische Völker gegen Anfang des ersten Jahrtausends vor der Zeitenwende nordwärts durch Europa gezogen zu sein und sich in den Ostseeraum und nach Skandinavien verbreitet zu haben. Eine Zeit der Isolation würde erklären, warum gewisse sprachliche Eigenheiten sich dort verfestigt haben, woraus dann eine Frühform der germanischen Sprachen resultierte.

Eine Verschlechterung des Klimas mehrere hundert Jahre später mag einige der Stämme bewogen haben, langsam wieder gen Süden zu ziehen. Im zweiten Jahrhundert vorchristlicher Zeitrechnung lebten germanische Stämme entlang der Nordseeküste und zwischen Ostsee und Donauraum, immer noch in Bewegung nach Süden und Westen begriffen. Von Caesars Zeit an scheinen sie in Konflikt mit Rom gekommen zu sein.

Die Geschichte des Westteils des Römischen Reiches war ein wiederholter Kreislauf von Invasion, Konflikt und Transformation, der barbarische Stämme in Bürger

Roms verwandelte. Im späten vierten Jahrhundert jedoch begann das Vordringen der Hunnen die germanischen Stämme in Größenordnungen nach Westen zu treiben, die von dem in Auflösung befindlichen Römischen Reich nicht mehr aufgenommen werden konnten.

Geschichte

Anfang des fünften Jahrhunderts siedelten die Burgunden (Burgunder) in der Mittelgebirgslandschaft östlich des Oberrheins. Um diese Zeit hatten die Hunnen bereits den Großteil der Ostrogoten (Ostgoten) in ihr eigenes Reich einverleibt, während der Rest in Diensten Roms stand. Die Wandalen und Wisigoten (Westgoten) waren bereits vor ihnen nach Gallien geflohen. Jetzt begannen die Hunnen weiter nach Westen zu drängen, und die Burgunden suchten neues Land im Rheintal als Vasallen Roms. Ihre Könige waren die Niflunge (die Nibelungen der Sage).

Die vorrückenden Stämme drangen in Landschaften ein, die viele frühere Bewohner gekannt hatten: von den vor-indoeuropäischen Völkern, die zu dieser Zeit hauptsächlich als Waldbewohner überlebten, über die Kelten, deren erste belegte Kulturen in diesen Gegenden angesiedelt gewesen waren, und römische Siedler im Westen bis hin zu früheren germanischen Stämmen. Wenn ein Stamm auf Wanderung ging, blieben einige seiner Mitglieder, die besser gestellten oder vielleicht die konservativeren, im ursprünglichen Stammesgebiet zurück, während neue Stämme nachfolgten. Einige der späteren ›Stämme‹ wie die Alemannen und die Bajuwaren waren in Wirklichkeiten Verbände von überlebenden Gruppen früherer Völker.

Obwohl es gewisse strukturelle und zeremonielle Gemeinsamkeiten in den Religionen aller indoeuropäischer Völker gibt, gab es nie einen alle verbindenden Glauben. Jede Sprachgruppe und jeder Stamm, ja, jede Sippe, hatte eigene Arten des Gottesdienstes. Spirituelle Aktivitäten konzentrierten sich auf die Sippe und das Land. Rituale wurden an heiligen Stätten bei Quellen und im Wald, in den Feldern und zu Hause verrichtet, und die Gottheiten, obgleich sie anderswo verehrten Göttern ähneln mochten, hatten örtlich unterschiedliche Namen.

Obgleich sich gewiß Spuren von Georges Dumézils Dreiteilung göttlicher Funktionen – ›das Heilige‹, ›physische Kraft‹ und ›Fruchtbarkeit‹ – in der Religion der wandernden Stämme finden lassen, sind solche schematischen Analysen am attraktivsten für diejenigen, für die Götter keine lebenden Wirklichkeiten mehr sind. In der Praxis gaben die Menschen den Mächten, die sie in der Welt um sich wahrnahmen, Namen und Opfer: den Geistern, die in der lebenden Welt außerhalb ihrer Wände wohnten, und den Ahngeistern und Gottheiten, die ihnen halfen zu überleben. Ihre Götter hatten daher mit der Fruchtbarkeit der Herden und Felder zu tun, mit der Magie, die sie vor den Wesen der Anderswelt schützte, und mit den kriegerischen Fähigkeiten, die sie gegen die Bewohner der diesseitigen verteidigten. Es waren nicht die Verkörperungen elementarer Mächte, die zu den Göttern der überlieferten Mythologien wurden, sondern jene Kräfte, die den Menschen halfen, dagegen zu bestehen.

Wenn ein Stamm auf Wanderschaft ging, ging er nicht nur seines Landes, sondern auch seiner lokalen Götter verlustig, und Stammeskulte wurden angeglichen und vereinfacht. Dennoch fuhr ein Volk, das keine Tradition philosophischer Abstraktion besaß, fort, seine Götter als Personen zu erfahren, mit den Vergünstigungen und manchmal auch Zwängen, die sich aus einer jeden persönlichen Beziehung ergeben. Sie spürten die Gegenwart dieser Mächte im Ruf der Vögel, im Wind, der durch die Bäume strich, oder in dem Prickeln auf der Haut, sprachen mit ihnen in Visionen oder manchmal in der Gestalt anderer Menschen.

Ein Wesensmerkmal jener Welt, in der diese Geschichte sich abspielt, war Mobilität. Es war eine Zeit, in der die Welt an der Schwelle von Veränderungen stand – in der Sprache, der Kultur, der Religion und vor allem in Begriffen von Heimat und Identität. Für die Römer bestand die Welt aus Linien und Flächen, die beschrieben und katalogisiert werden konnten. Für die Teutonen war es eine Umgebung von sich überlappenden Ebenen der Wirklichkeit, in der es genauso möglich war, vertikal zwischen verschiedenen Bewußtseinszuständen zu reisen wie horizontal durch die Mittelerde – die Welt, wie wir sie kennen.

Ein nomadischer Lebensstil zwang die Stämme, eine straffere politische Organisation zu entwickeln als die losen regionalen Sippenverbände ihrer Heimatländer. Diese militärische Demokratie entwickelte sich anscheinend in Antwort auf das römische Bedürfnis, jemanden zu haben, der für die Stämme Eide leisten und Verträge unterzeichnen konnte, zu einer echten Monarchie. Wie die Stämme sich wandelten, so fügte ihr Gott seinen schamanischen Funktionen die Rolle des Herrschers von Asgard hinzu.

Nichtsdestotrotz war der Kult Wodans nicht annähernd so dominant, wie die Ereignisse in diesem Buch es nahelegen könnten. Wodan tritt hier so in den Vordergrund, weil er der Gott der Wanderungen ist und der Gott der Magie.

Eine Geschichte, die sich auf Bauern oder selbst Krieger konzentrieren würde, würde den anderen Göttern mehr Raum geben.

In einer Welt der Veränderungen hatte Wodan, der Gott, dessen Kräfte Stamm oder Gebiet überschreiten, die Macht, Menschen zwischen den Welten zu geleiten. Er ist zuallererst ein Gott des Wissens, des Bewußtseins, das sich selbst durch die verschiedenen Weisen menschlicher Erfahrung erkennt. Er weist den Weg zu einer Freiheit, die auf der Fähigkeit beruht, mit Widerspruch und Gefahr zu leben. Es ist ein Weg der Ekstase, nicht geeignet für jene, die es nach Sicherheit verlangt. Sein Symbol in der Geschichte ist der Runenstab aus dem Drachenschatz (der im Nibelungenlied nur in einem einzigen Vers erwähnt wird), welcher dem, der ihn versteht, Macht über alle Dinge gibt.

Einige der entwurzelten Stämme, die diese Geschichte bevölkern, waren imstande, seinem Weg zu folgen; andere suchten die alte Einheit mit der Erde wiederzuerlangen, die als Kult der Göttin unter jenen überlebte, die den Boden bestellten, und das Volk mit dem Land verband. In der Geschichte ist das Symbol dafür der Halsreif aus dem Hort (ein Armreif in der Wölsungensaga und ein Fingerring im Nibelungenlied und bei Wagner), der dem Träger Reichtum und Fruchtbarkeit gibt.

Die dritte geistige Kraft in dieser Situation war das Christentum, das von den Fürsten angenommen worden war, um römische Unterstützung zu gewinnen, und als Mittel, um eine Militärdemokratie in eine zentralisierte Monarchie zu verwandeln. In einer Zeit des Übergangs war es auch ein Trost für jene, die einfache Gewißheiten suchten.

Die Interaktion diese drei Kräfte bildet das geistige Umfeld der Geschichte.

Die Geschichte von Sigfrid scheint einen nördlicheren und archaischeren Ursprung unter den fränkischen oder skandinavischen Stämmen gehabt zu haben als die der Nibelungen. Unter verschiedenen Namen war er der Siegreiche, der Abkömmling Wodans, der einen Drachen tötete und dessen Schatz errang und dann eine Walküre auf einem vom Feuer umringten Berg aus ihrem Zauberschlaf weckte.

Für mich ist Sigfrids Verwandtschaft mit den Wölfen der Schlüssel zu seinem Charakter. Je weiter man in der germanischen Geschichte zurückgeht, desto auffälliger werden die totemistischen und schamanistischen Elemente in der Kultur. Figuren auf Helmplatten der Völkerwanderungszeit zeigen Krieger, die in Wolfs- oder Bärenfelle gekleidet sind, und der Berserker ist eine Standardfigur in der Legende. In der Sage gibt es Geschichten von Gestaltwandlern, welche die Gestalt einer Vielzahl von Vögeln und Tieren annehmen, und mit jedem Gott sind bestimmte Tiere verbunden.

Im Altnordischen ist *hamr*, der Begriff für die Gestalt oder ›Haut‹, die Wurzel für eine Anzahl von Worten, die mit Gestaltwandel für kriegerische oder magische Zwecke zu tun haben. Solche Fähigkeiten scheinen in bestimmten Familien weitergegeben worden zu sein, von denen eine der prominentesten die der Wölsunge ist. Doch trotz ihrer Nützlichkeit wurden in der germanischen Kultur wie in vielen anderen die ›Gestaltwandler‹ mit gemischten Gefühlen angesehen. Der Wolf insbesondere stand nicht nur für den Berserker, sondern auch für den Gesetzlosen, den Außenseiter jenseits der Grenzen der Gesellschaft. Sigfrid ist nicht dumm, doch seine Herkunft und Erziehung entfremdet ihn von der normalen menschlichen Gesellschaft in einem Maße, daß weder er noch diejenigen, mit denen er in Kontakt kommt, einander wirklich verstehen.

Der Charakter der Brunhild auf der anderen Seite ist traditionell durch ihre Identität als Walküre definiert worden. Um sie zu verstehen, müssen wir das Bild des Wagnerschen Soprans mit Brustschalen und Flügelhelm vergessen. Alte Bilder waren harscher – heulende Hexen, die auf Wölfen ritten, mit Schlangen als Zaumzeug, oder ihre menschlichen Gegenstücke, bewaffnete Frauen, welche die Krieger mit ihrem Zauber unterstützten. In dieser wie in anderen Formen von Magie spielten die Frauen, die nach germanischer Anschauung ein besonderes Talent für Magie besaßen, eine wichtige Rolle.

Obwohl die Schule der Walkyriun, wie sie in diesem Buch dargestellt wird, eine Erfindung ist, mag die Versammlung von Hexen, die Grimm zufolge in der mittelalterlichen Legende auf verschiedenen heiligen Bergen stattfand, eine Erinnerung an eine frühere Zeit sein, als die Heiligen Frauen der Stämme dorthin zogen, um ihre Priesterinnen auszubilden. Die Fähigkeiten, die Brunhild dort lernt, sind keine anderen, als sie von Tacitus, in den Sagas oder von späteren Volkskundlern wie Grimm solchen Weiskundigen zugeschrieben werden. Die verwendeten Runennamen sind die altgermanischen Formen des vierundzwanzig Zeichen umfassenden Älteren Futhark. Eine vereinfachte Zusammenfassung ihrer Bedeutungen findet sich am Ende dieses Buches. Ein Großteil der Kräuterkunde kommt aus den Heilkundebüchern der Angelsachsen. Eine Analyse der wenigen erhaltenen heidnisch-germanischen Zaubersprüche zeigt eine hinreichend nahe Verwandtschaft, daß eine Verwendung des altenglischen Materials als Modell für die Zauberkunde in dieser Geschichte gerechtfertigt erscheint.

Die Walkyriun, wie alle Weiskundigen, haben einen gefährdeten Stand in der Gemeinschaft, der sie dienen. Wie viele anderen Priesterschaften sind auch sie auf den Zusammenhalt der Gruppe zu ihrem Schutz angewiesen. In solch einer Situation kann die Inspiration des einzelnen nur geduldet werden, wenn sie dem Ganzen dient. Brunhilds Akzeptanz als eine der ihren, bereits geschwächt durch ihre Herkunft als Prinzessin der Hunnen (ein traditionelles Element der Überlieferung) wird durch ein Verhalten, das sie als Ungehorsam auffassen, zunichte gemacht. Die Mythologie ist voll von ähnlichen Konflikten zwischen dem Heldentum des einzelnen und dem Wohl der Gesamtheit.

Quellen

Ich finde es noch schwieriger als sonst, zu entscheiden, welche Bände aus den Kisten voller Bücher, die meinen Schreibtisch umgeben, als Quellen zitiert werden sollten Vielleicht ist die beste Lösung, einfach jene Werke aufzulisten, die für den Leser, welcher mehr über die verschiedenen Bereiche herausfinden möchte, die in der Geschichte berührt werden, am nützlichsten sein dürften.

Was allgemeine Informationen über germanische Volkskunde betrifft, so ist die immer noch beste Quelle Jacob Grimms *Deutsche Mythologie* (deutsche Ausgabe in 3 Bänden Wiesbaden: Drei Lilien, 1992; Faksimile-Nachdruck der erw. Ausg. 1875 – 78 [1/1835]). Ein weiteres hervorragendes und relativ leicht erhältliches Buch ist H. R. Ellis-Davidsons *Gods and Myths of Northern Europe* (Harmondsworth: Penguin, 1964). Die Geschichte der Burgunden wird abgedeckt durch Odet Perrins Buch *Les Burgondes* (Neuchâtel, 1968). Herwig Wolframs *Die Goten* (die dritte, neubearb. Aufl., München: C. H. Beck, 1990, folgt der amerikanischen, *History of the Goths*, von 1988), obwohl sie sich auf einen anderen Volksstamm bezieht, enthält viel an völkerkundlichem Material, das auf die germanischen Stämme im allgemeinen zutrifft.

Was die Kräuterkunde betrifft, so stützte ich mich hauptsächlich auf *Anglo-Saxon Magic*, eine Übersetzung und Analyse des gesamten altenglischen Materials von Dr. G. Storms, zuletzt erschienen in der Folcroft Library, 1975. Das Buch ist leider fast unmöglich zu finden, wenngleich einiges von dem dort gesammelten Material in *The Old English Herbals* von Eleanour Sinclair Rohde (New York: Dover, 1971) enthalten ist. Die nützlichste Geschichte der Runen findet sich in Edred Thorssons *Runelore* (York Beach: Samuel Weiser, 1987; dt. *Runenkunde. Ein Handbuch der esoterischen* Runenlehre, Neuhausen/Schweiz: Urania, 1990.). Das Buch über Runen des Britschen Museums von R. I. Page (*An Introduction to English Runes*, London: Methuen, 1973) ist auch von Interesse. Das beste Buch über Schmiedekunst, das ich gefunden habe, ist *The Complete Bladesmith* von Jim Hrisoulas (Boulder, Co.: Paladin Press, 1987).

Von den Originalquellen sind Tacitus' *Germania*, erhältlich in einer Anzahl von Übersetzungen, die *Wölsungensaga* und die *Ältere Edda* von besonderem Interesse.

KALENDER

Der Kalender der Germanen folgte einem unvollständigen Mondjahr-Zyklus. Bei Bedarf wurden ganze Schaltmonde eingefügt, so daß eine Zuordnung der Mondnamen zu den Monaten unseres Kalenders nur Annäherungswerte ergeben kann.

Die hier verwendeten Mondnamen folgen den alten deutschen Monatsbezeichnungen. Sie wurden, soweit möglich, den Monatsnamen, die Bede für die Angelsachsen auflistet, und den nordischen Monatsnamen in Island angeglichen.

Winternachtfest,
erster Vollmond nach der Herbst-Tagundnachtgleiche

Oktober	Weinmond
November	Nebelmond
Dezember	Julmond (Christmond)
Januar	Hartung
Februar	Hornung
März	Lenzmond

Sommertagfest,
erster Vollmond nach der Frühlings-Tagundnachtgleiche

April	Ostaramond
Mai	Wonnemond, Maien
Juni	Brachmond
Juli	Heumond
August	Erntemond
September	Herbstmond

RUNEN UND SYMBOLE

FREYRS AETT

RUNE	NAME	LAUT	BEDEUTUNG
ᚠ	FEHU	f	VIEH, Besitz, Fruchtbarkeit, Glück. Rune des Freyr/der Freya (Fro/Froja).
ᚢ	URUZ	u	UR (AUEROCHSE), Vitalität, Körperkraft, Manifestation von Energie
ᚦ	THURISAZ	th	THURSE (RIESE) oder DORN, elementare schöpferische Kraft, Verteidigung. Rune des Thor (Donar).
ᚨ	ANSUZ	a	ASE (GOTT) oder MUND, Worte, Inspiration, geistige Aktivität. Rune des Odin (Wodan).
ᚱ	RAIDHO	r	RITT, Bewegung und Sichbewegen, Fortschritt, Reise, richtige Handlung

ᚲ	*KAUNAZ*	**k**	KIEN (FACKEL), Feuer, Erleuchtung, Handwerkskunst, Reinigung
ᚷ	*GEBO*	**g**	GABE, Geben, Interaktion, Austausch von Energie
ᚹ	*WUNJO*	**w**	WONNE (FREUDE), Wohlsein, Glück, Erfolg, Vereinigung und Freundschaft

HAGALS AETT:

RUNE	NAME	LAUT	BEDEUTUNG
ᚺ	*HAGALAZ*	**h**	HAGEL, Eiskorn, Urmaterie, Unbill, die hilfreich sein mag
ᚾ	*NAUDHIZ*	**n**	NOT, Mangel, Beschränkung, Notwendigkeit, Zwang, Schicksal
ᛃ	*JERA*	**j**	JAHR, Jahreskreis, Ernte, Sommer, Belohnung für Mühe
ᛁ	*ISA*	**i**	EIS, absolute Kälte, Reglosigkeit, Stille, Integrität, Beschränkung
ᛇ	*EIHWAZ*	**ei/i**	EIBE, Weltenbaum, Paradox, Verbindungen, Veränderung des Zustands
ᛈ	*PERTHRO*	**p**	LOSBECHER oder BRUNNEN, Zufall, Schicksal, Glück, Ungewißheit, Spiel

	ELHAZ	-z	ELCH, Schutz, insbesondere durch Ausnutzung natürlicher Kräfte, Tiere
	SOWILO	s	SONNE, Sonnenrad, Leitung, Klärung, Fortschritt

TYRS AETT:

RUNE	NAME	LAUT	BEDEUTUNG
↑	TIWAZ	t	TYR (Gottheit), Gerechtigkeit, Pflicht, moralische Stärke, Wille, Kontrolle der Gewalt. Rune des Tyr (Tiwaz).
ᛒ	BERKANO	b	BIRKE, Geburt, Wurzeln, Nahrung, Weibliches, Lebensabschnitte
ᛖ	EHWAZ	e	PFERD, Bewegung, Veränderung, Partnerschaft, Zunahme von Macht
ᛗ	MANNAZ	m	MANN (MENSCH), Herrschaft, Menschlichkeit, menschliches Erbe und Potential
ᛚ	LAGUZ	l	GEWÄSSER, Wasser, Mutterleib, das Unbewußte, Weiblichkeit, Kreativität, Flexibilität

◊	*INGWAZ*	**-ng**	ING (Gottheit), Fruchtbarkeit, männliche Kreativität, Verwandlung, Übergang
⋈	*DAGAZ*	**d**	TAG, Licht, Erwachen, Erleuchtung, Wachsen, Gutes
◇	*ODHALA*	**o**	ODAL (ERERBTER BESITZ), Erbe, Heimat, Verwandtschaft, Beziehung

SYMBOL	BEDEUTUNG
O	RING: der ungebrochene Ring als Zeichen der Treue und der umfriedeten Welt
⊕	SONNENRAD: die Macht der Sonne im Lauf der vier Jahreszeiten, die den Menschen Heil bringt
⊛	SONNENRING: die Stationen der Sonne auf ihrem täglichen Rund; die acht Weltrichtungen in den dreimal acht Runen
卐	TREFOT: die drei großen Bereiche des Seins: Überwelt, Unterwelt und Mittelerde; in seiner geschwungenen Form als
☉	TRISKEL auch das Zeichen der Großen Göttin in ihrer dreifachen Gestalt als Jungfrau, Mutter und Greisin
ⵣ	WELTENBAUM: der Baum Yggdrasil mit aufwärts strebenden Zweigen und abwärts reichenden Wurzeln

O

STAMMTAFELN

Die Walsunge

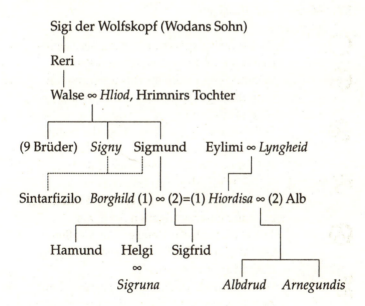

Die Erdformer

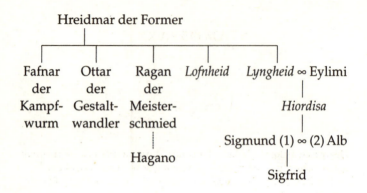

GLOSSAR

Historisch belegte Völker-, Personen- und Ortsnamen sind durch Kursivschrift gekennzeichnet, mythologische durch Versalien.

Ein Zusatz mit Gleichheitszeichen gibt die in der Sage überlieferte Namensform an.

an. – altnordisch
ahd. – althochdeutsch
got. – gotisch
turk. – turkisch (hunnisch)
lat. – lateinisch

Völker, Stämme und Gruppen

Alemannen (Alamannen) – ein Verband von Stammesgruppen, insbesondere Sueven, angesiedelt im Rhein-Main-Gebiet

Alanen – ein vormals mit den Hunnen verbündetes kaukasisches Steppenvolk, das großenteils 407 n. Chr. nach Gallien einwanderte

Albinger – ein Stamm der Franken an der Nordsee

Angeln – ein Volk, das von den Euten aus dem südlichen Dänemark verdrängt wurde

ASEN (an. Æsir) – eine Gruppe indogermanischer Funktionsgötter

Burgunden (Burgunder) – ein ostgermanisches Volk, angesiedelt in dem Gebiet zwischen Neckar, Main und Rhein, später auf römischem Reichsgebiet westlich des Rheins

Cherusker – ein westgermanisches Volk des 1. Jh. n. Chr.

Erdvolk – Überbleibsel der vor-indogermanischen Bevölkerung, die in den Wäldern leben

Gallier – keltische Volksstämme

Gepiden – ostgermanisches Volk, mit den Hunnen verbündet

Greuthungen – Flachlandgoten (Ostrogoten)

Großes Volk – Bezeichnung des Erdvolkes für die Indogermanen

Herminonen (Hermunduren) – Thüringer, in Mittelgermanien

Heruler – ein Volk an der Nordsee, große Seefahrer

Hunnen (turk. Hsiong-nu[?]) – vermutlich ein Turkvolk aus dem Osten, wohnhaft in der Gegend des heutigen Ungarn, Österreich und der nördlichen Donauebene

Ingwäonen (an. Ingvingar) – Sachsen; ein Volk an der Küste des nördlichen Germanien

Iscäwonen – Franken, ein großes Volk im Nordwesten des heutigen Deutschland sowie Holland, unterteilt in die salischen (Salzwasser-) und ripuarischen (Flußufer-) Stämme.

Jüten – ein kriegerisches Volk, das seine Macht im südlichen Dänemark (Jütland) verstärkt

Kimbern – kelto-germanisches Volk, das 105 v. Chr. in das römische Gallien einfiel

Markomannen – ostgermanisches Volk südlich der Donau

Niflunge (= Nibelungen) – die herrschende Sippe der Burgunden

Terwingen – Waldgoten (Wisigoten)

Teutonen – germano-keltisches Volk, das in vorchristlicher Zeit in das römische Gallien einfiel

Walkyriun (Walküren) – eine Schule von Priesterinnen im Taunus

Walsunge (Wölsungen; an. Völsunge) – Abkömmlinge von Walse und Sigi, ein Geschlecht von Helden

Wandalen – ostgermanisches Volk; wanderte im 2. Jhdt. n. Chr. nach Ungarn (Theiß), seit 400 mit Alanen und Sueven nach Spanien; vor den Westgoten weichend, 429 nach Nordafrika.

Wisigoten (Visigothen) – Westgoten

WANEN (an. Vanir) – Stamm von agrarischen Fruchtbarkeitsgottheiten, mit den Asen verbündet

Personen

Adelburga – Schülerin der Walkyriun, eine von Brunhilds ›Neun‹

Aëtius, Flavius – s. Flavius Aëtius

Alarich – König der Wisigoten

Alb (= Alf) – Ältester Sohn König Hilperichs, später König der Albinger, zweiter Ehemann von Hiordisa und Sigfrids Stiefvater

Albald – Albs jüngerer Bruder, Sigfrids Feind

Albdrud – Tochter von Alb und Hiordisa, Sigfrids Halbschwester

ALBODISA – Ahnfrau der Albinger

ANDWARI – ein Erdgeist, der in Hechtgestalt den Nibelungenschatz bewachte

Arnegundis – Tochter von Alb und Hiordisa, Sigfrids Halbschwester

Athaulf (lat. Adolphus) – Bruder Alarichs, König der Visigoten und kurzzeitig (414 – 415) mit Galla Placidia verheiratet

Attila (= Etzel, an. Atli; got. Verkleinerungsform von *atta* ›Vater‹) – Sohn Mundschuks, Kriegsführer seiner Sippe

Aurelius, Marcus – s. Marcus Aurelius

Balamber – Sohn Uldins, hunnischer Anführer, der Ermanarich besiegte (um 375)

BALDUR (an. Baldr), auch FOL (Phol) – der Schöne, Sohn von Wodan und Fricca

BERCHTA – (ahd. Perahta), die Leuchtende, Glänzende; Holda gleichzusetzen

Bertriud (= Beckhilde; an. Bertrud) – Bledas ältere Tochter, Ziehmutter Brunhilds

Brettad – ein Markomannenführer

Brunhild (= Brünhilde) – Bledas jüngere Tochter, die eine Walkyrja wird, später Geliebte Sigfrids; ihr magischer Name ist Sigdrifa

Dag – Högnis Sohn, Mörder von Helgi Sigmundssohn und Bruder von Sigruna

Domfrada – eine Schülerin der Walkyriun

DONAR (Thor; an. Þórr) – der Donnerer, Gott des Sturmes und der Stärke

Donarhild – eine Schülerin der Walkyriun, eine von Brunhilds ›Neun‹

Drostagnos – Oberhaupt des gallischen Dorfes Halle

DWALIN – Ahnherr der Zwerge; seine Töchter sind die Nornen, die das Wyrd des Erdvolkes bestimmen

Eberwalt – ein Mann aus Albs Gefolgschaft

Eormanna – eine Schülerin der Walkyriun in Brunhilds ›Neun‹

ERDA – die Erdmutter, die heilige Erde als Göttin

Eylimi – Vater Hiordisas, Großvater Sigfrids

Eyolf – ein Sohn Hundings, von Sigfrid getötet

Fafnar (= Fafnir) – Sohn Hreidmars, der Kampfwurm, ein Berserker und Schamane, der seinen Vater tötete, um Andwaris Schatz zu erlangen

Farnamann – ein fahrender Händler, dessen Körper von Wodan übernommen wird

Flavius Aëtius – *magister militae* von Gallien, ehemals Reichsgeisel bei den Hunnen

FOL – s. Baldur
Fridigund – eine Schülerin der Walkyriun in Brunhilds ›Neun‹
FRIJA (an. Frigg; auch: Frigga oder Fricca) – die Weberin des Schicksals, Wodans Gemahlin
FRO (an. Freyr) – Gott des Glücks und der Fruchtbarkeit, Bruder und Geliebter von Froja
FRODI – ein Halbgott, als Aspekt Fros angesehen
FROJA (an. Freyja), auch DIE FROWE genannt – Dise der Wanen, Göttin der Liebe und der Fruchtbarkeit
Frojavigis – burgundische Schülerin der Walkyriun, eine von Brunhilds ›Neun‹
FROWE, DIE – s. Froja
Galemburgis – eine Alemannin, Schülerin der Walkyriun, eine von Brunhilds ›Neun‹, ihre Feindin
GEFION – die Geberin, Göttin, die die Seelen der Maiden in Empfang nimmt
Geirrod – Sohn eines Albinger-Sippenfürsten, Feind des jungen Sigfrid
Gibicho – Sippenfürst der Gibichunge, Heerkönig (*hendinos*) (Heerkönig) der Burgunden, Vater von Gundohar
Gislahar (= Giselher) – nachgeborener Sohn von Gibicho, Gundohars jüngster Bruder
Godomar (= Gernot) – ›Godo‹, burgundischer Fürst, Gundohars Bruder

GOLDMAD (an. Gullveig) – eine Halbgöttin, gewöhnlich als Aspekt Frojas angesehen
Golla – eine Walmeisterin der Walkyriun, Randgrids Geliebte
Grimhild (= Kriemhilde d. Ä./Ute) – burgundische Königin, Mutter von Gundohar, Godomar, Gudrun und Gislahar sowie von Hagano
Gudrun (= Gutrune/Kriemhilde) – Tochter von Gibicho, Schwester Gundohars
Gundohar (= Gunther; an. Gunnar/Guttormr) – ältester Sohn von Gibicho, später König der Burgunden
Hadugera – eine ältere Walkyrja, Hebamme
Hagano (= Hagen; an. Högni) – Grimhilds Sohn von Ragan, einem Mann des Erdvolkes
Hamundssöhne – Haki und Hagbard, legendäre dänische Helden
Hardomann – Sohn Hardoberts, ein Alemannenführer am Rhein
Heimar (an. Heimir) – ein Markomannenführer, Ehemann Bertriuds, Brunhilds Ziehvater
Helgi – Sigmunds Sohn von Borghild, Geliebter der Walkyrja Sigruna, vor Sigfrids Geburt von den Hundingssöhnen getötet
HELLA (an. Hel) – Lokis Tochter, Königin der Unterwelt

Helmbari – ein alter Krieger, dessen Körper von Wodan übernommen wird
Heming – ein Gefolgsmann von Hlodomar, Sohn Hundings und Sigfrids Feind
Heribard – ein burgundischer Fürst und Ratsherr
Herimod – ein Mann aus Albs Gefolge
Hermundur (Hermann; lat. Arminius) – Anführer der Cherusker und Herminonen gegen die Römer im 1. Jh. n. Chr.
Hilperich (an. Hjalprek) – König der Albinger, Ziehgroßvater Sigfrids
Hiordisa (an. Hjordis) – Tochter von Eylimi und Lyngheid, Witwe von Sigmund dem Walsung und Mutter von Sigfrid
Hiorward – Vater von Helgi in dessen erster Inkarnation
Hlodomar – jüngerer Bruder Hilperichs, ein Söldnerführer
HLUDANA – Göttin des Herdes
Hlutgard – Anführerin der Walkyriun
HOLDA, auch HULD – eine Göttin weiblicher Kunstfertigkeiten, insbesondere des Spinnens
Honorius – Kaiser des weströmischen Reiches (395–423)
Hreidmar – der Former, ein Schamane des Erdvolkes, Vater von Fafnar, Ottar und Ragan
Hrodlind – Kräutermeisterin der Walkyriun
Huld – Weisfrau der Walkyriun, Lehrerin Brunhilds, Schamanin bei den Hunnen, Amme Asliuds; vgl. Walada (2)
Hunding – ein König im Norden, von Helgi getötet
INGWIO (an. Yngvi) – ein Halbgott, Aspekt Fros, Ahnherr der Ingwäonen
IRMINO – Ahnherr der Herminonen
ISCIO – Ahnherr der Iscäwonen
Jovinus – Usurpator, versuchte das weströmische Reich an sich zu reißen (412)
Julianus – oströmischer Kaiser (361–363), der das Heidentum wiedereinzuführen versuchte
Kharaton – Großkhan der Hunnen (um 412)
Landbald – ein alemannischer Anführer
Liudegar – ein alemannischer Anführer
Liudegast – ein alemannischer Anführer
Liudwif – eine Schülerin der Walkyriun, eine von Brunhilds ›Neun‹
LOKI – der Trickster, ein Riese, der (meist) mit den Göttern im Bunde steht
Lyngheid – Tochter Hreidmars, Frau Eylimis und Mutter Hiordisas
Lyngwi – ein Sohn Hundings, der Sigmund tötete
Marcus Aurelius – römischer Kaiser (161–180), stoischer Philosoph

Mundschuk (turk. Mundjouk) – Fürst der Hunnen, Bruder Oktars und Rugas und Vater Bledas

MUSPELSÖHNE – Feuergeister

Nando – ein alemannischer Anführer

Nanduhild – eine Schülerin der Walkyriun

NANNA – Baldurs Gemahlin

NORNEN (an. Nornir) – die Schicksalsgöttinnen

Octa – genannt Hengest (›Hengst‹), ein anglischer Krieger, Gefolgsmann von Hlodomar

Oddrun – zweite Tochter Bledas

Oktar – Khan der westlichen Hunnen, Bruder Mundschuks und Rugas

ORGELMIR (an. Ymir) – Urwesen, aus dessen Leib die Welt geschaffen ward

Ostrofrid – Gesetzessprecher (*sinistus*) der Burgunden

Ottar – Hreidmars Sohn, ein Gestaltwandler, der die Form eines Otters annehmen konnte; von den Priestern Wodans getötet; sein Wergeld ist Andwaris Schatz

Perchta – Dienerin Hiordisas

Priscus, Vater – ein christlicher (römisch-orthodoxer) Priester an Gundohars Hof

Ragan (= Regin) – Hreidmars Sohn, Meisterschmied des Erdvolkes, Sigfrids Ziehvater, Vater Haganos

Raganleob – eine Walkyrja

Ragnaris – Kursiks Sohn, ein hunnisch-gotischer Mischling, einer von Attilas Hauptleuten

Randgrid – Walmeisterin der Walkyriun

Reri – der Große, Sohn Sigis, ein Vorfahre Sigfrids

Richhild – eine Schülerin der Walkyriun, eine von Brunhilds ›Neun‹

Ruga (Rugila) – Khan der östlichen Hunnen, Bruder Mundschuks und Oktars; später Großkhan aller Hunnen

Ruodpercht – ein Mann aus Albs Gefolge

Saxwalo – ein alemannischer Anführer

Severian, Vater – ein christlicher (arianischer) Priester an Gundohars Hof

Sigdrifa – Brunhilds magischer Name als Walkyrja

Sigerich – ein König der Wisigoten

Sigfrid (= Siegfried, an. Sigurð) – Sohn Sigmunds und Hiordisas

Siggeir – der König, der Signy heiratete und ihre Familie umbrachte

SIGI – der Wolfskopf, Sohn Wodans, Ahnherr Sigfrids

Sigmund (= Siegmund) – Walses Sohn, der Gestaltwandler, Sigfrids Vater, getötet von den Söhnen Hundings

Signy (= Sieglinde) – Walses Tochter, Frau Siggeirs

Sigruna – Högnis Tochter, eine Walkyrja, Helgi Sigmundssohns Frau

Sindald (= Sindold) – ein burgundischer Anführer

Sintarfizilo (an. Sinfjötli) – Sohn Sigmunds von seiner Schwester Signy

SLEIPNIR – Wodans achtbeiniges Roß

Stilicho – römischer General gotischer Herkunft, der die Wandalen zurücktrieb; hingerichtet (408)

Sueva (an. Svava) – eine Walkyrja, Geliebte Helgis in seiner ersten Inkarnation

SURT – der Feuerriese, Herrscher von Muspelheim

Swala – die Schwalbe, eine burgundische Schülerin der Walkyriun, Freundin Brunhilds

Swanborg – eine ältere Walkyrja

Thrudrun – Runenmeisterin der Walkyriun

TIW (an. Tyr) – Gott des Krieges und der Gerechtigkeit

Turgun – ein Diener Attilas

Uldin – erster namentlich bekannter König der Hunnen

Unald (= Hunold) – ein burgundischer Fürst

Unna – eine Schülerin der Walkyriun

UOTE – Ahnfrau der Gibichunge

WALBURGA – ein anderer Name für die Erdgöttin, verehrt in der Nacht vor dem Wonnemonat

Wallia – König der Wandalen

WALSE (Walis; an. Völsung) (1) – ein Gott der Fruchtbarkeit in den östlichen Landen

Walse (= Wölsung) (2) – der Fruchtbare, Sohn Reris, Vater Sigmunds

Welund (= Wieland der Schmied; an. Völund) – Schutzherr der Schmiedekunst

Werinhar – ein Mann aus Albs Gefolge

Wieldrud – Hebamme der Walkyriun

WODAN (Wotan/Odin; an. Óðinn) – Herr der Asen, Weltenwanderer, Gott der Wortkunst, der Kriegskunst und der Magie, auch genannt der Hohe, der Alte, der Einäugige, Walvater, Siegvater, Heervater, Unheilwirker, Grim (der Verborgene); erscheint manchmal in der Gestalt eines Menschen

YGG (an.) – der Schreckliche, ein Aspekt Wodans

Geographische Bezeichnungen

Flüsse sind im Text grundsätzlich mit ihren heutigen Namen aufgeführt.

ASGARD (an. Asgarð) – Wohnstatt der Götter

Belgica Secunda – römische Provinz, entspricht etwa dem

heutigen Belgien und Nordfrankreich bis zur Seine
Borbetomagus – Worms
Britannia – England mit Wales
Brunhilds Fels – Brunhildestein, in der Nähe des Großen Feldbergs, Taunus
Colonia Agrippina (eig. Colonia Claudia Ara Agrippinensium) – Köln
Constantinopolis – Konstantinopel, das heutige Istanbul, Hauptstadt des Oströmischen Reiches; vgl. Mundburg
Gallia (Gallien) – Nordhälfte Frankreichs
Germania Prima – römische Provinz westlich des Rheins, umfaßt etwa das heutige Gebiet der Pfalz und des Elsaß
Halle – Schwäbisch Hall
Heiliger Berg – Heidelberg
Hilperichs Feste – Insel in den Sümpfen bei Oldenburg
Hügel des Hohen – Altkönig, bei Königstein
Maeotisches Meer – Asovsches Meer, nördlichster Teil des Schwarzen Meers
MITTELERDE (an. Miðgarð) – die Welt der Menschen
Mogontiacum – Mainz
Mundburg – Bezeichnung der Germanen für Constantinopolis
MUSPELHEIM (an. Muspellheim) – die Welt des elementaren Feuers
Pfeiler der Erde – Externsteine, im Teutoburger Wald bei Horn
Rabenfeld – in der Mainebene; hier fand die Schlacht zwischen Burgunden und Alemannen statt
Ragans Schmiede – im Teutoburger Wald bei Horn
Ravenna – Ravenna, Hauptstadt des Weströmischen Reiches (seit 402)
Roma – Rom, ehemals Hauptstadt des Römischen Reiches
Skandzia – südliches Skandinavien
Taunus – der Hochtaunus, oberhalb von Frankfurt
Tolosa – Toulouse
Vetera (vormals Ulpia Traiana) – Xanten
Vindobona – Wien
Wald der Teutonen – Teutoburger Wald
WALHALL (an.) – Halle der Erschlagenen, Wodans Sitz in Asgard
Wurmfels – Drachenfels, oberhalb von Königswinter am Rhein
YGGDRASIL (an.) – ›Yggs Roß‹, der Weltenbaum